不是每个人都能以产品经理为业，但在我看来，产品经理是一类人，他们的做事思路与方法可以解决很多实际的生活问题。

只要你能够发现问题并描述清楚，转化为一个需求，进而转化为一个任务，争取到支持，发动起一批人，将这个任务完成，并持续不断以主人翁的心态去跟踪、维护这个产物，那么，你就是产品经理。

至少，你已经是自己的产品经理，这才是“人人都是产品经理”的真谛。

——苏杰

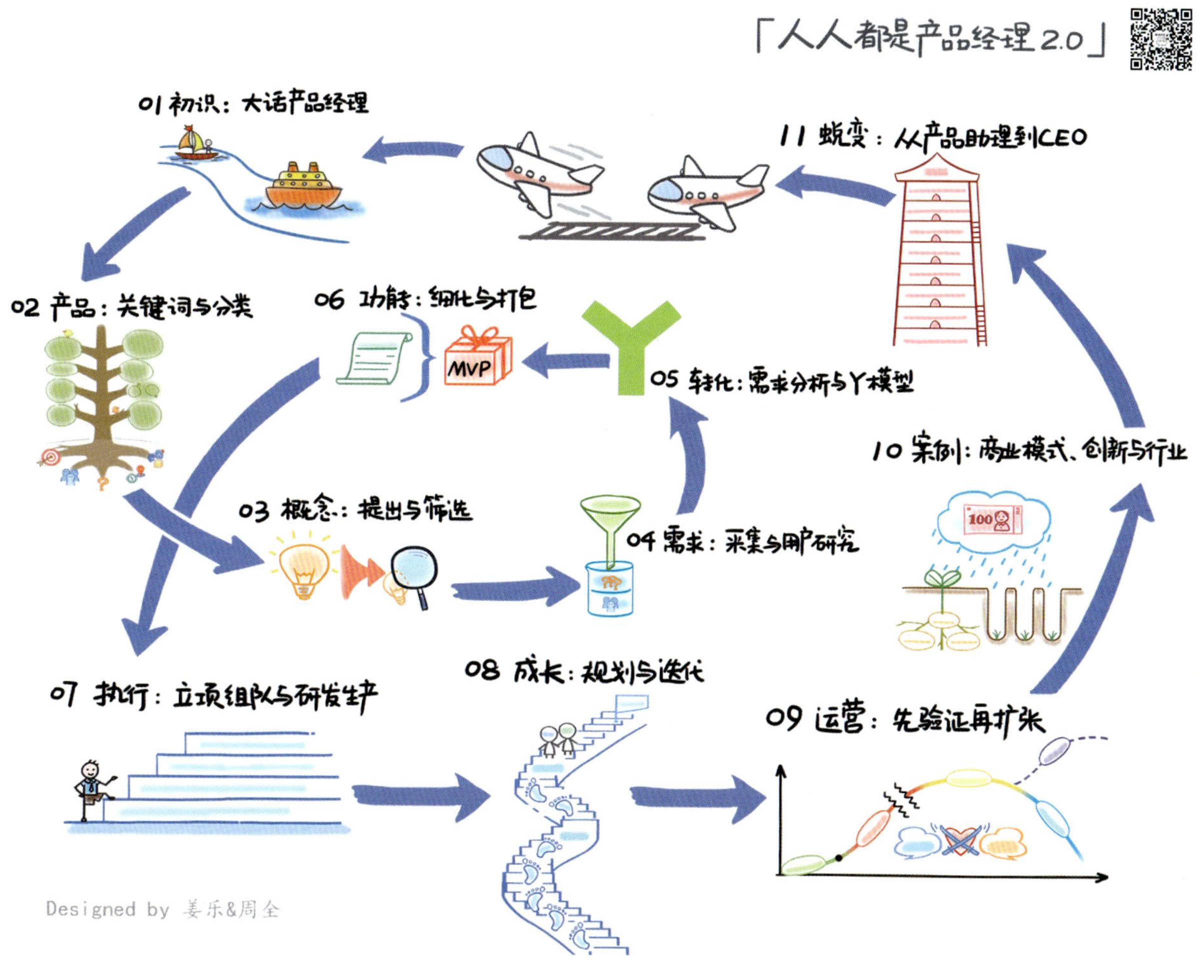
「人人都是产品经理2.0」
01 初识：大话产品经理
02 产品：关键词与分类
03 概念：提出与筛选
04 需求：采集与用户研究
05 转化：需求分析与Y模型
06 功能：细化与打包
MVP
07 执行：立项组队与研发生产
08 成长：规划与迭代
09 运营：先验证再扩张
10 案例：商业模式、创新与行业
100
11 蜕变：从产品助理到CEO
Designed by 姜乐&周全

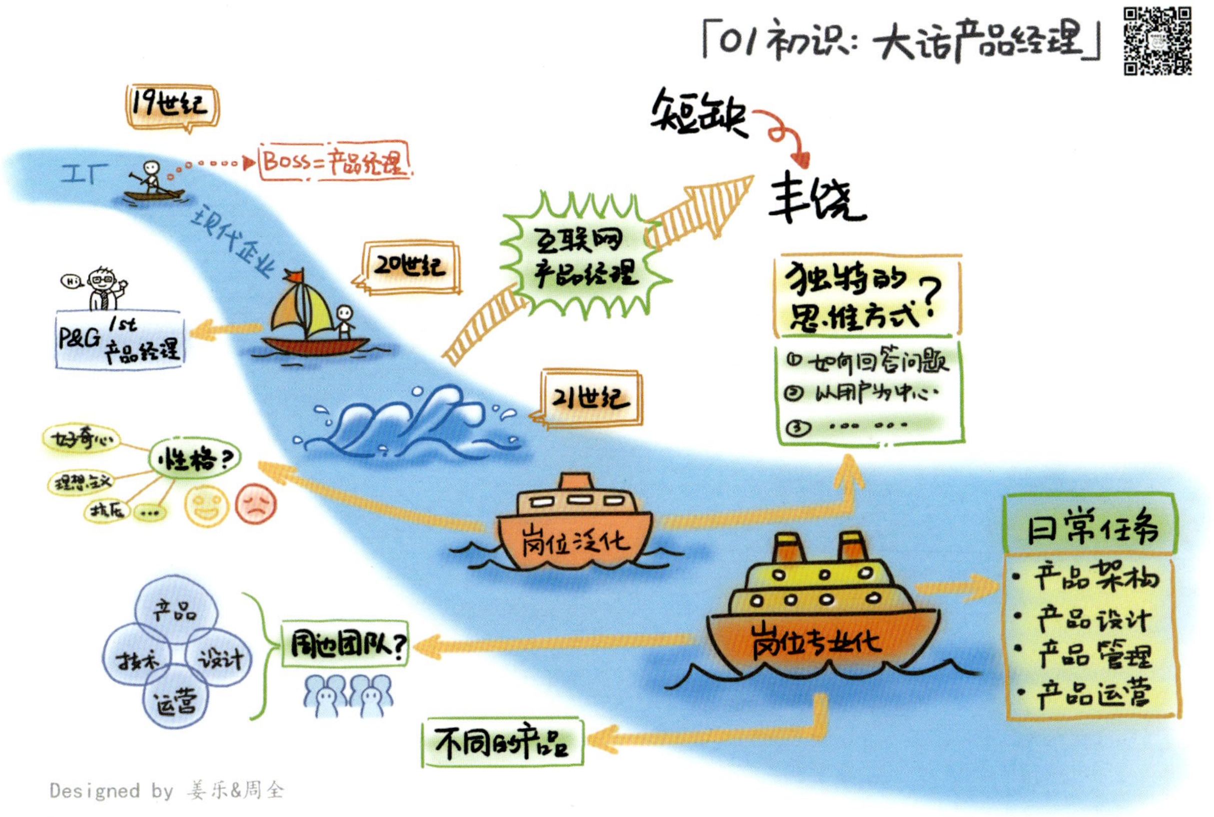
「01初识：大话产品经理」
19世纪
工厂
Boss=产品经理
现代企业
20世纪
P&G 1st 产品经理
Hi
互联网产品经理
短缺
丰饶
独特的思维方式？
① 如何回答问题
② 以用户为中心
③ …… ……
21世纪
性格？
好奇心
理想主义
执着
…
岗位泛化
岗位专业化
日常任务
· 产品架构
· 产品设计
· 产品管理
· 产品运营
周边团队？
产品
技术
设计
运营
不同的产品
Designed by 姜乐&周全

「02 产品：关键词与分类」

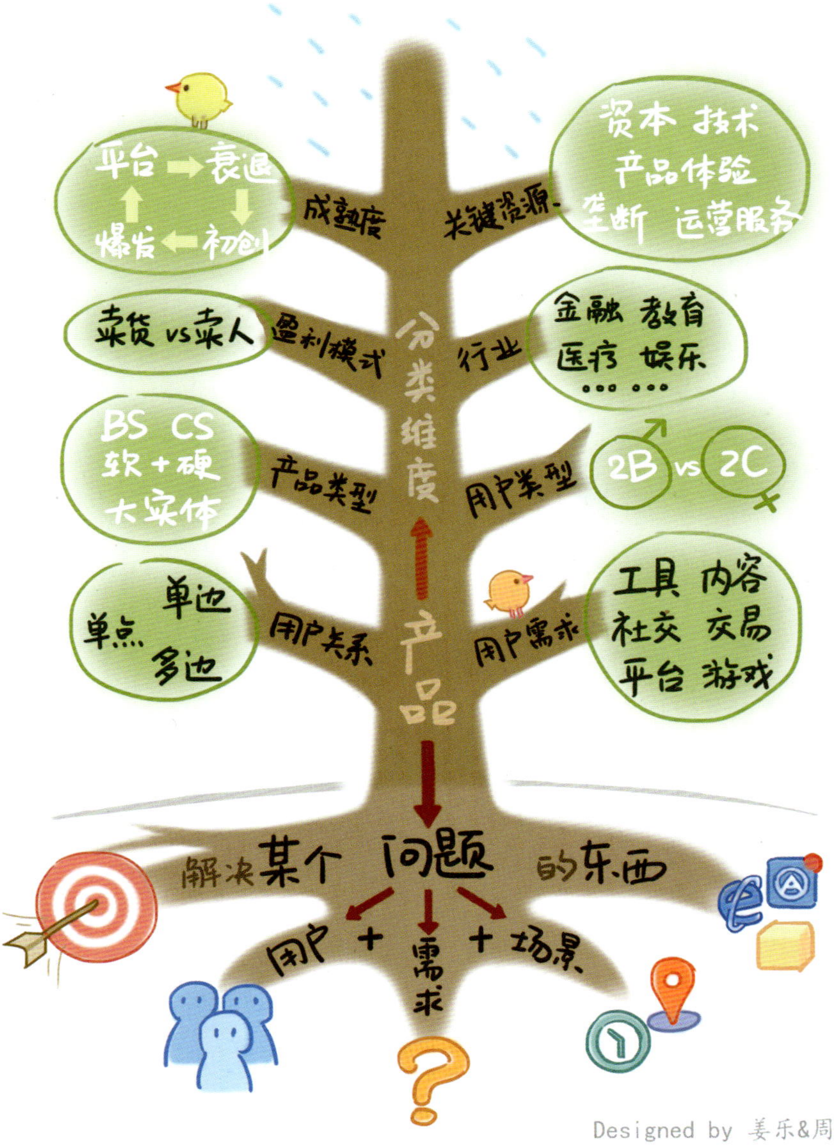

Designed by 姜乐&周全

「03 概念：提出与筛选」

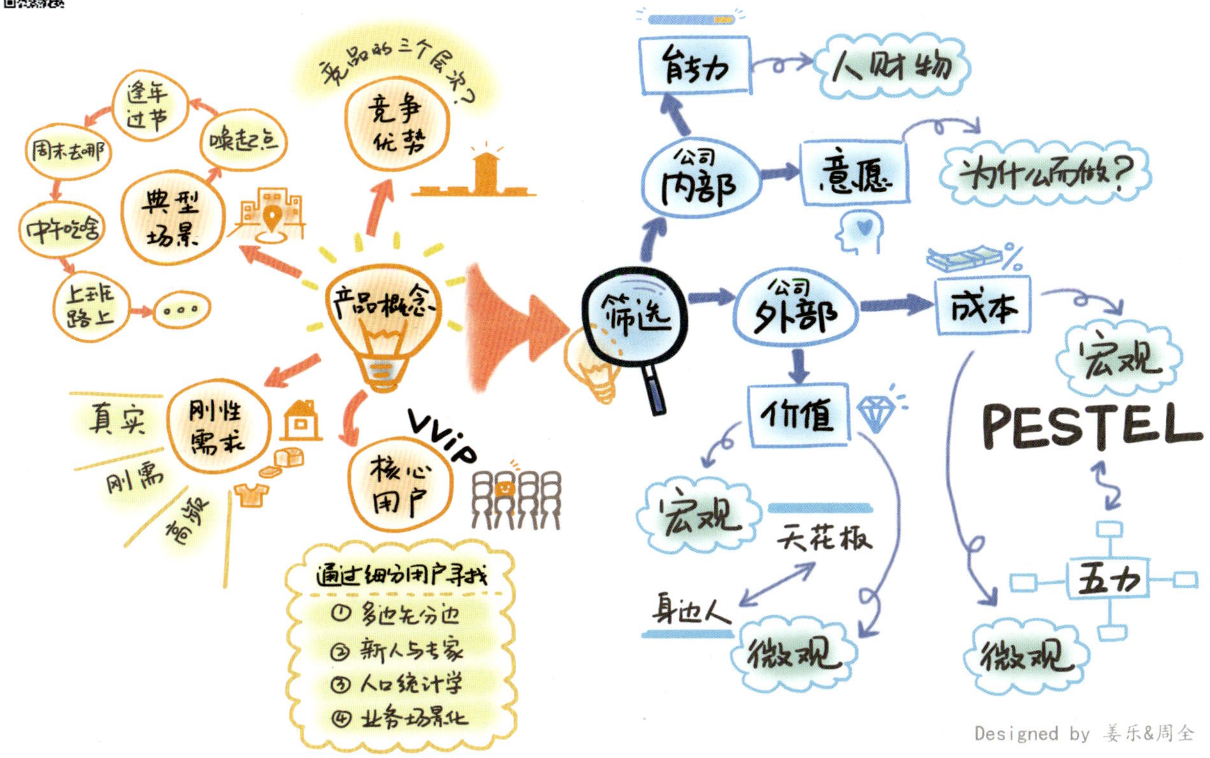

Designed by 姜乐&周全

「04 需求：采集与用户研究」

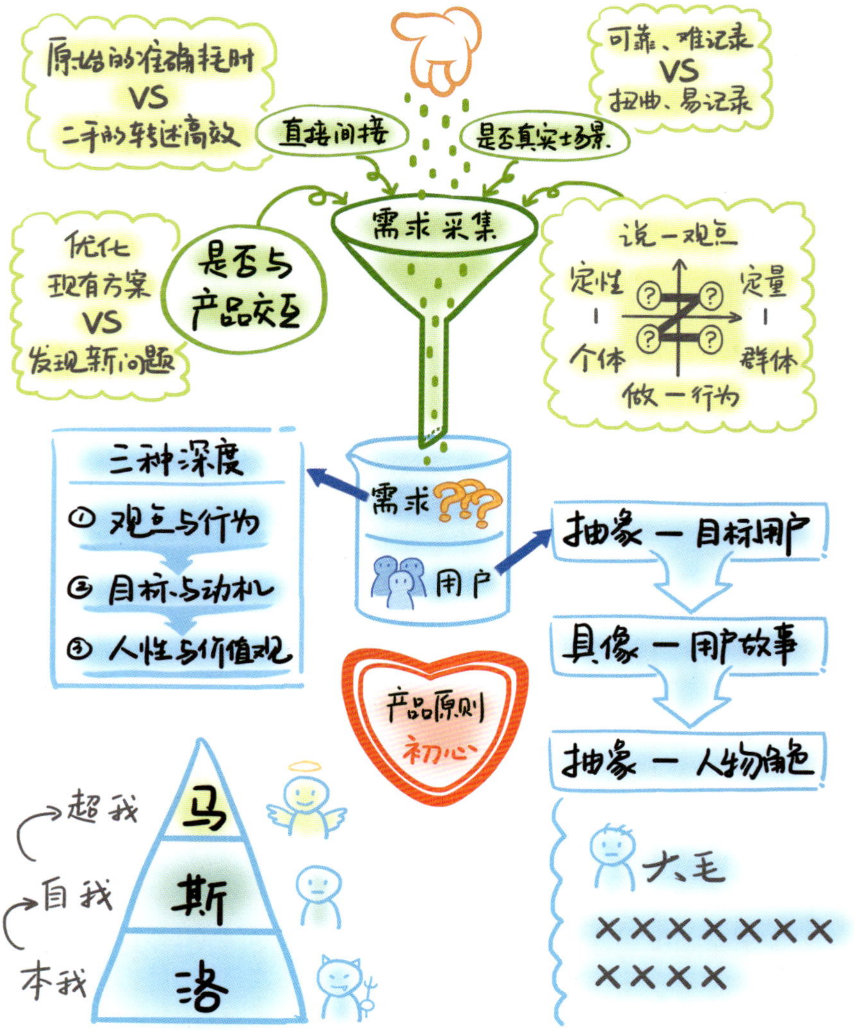

Designed by 姜乐&周全

#「05 转化：需求分析与Y模型」

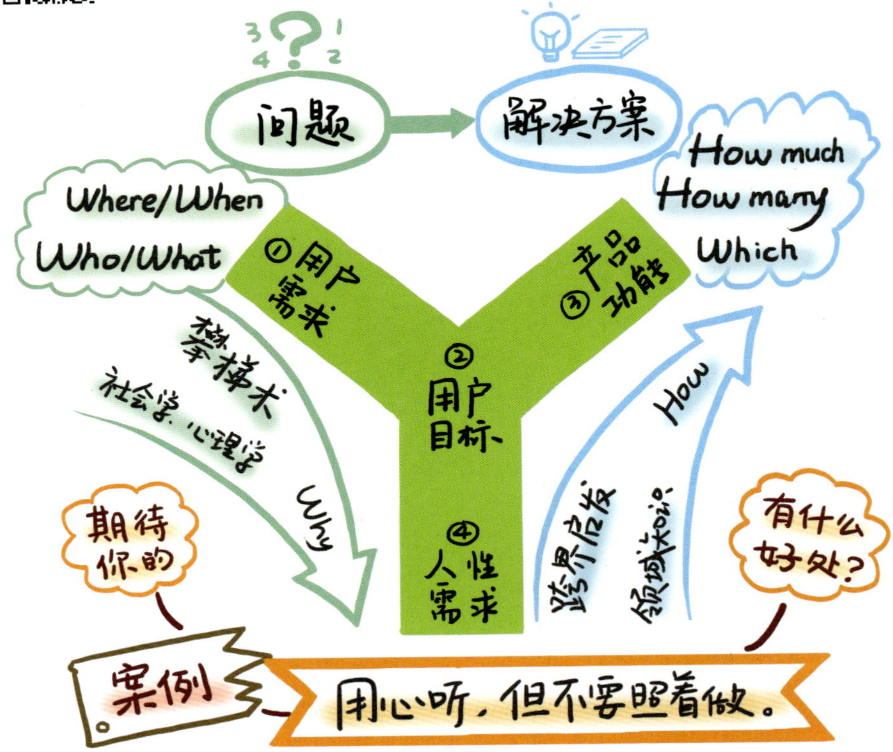

Y 福特汽车	Y 银行转帐 200.0￥
Y 快递单打印	Y 选购商品
Y 通信、沟通	Y 微信游戏
Y 淘宝首页	Y 健身APP
Y 直播APP	Y 企业内训

Designed by 姜乐&周全

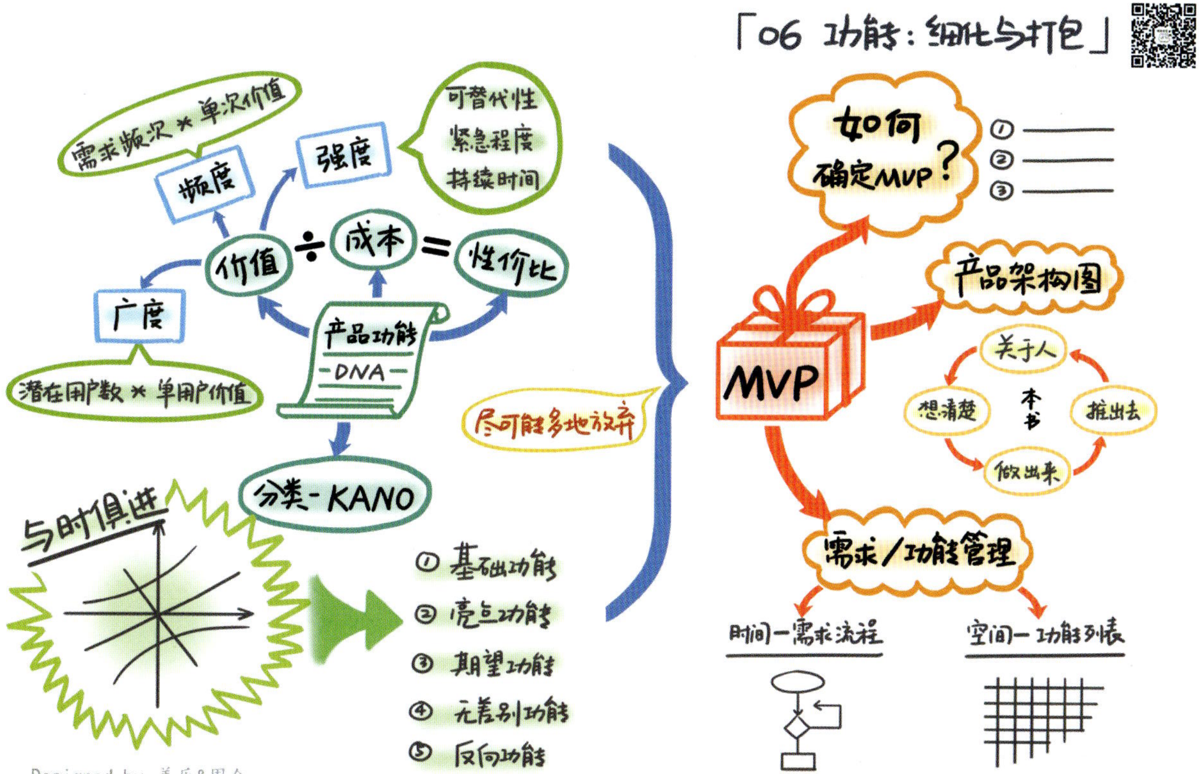

Designed by 姜乐&周全

「07 执行：立项组队与研发生产」

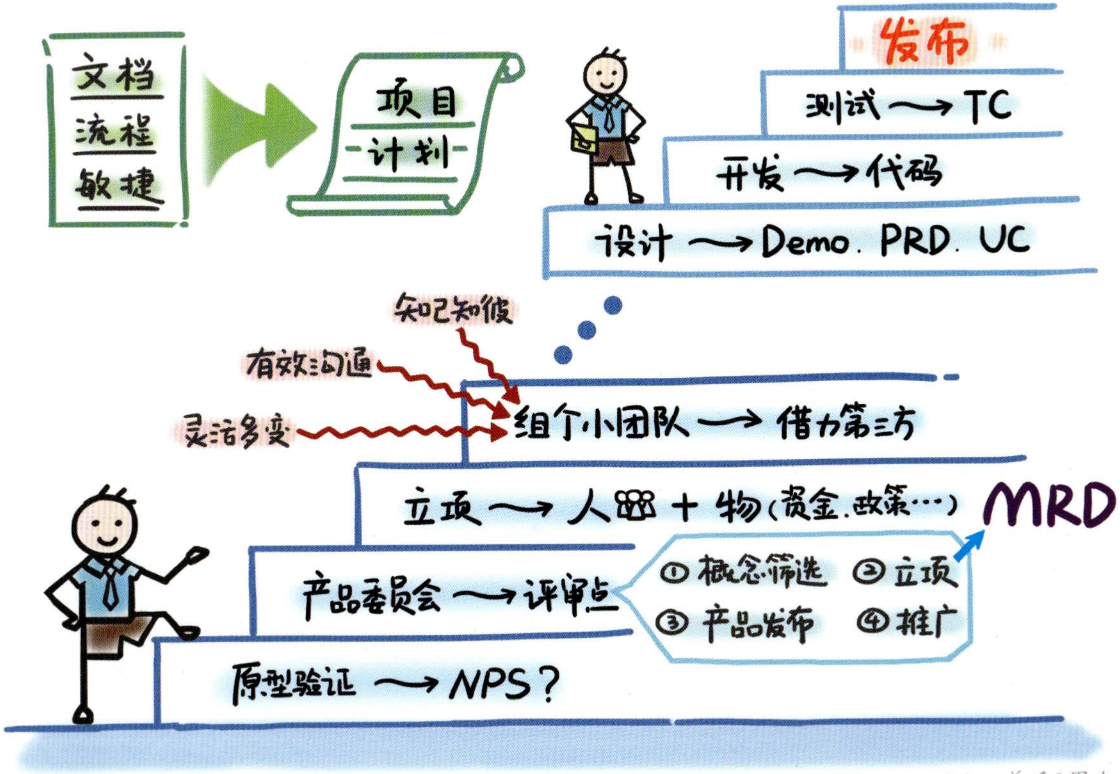

Designed by 姜乐&周全

「08 成长：规划与迭代」

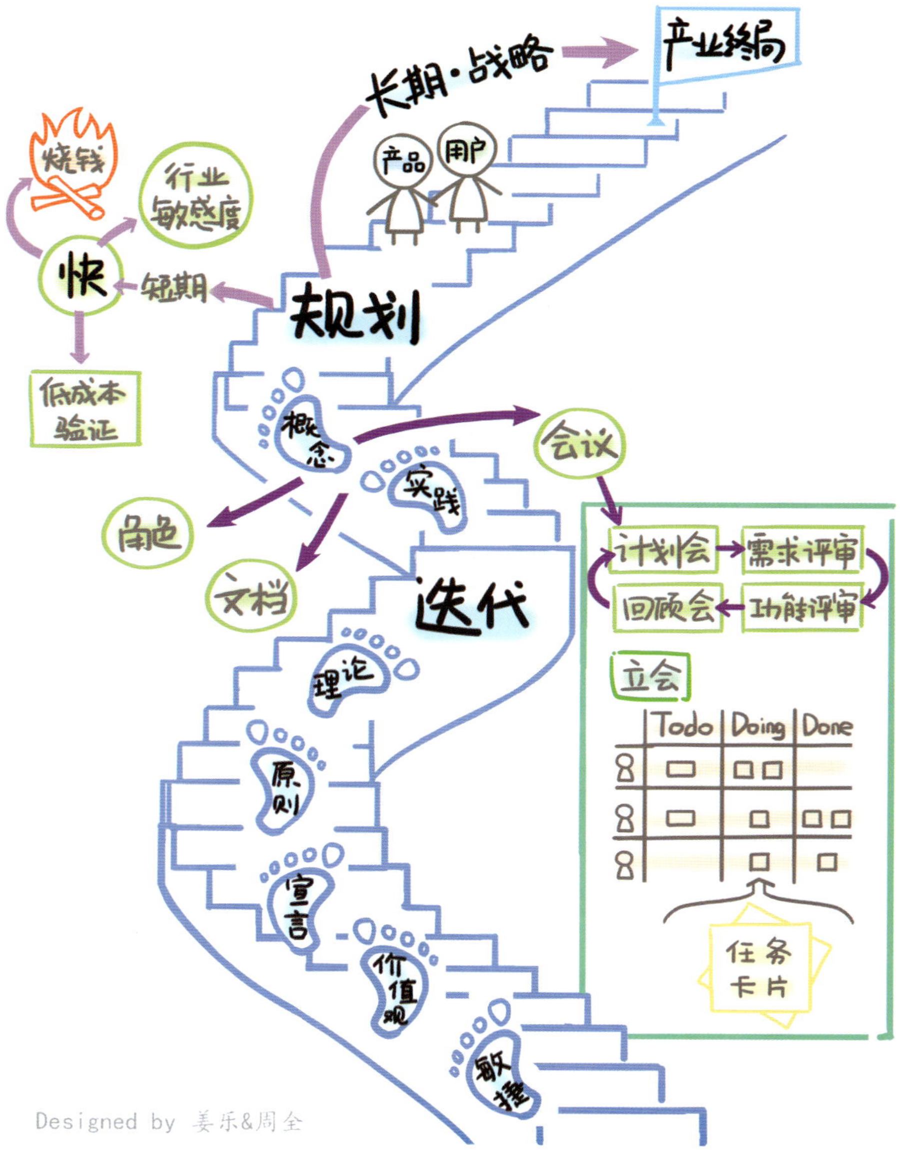

Designed by 姜乐&周全

「09 运营：先验证再扩张」

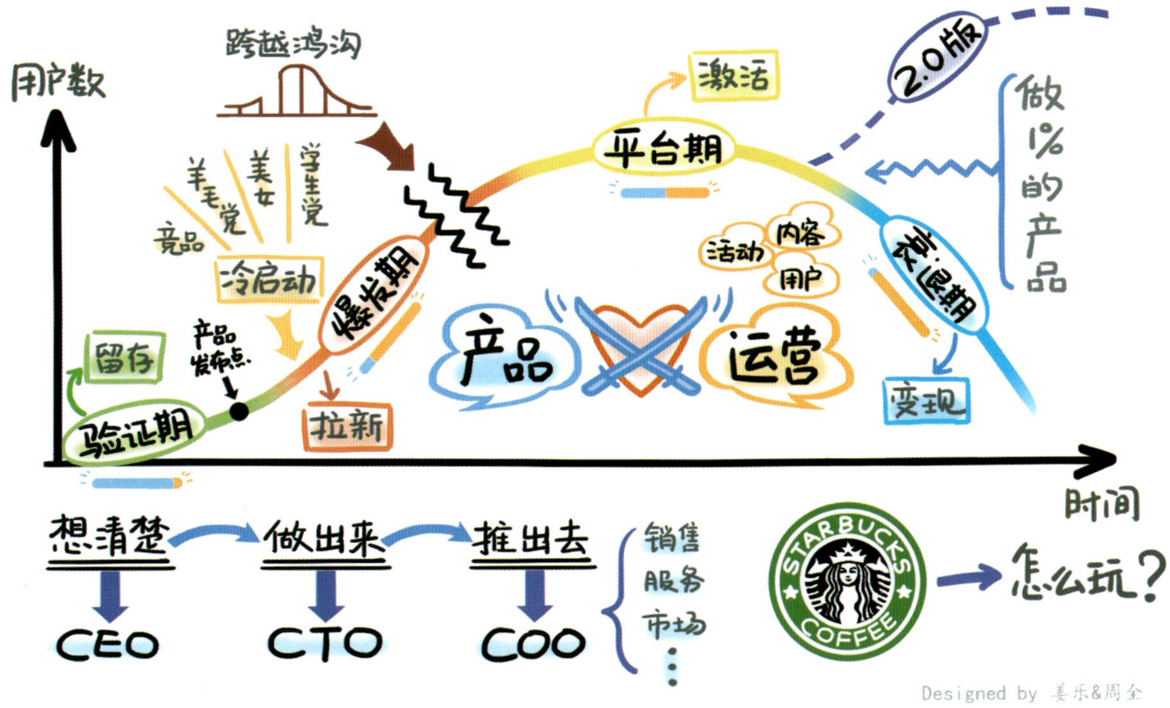
用户数
时间
跨越鸿沟
羊毛党
美女
学生党
竞品
冷启动
产品发布点
留存
验证期
爆发期
拉新
平台期
激活
活动
内容
用户
产品
运营
衰退期
变现
2.0版
做1%的产品
想清楚
做出来
推出去
CEO
CTO
COO
销售
服务
市场
⋮
STARBUCKS COFFEE
怎么玩？
Designed by 姜乐&周全

「10 案例：商业模式、创新与行业」

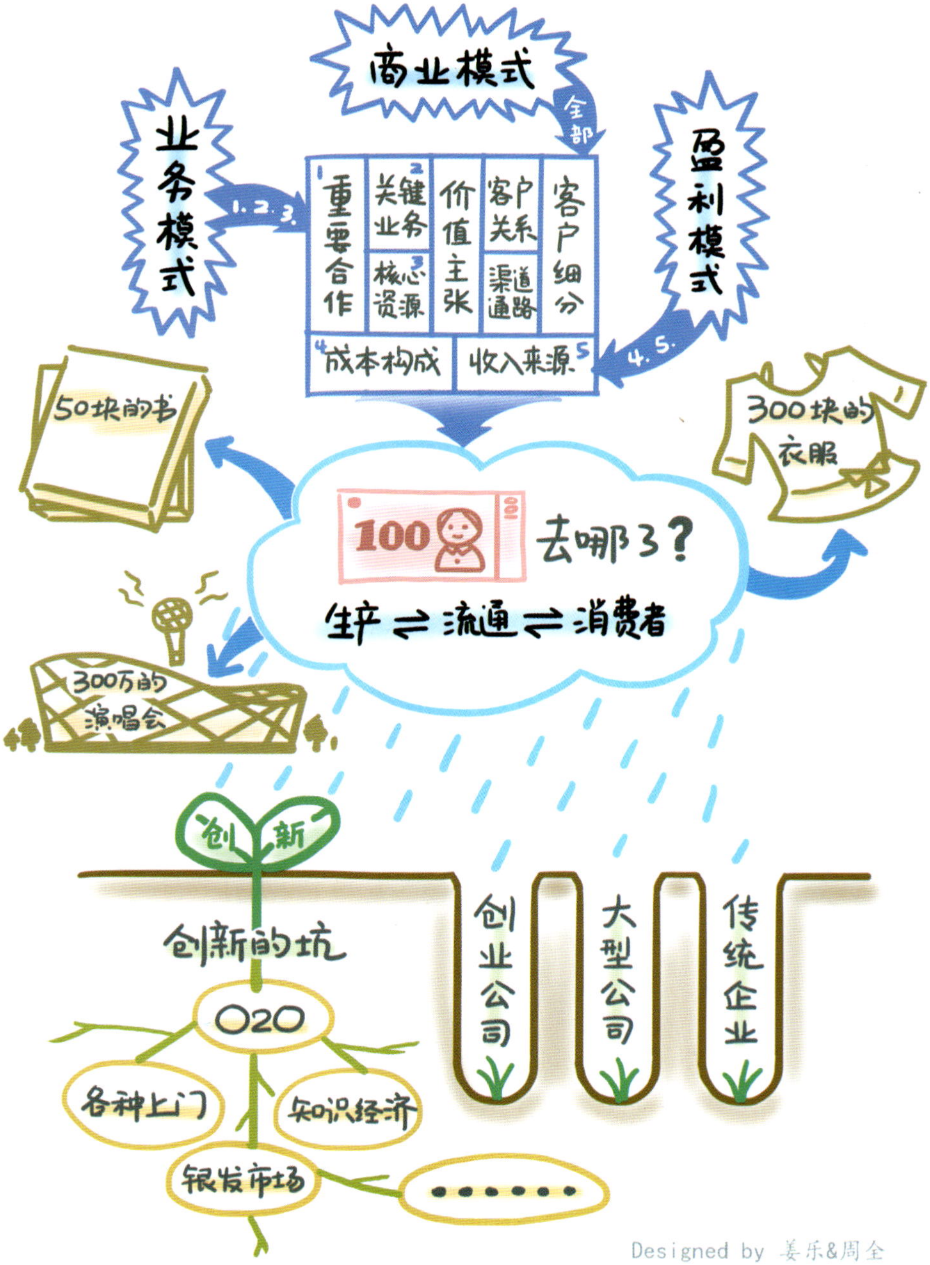

Designed by 姜乐&周全

「11 蜕变：从产品助理到CEO」

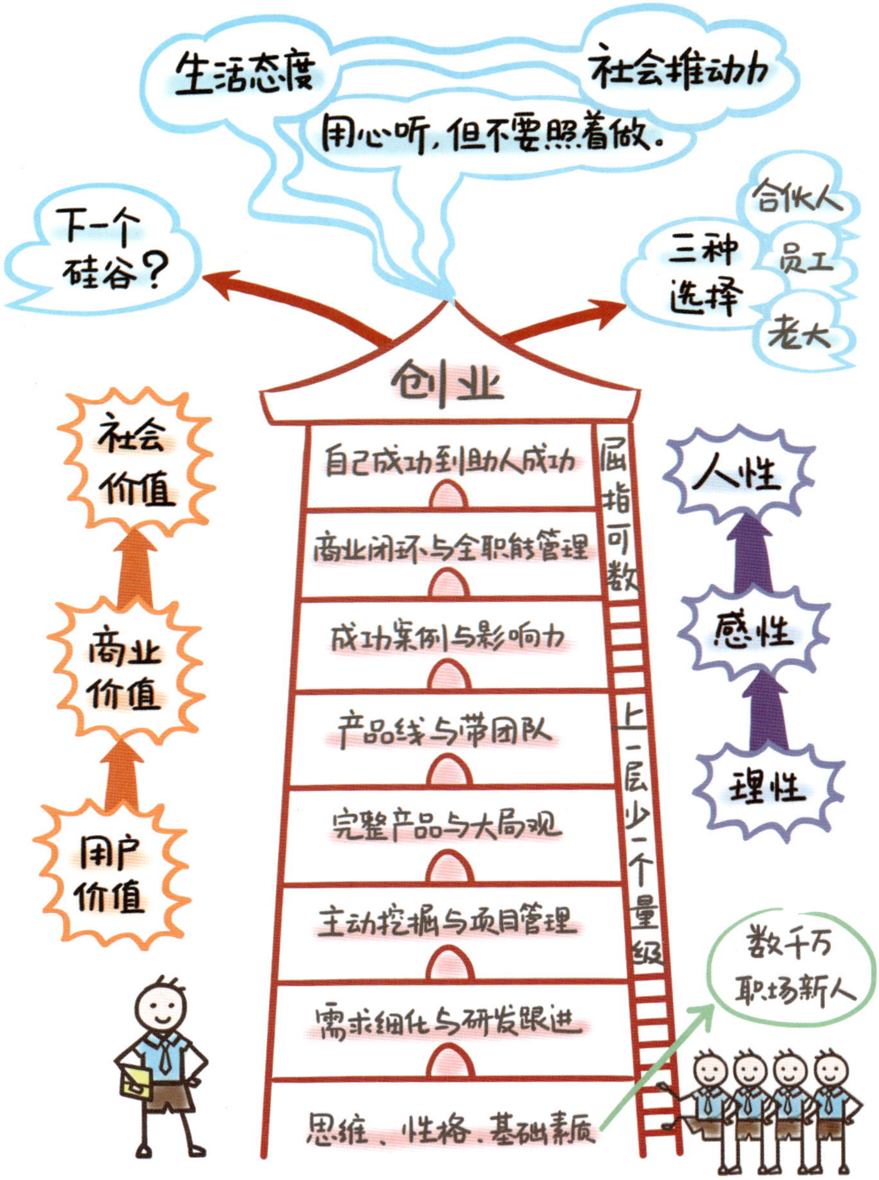

Designed by 姜乐&周全

人人都是产品经理 2.0

写给泛产品经理 GO

苏杰 著

電子工業出版社
Publishing House of Electronics Industry
北京•BEIJING

内 容 简 介

本书继续定位在–1~3 岁的产品经理。这里特别要强调，“–1 岁”指的是“泛产品经理”群体，比如自认为是“产品新人”的“职场老人”，需要自己做产品的早期创业者，对产品感兴趣并且工作中可能要承担部分职责的技术、设计、运营等人员，其他行业对互联网产品感兴趣的从业者等，这本书可以说是为他们量身定做的。

内容方面，本书全然不同于上一版《人人都是产品经理》，可以算是给上册（个人成长）配了下册（产品生长）。本书将从人开始，以人结束，中间说事，以一个产品从无到有的过程为框架——想清楚、做出来、推出去，外加一章综合案例。其中，最重要的想清楚、做出来、推出去，对应着互联网公司里三个最核心的岗位——产品、技术、运营，而本书的内容重点，则对应着“产品”。

图书在版编目（CIP）数据

人人都是产品经理 2.0：写给泛产品经理 / 苏杰著. —北京：电子工业出版社，2017.5
ISBN 978-7-121-31140-6

Ⅰ. ①人… Ⅱ. ①苏… Ⅲ. ①企业管理－产品管理 Ⅳ. ①F273.2

中国版本图书馆 CIP 数据核字（2017）第 059261 号

策划编辑：张春雨
责任编辑：徐津平
印　　刷：三河市双峰印刷装订有限公司
装　　订：三河市双峰印刷装订有限公司
出版发行：电子工业出版社
　　　　　北京市海淀区万寿路 173 信箱　　邮编：100036
开　　本：720×1000　1/16　印张：23　字数：462.94 千字　彩插：6
版　　次：2017 年 5 月第 1 版
印　　次：2023 年 6 月第 24 次印刷
定　　价：66.60 元

凡所购买电子工业出版社图书有缺损问题，请向购买书店调换。若书店售缺，请与本社发行部联系，联系及邮购电话：（010）88254888，88258888。

质量投诉请发邮件至 zlts@phei.com.cn，盗版侵权举报请发邮件至 dbqq@phei.com.cn。

本书咨询联系方式：010-51260888-819，faq@phei.com.cn。

本书评语

@有可能学院 CEO 阿禅：10 年前，人人都可以成为产品经理，现在，人人都必须成为产品经理。换句话说，每个岗位都必须有产品思维，产品思维已经从产品经理的基本思维成为每个岗位都必须具有的思维模式。无论是想成为专业产品经理还是想在“互联网+”时代完成自身和企业的横向跨越式发展，这本书都能给你最好的指导。

@PMCAFF 联合创始人 CEO 阿德：《人人都是产品经理》帮助了无数的互联网从业者。2008 年 PMCAFF 成立之初就是为了帮助产品经理之间进行交流，而《人人都是产品经理》是第一个成体系分享互联网产品工作方法的书，至今还有很多人靠这本书进入互联网行业。如今苏杰结合创业经验、投资经验把更多的经验通过 2.0 版本分享出来，书中强调的很多方法论都经过了市场的验证，相信能帮助到更多想要进入互联网行业的朋友，值得大家认真阅读。

@起点学院、人人都是产品经理社区创始人兼 CEO 曹成明：从大公司到创业公司，从产品经理到创业者，苏杰老师角色的转变，让《人人都是产品经理 2.0》更加立体，更加有血有肉。本书系统讲解了产品经理的能力模型和知识矩阵，如果你想成为一名产品经理或者想拥有产品思维，这本书一定是你的最佳伴侣。

@《互联网思维到底是什么》作者、盈动资本创始人 大象：产品经理最重要的能力是推己及人的同理心，以及同情共感的情商，在这个意义上，每个人都需要拥有产品经理的思维模式，成为自己的产品经理。

@《增长黑客》作者 范冰：苏杰老师作为国内产品经理领域首屈一指的资深从业者、布道师和出版翘楚，继前一部著作之后再度祭出此番升级版本，既是对这 7 年来行业演进的全新梳理，也是指导新一拨从业新人循序渐进地增强功力的道法秘籍。

@《产品经理修炼之道》作者、杭州上上铺网络科技有限公司 CEO 费杰：《人人都是产品经理 2.0》以全新的视角解读了业务、产品和功能，也让从业者不限于术，从道的高度去认知、去践行。这样《人人都是产品经理》系列就完整了，推荐大家阅读。

@无码科技创始人 冯大辉：即使“人人都是产品经理”已经成为大多数互联网从业者的共识，但行业里依然缺少优秀的产品经理，这迫使我们自己要成为半个产品经理。想挑战一下你身边的产品经理？不妨从看这本书开始。

@《用户力》作者、原迅雷看看 CEO 郝志中：7 年前苏杰的《人人都是产品经理》V1.0 的出版，可以说是中国互联网实战派对互联网知识开始体系性构建的标志。七年磨一剑，苏杰《人人都是产品经理 2.0》这本新书，推动了产品力的思维从专业向普世发展，对产品力更系统、本质地发现和总结，真正成为人人都应必备的底层能力，推荐大家阅读这本书。

@《产品的视角》作者、三节课创始人兼 CEO 后显慧（Luke）：我在三节课的课程里经常说互联网思维是宽泛的，落实到执行层面，产品经理思维是更具象和可实操的。苏杰的这本《人人产品经理 2.0》一定能够帮助互联网行业“非产品人”和传统行业中的“产品人”更具有产品思维，在互联网不断渗透的世界拔得头筹。同时这本书也是一本产品经理的著作，从那些易读的视觉引导图就能窥见作者的“产品经理”思维。

@《缔造企鹅》作者、腾讯高级产品经理 胡溦：在-1 岁~3 岁的产品经理领域，苏杰的书绝对是经典，本书也不例外。比《人人都是产品经理》V1.0 更进一步的是，苏杰老师把产品经理的思维进行了更丰富和详尽的整合，更多元化、更具有启发意义。我相信，本书是苏杰老师这几年不同角色带来的沉淀和思考的精华，可以通过本书窥探一个优秀产品经理的思考，何乐而不为？

@《运营之光》作者、三节课联合创始人 黄有璨：在我进入互联网行业之初，《人人都是产品经理》成为了我的启蒙书，让我对于产品的三要素：用户、需求、场景有了最初的认识，也是从那时候开始，我就隐隐有了一种感觉——做产品，似乎更应该是一种工作方法，而不是一个职能。比如说，我写文章时，内容就是我的产品，而做活动时，活动也是我的产品，无论何时，具备基本的产品思维，总是能给你巨大帮助。而今，时隔 7 年，《人人都是产品经理 2.0》终于出版，苏杰兄也正式在这本书中把“产品”当作了一个人人都需要学习和具备的基本工作方法。这本书，我郑重推荐给所有还不那么了解“互联网”和“产品经理”这个职能的同学们。相信我，认真品读，你一定会受益匪浅。

@果壳网 CEO、分答创始人 姬十三：我时不时遇到对互联网感兴趣的各行各业的从业者，希望跳入这个领域试试看。苏杰的这本新书提供了另一种选择，你可以学会产品经理的思维方式，去改善、改变你的工作方式乃至工作生态。

@罗辑思维、得到App联合创始人 快刀青衣：当年苏杰那本《人人都是产品经理》风靡圈里圈外，以一本书之力让产品经理这个岗位成为了很多青年男女走上产品之路的明灯。7年过去，经历了新闻客户端、O2O、共享经济、直播等一波又一波的创新浪潮，产品经理行业却出现了两个现象，一个是大量低水平从业人员满足于做画原型的体力活，另一方面是很多公司都在高呼找不到靠谱的产品经理。很开心苏杰同学这次的迭代，这本书把产品经理从业者从前几年关注工具和产出物的基础层次，向有全局观战略思维的高度提升。毕竟对于每个产品经理来说，衡量他们能力的唯一评判标准，不会是画原型，不会是讲理论，而是最终拿出的产品是不是有价值。此书也同样适用于没有想成为狭义上产品经理的同学，因为往大里说，一封邮件、一场活动、一篇文案都可以算得上是一个产品，那么如何协调资源、如何推进项目、如何拿到最优的结果，就是必须要学会的产品经理思维，而现在，《人人都是产品经理 2.0》就给你提供了一本参考答案。

@挖财董事长、天使投资人 李治国：创业公司一般的发展路径都是产品成功，然后升级到多产品系列和平台阶段，所以任何一个主管都要有产品思维，产品思维本质就是满足用户需求。无论你想成功创业，还是想成为公司骨干，都需要有产品思维。

@梅沙科技创始人、原迅雷产品总监 兰军（微信公众号BLUES）：人人都是产品经理，很多人从字面曲解了作者本意，以为产品经理无门槛，没啥特长，那就做产品经理吧，正如创业，人人都可以创业，谈何容易啊，九死一生，做产品经理同样如此。《人人都是产品经理2.0》更加系统地描述了做产品过程，或许可以让大家一窥究竟，读书仅仅是入门了解和实践的补充，更多是实践、反思总结、再实践的一个提升过程。产品经理不是读书读出来的，但不能不读书，多进行一些批判性的阅读学习必定会有所收获。

@《从点子到产品》作者、点我达产品专家 刘飞：同样作为产品经理图书的作者，我对苏杰老师能将许多产品思路运用在写书中这件事表示相当钦佩。以严谨的逻辑关系勾画目录结构，以丰富有趣的案例说明增强用户体验，以与读者互动的方式优化迭代……都是在践行着“每个人都应当有产品思维”这句核心理念。相信本书会和当初《人人都是产品经理》一样，成为产品经理的必读书。最后，再浮夸的推荐都不如这句话：我也是读着苏杰老师的书成为了产品经理的。

@《全栈市场人》作者、前优酷土豆市场经理 Lydia：这本书的1.0版本是很多人（包括我）进入互联网行业的第一本入门书，如今7年过去，互联网行业的整体形态已经今非昔比，各个岗位之间的界限越来越模糊，产品经理也不再是闷头跟程序员设计师搞开发，新的时代要求产品经理有更广阔的视野、更强的大局观和更深的技能树。2.0版本也与时俱进，对产品新人提出了更新的知识体系与实操方法，非常值得行业新人阅读了解。非常感谢苏杰老师为这个行业源源不断地输送着血液和营养。

@阿里巴巴集团董事局主席 马云：我对本书特别有兴趣，因为阿里在未来几年内需要培养大量优秀的产品经理！希望本书能成为你的辅导教材。

@《结网》作者、一起狼人杀创始人 王坚：如何定义产品经理这个岗位，现在这个时代需要什么样的产品经理，苏杰一直没有停止思考，并且更新了他的答案。

@馒头商学院创始人 王欣：人工智能、大数据、共享经济……一大批职业的诞生意味着一大批职业即将死去。产品经理、作家、老师、设计师、营销，这些曾经风光无限的“专家”早经打破了岗位之间的藩篱，变成人人都需要的基本素质。《人人都是产品经理 2.0》的诞生和时代的演变息息相关，时隔十年产品思维已经成为人人都需要具备的基本素质。如果你是创业公司的创始人，推荐你看这本书。互联网时代，战略降至一维，回归产品。如果你在互联网公司，要和产品部门打交道，也推荐你读本书，本书可以帮助你了解队友做事的方法论。如果你想从事产品工作，同样推荐，它可以帮你树立正确的产品观，方向对了，努力才会有效。

@财经作家 吴晓波：中国商业社会，就广义上而言，已经进入“泛产品经理”时代，产品经理能力已成为一种基础设施型的标配能力。任何行业、企业、部门或是个人，若是缺少产品视角，都可能在商业竞争中被淘汰。本书是一本写给-1 岁~3 岁泛产品经理群体的入门书，向大家力荐！

@《跟小贤学运营》作者、运营研究社创始人 陈维贤：一直认为做运营最好的状态是做产品的运营，能够通过对产品的影响来达到运营目的，幸运的是在这本书里我找到了运营和产品的交集，推荐运营小伙伴也读起来。

@《产品经理的 20 堂必修课》作者、阿里巴巴高级产品专家 徐建极：苏杰的《人人都是产品经理》在中国互联网产品圈有着非常大的影响力，不夸张地说，现在很多从事产品经理岗位的人都是看着这本书“长大”的。纯互联网时代很快会结束，互联网的技术、思想正在向传统的各行各业渗透，我们要迎接的是一个更伟大的时代，相信苏杰的《人人都是产品经理 2.0》能够指引更多的“泛产品经理”。

@《神一样的产品经理》&《产品心经》作者 闫荣：苏杰同学致力于产品经理思维方式的洞察、挖掘和总结，对产品圈影响很大。产品经理无时无刻不在探索做好产品背后的第一性原理，2.0 的这本书将会揭晓第一性原理的答案。

@《互联网产品经理的进阶修炼》作者、悟空找房产品总监 杨晓平：说实话，我和我身边很多做产品的同学都是读苏杰老师的书“长大”的，苏杰老师的书每本我都必买必读。如今，《人人都是产品经理 2.0》终于要出版了！书中的很多观点（比如“十年后产品经理会消亡”）都非常独到和深刻，值得细细品味。相信苏杰老师的新书带给产品经理们的冲击丝毫不亚于 7 年前 1.0 版本的《人人都是产品经理》。

@滴滴产品SVP、前百度产品VP、首席产品架构师 俞军：听很多产品经理说过，他们是看了《人人都是产品经理》才入行的，如今兴旺的产品经理市场，苏杰贡献良多。现在他把书升级成2.0，想让不从事产品经理职业的人，也能快速了解和学习应用产品思维，我觉得这个定位很好。我没见过苏杰，但之前从他的多篇文章中受过启发。收到他的新书样章后，认真读完，又有了一些新的启发。建议对产品经理和产品思维感兴趣的新人阅读本书。

@《运营制胜》作者 张恒：运营不再是耗时费力的体力活，精细化与自动化的运营理念越来越深入人心，运营人员要完成这样的蜕变，不仅要有系统的运营方法论，还需要有清晰的产品经理知识图谱，因为优秀的运营是建立在对产品价值的认知及对技术手段的灵活运用之上的。本书采用了"视觉引导"的方式梳理了"泛产品经理"所需的产品经理相关知识，即有丰富的理论又兼顾了实践的落地与执行，是运营必备的学习书籍。

@《从零开始做运营》作者 张亮：好开心看到《人人都是产品经理》的迭代，2.0是写给泛产品经理的，这让我有很多期待，期待的是，产品经理和运营做久了，思路上开始重叠，我认为运营必然要有产品经理的思维，而苏杰已经开始定义，产品经理如何具备运营能力，一脉相承，殊途同归。从产品经理到泛产品经理，或许是所有产品经理和运营者的必然归宿。这是一杯好酒，我干了，你呢？

@《互联网运营之道》作者、用友畅捷通副总裁 张仲荣：苏杰的《人人都是产品经理》已经成为产品经理入门的必读书目，从用户需求的把握到项目管理的角度都有很多非常好的实践案例和理论抽象。现在，经过数年创业者服务的苏杰有着更多对行业的洞察、对商业规则的理解以及对运营的结合，新书的出现正基于此，这就是我推崇这本书的原因。

@《自传播》作者、前百度品牌总监 朱百宁：产品思维是一种普适的、系统化的思维，无论将其跨界地应用到哪里，都会收到奇效，这也是我在营销领域竭力推广"将营销植入产品、让产品自己说话"的产品自传播理念的原因。苏杰的这本新书，呈现方式新颖、案例引人入胜，更是站在了"人性的洞察、人的发展"的高度看问题，值得推荐给产品经理从业者乃至任何想拥有产品思维的人。

读者服务

轻松注册成为博文视点社区用户（www.broadview.com.cn），您即可享受以下服务。

- **提交勘误：**您对书中内容的修改意见可在【提交勘误】处提交，若被采纳，将获赠博文视点社区积分（在您购买电子书时，积分可用来抵扣相应金额）。
- **交流互动：**在页面下方【读者评论】处留下您的疑问或观点，与我们和其他读者一同学习交流。

页面入口：http://www.broadview.com.cn/31140

自序

从一顿火锅说起

若干年前在重庆，和朋友一起吃火锅，我第一次见到图 1 这种啤酒瓶盖子，它有点像易拉罐的拉环，开瓶体验不错。朋友说很多人就因为这种啤酒可以无工具开瓶，加上拉开的那一声“Biu”而成为了忠实用户。

图1　某品牌啤酒的盖子

再看看如图 2 所示的鸳鸯锅，相比更常见的左右分隔，这个内外分隔的锅解决了以下几个问题。

第一，入座的时候不用再讨论吃辣的坐哪边，不吃辣的坐哪边，通吃的坐中间这个话题。

第二，永远不会出现“夹红汤里的菜，红油滴进清汤里”的情况。

第三，红汤、清汤沸点不同，左右分隔不会同时开锅，而内外分隔，配合合理的火头，可以同时开锅。

图 2 内外分隔的鸳鸯锅

“人人都是产品经理”这句口号，已经提出小十年了，我们看到世界美好了一些，但生活中的 Bug 依然很多。只要用心，人人都可以发现，并提出自己的想法，直接或间接地为优化这个世界做出贡献，我也渐渐体会到《人人都是产品经理》的神奇之处。

阶段一：很多人入行看的第一本书就是它，并且见不得老人黑它（画外音：我和别人不一样，不是那种做不了产品经理的人）。

阶段二：接着做熟练了，发现说说容易，做到好难，开始加入黑这本书的阵营（画外音：我懂了，童话里都是骗人的，谁提我跟谁急）。

阶段三：再然后开始带新人了，想想又推荐新人先看这本书（画外音：小孩子嘛，先看看励志故事也好，别被吓到了，也能省我不少口水）。

循环往复……

而在这么多年中，我也逐渐意识到《人人都是产品经理》的不足之处，希望自己能把坑填上。所以，自序里，我就分享一下最近若干年发生的一些事情吧。

与我有关的五本书

先说五本书，它们是《人人都是产品经理》、《启示录：打造用户喜爱的产品》、《四步创业法》、《淘宝十年产品事》、《有的放矢》，2010 年到 2014 年每年一本，它们是本书的内容源头。其中，两本是我写的，三本是我组织的网络协作翻译团队@七印部落[1]翻

1 详情可参见 12.3 节。

译的，它们都在说产品，和你手里这本新书的话题一样。

下面简单说说这五本书的逻辑。

《人人都是产品经理》，是新手产品经理的方法论，适合-1 岁到 1 岁的产品经理。2010 年出版第 1 版，业内不少已经很优秀的产品经理，跟我说"是看这本书长大的"，我表示很无语。2012 年出版 V1.1，2014 年出版 V1.2（也叫纪念版），截至 2016 年年底，实体书销售超 20 万本，不算正版和盗版的电子书。

《启示录：打造用户喜爱的产品》是做产品的高阶方法论，作者 Marty 有 20 多年的产品经验，适合产品管理者或资深的产品经理阅读。如果你认为上面那本太初级、太局限，那这本书就最适合你了。于 2011 年翻译引进，今天看依然不过时。

《四步创业法》是一本在国内被严重低估的书，2012 年引进，其实这才是硅谷的创业圣经。《精益创业》的作者是《四步创业法》作者的学生和忠实信徒，李开复老师也推荐过它，如图 3 所示。做产品久了会发现，产品和创业的方法论其实很像，只是创业更难。在创业的方法论中，我们能学到很多对产品经理有用的东西。

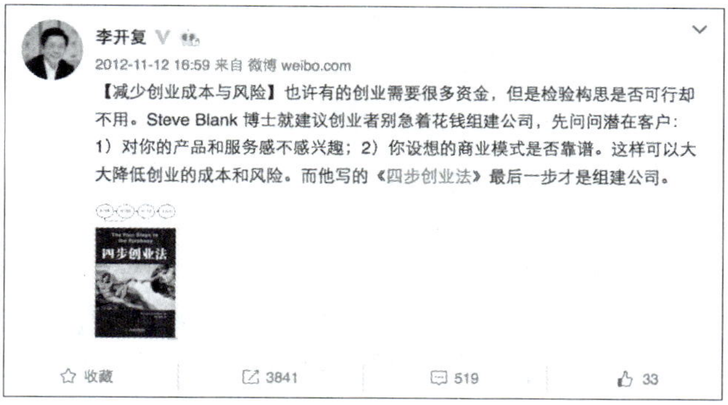

图 3　李开复点评《四步创业法》

《淘宝十年产品事》是一本案例集，正好于 2013 年淘宝成立十周年的时候出版。淘宝系产品的复杂度和多样性，可以说是国内互联网行业 20 年来独此一家，从前台到后台，从 2B（to Business）到 2C（to Customer），从 Web 到 App，不一而足。产品经理成长到一定阶段，再看方法论已经作用不大，只能通过案例来提升。自己犯错后的成长最扎实。比如，早在 2008 年，阿里和微软合作的一个项目上，我就花掉了公司 1000 多万人民币的项目经费，这种机会不是每个人都能有的，所以通过别人的案例来学习会更加高效。

《有的放矢》于 2014 年引进，它更加适合 2014 年开始的略显癫狂的全民创业时代。全书只讲了一件事情——创业、做产品的过程中，怎样可以有的放矢，不做无用功，不浪费各种资源。不管你何时读到这里，都不妨回忆一下自己去年这个时候在做什么。是不是很多事情，如果当时不做，对现在的自己和公司也没有任何影响？再回忆一下，三年前红红火火的创业公司，是否绝大多数已经销声匿迹？如果你的回答是肯定的，那么这本书就能帮到你。

2015 年到 2016 年，我把它们的精华合并在了一起，开发了一门课程，叫“互联网产品的从无到有”，给不少大小公司、机构、大会分享过，借这些机会也接触到不少新的案例、理解了一些方法论的局限性，愈发感觉有必要好好整理一下。

2016 年，工作十年

《人人都是产品经理》里写到的各种局限性，我在工作十年内一直努力打破，下面汇报一下成果。

2006 年到 2012 年，我在阿里一线做产品，试了 2B 的，比如中小企业的管理软件、CRM、进销存等；2C 的，比如淘宝卖家的各种效率工具、天猫买家的会员体系与积分系统；平台型的，比如天猫的营销产品线、会员体系；垂直型的，比如淘宝的鞋类、运动、海外商品市场……这个阶段，出版了第一本书《人人都是产品经理》。

2012 年到 2014 年，我开始关注人，从“做产品改变世界”进化为“通过改变产品经理来改变世界”，去阿里集团人力资源部负责产品大学，专门研究了产品经理成长，设计了岗位模型、学习路径图等，同时也在做讲师，培训阿里的产品新人；搭建了阿里集团在线学习平台，服务了当时的两万多名员工，麻雀虽小五脏俱全，包括类似“内部网易云课堂”“内部知乎”等系统；负责阿里集团内部的创新孵化器——赛马，探索大公司内部的创新机制与文化。这两年，出版了第二本书《淘宝十年产品事》。

2014 年上半年，在离开阿里前的最后几个月，是有一小段插曲——为响应集团 All in 无线的号召，我做了一段时间“来往”[2]，虽说产品没起来，但对我来说收获也很大，一是接触了移动互联网，二是发现自己还是可以承受 996[3]的。

2014 年 8 月，我从阿里离职，做了半年自由职业，全国各地到处跑，一边通过讲课、做顾问，感受各种行业、各类公司的做法，一边思考接下来做什么。接触过的公司包括电信、移动这类运营商以及他们的乙方公司；上证所、中国银联、国泰君安、

---

[2] 阿里在社交之路上的一次失败尝试，但也有很大价值，比如，它为后来的企业级应用“钉钉”积累了技术资本，也让大家进一步认识到，做产品要从用户需求出发，而不仅仅是从公司战略需要出发。

[3] 玩命的互联网公司发明的词，每天早 9 点上班，晚 9 点下班，一周工作 6 天。

汇添富、建行、招行、兴业、平安等金融相关公司；网易、携程、京东、苏宁、同程这些互联网公司；中兴、华为、联想、用友、万科、海南航空、上海航空、上汽集团、中航信等泛 IT 类公司；各种媒体、培训、会议公司；还有一些创业公司和创业服务机构……这半年，扩展了视野，逐步确定了自己想做的事情。

2015 年春节后，我开始创业，方向是“创业者服务”，为了自己预想的最后一份职业——投资，做准备。于是，我又了解了各个行业的很多小公司，从三五个人到小几百人的都有，自己也尝试孵化了一些小项目。现在，我在杭州有两家小公司，分别是“良仓孵化器”和“B12”[4]，后者主要做的是科技媒体与周边服务。

从 2016 年春天开始，我在整理积累的各种经验时，发现还差一些案例，于是做了“读书会”[5]，邀请了几十位“打过仗 & 写过书”的好朋友作为嘉宾，带来了更全面的视角，学员们也提供了更丰富的案例。

有了上述准备，终于在 2016 年二季度开始正式动笔，编写《人人都是产品经理 2.0》，也就是本书。

迟到的致谢

没想到写下这句话的时候，比计划晚了半年，已经是 2017 年的二季度了。本书总算快要出版，在这里感谢一下各位帮助我的亲朋好友。

离开大公司以后，作为一名创业者，我深深地感受到一种漂泊感，感谢一路同行的良仓孵化器和 B12 团队的小伙伴，让我知道我还是一个有组织的人。

感谢各路网友，是你们在微信公众号、微博、知乎等平台里对我不断的鼓励和鞭策，让我有了继续前行的动力。

感谢电子工业出版社的侠少及其团队，这是我们合作的第三本书了，话不多说，合作愉快。

感谢为本书视觉引导图做出贡献的创新引导师金沙浪、浙江大学语言与认知研究中心的徐慈华老师、设计师姜乐和周全，是你们让这本书图文并茂，增色不少。

感谢家人，特别是我的妻子江咏梅和我们双方的父母，是你们的支持与包容，让我可以做一个半自由职业者，并安心写作。

---

[4] 详情参见 11.4.1 节。

[5] 详情参见 12.2 节。

要感谢的人还有很多，这里没法一一列出——比如参与试读、提意见和建议、给本书写推荐语的各位前辈和同行；对本书内容、案例做出贡献的“读书会”嘉宾与学员；参与本书封面讨论、周边素材完善的诸多朋友……

以上，依然难免遗漏，诚惶诚恐，再次感谢大家。

苏杰

2017 年 4 月 杭州家中

目录

Contents

第 00 章

开始：写在正文之前

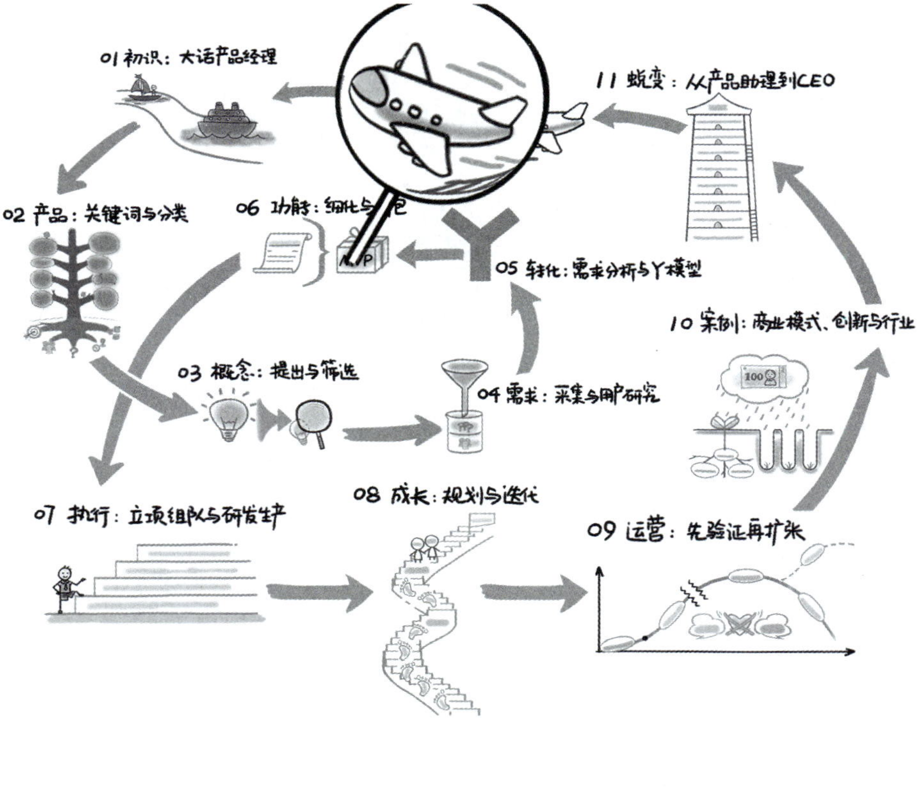

0.1　为什么会有这本书

这是我的第三本书，每一次，我都很清楚自己的角色：我不只是一名作者，还是一名产品经理。所以，我关注的不仅仅是文字本身，还会仔细思考这个产品的目标用户、需求场景、定位、框架、使用方法，等等。于是，每一本书在正文之前都会有一篇类似的啰唆，希望大家在正文之前，可以通过本篇来判断本书到底是否适合自己，如果不适合，可以尽早丢在一边。毕竟，时间才是最宝贵的。

十年前，国内，特别是互联网圈，很少有人会提“产品经理”这个词，2010 年之后，它的日趋火爆大家都看得到，很幸运，我的第一本书《人人都是产品经理》V1.0 正好踩对了点。

我写下这句话的时候，是 2016 年底，《人人都是产品经理》已经出了 V1.0、V1.1、V1.2（纪念版）三个版本，国内也有了十几本相关主题的图书[1]。

但互联网、移动互联网，甚至一些周边行业的发展实在太快了，还有一些需求不能很好地满足：

第一、互联网圈内的一些不是产品经理岗位的同学，可能因为工作需要或者个人兴趣，也要了解一些产品的方法论，但现在的大多数内容都还是面向专职产品经理，讲了太多操作细节。

第二、对创业公司来说，并不是每家都有或者说都需要一群专业的产品经理，但产品的工作必须有人做。也许是老板、技术组长、设计师、运营……他们如何快速学习当下所需，用最短的时间胜任工作？

第三、非互联网圈的从业者们，相信已经感受到互联网大潮的势不可挡，不管是“互联网+”还是“+互联网”，他们都需要从更抽象、通俗的层面，了解互联网人到底怎么做产品、有哪些异同、如何选择性地借鉴他们的经验。

第四、各种学习资料，已经不再是太少，而是太多了，对于圈外人来说，难以从众多资料中找出真正适合自己的图书、网站、社群、公众号……因为没有很好的索引，没有互联网产品经理领域的“知识地图”来进行指引。

再者，是我的一个私心。一直觉得，产品经理的思维方式和做事方法，真的不只是对做产品有用，而且对各种职场人士都有用，甚至，它可以指导你的生活，在本书

1　在 12.1 节中，会给大家依次介绍，作为扩展阅读。

中，我会把这些进一步升华为社会进步的推动力。相信看完本书，你就会理解我为什么这么说。

现在，已经从“产品经理”时代，进入了“泛产品经理”时代，即人人都可能做一些产品经理的任务，人人都需要具备一点产品经理的能力。**如果说 V1.0 对于把产品经理这个岗位带入各大公司起到了一点助力，那么，我希望 V2.0，能让更多的人成为“泛产品经理”，让公司里真正变成“人人都是产品经理”。**

0.2 本书的产品定位

目标用户

本书继续定位在-1~3 岁的产品经理。我始终认为 3 岁以后已经很难通过看书、学方法论提升了。这里特别要强调，“-1 岁”指的是自认为是“产品新人”的“职场老人”，比如需要自己做产品的早期创业者，对产品感兴趣、并且工作中可能要承担部分职责的技术、设计、运营人员，其他行业对互联网产品感兴趣的从业者等，本书将这些人定义为“泛产品经理”群体，这本书可以说是为他们量身定做的。

需求场景

对于“泛产品经理”，可以通过阅读本书，理解一套方法论体系，让你今后在工作中可以更好地和产品经理交流，甚至可以自己动手做部分任务。

而对于产品经理，这本书有点像一个知识图谱，可以粗读一遍，然后在有困惑时针对性地查阅。它也有点像一个索引、一个目录，试图串起更多的学习素材。

对于更多的职场人士，如果你想了解产品经理如何解决问题，以期获得一些启发，建议重点阅读本书提出的“Y 模型”相关章节（关键内容在第 05 章，可以扩展到第 02~第 06 章）。我认为这是目前对“用户需求场景”讲解得最为透彻的内容，而这些话题，可以泛化为通用的“解决问题的思路”。

产品概念

这几年我对书的理解，已经有了很大的不同，其中最主要的转变是开始把书看作一个过程而非物品。这一定程度上来自于 KK[2]在《技术元素》里“后实体的出书”一

2 凯文·凯利，《连线》（Wired）杂志创始主编。著有《失控》、《科技想要什么》、《技术元素》、《必然》。

节中对“书”的定义。

我们的文化正在从“书本的文化”变成“出书的文化”。我们的关注点不再是作为名词形式的书，而是动词形式的书——这是一个连续不断的过程：思考、写作、编辑、写作、分享、编辑、观看、书写、观看、分享、思考、写作——这个过程中我们偶尔会抛弃书本。书，甚至是电子书，只是出书这个过程的副产品。

这是 KK 在 2011 年的思考，可以表达为图 0-1。

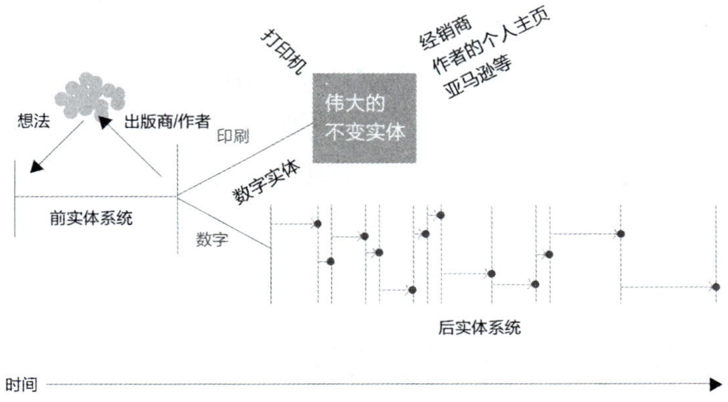

图 0-1　《技术元素》里的插图

图中的左侧“前实体系统”会更加重要，意味着互动。社区与对话的建立，在前实体系统阶段就已经开始，永不停歇。比如有的作者，在图书出版之前，就通过自媒体与读者分享部分章节、讨论内容、建立微信群保持沟通。

传统的作者、书、读者的关系，会变成产品经理、产品、用户的关系。

所以，出版行业的人可以从产品经理身上学到很多。更进一步，产品经理及其团队包含了作者、出版商、渠道等，产品包含了书本身和借此形成的社群与用户关系，用户也可以从读者的概念泛化开来，社群里的人，也许并没有买一本实体的书，但也同样是用户。

图中右侧的“后实体系统”，分化为两种：“狭义物质的”和“数字的”。

打印出来的实体，这两年也有一些小变化，比如植入二维码就是一种很好的线下到线上转化的入口，很多书里都有了“延伸阅读”、“参与讨论”、“更多资料”。而数字化的实体，更加灵活多变，可根据反馈实时优化，优势毋庸多言。这两者互相补充，好比果粒酸奶里，酸奶让果粒更有风味，果粒让酸奶显得更有干货。

本书在构思的时候，就已经通过一个“读书会”的社群组织在与用户保持着沟通，加上相应的培训咨询服务、工具包，以及积累多年的微信公众号、微博、知乎等网络媒体，都和本书构成了一个有机的整体。这一点，“写在正文之后”里会再次谈到。

竞争优势

本书的竞争优势简单来说有以下三点：

第一，本书的底层逻辑、方法论取自序中提到的那 5 本和我有关的图书，并非凭空搭建，而这样的内容源头，也使得本书具备了一些独一无二的积淀。

第二，基于个人经历，我在阿里期间，除了做一线产品，还做过很多关注“产品经理岗位”、“创新”的事情，而在离开阿里之后，也曾有意识地在用各种方式补充自身的短板，接触了很多各行各业的大公司和创业团队，在序中也已经做过回顾。

第三，写书的过程中，我通过读书会的活动引入了国内产品经理圈内，几乎所有“写过书 & 打过仗”的朋友作为“嘉宾团”[3]，他们的一些分享，加上读书会优秀学员的一些建议，也融入本书框架，共同构建了更加经得起推敲的内容。

0.3 本书内容与阅读方法

2014 年，我第一次接触了“视觉引导”的概念，感到十分受用，在深入了解之后，更是充分体会到图形与文字在认知上的互相促进。在这个时代，感性与理性同等重要。所以，本书的大框架和每一章的要点，都会采用图 0-2 所示的这种图形化的方式来表达，希望大家喜欢[4]。

本书从人开始，以人结束，中间说事，以一个产品从无到有的过程为框架——想清楚、做出来、推出去，外加一章综合案例。其中，最重要的想清楚、做出来、推出去，对应着互联网公司里三个最核心的岗位——产品、技术、运营，而本书的内容重点，则对应着“产品”。

3 对于这个读书会，以及嘉宾团写过的书，在《写在正文之后》里会有详解。

4 这里要特别感谢创新引导师金沙浪、浙江大学语言与认知研究中心徐慈华老师、设计师姜乐和周全对我的帮助。

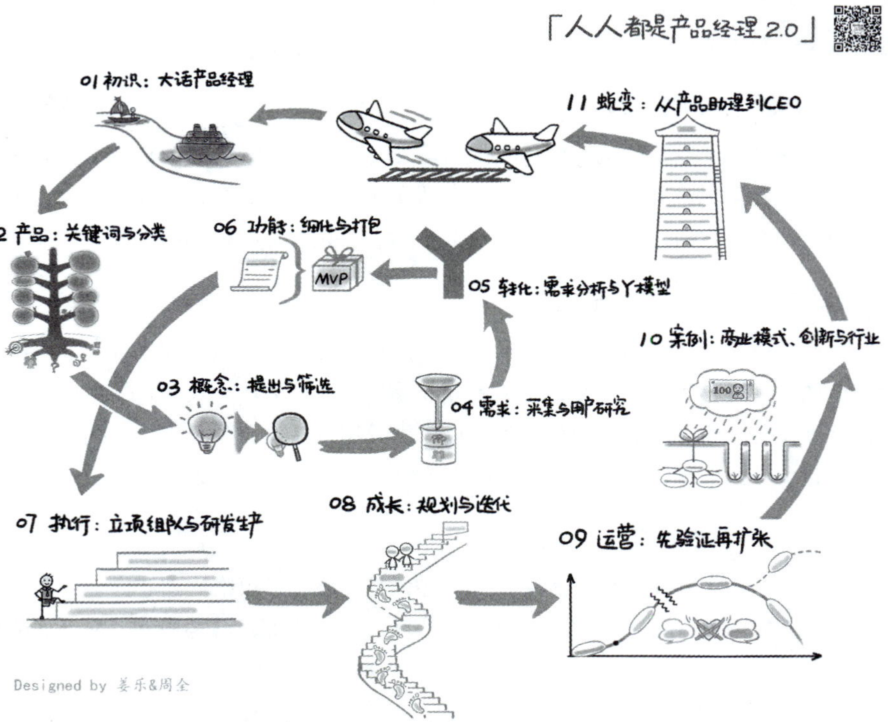

图 0-2　全书视觉引导图

接下来简单介绍一下各章的主要内容。

00 开始：写在正文之前

让用户了解本书的定位、整体架构和内容、阅读方法、局限性，以便更好地决定是否要花时间读下去。

01 初识：大话产品经理

介绍产品经理这个岗位的前世今生。从社会发展的角度，讨论这个岗位为何会出现，又会往哪里发展。然后，谈谈产品经理的思维方式与性格特点，以便读者进行自我判断：自己是否合适以此为业，需要做哪些改变。最后，聊聊产品经理如何入行、典型任务，以及身边的团队。

02 产品：关键词与分类

了解了产品经理这群人，再来看看他们做的产品应该怎么定义。世界上的产品多如牛毛，哪怕只是互联网行业里的产品也都已是千奇百怪。为了更清晰地理解它们，本书试着从多个角度，比如用户关系、用户需求、用户类型、产品形态等方面对产品进行分类，希望读者看完以后可以想清楚自己喜欢、适合做什么样的产品。

03 概念：提出与筛选

如何找到一个真正的机会？这不仅仅是灵光一现的 idea，还要想清楚核心用户、刚性需求、典型场景和竞争优势。然后，从团队的能力与意愿、外部的价值与机会、成本与风险等多方面来衡量，这到底是不是一件值得继续做下去的事情。

04 需求：采集与用户研究

做产品就是解决问题，我们知道要对解决方案精雕细琢，但在“问题到底是什么”上花费的时间总是太少。本章，会讲解收集信息的各种方法以及各自的优劣。随着信息的逐渐充分，将会理解需求的三种深度，以及用户从抽象到具象再到抽象的过程。同时，也可以试着理解一些概念——用户故事、人物角色、产品原则。

05 转化：需求分析与 Y 模型

用心听，但不要照着做。本书认为这句话是产品经理思维方式和做事方法里最核心的一点，Y 模型就是这句话的具体操作方法。本章将通过各种案例，从表面的用户观点、行为，到动机与目标，再到人性与价值观对需求进行讲解。了解需求的本质以后，又该如何从用户需求的角度匹配出合适的产品功能，让用户满意而归，这些都是本章的重点。

06 功能：细化与打包

从用户需求推导出产品功能之后，到底做不做，还要看功能的价值高低、成本大小，以及类别归属。确定了实现的先后顺序，接着就要决定“下一个版本”到底做多少，这取决于很多因素。这个过程，也引出了需求与功能管理的话题，至此，“想清楚”大模块结束。

07 执行：立项组队与研发生产

从这章开始进入“做出来”的模块。首先会拿到各种资源，简单地讲就是“人和物”，其中团队又是最最关键的。在研发生产阶段，作为产品经理，对设计、开发、测试、运维等岗位的工作内容，多少得有些了解，才能做到顺畅配合。

08 成长：规划与迭代

产品的 1.0 上市，不是结束，而是开始。任何一个好产品都是慢慢变好的。本章将加入时间维度，聊聊规划与迭代这两个词的异同。二者都有一步步来的意思，实则有着截然相反的方法论内核。具体怎么做，本章会给大家讲一些真实的案例，作为“做出来”的收尾。

09 运营：先验证再扩张

一个产品做出来了，如果没人用就相当于零，所以还要“推出去”。本章将会聊聊产品与运营这对“死敌”，希望借此化干戈为玉帛。对于运营来说，不同的产品阶段有不同的目标和手法，验证、爆发、平台、衰退……方法错了，可能“彼之蜜糖，吾之砒霜”。至此，我们前面详细后面粗略地聊完了产品的整个生命周期。

10 创新：商业模式与行业

本章从模式、创新的角度综合来聊“整个产品”，教大家一个理解“行业如何运作”的小方法，谈谈各类型的公司在做创新时都会碰到什么坑。最后，谈几个作者感兴趣的行业，作为案例来提升大家的商业感觉。

11 蜕变：从产品助理到 CEO

终于又回到人的话题：如何从一个菜鸟长成一个高手？本书把产品经理分成了 7 个层级。总有一天，大家都可能都不再做产品经理了，那么，我们的归宿是什么？最后，将本书的方法论进行升华：为什么它有可能成为对个人生活态度以及整个社会进步的推动力？

12 结束：写在正文之后

全书的最后，给出一些周边资源——盘点了十年来国内作者写的产品相关的图书，介绍了作为本书延伸的“读书会”，并列出更多可以去学习的资料，希望对大家有所帮助。

阅读本书，可以先浏览一下全书和每章的视觉引导图，对整体内容有个感性的认识。不一定需要按章节顺序阅读，大家可以根据每章的内容，结合当前工作的需要，自主挑选主题来阅读。在每一章最后，会根据本章主题，提供更多的阅读材料。

对于已经在做产品经理的读者，建议可以先读一下第 11 章，这样可以判断出自己目前的位置，从而更清楚接下来的努力重点。对于广义的创业者，可以先读一下第 10 章，特别是关于创新各种坑的内容，避免在上路之前就埋下隐患。对于想了解产品经理核心思维的人，建议先读第 05 章，了解“Y 模型”这个通用的解决问题思路。

每一章的最后，还会布置几个任务，都是一些有实际作用，应该做，但很可能忙于日常事务而一直没做的事情，希望你能补上。

当你读完本书的全部或部分章节时，可以再看看对应章节的视觉引导图，建立起自己的知识地图，以便需要的时候可以更快地找到相关内容。

最后，再说说这本书的内容与《人人都是产品经理》V1.X 版本的关系——是升级，但不是替代，有点儿像上下册，表现为以下几点：

第一，V1.X 版本是以“从新人到老鸟的**个人成长**”为章节顺序，本书是以“从无到有的**产品生长**”为内容框架。

第二，V1.X 里提到的很多细节，多为一个产品新人工作中每天的任务，本书中不再赘述。

第三，本书也说了一些 V1.X 中没有的内容，比如创新、创业、小公司的做法、行业案例，等等。

所以，一定要区分定位的话，V1.X 更合适初入职场的产品经理，有励志作用，更偏实操，涉及更多做事方法。是道法术的术。本书更适合自认为是“产品新人”的职场老人，更偏理念，涉及更多思维方法是道法术中的法，适合想了解怎么做产品的“泛产品经理”。

0.4 我与本书的局限性

任何产品都会有 Bug，我与本书同样也有局限性，虽然在离开阿里之后尽力弥补，但还是要提以下几点。

第一，没有从无到有操盘过一款真正出色的产品。在阿里只是参与，或者负责大产品里的一个模块，经手的产品要么从 0 做到 1.X、2.X 之后转交他人，要么接手时都是 1.X 状态。我认为操盘一款真正出色的产品，是从想法开始，做到至少 4.0、5.0 版本，并且业界知名。所以，这是最大的软肋——努力过，但可遇不可求，只好继续努力。

第二，广义的运营，依然不是我的强项。自己孵化过的一些项目，在市场营销、品牌推广等方面，都感到非常吃力，所以，本书这方面内容，也更多的只是给大家指一条路，修行就靠各位自己了。

第三，产品形态、公司类型实在太多，无法一一亲历，早在编写《淘宝十年产品事》时我就体会到了。虽然一直在不断地去找高手聊、看案例、做交流，但终究也只能浅尝辄止。我想，这也是任何一个人的局限性，只能管中窥豹，对“产品”这个大话题给出某一个角度的理解。

第四，创业的过程，最大的收获是体会到自己“做不了什么”。因为创业不像在大公司工作，分工很细，你只要发挥长处即可，而需要什么事情都要去做。

> 在创业过程中，我渐渐体会到，自己有点畏惧人际冲突[5]，对不确定性的忍受度不够，做执行、打仗的时候“杀气”不够……这些对成大事都是致命的。所以，一边试着改，一边发挥自己的长处，更多扮演一个“观察者、分析者”的角色，虽然，这可能会使写出的内容不够深刻，但也只能无奈接受。

一位投资人前辈跟我说过——如果你不想仅仅做事，还想通过改变人来改变世界，有两种方式：

第一，像现在这样，不断输出自己的总结、价值观与方法论，潜移默化地实施影响。

第二，像乔布斯那样，做一个惊艳世人的产品，让世人自己去体会、总结。

我暂时选第一条路，但是，这和第二条路并不冲突。一方面，我可以不同时间走不同的路，每隔几年交替，也能互相帮衬；另一方面，第一条路也可以做出一些产品，这主要看怎么定义“产品”。

最后，还是强调一下，尽信书不如无书，期望只通过一本书就了解某个领域的全貌也是不切实际的，所以，多看多听多想多做吧。一个人成熟的标志之一，就是脑中可以同时容纳多种不同的观点而无碍于行事。

正文之前想说的说完了，我们开始吧。

5　因为在业内朋友比较多，所以做任何事情几乎都会碰到认识的竞争对手，在做商业决策的时候就会很纠结，总想刻意避开，不要做太相似的事情，而这对公司显然不是最优的策略，这就属于典型的“知道做不到”。

第 01 章

初识：大话产品经理

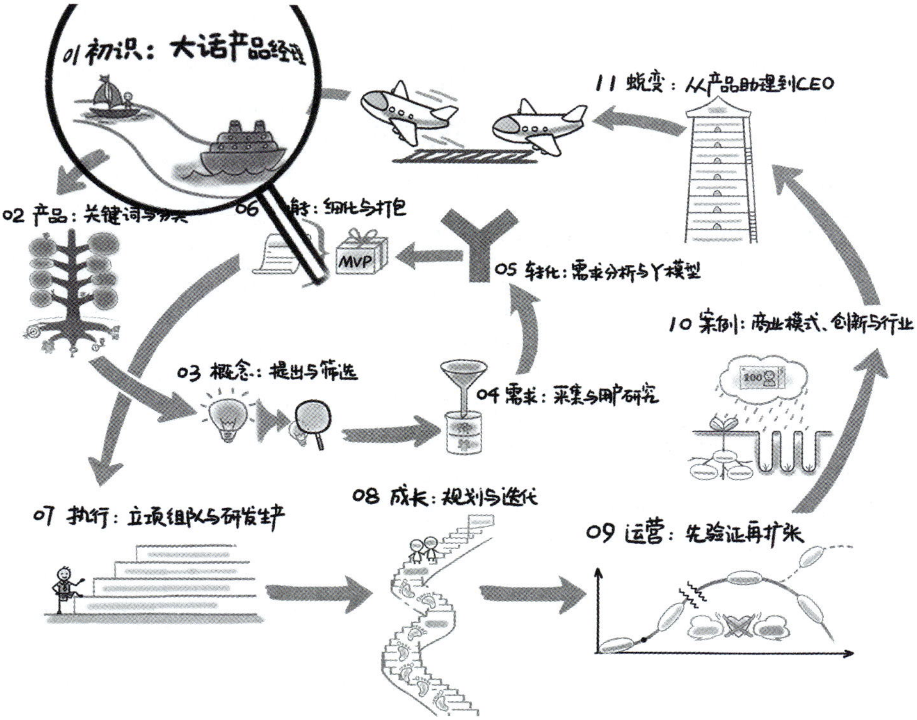

1.1 从一个小故事谈起

这是我在知乎上获得最多赞的一个回答。没有字，只有一张网上找来的图，如图 1-1[1]。

问：什么是“伪需求”？能否举例说明？

图 1-1 伪需求的故事

时隔多年，我觉得不应该光抖机灵，还要来点有用的。

宾馆大爷的故事，其实在工作生活中经常发生——这个大爷，就是产品经理；这家宾馆，就是一个产品；而学生们，就是用户。不合格的产品经理处处可见，他们共同创造了一个可怕的世界。那么，这个例子中到底有哪些坑？

1 读者可扫描右侧二维码访问原知乎页面。

产品定位阶段

原来的定位是宾馆，因为几个用户的只言片语，直接修改定位，意味着进入完全不熟悉的市场，原来的竞争对手是其他宾馆、酒店，现在变成了学校里的图书馆、自习室。

需求采集阶段

各种方法要灵活应用，比如“不但要听用户怎么说，还要看用户怎么做”。此外，我们也经常提到，要看需求的普遍性，以及有没有特定时间、特定人群。不能用户说什么我们都满足。

需求转化阶段

从用户需求到产品功能，不能直接照着用户说的做，而要分析用户的目标。这依赖于领域知识和对目标用户的理解——从其“观点”、“行为”到其“目标”、“动机”。产品经理和用户通常不是一种人，这很考验“同理心”。

产品概念验证

即使自认为已想清楚新功能，在动手开发前，还是要再找几个用户沟通一下。还要注意方式方法，比如可以问用户：如果我们这里有自习室，你会推荐同学来学习吗？

新功能上线时

多使用灰度测试。简单地说，就是建议大爷不要一下子把整个宾馆都改成自习室，先改个一两间，看看市场反馈好不好。而且，上新功能时，也没必要把旧功能去掉。

人人都爱出主意，类似“用户提出的解决方案”这种伪需求是实践中的常态，而本例中“用户为了掩盖真实目的而欺骗”的情况反倒不是很多。作为产品经理，在面对这样的场景时，就需要找到这个用户提出解决方案背后要解决的问题，然后给出自己的方案。这就是产品经理思维方式和做事方法的核心：**“用心听，但不要照着做”**，说起来简单，但做起来并不容易。

1.2 产品经理的前世今生

做产品这事儿，好比郭德纲对相声的评价——门槛儿在门里。总觉得入门很简单，毕竟“人人都是产品经理”，但要做好，只怕修炼十年二十年也不够。接下来，我们就从头开始聊。

1.2.1　从人类社会出现分工说起

人之所以为人，至少有生物和社会两重意义，而社会意义要通过一群人构成的组织体现出来。有社会组织以来，个人的社会角色可以说经历了几个大的阶段，如图 1-2 所示。

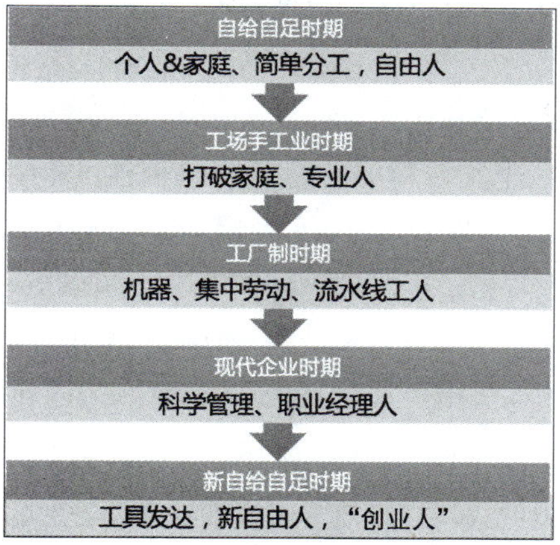

图 1-2　社会组织的几个阶段

在第一阶段的自给自足时期，个体、家庭是基本的社会单位，有了“男耕女织”这样的简单分工，每个人都是自由的，不属于某个具体的社会组织。

在第二阶段的工场手工业时期，人们发现彼此各有所长。于是，把一些有特定专长的人聚在一起做事，诞生了一批专业的手艺人，比如铁匠等。他们不再自给自足，而是靠手艺吃饭，社会生产力提升，产品有了剩余，也有了更多的商品交换。

在第三个阶段的工厂制时期，出现了资本主义萌芽，分工更加细致，大机器、流水线是典型的代表。工厂里的人数也比工场手工业时期大大增加，工人已经没什么能养活自己的手艺了，变成了流水线上的一环，个人只能依靠组织生存，卓别林的电影《摩登时代》描绘的就是这一场景。

到第四个阶段的现代企业时期，时间已进入二十世纪，公司的经营目标日益复杂，对管理的要求也不断提升，出现了矩阵式组织和职业经理人。很显然，产品经理作为一个岗位，在这个阶段诞生了。

第五个阶段的新自给自足时期，是我自己起的名字，就是现在所处的这个时代。因为科技的发展、工具的发达，每个个人能发挥的作用越来越大，对组织的依赖越来越小，诞生了一批新的自由人，而组织也开始为个人服务。

上述历史规律，也适用于一家公司组织的成长轨迹。开始必然是按职能划分部门，强调分工以提升效率、应对单一目标，这时候的“产品经理”就是组织的领袖。而公司经营出现多目标，以及从单一产品变成产品线以后，就有了管理上的矩阵式结构，于是出现了通常意义上的产品经理。

1.2.2 岗位诞生，宝洁的故事

在上世纪二三十年代的现代企业时期，宝洁第一次提出了产品经理的概念。

当时宝洁推出了一种佳美牌（Camay）香皂，但销售业绩较差。一个叫麦古利的年轻人在一次会议上提出：如果公司的销售经理把精力同时集中于 Camay 和 Ivory（宝洁的一种老牌香皂）两款香皂，那么 Camay 的潜力就永远得不到充分发掘。幸运的麦古利赢得了宝洁高层的支持。之后，每一个宝洁品牌都当作一个独立的事业在经营，有专门的产品人员、销售人员给予支持，直接与其他宝洁品牌竞争。

而麦古利就成为了全世界第一位产品经理，负责 Camay 香皂的品牌建设、市场销售等几乎所有的事情。他的成功表现使宝洁认识到产品管理的巨大作用，之后，宝洁便根据“产品管理体系”重组公司。这种管理形式为宝洁赢得了巨大的成功，也导致后来大部分消费性商品从业者纷纷效仿。

1.2.3 从项目经理到产品经理

产品经理与项目经理，缩写都是 PM，都是矩阵式组织的产物，都要通过做项目来成事，所以 10 年前许多人分不清这两个 PM，现在这种情况已经比较少见了。

我觉得他们最核心的区别是，一个靠想，一个靠做。

项目经理是执行人，工作重点是把任务完成，并不充当任务的提出者，需要的是执行、计划和控制能力。产品经理是任务的提出者，更需要创造力，当然产品经理也应具备一定的项目管理能力。

项目越做越小，越做越确定，是个封闭式命题；而产品越做越大，是个开放式命题。举个例子，从生命周期角度看，项目有明确的立项和结项。但产品在开始之后，如果做得好的话，是不会结束的。

似乎从 2010 年左右开始，产品经理渐渐走热，风头明显盖过项目经理，下面来简单分析一下成因。

千百年来，由于人类生产力的不足，传统经济都属于短缺经济。市场整体上处于供不应求的状态，做出产品就不愁卖，而这种生产驱动的模式，更多需要项目经理的能力来执行、计划和控制。而互联网带来的丰饶经济，则完全改变了这一状态。比如用户需要用到社交软件、美图应用或者导航工具时，会面对众多选择。在这种情况下，仅仅是把东西做出来已经没什么用了，如何让大家选择你才是关键。创造力、洞察力和对客户的感知力渐渐成为核心要素，而这些就是产品经理需要掌握的核心技能。

所以，在丰饶经济的大势下，产品经理会越来越火。新兴行业率先出现这种变化，相对传统的行业，也由“从无到有”到“从有到优”，逐渐跟上。2016 年经常听到的“消费升级”“供给侧改革”说的就是这个变化。举一个简单的例子：30 年前父辈买米只有去粮站这一种选择，而今天，可以在网上买、在超市买，可以选择散装、精装甚至从各国进口的米。

1.2.4　与“传统”产品经理的区别

可能有传统行业的同学会说，我们也有产品经理啊，而且很多年了，难道做的事情不一样？没错，传统行业的产品经理更偏向营销、推广，有时候也叫品牌经理，通常在组织结构上属于市场部。

个人认为，这是因为传统行业的产品已经相对稳定，能为公司创造更大价值的事情是偏营销的。所以，作为要对最终产品结果负责的人，产品经理就把主要精力放在营销上了。

而泛互联网行业的产品经理，由于很多产品不成熟，甚至有些产品尚未有准确定义，且每时每刻都可能出现新的东西，工作重点自然更侧重于产品上市前的产品定义，以及需求采集与细化等。所以，很多公司的产品经理都隶属技术部，向 CTO 汇报[2]。

任何一个行业，从诞生到成熟，似乎都会经历从先重技术、抓生产制造，到重产品、抓创意设计，再到重运营、抓市场营销的过程。之后，再从一个成熟行业里诞生出更多新的、细分的行业，如此循环往复。在二十一世纪前十年，中国互联网行业的

2　笔者对此并不认同，认为产品和技术应该是并列的两个部门。

明星百度、腾讯、阿里（简称 BAT）依次闪耀，就是很好的佐证。

互联网行业的特点，会催生一些新的方法论：比如更重视种子用户，敢于推出不完美的产品，更加强调小团队灵活应战，等等。而本书提到的产品经理，如无特殊说明，是指包括互联网、移动互联网等在内的新兴行业的产品经理。

1.2.5 十年，产品经理逐渐成熟

首先看看十年前发生了什么事情吧。

十年前，腾讯股价还不到 2 元港币，2016 年中已经在 200 元左右了，所以十年间腾讯股票几乎翻了一百倍。

十年前，百度在和刚刚进入中国的 Google 厮杀。李开复老师也刚来中国，在各地巡回演讲，为 Google 招募他的 50 名门徒，还没毕业的我也参加过一场。

十年前，阿里集团主要靠 B2B 卖会员费的方式养活自己，还没有天猫、聚划算、阿里云、菜鸟等一系列产品，淘宝还是一个不大的购物网站，而支付宝，几乎就是淘宝的财务部。

也是在十年前，2006 年，前金山副总裁，现馒头商学院院长王欣，出版了中国产品经理界的第一本书《产品经理实战手册》，这本书的定位有点偏 IT 行业的产品经理，和互联网行业的产品经理还不完全一样，所以鲜有人知。

十年前我也已经参加工作了，当时的岗位是需求分析师，那时业内还很少听到产品经理这个词。

我们在十年前的蛮荒时代慢慢走了几年。一群人经常聚在一起，大家渐渐意识到自己好像是在做“产品经理”这个岗位。我也渐渐意识到，产品经理是非常重要的一个岗位，它的思维方式和做事方法，是学校里根本不教授的，但这些才是商业环境里真正重要的东西。

于是，我希望每一个人都应该拥有这些能力。2009 年初，我提出了一个口号：人人都是产品经理。当时没有人知道我，也就没有人觉得有什么问题。但随着同名的书渐渐被人知道，这句话的争议就越来越大。当然，也有人会觉得这句口号还不错，比如原网易的产品总监纯银，他对口号的理解和我是非常一致的，如图 1-3 所示。

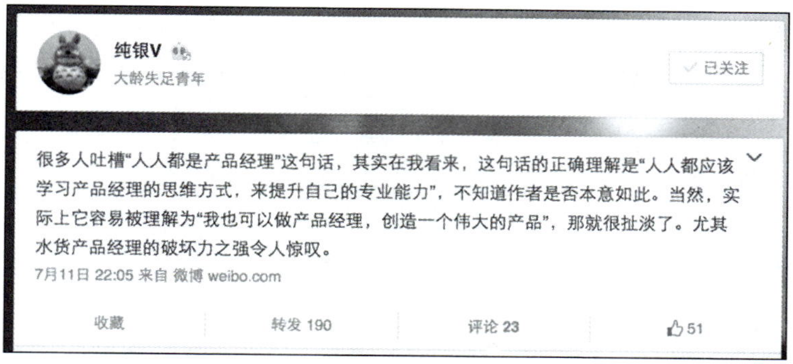

图 1-3 纯银对人人都是产品经理的理解

当然有些人认为产品经理这个岗位就是纯扯淡的，只要技术、设计强一点，团队就根本不需要这个岗位[3]。所以，产品经理这个岗位，也是在争议中一点一点成长起来的。从整个业界的关注度来说，这个岗位是从 2010 年左右才算真正火了。

图 1-4 是百度指数的截图，如果同学们也想看看其他时间跨度的大趋势，完全可以在百度指数上去搜一下相关的关键词，就能看到一个跨年度的趋势。大家可能会发现，虽然这个岗位的争议那么多，但是它的热度还是在不断上升，而且"人人都是产品经理"的热议更是有增无减。

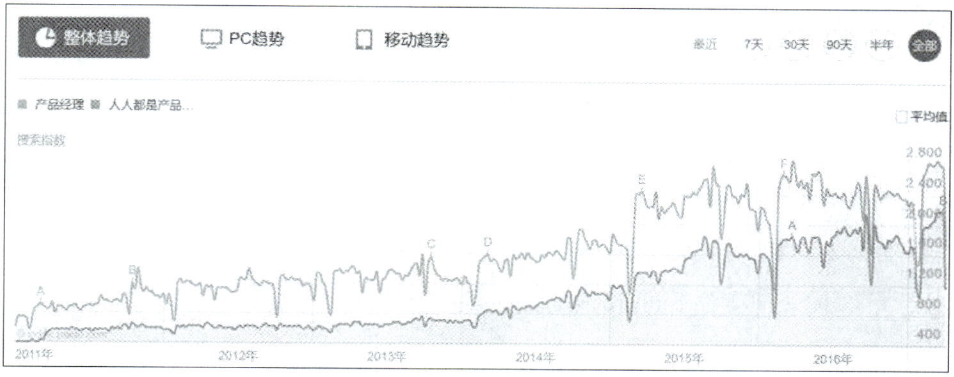

图 1-4 "产品经理"、"人人都是产品经理"的百度指数趋势

对于互联网行业，十年间产品经理岗位经历了"前产品经理时代"、"产品经理时代"，已经即将进入"泛产品经理时代"。如果把"产品经理岗位"当作一个产品，从

3 2016 年 10 月我去硅谷考察，确实发现那里的技术、设计人员做掉了部分初级产品经理的工作。但这需要整体人才结构的支撑，国内的技术、设计人员还做不到。另外，对高级产品经理的需求，无论哪里都很旺盛。

它的初创期、成长期、平台期来看，这个产品现在正处于爆炸式的成长期，这个岗位也从早期的粗放式定位，渐渐定义明确、出现细分，并且也可以选择把部分职责交给周边的团队。

一个岗位出现细分，说明成熟度和专业度增加，也就是说“不好混了”。比如技术岗位明确分为开发、测试、运维等，而开发还可以继续细分为客户端、服务端开发等。那么，现在产品经理岗位都有哪些常见的细分角度呢?

第一，明确的层级定义。本书第 11 章“从产品助理到 CEO”，会专门从职业发展的角度聊这个话题。

第二，按照产品生命周期不同阶段的主要任务，细分为四个发展方向：产品架构、产品设计、产品管理、产品运营，这些在 1.4.2 节中将会细说。

第三，产品类型不同，背后需要产品经理具备的能力也不同，据此的细分也可视为产品的细分。2.2 节会对此展开详述。

1.3 思维方式与性格特点

产品经理这群人，到底有什么特别之处？或者说，泛产品经理们要做好产品，需要具备哪些非技能层面的素质？下面来说几个要点。

1.3.1 从“学生”到“职场”

先要学会面对真正的“问题”。

见图 1-5，图里是个题目：一辆 3.05 米高的货车要过一个 3 米高的山洞，怎么办?

大家可以先不要往下看，试问自己的第一反应是什么。

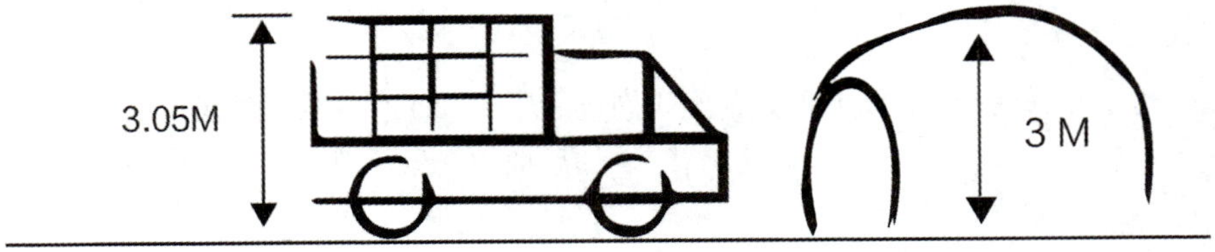

图 1-5 货车过山洞

对很多人来说，第一反应无非是：放气？卸货？绕路？再叫一辆车？甚至，挖洞？放弃？等等……

脑洞大一点的同学，可能想出几十种解决方案。很厉害，但你有没有发现，不同的方案，对问题的理解其实并不一致。

比如，有些是“过山洞”，有些是“不过山洞”。而这两类方案，都可以分别给出积极和消极的评价。

过山洞：直面问题，迎难而上 VS 思维僵化。

不过山洞：思维灵活，巧妙应对 VS 回避问题，万一老板或用户真的就是要体验“过山洞”呢？

无所谓好坏，关键点在于，这里的“问题”到底是什么呢？

一看到问题，马上就想答案，这是典型的“学生”思维，因为我们所受的学校训练，绝大多数都是针对“经过简化的问题”：有确定的目标、完备的信息，有刚刚学过的解法，有标准答案……而职场中，面对的问题通常目标不明、信息片面、闻所未闻。特别对产品经理而言，各种用户提的问题，一般都是经过扭曲、有欺骗性的，要怎么解决也没有标准答案。

回到例子中，真正的问题到底是什么，其实我们并不知道。第一步要做的，是去收集信息，用产品经理的话来说就是——采集需求。

有一些典型的问句，比如：

为什么要过山洞？可能是因为装着一车西瓜，要运到山洞另外一侧的水果批发市场卖掉。所以，“过山洞”并不是目的本身。

提出这个问题的人是谁？是货车司机？我发现在绝大多数人的第一反应里，都觉得自己是司机、是货主、是批发市场的小老板，或者是路政部门的工作人员。角色不同，对解决方案的选择也会有差异。

是否有路可绕，绕路有多远？思路拓展一下，将问题转换为基于成本的考虑，成本涉及油费、时间，可能还有过路费。

过了山洞以后还有多远？如果还要跑一段高速，可能“放气”这一招的结果就很危险。

此事发生的频次是多少？如果经常发生，假设一个场景，这个山洞是几十年前造的，确实比较窄，如今经常有一些大车过不去，得绕路。这时候，也许“挖洞”扩建一下，反而变成了最应该做的事情，甚至新开路都值得。这叫“只做一次的事情找可行解，反复做的事情求最优解”。

我们发现，当没有去收集、分析信息时，虽然也能提出很多方案，但在真正实施时会碰到很大的困惑——到底怎么做更好呢？

而转变为产品经理式的思维后，可以获得两大好处：

第一，有了更多选择。也许一些更优的方案就在这个“更多”里。这应了“更多选择，更多欢笑”这句麦当劳多年前的广告词。打个比方，也许我们可以打一个电话，让批发市场的小老板开一辆小车来运掉一部分西瓜，车就能过去了。

第二，可做价值判断。对性价比的评估是产品经理的必修课。如果正在执行紧急任务，绕路很远，时间很赶，说不定丢掉一小部分货物反而成为最佳选择。

其实，各种方案无所谓好坏，只取决于是否适合对应的场景。

最后提一下“放弃”。这个在学生时代面对作业题、考试题时较少使用的解决方案，在产品工作中，反而成了最常用的方案——100 个需求中，被放弃掉的往往是大多数。

小结一下，面对问题时如何理解和做出基本应对，产品经理给出的答案是“先搞清问题，后选择方法”，而不是直接去设法解决。中国教育的不足，体现在封闭式的问题太多，而开放式的问题太少，这一弊病在做产品的过程中，正好可以得到纠正。

1.3.2 从“用户”到“产品经理”

人类从远古发展到今天的过程，就是不断意识到自己有多么渺小的过程——自我中心、小区域中心、全人类中心、地球中心、太阳中心……渐渐发现越来越大的世界。而从“用户”到“产品经理”的心理切换，强调的就是要改正以自我为中心的思维惯性。

举个例子，如图 1-6 的政府工作报告，读者中有谁是每年都认真看的？

政府工作报告

——2016年3月5日在第十二届全国人民代表大会第四次会议上

国务院总理 李克强

各位代表：

现在，我代表国务院，向大会报告政府工作，请予审议，并请全国政协各位委员提出意见。

一、2015年工作回顾

过去一年，我国发展面临多重困难和严峻挑战。在以习近平同志为总书记的党中央坚强领导下，全国各族人民以坚定的信心和非凡的勇气，攻坚克难，开拓进取，经济社会发展稳中有进、稳中有好，完成了全年主要目标任务，改革开放和社会主义现代化建设取得新的重大成就。

——经济运行保持在合理区间。国内生产总值达到67.7万亿元，增长6.9%，在世界主要经济体中位居前列。粮食产量实现"十二连增"，居民消费价格涨幅保持较低水平。特别是就业形势总体稳定，城镇新增就业1312万人，超过全年预期目标，成为经济运行的一大亮点。

——结构调整取得积极进展。服务业在国内生产总值中的比重上升到50.5%，首次占据"半壁江山"。消费对经济增长的贡献率达到66.4%。高技术产业和装备制造业增速快于一般工业。单位国内生产总值能耗下降5.6%。

——发展新动能加快成长。创新驱动发展战略持续推进，互联网与各行业加速融合，新兴产业快速增长。大众创业、万众创新蓬勃发展，全年新登记注册企业增长21.6%，平均每天新增1.2万户。新动能对稳就业、促升级发挥了突出作用，正在推动经济社会发生深刻变革。

——人民生活进一步改善。全国居民人均可支配收入实际增长7.4%，快于经济增速。去年末居民储蓄存款余额增长8.5%，新增4万多亿元。又解决6434万农村人口饮水安全问题。扶贫攻坚力度加大，农村贫困人口减少1442万人。

科技领域一批创新成果达到国际先进水平，第三代核电技术取得重大进展，国产C919大型客机总装下线，屠呦呦获得诺贝尔生理学或医学奖。对我国发展取得的成就，全国各族人民倍感振奋和自豪！

图 1-6　政府工作报告文字版的开头

估计不多。想想其中原因，无非是：感觉和自己关系不大；字太多了，看起来很累，抓不住重点；各种内涵看不懂，看了也白看……没错，我也有类似的感觉，所以原来也是不看的。但最近几年开始看了，并不是因为思想觉悟提高了，而是因为我发现，每年三月政府工作报告发布之后不久，网上就会出现一种如图 1-7 的版本，我把它称作“脱水版”。

图 1-7　政府工作报告脱水版部分截图

它以一种“信息图表”的方式，保留了 90%以上大众关心的信息，省掉了 90%以上的文字，我很喜欢。那么问题来了，大家体会一下这两个问题的差别。

政府工作报告作为一个产品：

1. 你喜欢哪个版本？

2. 哪个版本更好呢？

对于第一个问题，我想大多数人都会给出轻松的答案——喜欢后者。这是典型的用户思维——千金难买我愿意。但，对于第二个问题，就没那么简单了——它没有问你的喜好，而是试图分析产品的优劣，这是产品经理的视角。

想一下，其实答案也很简单——各有利弊。一个产品的好坏，要看对应的用户需求场景。很明显，第二个版本更合适普通大众，用来简单了解政府工作概况。而第一个版本，更适合政府工作人员，因为工作原因，他们需要了解得更细致。公务员们甚至可以通过对比同一句话在前后两年报告中用到的“强烈”一词的多少，解读出国家政策的调整。

每个人每天都会以用户的角色接触成百上千件产品，所以习惯以用户的视角来看待这个世界，因为这是一种简单、直接、更舒适、以自我为中心的方式。

作为产品经理，日常工作中如果经常用“我觉得”、“我以为”、“我用过”这样的句式，意味着可能要犯错了。要做好产品经理，就必须摆脱以自我为中心，转向以用户为中心，换句话说，即具备“同理心”。但说起来容易做起来难，而难上加难的是，用户还是千差万别，甚至利益互相冲突的。到底应该以哪个用户为中心，后面的章节会细说。

所以，需要时刻提醒自己，用户和我们是不一样的，我们并不懂用户，但必须要有能力切换成用户视角来发现产品问题。有些讨巧的做法是做一个自己需要的产品，或做一个自己就是典型用户的产品。有些公司在招人时，也用了类似的思路，招聘领域玩家做产品经理。例如，做户外社区，要求产品经理必须是一个资深的户外爱好者；做母婴电商，要求产品经理最好有个还不大的宝宝……

我们更习惯做用户，但做产品经理显然能创造更大的价值。当你掌握了产品经理式的思维，甚至只是知道有这种思维后，就很可能乐此不疲。每个人都喜欢做上帝，为什么很多人沉迷于玩游戏，就是因为控制着游戏世界的体验，给了玩家上帝的感觉。若把用户比作人类，产品经理就是上帝[4]。

所以，很多人喜欢做产品经理，至少自认为喜欢做产品经理，有可能仅仅是迷恋“指手画脚”的感觉。在我看来，每个用户都是没有开启上帝模式的产品经理。或者说，每个人心中都潜伏着一个产品经理，最终还是那句话——人人都是产品经理。

1.3.3　从“现象”到“本质”

不再被表象蒙骗，追问逻辑的尽头，你会发现任何事情的本质其实都是很简单的。

产品经理看到一个现象时，会问为什么会有这样的现象，希望了解现象背后的本质原因。来讲一个真实的产品案例，这个案例从提出问题到最终想清楚，用了 9 年时间。

这个问题就是：在淘宝的交易过程中，到底何时减库存？

大家都知道，淘宝的交易分以下几个主要步骤——买家拍下、买家付款、卖家发货、买家确认。更早的选购过程和确认收货之后的评价等环节，与库存无关。

如果不考虑电子商务和系统，仓库里减库存的实际动作一定是发生在“卖家发货”时。后来，有了 IT 系统，系统的优势就在于能提前知道一些事情，从而通过预判做出更好的管理决策。所以，系统一定是在真实的减库存发生之前，先做预留库存的动作。于是，争议的焦点发生在买家“**拍下减库存**”与买家“**付款减库存**”之间。

4　这句话需要大家辩证理解，说的只是看问题的视角，而在服务心态上，产品经理要把用户当上帝。

现在暂时不考虑卖家后台的库存管理怎么做，只看在商品详情页面上，展现给用户的库存数字，应该什么时候减少？

“拍下派”的主要观点：

买家既然拍下，就是有购买意向，应该把库存给他留着。否则，拍了以后，过一段时间付款却被告知缺货，买家会很恼火。“拍下派”很重视用户体验，更“亲”买家。他们会碰到的问题，是“拍了不买”，这个问题最极端的表现就是“恶拍”。比如，竞争对手把你的商品的所有库存全拍掉，也不用付钱，你的商品就全下架了。

“付款派”的主要观点：

他们也重视用户体验，但更“亲”卖家，认为买家拍下也不一定会买，有人把拍下当收藏夹用，导致卖家无法准确预估库存，并且真正想买的人反而买不到。买家付款成功以后，才是真的确定要买了，这时才留一个库存给他。“付款派”会碰到最严重的问题，是“超卖”，因为系统在付款成功之前，都不减库存，所以总是会发生“短时间内多人都在付款，钱都扣掉了，但是系统却发现库存不够了”。这很可能带来很多投诉，让客服的工作量，甚至公关部门的工作量剧增。可见，产品经理一定要有大局观，否则你的一个简单设计，就可能导致其他团队加班，甚至要多招几个人。

两种选择都有优点，也都有问题，现在先来看看各自问题的对策。

首先是对付“**恶拍**”的几个办法。

系统可以增加“库存保留时间”，聚划算及很多独立 B2C 都这样做了。具体的做法是，“拍下减库存，但是如果你在 N 分钟内不付款，就取消订单，库存回加”。但这对于秒杀这种业务没用，因为所有拍下的动作都发生在几秒钟之内，系统总不能把库存保留时间设置为几秒——如果真这样的话，正常的交易行为都来不及付款。所以，限购是另一种办法。

限购，是指用某种条件来限制买家的购买件数，比如一个淘宝账号、一个 IP 等只能买 1 件。这样的话，恶拍的成本就会被大大提高，而对于秒杀，其实卖家在乎的不是卖给谁，重要的是流量和人气。

此外，还可以通过一些安全策略来对付恶拍的问题。比如，通过模型判断，直接干掉恶意账号，或者禁止其购买。

然后再聊聊对付“**超卖**”的几个办法。

先分析一下超卖的本质。买家拍下后，付款的动作拆解开来是这样的：先确认订单，再到支付宝，再到网银（非必须），网银支付成功，返回信息给支付宝，支付宝再返回信息给淘宝，再减库存。最后一件宝贝可能有三五个人同时确认订单并进入支付宝，如果这三五个人都付款成功，就都会相应地减库存。只要付款的动作是在几个不同的系统之间传信息，这个过程就一定有时间差，“超卖”就难以避免，特别是对于那些超级火爆的商品。

解决的办法也有很多，最容易想到的就是在付款过程中，尽可能晚地验证是否有库存（相对拍下的时间而言）。比如，在用户确认订单要付款的时候，再验证一下。但彻底解决不可能，除非各种网银和淘宝、支付宝的系统完全打通。你也可能想到把减库存的时机提前，比如在“确认订单”时减，但严格意义上来说，只要付款未完成，都不能算“付款减库存”，会遭遇“拍下减库存”（指占着库存但并没真买）的问题。

采用的另一种办法，就是各种提示——在商品详情页面及订单各步骤页面，都告诉用户“这个商品比较火爆，如果不及时付款，不能保证有库存”。这样做的成本很低，也的确能减轻很多客服的压力，是个好办法[5]。

近年，也有不少电商网站采取了“排队”的做法，既然人太多了，干脆限流——不让部分用户进入拍下、付款的流程，也可以缓解各种问题。当然，这与何时减库存关系不大。如图 1-8 所示，小米手机在抢购时，需要排队。

图 1-8　小米手机抢购时的排队界面

这个问题表面是拍下减库存还是付款减库存的选择，背后其实是犹如“豆浆甜咸两党之争”的严肃问题。买家和卖家都是淘宝的用户，淘宝到底该亲买家，还是亲卖家？

淘宝是平台，作为平台，最怕各方利益失衡。所以，为了可持续发展，淘宝其实希望买卖双方能够“势均力敌”。那么，答案就出来了——帮哪边，需要对市场供求关

5　有时，技术层面的小动作能带来商业层面的大效果，反之，技术层面的大动作也可能没什么商业价值。

系进行判断。如果某个市场是卖方市场，那么就要多帮帮买家，反之亦然……

然而，整个淘宝肯定不是一个有统一属性的市场，还需要细分。比如，“聚划算”就是一个典型的卖方市场，所以应该帮买家，采用拍下减库存。对供需关系的判断，需要根据各种场景来不断细分以提升效率。有几年，淘宝的产品技术团队就投入了很多精力对各种场景做细分，对减库存时机判断的代码也越来越复杂。直到有一天，系统复杂到大家都崩溃了，谁也不敢再改这个系统。相信做过大型网站架构的同学可以体会其中艰辛。

怎么办？再一次追问逻辑本质：最细分的场景到底是什么。是一个垂直市场？一个卖家？一个商品？都不对，最细分的场景应该是每一笔交易。那么问题来了，淘宝可能知道每一笔交易到底是卖家还是买家强势吗？答案是：“不能”。

这时候，淘宝已经成立 9 年了。这一年，凯文·凯利的《失控》一书在互联网圈大火，意外地成为破局的关键。忽然有一天，淘宝的产品经理说：我们不知道，但是卖家知道啊，何须我们来决定用哪种方案呢？至此，大家恍然大悟。

最后，只须告诉卖家两个方案各自适合的应用场景，就可以把选择权彻底交给卖家。当然，这个放手也不是一下子全放，基本的策略是先放权给一些成熟的大商家。

而这个决定背后，产品经理思考的是“控制”还是“放手”。淘宝作为一个平台，应该自己定规则么？还是只提供基础设施，让卖家更多地来决定自己的规则？一个看似简单的技术规则的问题，深究到背后，其实是一个类似于治理国家的问题——大政府和小政府孰优孰劣，各自的适用场景是什么……这也是为什么到了后来，淘宝会请很多人类学家、社会学家、经济学家来讲学的原因。

减库存的故事讲完了。除了看问题的深度，这个案例还告诉我们，产品经理碰到的实际问题，往往没有完美的方案，只有去用心研究，才能够找到相对合理的方案。更重要的是这个过程对产品经理自己的提升。

1.3.4 还有什么性格特质是加分项

上述三点，都是知易行难，即使是做产品多年，也要记得时刻自律自省。下面，再看几个经常被提到的对于产品经理的加分项。

热爱生活，好奇心

产品经理就要站在行业的潮头，如果你是一个畏惧改变、因循守旧的人，那建议重新考虑是否要入这行。只有对各种新鲜事物都了如指掌，才能发现先机。很多时候，机会的时间窗口只有不到三个月。在移动互联网刚开始时，就有一些产品经理，随身四五个手机，每天研究各种系统、各种机型，以至于每次坐飞机过安检都要被盘问很久。

类似地，还需要具有**“创新精神”，要勇于尝试和持续学习**。

理想主义，完美主义

这话要辩证地理解，一方面要有“处女座”人格对关键细节的追求，另一方面也要有大局观，知道战略比战术更重要，知道合理妥协的必要性。而要掌握这一平衡，经过现代科学训练的逻辑思维能力不可或缺。

有一个被问过无数次的问题：理工科还是文科生更适合做产品经理？

我的答案是，就产品逻辑而言，理工科出身的同学更有优势，但文科同学的优势会在“用户洞察”这方面更容易发挥。最终谁会胜出，还要看综合能力。比如，有科学素养的文科生和有人文精神的理科生，都是这一岗位的上佳人选。理科生容易上手，但文科生的职业天花板更高。因为科学和技术只能保证你不犯错，但人文和艺术可以让你达到新高度。另一方面，也要结合产品形态。比如，定位在专家用户和 2B 业务的产品，其产品经理必须要有强大的技术背景。

类似的问题还有，技术还是市场运营更适合转型做产品经理，答案的思路也很相似。

善于沟通，团队精神

要承认自己的力量是有限的，因为做产品是需要靠团队来拿出结果的。用非行政命令的手段，带领团队向着一个目标前进，是一件很具挑战性的事情。

抗压，自我激励，情绪调节

最后，强调一种“淡定”的心态。比如，碰到下面这些事情，你能受得了吗？

你会被“强奸”：比如一个很强势的运营同学，被逼着做自己不认可的需求。

你会听到产品上线后无数用户在劈头盖脸地骂“这是哪个傻帽做的”，而你就是那个傻帽。

你会无奈地回滚：比如，因为自己没想到一个小细节，导致产品只能回到几个月前的版本。

你会被老板逼着 2 周做出一个功能，然后被开发告知至少要 2 个月。

你会突然得知项目取消，然后老板要你把这个消息告诉那帮天天加班到 12 点的兄弟。

你会被扔来一个烂尾产品，除了你以外，团队没有任何士气。

你会发现老板和老板的老板观点不一致，最终的方案却要你来决定。

你会和其他产品经理吵架，老板怪笑着表扬你，说这是对工作有要求。

你会通宵发布，然后拉上同学们一起聚餐——是早餐。

……

1.4 产品经理的日常

看了这些性格加分项，如果你觉得“说的就是我啊”，那么我们就接着聊产品经理的日常，看看是不是你想要的生活。

1.4.1 入行，社招与校招

这一节聊聊入行的话题，再给大家一个做产品的理由——这是个很难被机器替代的工作。

世上的学科，可以分成两大类：科学和人文。

科学的认知对象是“自然世界”，人文的认知对象是“人类经验”。我们经常听说，最厉害的产品经理要“站在科技与人文的交叉口”。这个交叉口是什么？其实就是广义的设计，其认知对象是“人造世界”，即用人类经验改造自然世界。

这里的广义设计，仅仅在日常所接触的工作中，就包含了产品经理、技术开发、设计师等很多岗位，而一线客服、销售、售后服务就很显然不是这种岗位。设计出人工世界、人造物，其实就是创新。由于真正会“设计”的机器还没有，所以这是一种安全的职业。

回到招聘和应聘，无非是找到事和人的匹配，你是否顶着“产品经理”的名号反而不重要了。

事：要我做的任务。对公司来说，想清楚业务是根本。

人：要具备的能力。为了做任务，需要具备什么知识、技能、态度。

我们可以根据招聘启事，总结出大家想要的是什么样的产品经理。不同层级、不同产品、不同任务侧重、不同团队的实际情况都会不同。建议想入行的同学可以去做一做“产品经理招聘启事”的分析报告，也算是练习一下“市场调研”的基本功。此外，校招、社招也有很大区别，前者是储备培养，后者是立刻干活，二者的搭配体现了长短期价值的平衡。

说一说校招面试时常问的一些问题吧，可以根据具体对话展开细节问答。

你是怎么准备这次面试的？

如果你是面试官，怎么处理霸王面的人？

对于简历有多页的人，会问，你的简历如果简化为一页，你打算删掉哪些模块，为什么？

经常用互联网产品吗？举几个例子。最常用的一个是什么？假设你是它的产品经理，你觉得它主要有哪几类用户？说说这些用户的优先级及其原因。你自己是哪一类？通常都用哪些功能？描述几个让你不爽的场景。怎么改进？你觉得他们为什么没这样改？

……

其实原则很简单，就是想办法问到一些面试者没法准备的问题，然后看对方解决问题的思路。

潜力怎么判断？几年前我不知道，但是现在有一点感觉。

只有一条的话：**激情，即意愿**。

对某个领域的激情是能看出来的，不是说出来的。其实不在乎你怎么想，而要看你做了什么。比如，你说想做移动社交，可能要看看你的手机，能拿出来几个，都是什么系统和版本号，装了哪些相关的 App，甚至还要看看里面的操作痕迹。是否是为了面试这两天才注册的……

更进一步地，“做过什么”是指“输出”而不是“输入”。诸如看过什么书，平时逛什么网站等，都是输入，而写过一些言之有物的文章，做过一些哪怕很小的 Demo，都算输出。

再加一条的话：**会不会学习，即能力**。

需要某件坚持做并达到一定水平的事情来证明，健身达人、境外游达人等都可以。要讲点能体现专业性的东西——任何领域，达到准专业水平都需要一些相似的素质，比如韧性与坚持、合理的方法论等。只说不练的不算，如果以上这些潜能在应聘者身上都没有发现，那就只能看已有成就了，比如名校、GPA 高这些最简单的表征。

所以，对于面试，其实没什么可准备的。因为如上面所说，好的面试官会努力排除“准备是否充分”的影响，考察你过去很长时间的真实情况，而不是只依赖于面试的几十分钟。对我来说，如果你在网络上有些痕迹，比如知乎，会加分。

而对于社招，主要就是看候选人是否匹配当前岗位了，比如，有没有做过类似的产品，经手的产品有没有取得不错的成绩。找到一位合适的人要碰运气，可以去你的竞品那里找，去你认可的产品那里找，或去你认可的人那里找……

对于招人相关的话题，在第 07 章“立项组队”的话题里还会再说。当然，你也可以选择不顶着产品经理的 Title，做产品经理的事，下面，就看一下产品经理都要做些什么吧。

1.4.2 一天里的典型任务

终于开始要做产品了。下表是产品经理典型的一天，“你以为的”和“周边团队的小伙伴认为的”状态对比：

时间	自己以为的	周边团队小伙伴认为的
09:30	一边啃包子，一边看各种数据和邮件——信息收集	他确实来的比我们早一点儿，不知道在干啥
10:00	来来来，我们开个晨会吧——带团队，分解任务	狐假虎威，发号施令
10:20	晨会结束，有些问题暴露出来，需要尽快解决——与各种角色沟通	又去骗人，各种忽悠
11:00	午饭前这段时间，找个没人的会议室把自己关起来，好好想想这个迭代做完以后的事情——规划与计划	画饼，希望这次画得像一点
14:00	又有突发情况，技术说有个功能实现不了，兄弟部门不配合——争取各种资源	吵架，这几年看他就吵功涨了不少
15:00	约了个用户在公司旁边的咖啡馆聊天，做市场调查、研究用户	不干正事，出去野了
18:00	开发说新功能自测完成，可以内部试用了——跟进项目，验收功能	当监工
20:00	终于大家走得差不多了，可以静下来定义下一期的产品与功能了	那个家伙又开始写一些不知所云的文档了

产品经理们喜欢自黑，常说自己是“产品狗”，白天开会，晚上写文档。要做的事情的确很多，列出来就是下面这个典型任务表格。

典型任务	任务说明（包含潜在的替代部门、岗位）
新人入门	公司相关的知识/技能/态度（内部转岗的容易胜任）
熟悉领域	特定产品的行业知识等（相关行业转来的容易胜任）
业务规划	更偏商业敏感度，战略层面（运营人员也要做）
产品规划	未来做什么产品达成业务目标
用户研究	用户洞察，研究的方法（用户研究员）
数据分析	数据分析相关（商业智能团队）
需求分析	需求的采集、开发、管理等
产品设计	偏狭义用户体验（UED，交互设计师）
文档撰写	主要是 PRD、Demo、MRD 等文档
沟通协作	与各种周边角色沟通协作
项目管理	项目管理相关（项目经理）
产品运营	运营，推广，营销面（产品运营人员）
熟悉技术	对特性产品技术面的了解（做过技术的容易胜任）
团队管理	人员培养，组织进步方面（做过管理者的容易胜任）

显然，一个产品经理不可能同时做这么多事情，需要分阶段、分任务类型。最开始是产品的定义与架构，然后是产品设计，接着做出来，最后推出去，这个过程逐渐发展成四个可能的发展方向。

- **产品架构**：定义、规划产品，确定产品定位，规划、把握产品的节奏，对产品进行宏观把控，对经验要求较高。
- **产品设计**：负责产品细节设计。2C 的产品，需要和交互设计紧密配合，注重用户体验；对于海量用户的产品，细节设计会产生很大价值（腾讯就是这个方面的典范），但职业天花板相对低；2B 的产品，主要是业务逻辑、流程、规则的设计。
- **产品管理**：狭义的管理，偏资源协调、跟进实施和团队建设，有点像项目管理，负责把产品做出来。
- **产品运营**：负责产品大运营，解决产品“有人用”的问题，建立产品与用户的通路，负责营销推广。

一个产品经理能做到四项都强最好，这样可以节省巨大的沟通、管理成本，但培养这样的一个神，至少需要十几年。所以，在国外，常常看到一些 40 岁左右的产品经理，他们确实是能大包大揽的“真·产品经理”。而国内互联网行业以及产品经理岗位，发展时间还很不够，这种人至少要 5 ~ 10 年后才可能成批出现。现在，这批人就是行业里的 CEO，他们根据实际情况来分权，带领几个各有擅长的产品经理，甚至把部分任务分给技术、设计这类“泛产品经理”，从而完成整件事情。大家也可以考虑自己擅长哪方面，根据公司需要和个人兴趣选择发展方向。

1.4.3 周边团队从小到大

先看一张经典的图。产品经理应该是一个交叉的核心，是在设计、技术和商业中间的那个什么都懂一些的人，如图 1-9 所示。

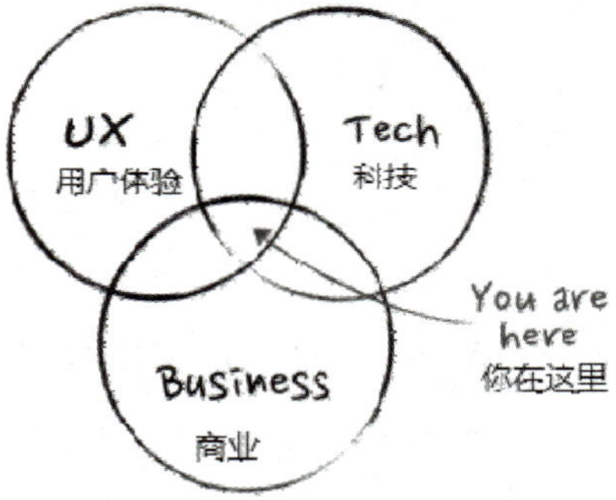

图 1-9 产品经理在团队里的位置

从一个人发展为一个整编团队，创始人一定要承担起产品经理的角色，因为最开始要想清楚的是：要做什么来解决什么人的什么需求。

产品经理把要做的产品想得差不多的时候，团队就会开始扩张。团队成员一般会分为以下三个角色。

- 产品：让产品有用。
- 技术：让产品可用。
- 设计：让产品好用。

注意，这里说的是角色，不是自然人。所以，个人认为最佳的初创团队，其实是一个“会写代码，有点商业感觉，又有点审美”的技术人员，比如 Facebook 的扎克伯格。

这个时候，商业的事情通常由产品经理兼着思考，产品做出来之后，会引入第四个角色：运营。广义的大运营，是让产品“有人用”。

产品、技术、设计和运营四个角色可以构成相对完整的团队，随着产品的迭代优化，团队会越来越大，每个角色又开始逐渐细分。

技术团队细分出开发、测试，运维等岗位。而开发又可以分为客户端和服务端开发，客户端还可以进一步细分为 iOS、Android、Web 等。

设计团队开始细分出视觉设计、交互设计、工业设计（实体产品）、服务设计等。

广义运营团队开始细分出销售（卖产品）、市场（空中轰炸）、客服（服务客户）、狭义的运营（用户、活动、内容）等。

公司越来越正规，开始出现 HR、行政、法务、财务等精细化分工。

对了，还有一个很关键的角色没说——外部用户。有一句很值得仔细体会的话：“用户是产品的一部分”。比如，对于游戏来说，“如果你在免费玩一个游戏，那么你其实是这个游戏提供给付费玩家的一个功能”。

所以，产品经理除了在公司内是各个角色的黏合剂，还是公司内外的接口，要负责把用户的声音带给团队，甚至把用户发展成广义团队的一部分。

举个高德地图的例子：如何知道某条道路的拥堵情况？

传统的做法是在路口安置摄像头。相信大家都见过晚间新闻报道交通情况，一个大大的监控画面，细分为几十个路口的画面，由此来判断是否拥堵，这是典型的“自上而下”的做法。而高德，可以利用海量用户在每条路上使用高德的数据，包括密度大小、移动快慢等来获得拥堵情况，这是典型的“自下而上”的互联网做法。

可以推测一下，如果产品要获得“指数级增长”，而不是“线性增长”，“自下而上”的做法明显更有可能。

而随着团队越来越大，最早的几个人的身份也开始发生变化。如果他们跟得上团队发展，技术成为了 CTO，运营成为了 COO，设计可能会留在产品团队里，在特别重视设计的公司，还会有 CDO，而产品经理会发展成为 CEO。

所以，有一句特别鸡汤的话：“产品经理是 CEO 的学前班”。

1.5 延伸阅读与练习

本书在每一章的最后（除了第 00 章以及第 12 章），会提供“和我有关的 5 本书”[6]里与本章内容关联的章节，作为扩展阅读。其中的笑脸图标表示推荐阅读，冷漠脸图标表示选择阅读。书名与对应章节，这里采取了一些简化的写法，相信大家可以看懂。另外，也可以根据每一章提到的各个关键词来进行扩展阅读。

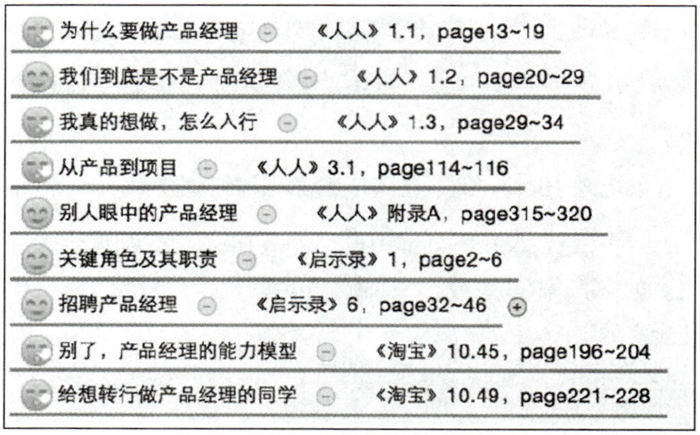

最后，每一章都会给出一些练习作业。本书的练习作业多为文章，也有少量的案例分析、模板设计，输出的形式不限，可以是 Word、PPT、Excel，甚至几张图。我个人就因为多年来不断地总结、输出而受益颇多。所以，建议读者可以从现在开始，开通一个属于自己的自媒体账号，微信公众号、个人博客、知乎专栏、简书等都可以，关键是要坚持，哪怕一周一篇，坚持一年，收获必定不菲。

如果你真的这么做了，记得告诉我。也许，它们会作为更新的内容，出现在本书的新版本里。

任　务	难度星级	耗　时	目　的
文章：产品经理与众不同的思维方式与“职业病”	★☆☆☆☆	1	适合新人，特别是还在犹豫到底要不要跳进这个坑的朋友，判断自己有哪些先天的优势，还有哪些思维方式与性格上的不足

[6] 五本书分别为：《人人都是产品经理（纪念版）》、《淘宝十年产品事》、《启示录：打造用户喜爱的产品》、《四步创业法》、《有的放矢》。

续表

任　务	难度星级	耗　时	目　的
文章：招人标准，我愿意招什么样的产品经理	★★★☆☆	2	适合资深的产品经理，总结一下自己招产品经理的筛选逻辑，最好能形成一个模板，以后招人可以轻松一点
文章：说说我们行业的产品经理	★★★☆☆	2	产品经理 Title 相同，做的事情千差万别，如果发现你们公司、行业的产品经理，与本书描述的差异巨大，不妨展开分析一下，不同点在哪里，原因又是什么

注：表中耗时的单位是“小时”。

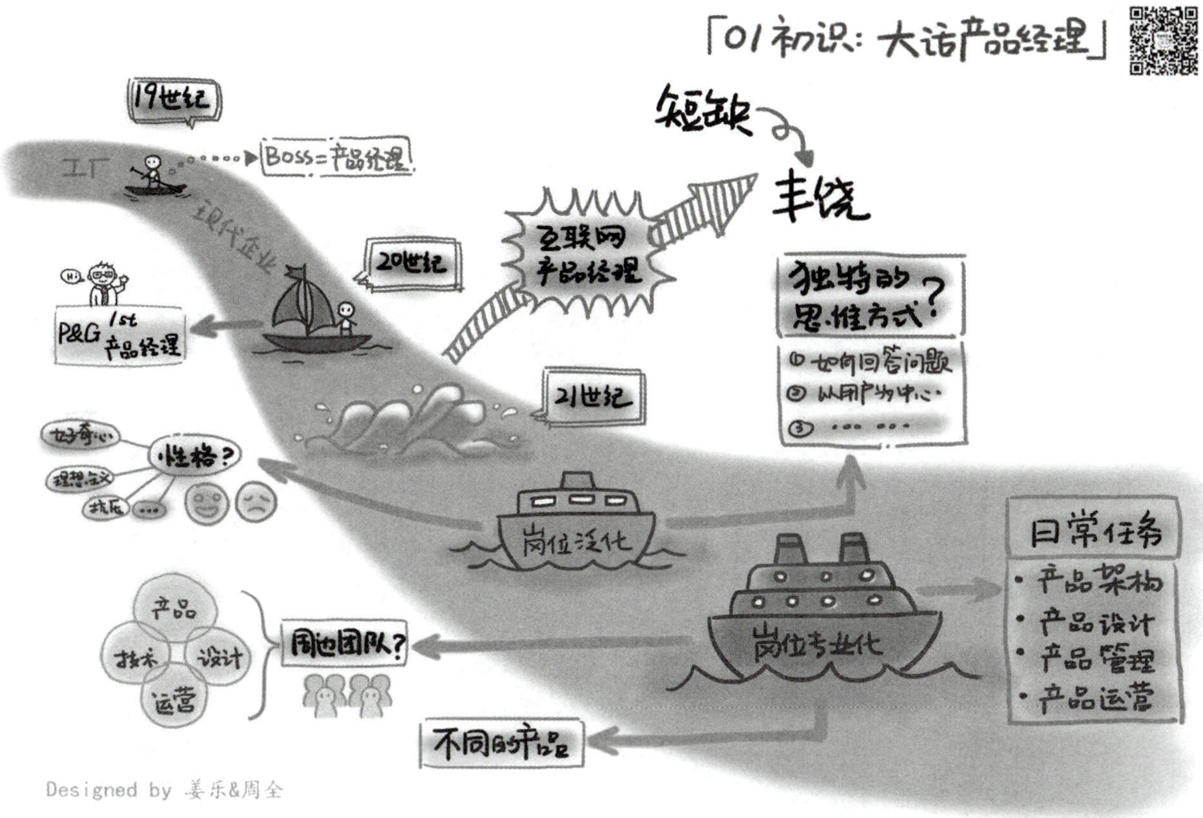

Designed by 姜乐&周全

第 02 章

产品：关键词与分类

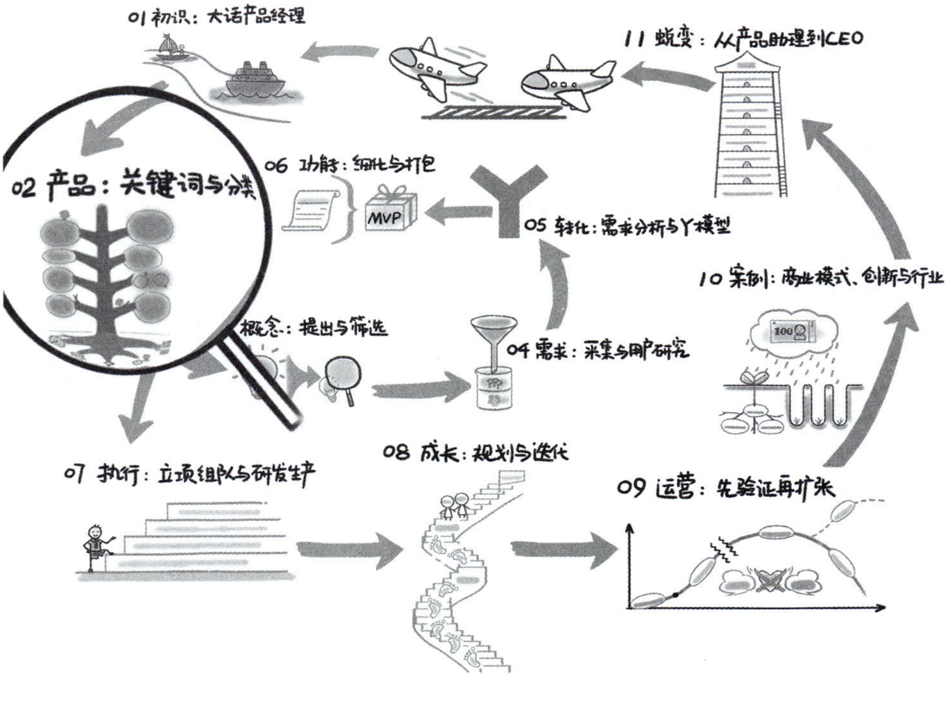

2.1　产品：解决某个问题的东西

产品经理是做什么的？毋庸置疑，是做产品的。再回过头来解读一下“产品”到底是什么，讲几个产品经理每天工作中都挂在嘴边的关键词。然后聊聊从各种维度怎么给产品分类。

第一个词肯定是产品了，提到这个词你会想到什么？微信、微博？iPhone、电脑？桌子、椅子？一盘菜、一部电影？一个旅游计划、一次培训？

我们对它们的共性下一个定义——解决某个问题的东西。这个定义听上去像是一句废话，但它其实抛出了三个关键词，分别是“某个”、“问题”和“东西”。

- **某个**：任何一个产品都没法解决所有问题。特别是在产品早期，要有针对性地满足某些用户的某些需求，要有明确定位。大包大揽是产品成功以后的结果，不是一开始的做法。
- **问题**：理想与现实有差距，人们想缩小甚至消除这个差距，就会产生各种问题，用产品经理的话来说，就是有了用户需求场景。
- **东西**：指有形的实物或无形的服务，一般是一个有目标的解决方案，包括常说的产品、功能、特性、服务、流程等。

图 2-1 示意了这些关键词的包含关系，下面将依次展开解释。

图 2-1　一些关键词的关系

2.1.1　某个：明确定位

“某个”说的是定位，定位用来限定“有所为有所不为”。很多时候，想清楚自己要做什么很难，但如果使用逆向思维，想清楚自己肯定不要做什么，就可以逐步找到自己的定位。社会发展到今天，大众市场已经相对成熟，很难再找到一个崭新的、可以满足所有人的产品，所以定位的意义更为明确，就是要在细分市场中找到机会，找到明确的切入点。

我曾经和一家大型集团公司交流过，他们之前产品的目标用户一直都是全国所有家庭，并对这样的定位习以为常。所以，当他们尝试做一些互联网产品时，也难免会保持这样的思维惯性——要做就做大的，满足所有人。他们有一个产品是做动漫社区，我反复问过他们的定位到底是什么，比如，从用户角度来说是给谁用的。他们则反复告诉我：所有人！于是，这个社区的首页，既有给几岁小孩看的喜羊羊和灰太狼、天线宝宝，又有给成年人看的海贼王、火影忍者。任何一个用户来到这个页面，都会感觉很奇怪——我好像来错地方了。这就是很典型的定位不清[1]。

2.1.2 问题：用户、需求、场景

“问题”包含了三个关键词：用户、需求、场景，分别用来讲述一个重要的概念。

- **用户**：这个问题是谁的问题。
- **需求**：问题的核心是什么。
- **场景**：用户在什么情况，以及何时何地碰到这个问题。

接下来，对这三个词展开详述，这是任何一个产品人都需要掌握的最核心的概念。

用户：谁的问题

第一，本书里提到的用户，除非特殊说明，都是指广义用户，即产品干系人，指与产品有关的所有人，也包括公司内部人员。所以，平时与产品经理有工作配合的技术、运营、销售、客服，甚至老板，都是用户之一。

说到老板，有这么一个常见但很棘手的问题：很多需求都是老板提的，到底要不要听呢？这个问题很难找到标准答案，这里只能给出一些忠告：当然不能言听计从，要有自己的主见和原则。但也不能太过，像有些互联网公司，把对抗老板变成一种“政治正确”，甚至以此在技术团队那里树立“敢于反抗权威”的光辉形象，就没必要了。

第二，任何产品的用户都是多种多样的，但又的确有主次之分，因此，不要为了次要用户的需求干扰核心用户。当然，满足好核心用户之余去照顾次要用户则另当别论。

比如，公司的 HR 要组织一次团建，老板和员工就是两种诉求不同的用户，如果需求有冲突，先照顾谁，这就是个很关键的问题。关于用户的细分，在后续章节里会

---

1 有一本经典书籍《定位》，作者是艾·里斯、杰克·特劳特，内容偏营销层面，但很有参考意义。大家有兴趣可以作为扩展阅读。

做更多的展开。

对于需求和场景，也有这种主次关系，下文不再赘述。

第三，这里说的用户，更多指“角色”，而不是“自然人”。

自然人是指生物意义上的人，角色是指社会意义上的人。产品经理的语境里很少提及生物意义，所以这里说的角色是自带社会场景的。比如说，你可以既是爸爸又是儿子，那么我们说你是爸爸的时候，应该涉及一个有你儿女的场景，说你是儿子的时候，就涉及一个有你父母的场景。我们说你是一个产品经理的时候，就自带工作场景，说你是班长，场景就可能是你在和同学聚会。

再举一个能够有助于加深对“用户”理解的综合案例。

以最常见的一对用户角色：客户和终端用户为例。客户（customer），指付钱买产品的人；终端用户（end user），指最终使用产品的人。

对于玩具来说，当成年人购买智力玩具时，客户和终端用户这两个角色通常是重叠的，背后是同一个自然人。但给小朋友购买玩具时，角色就分离了——客户是小朋友的父母，终端用户是小朋友。所以，在设计这类产品的功能、卖点时，一般都有相应的明确目的。比如图 2-2 中的玩具，强调材质安全、环保、无毒，宣称对小朋友的智力开发有益，是指向客户的；而外形设计得可爱、颜色鲜艳，则是指向终端用户的。

图 2-2　一个典型的儿童玩具

通过例子就可以发现产品用户的多种多样，以及自然人和角色的关系是可重叠可分离的。

现在还有这样一个现象，互联网的“脱媒、去中介”特性，使得对终端用户的重视程度越来越高，而一些需要通过渠道销售产品的传统企业，则往往更重视客户。其中一些做 2C 类产品的传统企业，由于只抓住客户而忽视终端用户，就很可能在新形势下受挫。电视行业里，长虹、康佳这些传统强势品牌，与乐视、小米这类更互联网化的新生力量的市场消长对比，就是一个很好的例子。

需求：问题的核心

第一，需求即“问题”的核心，它是分深浅的。最浅的一层，是需求的表象，包含各种要求和欲望，就是经常听到用户说的“我要 A”、“我想 B”这样一些反映用户需求的观点和行为。第二层是观点和行为背后的目标、动机，对应用户要达成的一个愿望，或完成的一件事情。最深的一层是人性，虽然指向比较虚的价值观层面，但影响深远。

第二，每一个需求，挖到最后，都可以归结到人性层面。比较常见的“马斯洛需求层次理论”，有非常精到的阐述。还有其他一些或正面或负面的人性需求，各举一例[2]：公益众筹类的产品，把握住了人们的“大爱”；微信里的标题党文章，如“活不到一百岁是你的错”、“人生十大忌，千万不能犯”，则利用了老人们的恐惧、从众心理。

第三，满足需求其实有三种办法：提高现实、降低期望、转移需求。

抛出这样一个问题来加以说明：大家觉得物质生活水平太低，怎么办？

- 提高现实：自己努力、公司加薪、国家减税。
- 降低期望：忆苦思甜、比下有余。
- 转移需求：寻找新关注点、转移注意力。比如，和平年代用国与国对抗的体育赛事来激发集体主义、爱国主义。

这三种方法都有效，可以灵活应用。降低期望的方法，虽然可以暂时解决需求，但对产品的美誉度有负面影响，要慎用。转移需求也可以暂时解决问题，但其实在把用户往外推，用得太多用户就和我们没关系了。“做产品”在大多数情况下是在提高现实，是一种很累的方式，但这种累也是值得的，它最容易与用户建立长期的良性关系。因而，本书主要集中在“提高现实”这种需求满足方法上。

2 第 04、05 章，再展开聊人性。

场景：何时何地，各种条件

之前说过用户是带着场景的，需求更是和场景紧密关联。从下面一些案例可以看到，即使给定用户、需求，不同的场景也会导致我们采取完全不同的解决方案。

用户：IT 白领人群，典型的是 30 岁左右的程序员。

需求：每天都希望了解时事新闻。

场景一：上班路上，如果坐地铁，对应的产品是手机 App，比如今日头条。

场景二：上班时坐在电脑前，偷闲会看新闻网站，或者有突发新闻时，看到电脑右下角浮出的新闻窗口。

场景三：中午和同事一起下楼吃个快餐，通过八卦的方式互通有无，特别是娱乐、体育类的新闻。

场景四：下班搭同事的顺风车回家，除了八卦聊天，还可以听广播。因为私家车越来越多，路越来越堵，现在每个城市的交通台都挺红火。

场景五：晚上和家人一起吃晚饭，也会看看电视新闻。

场景六：出差坐飞机，或许会在登机口拿一张报纸。

……

因为总会有不同的场景，所以不存在哪个解决方案能替代哪个。每个解决方案都会随着时间的推移，找到自己合适的位置，以解决对应场景下的特定问题。只是，这些场景有大有小。

再来一个例子。

用户：一位 24 岁的互联网公司运营同学。

需求：某次要从北京中关村到首都机场。

可以一下子想到很多解决方案：打车、坐地铁+机场快线、坐机场大巴、搭顺风车……

场景依赖也很强，比如：是不是晚高峰，晚高峰地铁最靠谱，在时间上最好控制；同行有几个人，人多打车划算；离飞机起飞还有多久，时间不紧张可以先叫个顺风车，看看有没有人接单；是自费还是公司报销，自费也许会选择机场大巴，价格便宜还省得换乘。

为何移动时代更看重场景

曾几何时，产品经理们经常只说“用户”和“需求”，但这几年，越来越多提到“场景”，这背后有一个很大的因素，就是互联网从 PC 时代过渡到了移动时代。

我个人是在 2011 年左右体会到移动崛起这个大势的不可阻挡，已经有点后知后觉了。那么接下来，就来帮助还没跟上大势的朋友们了解一下这其中的差别。除了场景与 PC 端产品相比更加丰富以外，移动端产品还具有很多明显特征。接下来从用户、需求、场景、解决方案几个角度来加以对比。

用户：用户多样化、触达用户的渠道复杂化

用户群体更广、更多样化。比如，很多学生、打工者，原来是没有电脑的，但他们都有手机。与大多数 80 后“先 PC 后移动”不同，更多 90 后一代是“先移动后 PC”的。具体而言，他们通过手机第一次接触互联网，先入为主的“默认值”就不一样，他们也不知道你这款移动产品对应的 PC 产品的逻辑。所以，一些依赖于自身经历的 80 后产品经理，会简单地从 PC 端“移植”产品，这很危险。

这一点，使得年轻的 90 后产品经理拥有了一个加分项。他们更具备天然的“移动基因”，也更适应比 PC 变化快得多的移动产品行业。

用户生理上的一些特性，也开始需要考虑。比如，用户是用右手、左手还是双手用手机，都会直接影响到对产品屏幕布局的设计。

产品触达用户的渠道变得复杂，不像PC，整个互联网是一个整体，直接用URL链接即可触达用户，网站之间互相导流量也很方便。移动端要通过各种应用市场铺渠道，要等待平台审核[3]，然后还要确保用户能找到你，愿意下载和打开，甚至愿意把你放到首屏，你才有机会最终和用户互动。另一方面，各种App互相引流也比网站更难。所以，产品黏性更加重要，对产品体验细节要求更高。

需求：更加丰富多样，也更加碎片化

临时兴起的需求变多，需求也更加碎片化，经常要在短时间内快速满足很小的一个需求点。比如，坐电梯时看一眼股票的最新价格；等上菜的时候刷刷新闻标题，而不是新闻内容，把需要仔细阅读的新闻先收藏起来；早晨起来一边洗脸刷牙一边听几分钟的音频新闻……这些需求，如果要打开电脑做，就显得太费事了。与 PC 产品更正式、更侧重工作场景相比，移动产品更随意、更侧重娱乐或生活场景。

---

3 iOS 的 App Store 审核过程很烦琐，一定要有所了解并制定合理时间预期，否则很容易被会被打乱计划、导致进度失控。

场景：随时随地，在各种环境下

用户场景从电脑屏幕前变成了生活中随时随地，有了新的使用时间、使用地点，需要更多地考虑用户使用产品时周围环境的因素，比如是否吵闹，是否人多，是否光线昏暗，是否移动摇晃，以及会如何与所见所闻互动，等等。

做设计时，我们在办公室里试用产品可能不会遇到的问题，在用户身上却有可能遇到。因为，用户可能会走在路上用、开着车用、躺着用（虽然这些行为并不值得提倡）；我们有高速的 WiFi，但用户用的可能是 2G 或信号不稳定的 3G；我们用 iPhone 7、华为的高配机器，但用户用的可能是性能较差的 iPhone 4S 或比较便宜的 Android 机器……而 PC 端产品就不存在这类问题，所有用户都是坐在电脑前，而且现在的主流 PC 几乎已经没有性能瓶颈，主流固网宽带也能确保流畅访问网站。

解决方案：移动特有的领域知识

移动时代对产品经理的要求高于 PC 时代，下面从六个角度来说一下。

- **要掌握移动领域的基础知识**：要去学习移动产品基础知识，这是基本的要求，比如同样的删除操作，在 iOS 上是左右滑动，在 Android 上则是长按。一些技术基础也要知道，比如哪些功能是系统自带，几乎不用开发的；而哪些功能又是可以通过调用第三方服务简单实现的。
- **要熟悉各种可利用的硬件**：引用 Kentzhu[4]所说，在移动设备里，常见的可以被利用的硬件包括话筒、GPS、距离感应器、环境光感应器、影像传感器、磁阻传感器、重力感应器、方向感应器、加速感应器、三轴陀螺仪、RFID、NFC、温度计、震动感应器等。虽然要熟悉这么多的硬件，但只要能用在产品上，就很有可能让产品具有创新点和新的特性，比如基于地理位置的各种应用。而这些在 PC 端基本不用考虑。
- **要理解互动方式的变化**：PC 时代的鼠标、键盘等“人造物”，在移动时代变成了更自然的语音、手指、动作（比如摇晃）。有了各种硬件传感器，不只是人与机器可以交互，还可以通过机器和周围的环境交互。因为设备与使用者绑定，关联性更强，所以更容易获取行踪信息、个人习惯等隐私数据，安全性也就变得更加重要。
- **要明白产业链的结构**：BSP 硬件层[5]和 OS 操作系统层、OS suite 层（如 MIUI 等）及 App 层等都需要了解。每个层都有对应的不同厂家，最终产品需要考

4　业内知名产品经理，个人网站 www.ikent.me。

5　指连结硬件和操作系统的 Package。

虑的适配情况复杂多变，比如 iOS 和安卓平台、多种屏幕分辨率、各种手机厂家对 UI 层面的改造，等等。相比而言 PC 端就比较简单，只需要考虑几个主流浏览器的支持情况。

- **要懂得用简单逻辑完成任务**：很多 PC 端产品的逻辑包含复杂的主干流程、分支流程、异常处理等。而移动端则不得不放弃大而全的想法，更强调聚焦——一屏解决一个问题，流程能串行就不并行；更强调减法和“单核思维”；更强调任务简单——尽量几秒内完成，大任务要拆解，单个任务要实现浸入式体验，以应对屏幕小、操作时间短和碎片化的场景。这样的转变也与移动设备的一些使用瓶颈有关，比如需要考虑电池续航能力、发热、流量消耗，以及程序运行卡不卡、会不会闪退，等等。
- **要采用更灵活的实施过程**：产品设计的方法论也明显不同，虽然新的方法论大家还都在摸索，但移动时代的确不能再像开发软件那样按部就班地做规划、写 PRD、评审、发布。因为移动端产品版本迭代节奏更快，需要引入“版本控制”的概念，比如开发一个、内测一个、发布一个。此外，对于移动端产品的实施，相比 Web 产品，PC 客户端软件的很多方法论更有参考价值。

好了，小结一下，用户、需求、场景这三个词，共同描述了“问题”：什么人，在什么情况下，想搞定什么事，缺一不可。那么，接下来聊一聊用什么“东西”搞定。

2.1.3 东西：解决方案

最后一个词“东西”，就是解决方案。产品、功能、特性、流程、服务等都可以算作东西。东西可以是一个有形的实物，也可以是一个无形的服务。

实物很容易理解。一台笔记本电脑、一瓶饮料，很显然都是实物。其实，对互联网行业来说，一个网站、手机里的一个 App，都可以算作实物。

服务的话，相对复杂一些，通常有线下部分，包含更多与人的交互。

2015 年，国内互联网有个很火的概念叫 O2O（Online to Offline）。为了打市场、培养用户习惯，O2O 创业公司几乎在全国各大城市都展开了补贴大战。朋友跟我说了一个鲜活的例子——他星期天早上起床后就先吓一跳：家里有四个陌生人在做上门服务，一个阿姨在打扫卫生，一个厨师在烧午饭，一个美甲师在给他老婆做指甲，楼下还有一个人在洗他的车。他跟老婆说“这也太夸张了吧，什么都要别人上门来做”，他老婆不屑地回答：“一共才 10 块钱”。

因为不符合商业逻辑，这些疯狂补贴的公司，撑到 2016 年后大半都死掉了，但服务越来越重要确是不争的事实。

时至今日，几个少年租个民房，然后憋在里面写三五个月的代码，就憋出一个伟大产品的互联网田园时代，已经一去不复返了。这是因为，本世纪初期的互联网产品基本上都是纯线上的，而今天你要再想做一个 NB 的互联网产品，必须得有很“重”的线下部分。作为一个优秀的产品经理，也不能再把产品简单地理解成手机里的某个应用，而要去关注产品背后的隐性因素——需要哪些合作伙伴、供应链怎么优化、线下部分怎么设计，等等。

接下来就仔细聊聊，“东西”到底有哪几种。

2.2　常见的产品分类维度

《淘宝十年产品事》里有一节的标题叫“产品经理都是分类控”，因为分类是认识、理解世界最常用的方式之一。世界本为一体，我们为了便于理解，把原子及以下层面的事情叫作物理学，原子组成分子则进入了化学领域，有机大分子，又和生物沾边，生物越来越复杂，有了人类学，人类个体研究叫心理学，一群人就是社会学，从而衍生出经济、政治、文化……从以上学科分类的由来可以看出，其实分类是人类寻求高效认识世界的一种简化方式。

下面将从多个角度来试着对产品进行分类。对了，先想一下给产品分类的目的，它其实是为了产品经理们给自己定位，以便做出更好的职业选择。

通过多维度的分类，了解各种产品都有什么特点，以及对应产品经理的任务有什么区别，可以获知自己需要针对性地加强哪方面能力，进一步可以用来指导自己日常的努力方向。举个例子，比如做智能硬件，就要懂开模、打样、小批量、量产等概念，而要在 B2B 行业做一个钢铁的 SaaS 加交易平台，就得对相关产业有很深入的认识。

但分类清楚确实很难。所以我们先做个设定，分类的是互联网类，最多扩大到 IT 类产品。分类的角度包括：用户关系、用户需求、用户类型、产品形态和其他。

2.2.1　用户关系角度

从产品与用户的关系角度，分为三类：单点、单边、多边，其中多边又可以分为双边、三边等。下面各举一例以方便理解。

计算器是个典型的单点用户型产品。只要有一个用户使用，就能产生完整的用户价值。虽然启动简单，但没法形成网络效应，用户的转移成本很低。

电话是个典型的单边用户型产品，需要有一群人同时使用。只有一个人有电话是没有意义的，使用这个产品的用户越多，每个用户的价值越大，产品也就有了网络效应，可以像黑洞一样把用户都吸引过来。

多边用户型产品一般都是平台级产品，需要几群不同的人一起使用才能产生价值。最典型的就是知乎这个问答网站——由提问者、回答者、围观者构成三边，沉淀了很多内容和关系，任何一个类似的产品，就算在功能上完全抄袭，也很难把用户吸引过去。

图 2-3 为以上描述的要点。纵向上越往下的用户关系种类，其产品越难启动。假想一个多边产品，比如 O2O 餐饮：一个使用社会化资源配送的订餐平台。一边是闲置大妈做饭，另一边是小白领买家点餐，还有一边是闲置的大爷配送。做饭的大妈、送餐的大爷和订餐的大爷大妈的儿女，少了任何一边都不行，可想而知有多难。但这样的产品一旦启动起来，惯性也更大，壁垒也更高，更难被干掉[6]，而且市场也更倾向于集中，更容易出现垄断巨头。

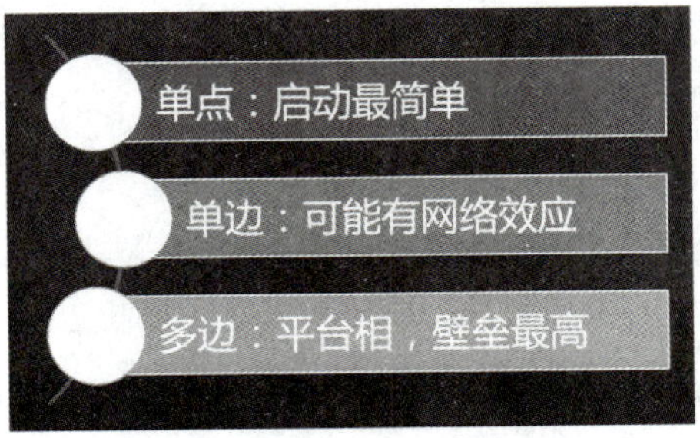

图 2-3　单点、单边、多边产品的关键特点

有了这个概念，就可以讲下一个角度了。因为，将用户关系与用户需求这两个角度结合起来，更容易理解。

2.2.2　用户需求角度

先说结论，从用户需求角度，把产品分为 6 大类：工具、内容、社交、交易、平台、游戏。但必须提前说明，这个分类的界限并没有那么严格，很多产品是多个分类的混合体。

6　这个话题，还可以看曹政（微信公号：caozsay）从冷启动的角度写过的一篇文章《[caoz 谈创业] 聊聊四种冷启动》。

工具，解决单点问题

工具用来解决特定的单点问题，可以“用完即走”。计算器、词典、解压缩软件，以及现在常用的支付和看天气的应用，都是典型的工具。上个世纪 90 年代，国内有很多的个人、工作室做的软件，大多数都符合工具简单有用的特征，比如下载工具网络蚂蚁、微信之父张小龙早期的作品 Foxmail 等。其基本的产品逻辑是：用户要解决特定问题→需要做一个任务→使用工具→达成目标。

大多数工具是典型的单点产品，启动容易，可以快速解决流量问题，但弱点在于黏性。

因为用户对工具的态度是“有事儿了才会想到你”，甚至希望用的时候最好不需要注册。对产品来说，每一次的新用户使用只是增加了一个 UV（unique visitor，独立访问者），并不知道背后的用户到底是谁。由于使用不会、也不需要留下任何信息，所以用户的转换成本极低。以看天气的工具为例，对于用户而言，用哪个工具来看天气区别很小，从一个工具换到另一个工具基本没有任何障碍和顾虑。

于是，工具通常都想找理由让用户留下点东西，比如个人信息、用户关系等，以便生成用户的画像，然后针对性地提供个性化定制服务。这样，用户就更有可能黏在这个产品上了。通常，让用户留下信息不能采用强制措施，而应该鼓励和诱导，让用户因为留信息的行为而明显受益。比如，高德地图让你留下常去的地点，这样你在操作导航时会更加方便；今日头条通过算法越来越熟悉你的阅读习惯，让你看到的新闻都是你想看的；搜狗的输入法让你留下个人词库，当你下次再输入一些朋友名字、专业名词时可以更便捷；大姨吗、Keep 等让用户与用户之间互动，留下用户关系，渐渐地从工具变成了一个社区，你也有了更多的归属感。

先把流量做起来，再解决“知道来的都是谁，抓住 Ta 们”，这是工具“从流量到用户”的转化套路。

盈利模式层面，好的工具可以直接卖钱，但很容易被别的产品用“工具免费，作为引流手段”的市场策略干掉。所以，工具通常是一种比较初级的产品形态。

内容，价值观过滤器

必须提供有价值的信息，如果用户想打发时间，那么“可打发时间”也算一种价值。

内容产品和用户的关系也多是单点的，表现为单向和中心化的信息传递，由供应方生产内容，提供给用户消费，是自上而下的[7]。传统的媒体，后来的三大新闻门户、视频网站，比较新的网红、IP 概念都可以算“做内容”，而文字、声音、图片、视频等都是常见的内容形态。

其基本的产品逻辑是：主动（搜索、订阅等） 或 被动（推送、推荐等）接触内容→消费内容→消费后行为（评论、点赞、打赏等互动，以及分享、传播等扩散行为）。

单纯的内容，很难独立形成商业闭环，传统的变现模式是广告，相对低效，只是做了薄薄的一层“导流”工作，把用户转卖给别人，后面发生什么与你无关。

但到了 2016 年上半年，大家似乎找到了一些新的商业模式。这是因为内容是一种特殊的工具，使用这种工具的人，更有共性，对产品经理来说，意味着可以更懂用户，可以拥有更多数据。比如，你很难说每天都要看天气的人有什么共同点，但看《罗辑思维》的人，都可以算是“爱智求真”的。筛选出一群三观接近的人之后，就更容易做出“用户画像”，更容易了解他们的深层需求，于是除了“卖用户”，还可以给用户“卖东西”。

于是，我们看到了内容产品的各种变种强势上升的局面，传统做内容的高手纷纷与互联网亲密接触，并大红大紫，比如罗振宇的罗辑思维与得到 App、财经作家吴晓波的吴晓波频道系列产品、冬吴相对论的吴伯凡也做了新的“伯凡时间”，等等。

他们通过优质的内容，大大降低了获取流量和用户的成本，接下来各显神通从用户身上获取收入。很多人选择直接交易，比如罗辑思维向热爱知识的用户卖书，吴晓波做了符合中产阶级口味的“美好的店”。还有一些，采用更直接的“供养”变现，用高级的内容筛选出“认可好内容本身就值钱，并且有支付能力和意愿”的用户，直接卖内容本身，如：得到、喜马拉雅等 App 里的专栏，知乎 Live，甚至是微信公众号的赞赏。

内容作为一种产品，其供给也经历了匮乏到过剩的演变。现在如果大家想做内容产品，既需要一个能迅速吸引注意力的“有趣”表象，也需要一个能提供真正价值、长期沉淀用户的“有用”内核。

社交，彼此互相吸引

用户与用户互相玩，彼此吸引并建立关系，最终因此而留下来。

社交的前提是有一大批用户，让用户彼此建立关系。这个概念下，可以容纳早年

---

7 UGC 产品，即用户产生内容的产品，比较特别，与典型的内容型产品不同，它是非中心化，自下而上的，这类产品社区属性更强。

的论坛、聊天室，后来的社区、社群等。与工具和内容型产品相比，社交产品更像是去中心化的产物。

社交产品常见的模式是单边启动，需要同时有一大群人一起来用，才能产生价值，人越多价值越大。但也有时候是双边启动，比如某些婚恋交友类的社交应用，需要同时有一群美女和一群帅哥，才能玩得转。

社交产品的最大优势就是用户黏性相对高，最大的劣势是离钱比较远。

资本环境火热的时候，人们更加乐观，看得长远，所以乐于投资长链条的产品模式，比如“先做个工具获取用户，再培育出一个社区留住用户，再做电商，通过交易变现”。而社交产品正好符合长链条的特征，潜在用户量大，可获取的用户数据多，但怎么赚钱不确定。从积极的角度来看，就是故事的想象空间更大。

但资本收紧的时候，人们就想要更快看到收益，喜欢更有确定性的产品模式，会不停问如何实现“用户变现”。常见的一些直接用社交变现的玩法，有卖虚拟礼物、道具的，比如秀场直播 App 里的虚拟豪车游艇；有巧妙设置社交障碍必须付费破解的，比如花钱才能看到对方的联系信息；也有手握流量卖广告的；更多的就是转电商，给用户卖东西了。

社交产品也有很多维度的细分，比如从是否认识可分为熟人和陌生人两种社交，从社交介质可分为文字、语音、图片、视频等很多种社交，从用户共性在哪里又可分为地域、同学、同好等不同种社交，大家有兴趣都可以找到相应的产品去研究。

交易，做生意卖东西

线上的交易，就是电商和 O2O 概念下的各种收费服务。

交易产品是天然有现金流的，看到了现钱，离盈利模式就更近一步。最最传统的“生意”，其实就是典型的交易，本质即“低买高卖”。前面提到的内容和工具型产品，本身也都可以直接作为商品来卖，只要生产成本低于售价。

需要提一下的是，号称自己做交易的产品分两种。有的是真正做“交易”，即自己卖货，这种相对容易启动，属于 B2C 模式。有些做的其实是“交易平台”，自己不买东西，通过服务卖家、买家让双方在平台上成交。“交易平台”是典型的双边启动，需要同时有足够多的卖家和买家，才能跑起来。

做交易产品，就不得不提到“供应链”这个词。你要卖的东西，如何获取，是自己生产还是去采购？如何做品控？如何管理库存和资金？……这一系列问题都和供应链相关。另外一端，要考虑如何获取买家，如果做好购买转化。简单地说，就是一手抓供给、一手抓需求，两手都要硬。

而利用互联网来优化原有供应链，需要的更多是“商业智慧”，你会发现，新手产品经理们更擅长的“IT 系统、用户体验”在交易产品的初期，其实没那么重要。如果说社交类产品是腾讯系出来创业最牛，那交易类产品就是阿里系出来做相对靠谱了。也许可以有个推论，阿里系创业者在资本市场收紧的时候会更有优势，因为“腾讯更懂体验、阿里更懂商业”的区别还是挺明显的。

平台，复杂的综合体

这是一种同时满足多种角色的产品形态，也可以说是“生态”。

各国的政府就是一个平台，最常见的盈利模式是抽佣——收税。这是最难启动的产品，越来越觉得没有根基的团队，一上来做平台必死，必须要先从一种简单明确的用户需求启动，比如先把供给抓在手里，做 B2C，等有需求的买家群体养好了，再逐步开放第三方卖家入驻。

现如今，很少有只单纯满足一种用户需求的产品了，而平台产品就是最典型的综合体，里面可能有工具、内容、社交、交易、游戏等各种元素。

比如微信，它在满足一对一沟通或用来扫码时是个工具，群、朋友圈是典型的社交场景，公众号、朋友圈里面有内容，微店开起来是交易，还有微信游戏，整体又是个综合平台。

再如大众点评，如果你只是找个餐馆，它是工具，上面的店铺信息又可以视为内容，买优惠券可以算交易，评论内容有点社交属性，整体也是个平台。

天猫，是个平台，很多商家在上面卖东西，交易属性很强，可以叫作交易平台。

爱奇艺，是个平台，很多内容提供方把自己的影视作品放在上面，内容属性很强，可以视为内容平台。

平台的竞争优势，不在于 IT 系统本身，而在于平台的各种用户角色在平台上的内容、关系等沉淀。

游戏，打造平行世界

可大可小，一切皆可包容，是真实世界的副本。

千万不要小看了游戏，它可不仅仅是一个手机上无聊时打发时间的小东西，游戏里面可以融合进社交、交易等元素，往大了想，游戏甚至可以理解为是在创造平行世界，释放人类富余的生产力。

随着实体世界越来越成熟，虚拟世界中越来越有可能诞生更大的增长点，很多科幻作品都给出过这种预言。2016 年 VR[8]、AR[9]这么火，也让这个平行世界与现实世界有了更多的交融，让游戏行业有了更大的想象空间。不过，我对游戏类产品研究很少，本书中就不班门弄斧了。

最后小结一条常见的产品发展路径，把上面说到的几种用户需求串起来。如图 2-4，从一个小工具单点启动，快速获取用户，然后让这些用户彼此吸引，留下个人信息和用户关系，转社交，黏住他们；或者从内容转社交，建立互动探讨的机制；接着设法转交易，给他们卖一些符合调性的东西；继而引入各种合作方，成为平台……越往后想象空间越大。

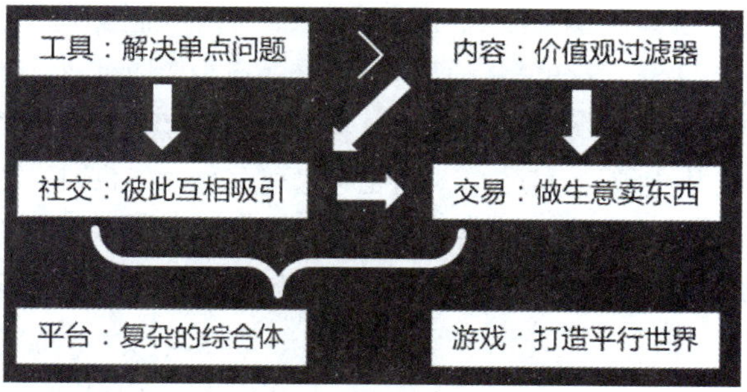

图 2-4　几种产品的演变路径

2.2.3　用户类型角度

虽说产品的用户多种多样，但最常听到这两大类：2B 与 2C，分别是英文 to Business 与 to Customer 的缩写。最典型的，百度产品经理就分两大类：2B 的商业型产品经理和 2C 的用户型产品经理，因为这两种产品区别真的很大。还有些小众的，比如 2G，面向政府（Government）；2D，面向开发者（Developer），其实它们也都可以归类到 2B 或 2C 中。

我自己做过给内贸企业用的 CRM 和进销存，应该算 2B；做过给淘宝运营员工用的营销后台系统，也算 2B；做过阿里内部在线学习平台，这个很难定义；做过天猫的

8　虚拟现实技术，Virtual Reality，简称 VR，是一种可以创建和体验虚拟世界的计算机仿真系统。它利用计算机生成一种模拟环境，是一种多源信息融合的交互式的三维动态视景和实体行为的系统仿真，使用户沉浸到该环境中。

9　增强现实技术，Augmented Reality，简称 AR，是一种实时地计算摄影机影像的位置及角度并加上相应图像、视频、3D 模型的技术，这种技术的目标是在屏幕上把虚拟世界套在现实世界并进行互动。

某些垂直市场，和卖家、买家都有关系。既然并不容易分清楚，那有必要来分析一下 B 与 C 的区别到底在哪里。

人类社会的初级阶段，没有任何成型的社会组织，只有 C，没有 B，个体自给自足。最多，为了生存需要，产生了一些简单协作，比如配合狩猎、分工种地等。至少在工具层面上，只有供个人使用的，而并没有需要集体协作的。所以，2B 一定是随着"拥有很多人的组织"出现以后才有的。这种组织，最典型的就是商业公司，也就是 2B，Business 的指代对象。

第一个角度：企业 vs 个人

目标用户不同，2C 的产品是个人用，2B 的产品是企业使用，典型的如 ERP 及各种 SaaS 系统、协作工具、客服工具、HR 财务系统等。但企业使用的产品最终也是某个具体的个人来用。所以，这里 2B 的意思是，产品至少要同时面对企业代表（要不要买、要不要用的决策）和终端用户两种角色。当然，这两种角色可能重叠。很显然，2B 产品的购买和使用决策相对复杂，可能必须通过见面才能找到关键决策者。打个比方，当一个销售人员面对企业，需要考虑的是：老板手下的外贸经理看你不爽说你坏话；你和老板娘套的太近乎老板吃醋；你的软件抢了 IT 部门经理的饭碗；你催财务那个小子的态度不好，却不知道他是老板的小舅子；你对看门大爷特别客气，幸运的是他是老板的老丈人……很多关系，很多角色，很多因素，都会影响购买。这也是为什么 2B 的产品，经常会有顾问型的销售团队，要设计复杂的销售路径。

而典型的 2C 产品，相对简单，自己买自己用。但也有特例，比如各种礼品，就是买给别人用的。

所以，和下面的各种角度一样，没法用一个对比把 2B 和 2C 完全划清界限，只是从各种角度来加深认识。那么，是不是 2B 的产品，还有"需要一群人一起使用，才能完成任务"的特点呢？

第二个角度：群体 vs 个体

一个典型的 OA 系统，需要公司里各种角色一起用，包括提交人、业务审批人、财务审批人等；一个 B2B 供应链的工具、平台，需要上下游一起用，才能产生效果。而 2C 的产品，经常是自己一个人用就可以了，比如用播放器看电影、用浏览器上网。

不过，这样的定义还是不够完美。有的产品，比如"查询公司信息的工具"，一个人就能用，但更像 2B 的产品；而一群人一起玩网游，也需要协作，但大家不会把网游看成 2B 产品。貌似 2B 还需要有个"工作需要"的属性。

第三个角度：工作 vs 生活

2B 的产品是生产资料，2C 的产品是生活资料。比如，各种 2D（to Developer，也可视为 2B 的一种特例）的工具，包括各种后台系统，是工程师们吃饭的家伙，是生产和效率工具。这类产品的用户多为专家，对效率的需要超过了一众简单易用、轻松上手的产品。而后者，就是典型的 2C 产品，如美颜、拍照、社区等。

所以，基本上，后台产品偏 2B，前台产品偏 2C。生产工具的用户量通常不大，多为熟练用户，生活工具的用户量大，多为小白，于是有了这个推论：2B 重商业价值，2C 重用户体验。

工作为了赚钱，是渠道，是投资，是积累；生活需要花钱，是零售，是消费，是消耗。于是，我又想到一个新的角度。

第四个角度：男人 vs 女人

这个角度有些奇葩，2B 像男人，2C 像女人，男人在乎目的与结果，女人在乎过程与感受。研究一下如何让男人、女人开心，对如何做好 2B、2C 产品会颇有启发。而近年来，最受欢迎、成就最大的往往是"中性人"，Ta 们同时拥有双性的优势，比如经常听到"小鲜肉"、"女汉子"的说法。

类似地 ，2B、2C 也没有完美的分类方法和清晰的分类界限，我们应该综合两者的优势来做产品，它不是一个非此即彼的概念，而是一条线的两端。

一端是 to 大 B，接近于做定制项目，有甲方乙方，在这种情况下，客户作为甲方，甚至承担了很多产品的决策，充分体现出"用户是产品团队的一部分"。个人认为，在乙方公司里做产品经理，个人发展比较容易碰到瓶颈，因为更多是在执行任务。另一端是典型的 C 类应用，腾讯的很多产品都是。中间有 to 小 B 的产品，有的采用了很多 2C 产品的设计，比如为上百万小企业做的钉钉；也有含 2B 属性的个人工具，比如有道云笔记，加入了多人协作的元素。2B 的产品原来过于重视价值，而忽视了体验，这是因为选择没有那么多，属于不得不用、用来干活的家伙，但这两年开始，2B 市场的竞争也激烈起来，所以体验也越来越好了。

最后，提一句 2B 产品的分类，主要有以下四种[10]：

- B2D，云储存、大数据等开发者服务，帮助开发者提升效率的基础设施。
- SaaS1.0，通用管理型 SaaS，是传统意义上的管理软件。
- B2B，垂直行业交易平台，是信息撮合+在线成交。

---

[10] 2.2.2 节对用户需求的 6 种产品分类，更像是对 2C 产品的划分。

- SaaS2.0，垂直行业 SaaS 工具+交易，是 SaaS1.0 和 B2B 的综合，2015 年左右开始成为新趋势。

2.2.4 产品形态角度

互联网、IT 行业，常见的产品形态有手机 App、网站、智能硬件等。试着把它们分为四种形式：BS 结构、CS 结构、软硬结合、大实体。

BS 结构：Browser-Server 结构。

对研发团队来说，大部分工作在服务端，或者说云端，客户端借助一个浏览器来做展示。各种 PC 网站，都是这种模式。用户端可以做到无知觉升级，所以，这种产品特别敢于尝试新功能，有问题只需要在服务端修改即可搞定。它的研发过程相对简单，最大的优势就是"快"，甚至可以做到每天发布升级，比如 2016 年二季度很火爆的现象级产品"分答"。

相对客户端，Browser 模式还有个跨平台的优势，不用 Windows、Mac，或者 iOS、Android 分开做。

CS 结构：Client-Server 结构。

它有一个需要安装的客户端，还会有一个服务端，手机里的 App、电脑里安装的软件就是这种。当然，也有一种无服务端的纯客户端应用，但现在能见到的相对较少，而且也太不"互联网"了。这种产品出了问题，经常需要改客户端，那就得重新通过渠道发安装包，用户还得升级后才能改正。事实上，有时产品都更新到了 5.0 版本，用户还在用 2.0。

软硬结合：除了软件部分，还有硬件实体。

这种形式更复杂，比如各种手环、智能家居的电器。可以想象，它对质量的要求更高，如果硬件上有 Bug，要么召回，要么只能变废品。所以，有了硬件部分的产品，更新换代的速度会明显降下来，能做到 6 个月左右升级一次就已经很快了。

互联网、移动互联网都已经进入深水区，大家普遍认为的下一个大发展——物联网，就要把各种实体硬件也拉进这张大网来了。

大实体：有软硬件更有服务。

虽然上述几种形式或多或少都涉及服务部分，但这种产品形式的服务比重更大。以造汽车为例，要做出一个超级复杂的实体，会牵涉到很多的配件供应商，还有代码量极大的行车电脑系统和应用软件，更有复杂的服务体系，比如大家很熟悉的 4S 店。

这样的一个产品，其实背后就是一个产业，只能以年为单位缓慢进化。

这四种形式的总体规律是，前面的轻，做起来快，迭代周期短，试错成本低，对质量的要求没那么高，有问题容易改正。当然，相应的进入壁垒也就比较低。

顺着这个话题，最后再和大家探讨一个移动 App 有关的实用话题：一个 App 的某个功能，到底是用 Native（Client 模式）还是 Web（Browser 模式）更好呢？

- **偏交互的用 Native，偏浏览的用 Web**：交互指复杂操作，包括输入、选择等，Web 往往支持得不好。
- **已稳定的用 Native，试错中的用 Web**：H5 页面适配各种手机系统、浏览器简单，用来做低成本验证很方便。而已经固化的功能，用 Native 更节省手机本地资源，使用起来更流畅，而且因为不依赖网络，也会更稳定。
- **访问硬件的用 Native，信息展示的用 Web**：硬件包括手机里的各种传感器等，Native 的访问权限更高，安全性也更高。
- **核心功能用 Native，周边辅助用 Web**：Native 的工作量相对大，应该把时间多用在刀刃上。
- **变化少的用 Native，经常变的用 Web**：比如电商的活动页面，经常需要变，做在 Native 应用里就会很被动。

各种模式，一定各有优劣，否则，就不会长期并存了。关键在于，作为产品经理，要理解不同模式的优劣，才能做到扬长避短。比如，有些 App，采用 Hybrid 即混合模式，就是为了结合 Native 和 Web 两种模式的优点。2016 年下半年微信推出的“小程序”，也在不少特点上做到了兼顾，值得好好研究一下。

2.2.5 各种其他角度

最后，简单地从几个其他角度讲讲产品的不同，这部分限于篇幅原因没有充分展开，也可能还有一些角度，我没有想到，如果读者感兴趣，可以继续深入研究并找我交流。

行业分类角度

随着互联网深入到各行各业，与具体行业的结合越来越紧密，要想做出出彩的产品，对领域知识的了解越发重要。我们都知道，金融、教育、医疗、娱乐等都是万亿级的大市场，但要做好这些行业的产品，没有多年的行业沉淀，恐怕是不行的。

关于行业的具体分类，大家可以去参考公司注册时需要选择的行业类别，这里不再赘述。而在某个领域的产品大类里，也会因上文提到的各种分类维度而衍生出各种不同的产品。下面结合 2.2.2 节中从用户需求角度的分类标准，对娱乐行业里的音乐行业进行分类。

- **工具**：音频播放器、音乐制作软件。
- **内容**：歌曲库，以及早年的百度 MP3。
- **社交**：音乐讨论社区。
- **交易**：版权市场，以及供个人付费购买高品质音乐的产品，如 QQ 音乐。
- **平台**：阿里音乐（阿里总是倾向于做整个生态）。
- **游戏**：节奏大师、太鼓达人等。

盈利模式角度

盈利模式基本可以分为两大类，俗称卖货的行当与卖人的行当。

卖货采用前向收费，直接向用户要钱。比如，面向信息使用者或浏览者收费，包括用户包月费、点播费等，运营商向手机用户收取服务费，电影院、公园卖票，以及 QQ 的一些付费功能等。作为个人用户，在互联网上使用各种产品时直接付的钱，基本都属于这种。

卖人采用后向收费，即 2B 的抽水模式，主要向对企业单位或信息提供者收取费用，包括广告发布、竞价排名、冠名赞助、企业会员等费用。该收费模式是互联网网站采用最多的盈利方式之一，具有代表性的是搜索引擎类网站（如谷歌、百度）、大多数视频类网站的广告（如优酷、土豆）及电子商务网站（如天猫、京东商城）。

这个分法也可以映射到 2C 和 2B 的区别，卖货的基础是货要好，卖人的基础是人要多，但人多的本质还是产品好。

关键资源角度

不同产品能不能成，需要的关键资源不同，主要有如下五种。

- **资本驱动**，对应着需要大笔资金做准入门槛的产品。比如金融行业的某些业务，没有足够多的钱，根本没法进场。再如拼价格战，补贴大战时，资金不够多的公司也会被迅速淘汰。
- **技术驱动**，意味着拥有核心技术能力，成为别人无法模仿的壁垒。比如 Google

的搜索引擎算法。如今的人工智能领域，谁拥有最牛的算法、海量的数据、强大的计算能力，谁就能取得领先。

- **产品体验**，产品本身要好，对互联网行业来说，就是用户体验很爽。比如很多社交应用，有漂亮的界面、流畅的交互、快速的响应、丰富的内容，用户用过之后会触发口碑传播，一传十十传百。我们常说的“消费升级”，也要求产品本身升级。
- **运营服务**，对应着需要很多“人肉”参与的产品，强调运营效率、服务体验等。比如在 O2O 类产品的早期市场争夺战中，大家都很强调“地推”，就是靠人海战术迅速获取商户、用户资源的手段，谁的人不够多、执行力不够强、速度不够快，谁就会被淘汰。
- **垄断资源**，取决于获取资源的能力。拥有一座矿山、一个油田、一片土地，或者是专属经营权等。比如只有 12306 可以卖火车票，某某公司成为谁的独家合作伙伴等。

当然，一个产品的成功往往需要多个因素都具备，少了任何一个，都可能掉链子，即“成功都是相似的，失败却各有不同”。

行业成熟度角度

这个行业，属于新兴的还是成熟的，对应着产品生命周期中的不同阶段：初创期、爆发期、平台期、衰退期，本书第 09 章会展开细说。简单地说，是“从 0 到 1”和“从 1 到 N”的区别。产品的侧重点也不同，相对而言，前者重研发，强调创新突破，后者重营销，强调复制扩张。比如电商行业，现在相对成熟，而智能硬件，还只能说在很早期。

整体而言，互联网行业的产品，处于“从 0 到 1”阶段的比较多，而传统行业随着互联网技术、理念的渗透，也开始在一些细分市场里出现了新的机会。比如图书出版，现在的一本书，已经不再是完全线下的实体，而是会想各种办法尝试线上与线下的联动。

2.3　延伸阅读与练习

本章的延伸阅读，在已有的几本书里不多，大家可以看一下《启示录》的第三部分——产品（179 到 220 页），Marty 对某些特色产品，如企业级产品、平台产品等都给出了自己的理解。

可以做的练习任务如下。

任　务	难度星级	耗　时	目　的
文章：我眼中的各种产品，分类与特点	★★★☆☆	2	通过对产品分类，找到自己的定位——到底想做什么产品。从多个角度分析一下自己正在做的产品是什么类型，思考自己应该在哪方面加强
案例：我所在垂直领域的产品演化，总结 5 年以上的变化	★★★★★	4	通过较大时间尺度的分析，发现你所在的细分领域及产品的发展规律。比如，阿里电商业务的早期就有一个从 B2B 到 C2C，再到 B2C，最后到 C2B 的路径

「02 产品：关键词与分类」

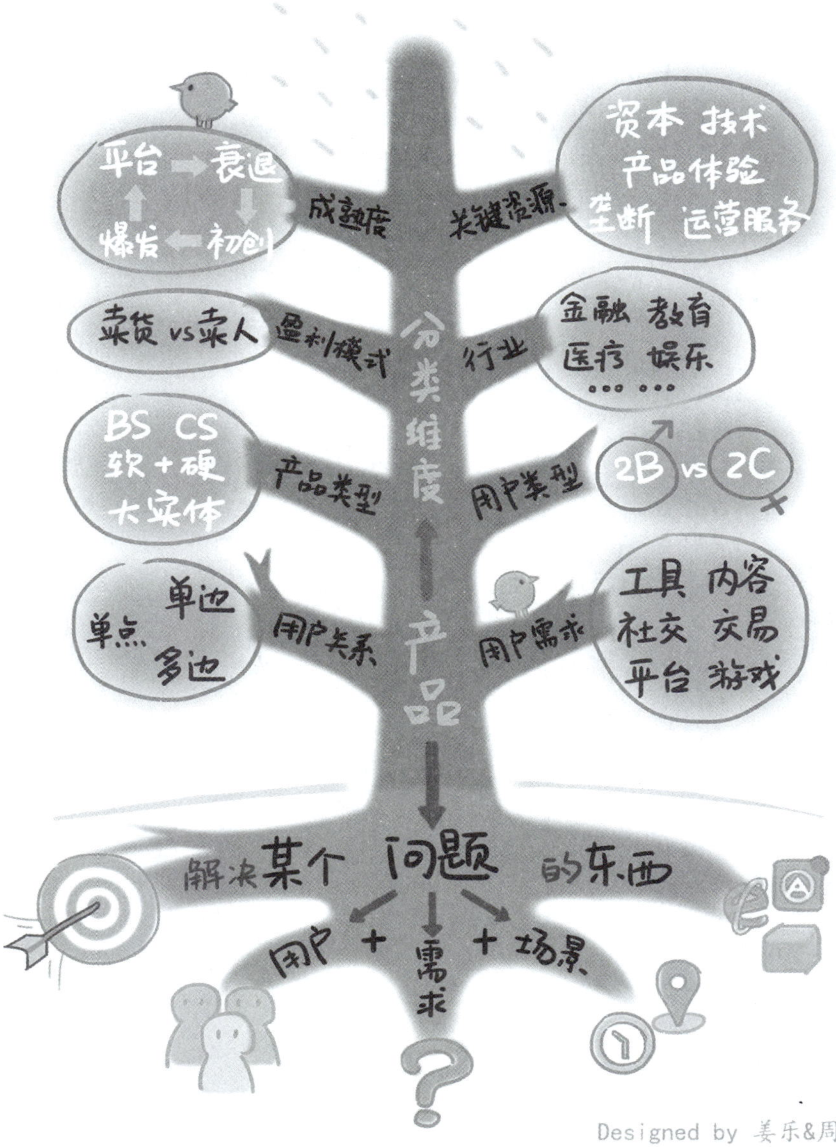

Designed by 姜乐&周全

第 03 章

概念：提出与筛选

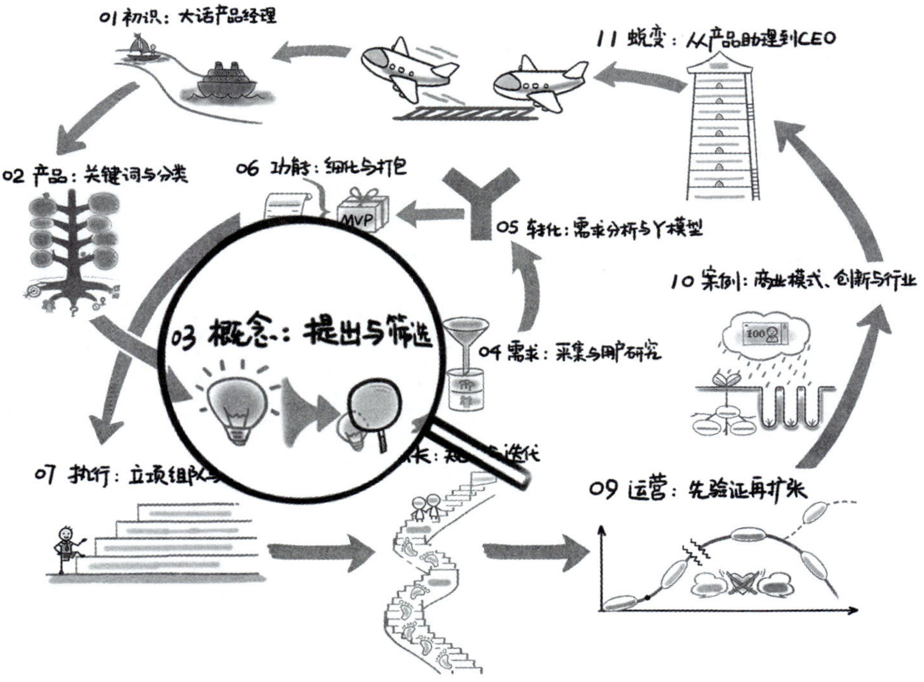

第 03 章 概念：提出与筛选 / 67

3.1　产品概念的提出

在第 02 章，大家了解了什么是产品，产品有哪几类，从这一章开始，我们一起进入“一个产品从无到有”的旅程，体会做产品都要经历哪些环节。做一个产品的第一步，要先有个 idea（点子），即提出一个“产品概念”。从这一章到第 07 章的立项组队为止，是“想清楚”的小循环，再往后，会说“做出来”与“推出去”。

提出产品概念很简单，要确定五个关键要素，参见图 3-1：

- **核心用户**：产品目标用户中最重要的用户是谁，表达为一个抽象的人群。
- **刚性需求**：Ta 们碰到最痛的痛点是什么。
- **典型场景**：这些痛点最常出现在怎样的生活、工作情况下。
- **产品概念**：用什么方案解决，用一个词、最多一句话概括你的解决方案。
- **竞争优势**：相对已有方案，有什么突出优势。

以上的五个要素，就是产品的“切入点”（并不是完整的产品），下面一条条来讲述。通过前三个要素，可以顺便加深对第 02 章说的“用户”、“需求”、“场景”的理解。

图 3-1　产品概念提出的几个关键要素

3.1.1　核心用户

核心用户这个词，我们经常听到，可能你还会听到潜在用户、目标用户、种子用户等，本章 3.3.3 小节，会把这些有关“用户”的词放在一起比较一下，这一部分先说核心用户。

复习一下“目标用户”，其实它就是第 02 章说的“用户”，指所有跟产品发生关系的用户群体，而“核心用户”是指目标用户中最最重要的那一部分人。

举个例子，校园社交 App，目标用户是在校生，核心用户就是一批校花，先有了校花，就可以让男生们也上来。核心用户的需求要优先满足，不能为了次要用户的需求去影响核心用户，如果校花们不希望被所有男生联系，那么，虽然所有男生都想联系校花，那也得做一些限制。

甚至，一些产品会为了讨好核心用户，故意得罪其他不重要的用户，即所谓的“洗粉”行为。这在早年的产品里很少出现，电信不会拒绝给谁家装电话，淘宝也不太会拒绝任何要购物的人。

吴晓波频道在 2015 年旗帜鲜明地表态——反对屌丝文化，服务中产阶级。这种做法，虽然对总用户量有损害，但剩下的用户更纯净。如今的产品，用户与用户之间不再独立，而是彼此有链接。如果用户群体的价值观接近，那么，他们之间更能建立起认同，链接更紧密，对产品的黏性也就更大。

另一方面，这是一个供给充足、市场细分、用户选择很多的时代，情愿选择让一部分人爱你爱得发疯，另一部分人恨你恨得要死，也不要让所有人都觉得你还 OK，你是个好人，然后就没有然后了。

这就是产品的调性、品牌的人格化。

核心用户定义得越精准，产品设计、推广等过程中的目标将越明确。

3.1.2 刚性需求

任何一种用户的需求都有很多，其中最重要的那些，叫作刚性需求。

刚性需求要满足下面三个条件：**真实、刚需、高频**。

- **真实：需求是真的存在，还是幻想出来的**。我们要对需求的真伪做一个判断。经常听到用户说的可能都是一些伪需求，比如用户说“我希望能做到每天早起锻炼身体，你这个 App 能不能每天提醒我”，你真的做给他了，他可能懒得用，如果用户有心要锻炼，这是个闹钟可以解决的问题，如果无心，再提醒也白搭。
- **刚需：特指需求是否强烈，不满足能否忍受**。一些需求到底是不是很刚性，其实很难说。举个例子，要在很繁华的闹市区停车的话，可能更刚需的是要找一个车位，毕竟绕了 20 分钟停不下来实在受不了，相对弹性一点的可能是省停车费，能省点最好，实在省不了也就忍了，这是是否刚性的区别。

- **高频，需求发生的频次是高是低**。这比较容易理解，有的需求发生的频次可能每天都有，比如叫外卖，有的需求发生的频次可能一年才有一次，比如春运。有些需求 2C 低频，但 2B 就高频了，可以通过服务 B 来化解，比如家庭日常水电维修，对每家每户来说肯定是低频，但可以尝试作为小区物业的服务提供商。

同时满足以上三点很难，所以要综合考虑，满足刚性需求要优先于弹性需求。

3.1.3 典型场景

俗话说，做产品就是做场景。在用户、需求确定的前提下，场景也会有很多。特别是在移动互联网时代，移动设备作为我们身体的延伸，随时随地进行着场景的切换。但我们更在乎的是典型场景。

到底什么场景更典型？可以通过有没有“唤起点”来判断。**在某种情景下、某时某刻，用户能想到，最好是能第一个想到你的产品。这个时刻就是产品的唤起点。**

工作日的 10 点多，很多 IT 民工都开始发愁中午吃什么，这时候，就唤起了“饿了么”、“大众点评”、“口碑”等。

晚上下班回家，平时一直蹭他车的同事今天要加班，没得蹭了，这时候，唤起了“滴滴出行”。

早上起床，蹲坑，发现正好 7 点刚过几分钟，“知乎日报”的“如何正确地吐槽”又更新了，顺便看看。

……

上述都是主动唤起，用户主动想到你，还有些被动唤起的做法，也可以尝试，比如特定情境下的各种消息提醒：生日、老婆生日、过年过节、早晚高峰、促销活动……

可怜的是，很多产品根本没有任何“唤起点”，用户怎么想到用你？这也意味着你还没找到自己的典型场景。

所以，只要是一个“点”，就不要怕小，怕的是没有独特性，怕的是不够典型。

3.1.4 产品概念

简单的一句话，说出你的解决方案是什么，一个 App，一个网站，一个服务体系，还是一个企业协同办公的工具？第 02 章讨论的产品分类，在这里就用得上了，可以分门别类地列出来供筛选、确认。

举一个口碑网的案例。

口碑网和大众点评差不多，同一时间起来，后来做得没有大众点评那么顺利，特别是被阿里收购以后。它的创始人是李治国，也算是阿里最早的产品经理之一，现在是天使投资人和挖财的 CEO，多年前和他交流过。口碑网的初衷很简单，李治国自己经常去一些餐馆吃饭，他发现很多餐馆味道不好价格又贵，或者卫生不好、服务员态度很差。他就想，要吐吐槽但是没地方吐，别人还得继续上当受骗，应该有一个什么东西，让这些黑店就不要有生意了，让好的餐馆生意越来越好。最后，就有了口碑网。

这个案例中用户需求场景的简化描述为：常去餐厅吃饭的年轻人，踩了雷以后要吐槽发泄。

产品概念：一个有餐厅列表、可以点评的网站。

我也在做投资相关的事情，所以会和很多创业者交流。当发现这个创业者说来说去都是背景信息，5 分钟还讲不清楚他在做什么的时候，我就会打断他，问这个问题：你为了解决什么人的什么需求，做了什么东西？

大家平时和产品经理交流时，也可以将这个问题直接抛过去，然后就能清楚对方到底做的是什么产品了。最多再加一个问题，为什么你这个产品做得比别人好？这也就是下一个要思考的要素——竞争优势。

3.1.5 竞争优势

我们做产品时，通常会找一个“竞争标的”，也就是这个产品到底是跟谁对比的。优势是与另外一些解决方案比出来的，“标的”的选择很重要，体现了你的定位与开局思路，视野和格局。

任何一个值得解决的问题，通常已经有很多解决方案了，但是这并不意味着你就不可以再做。但，再做的话要和现有的解决方案相比，是否创造了额外的价值？如果额外的价值大于转移成本，那么新的解决方案就能获胜。

对于竞争优势，“人无我有”是一种，比较容易理解；“人有我优”也是一种，无非“多快好省”，具体地说，包括更多功能、更快搞定问题、更好的质量、更省钱，等等。

比如近年来，电动汽车对于汽油汽车，逐步显现出了很多竞争优势。电池技术的成熟，使得续航里程接近了“一箱油”，电动车越来越实用了。充电桩的密度越来越大，私人安装也越来越方便，充电问题逐渐减小，很多城市的上牌、限行政策也是利好。这些，使得电动汽车的优势逐步上升。

再来几个例子：

叫外卖而不出去吃，是因为想节省外出的时间，或者就是懒。

网上买家用电器，是因为可以把很多型号放在一起对比技术参数和价格。

接客户用更贵的专车而不是快车，是因为车好服务好，可以让客户对我们的印象加分。

你的优势，会成为用户选择的理由。

案例：私人跑步教练

曾经在某公司做了一次交流，大家一起做“产品从无到有”的演练，一组同学提出了一个 idea，在竞争优势方面明显有问题，没想清楚“标的”是什么。如图 3-2 所示。

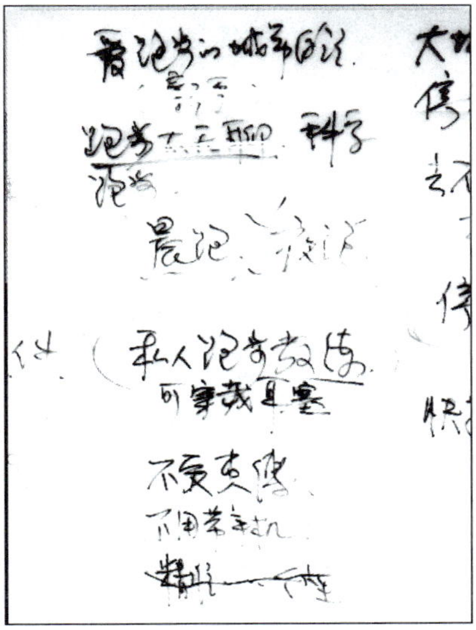

图 3-2 产品概念练习的实拍

- **核心用户**：爱跑步的都市白领，更精准的说法是“新手”。
- **刚性需求**：不会科学锻炼（备选：跑步时太无聊）。
- **典型场景**：晨跑（备选：夜跑）。
- **解决方案**：私人跑步教练——是个可穿戴的设备，比如耳机，用来监测你的运动，还能时不时给些提醒。

▶ **竞争优势**：不受束缚、不用带手机、精准个性化。

单看“竞争优势”，这是最常见的错误——“原来你什么都想要，要到用户想逃”。

首先，“不受束缚、不用带手机”的“标的”好像是“有线耳机+手机 App”。其次，想“精准个性化”，这个点很难和手机 App 做出差异，感觉像是把“私人教练”、“活人”放在了对比的位置——这相当于给了自己一刀，让用户认知产生了混乱，而且和纯正的“新手”用户的普适需求不是很匹配。

以上为开局思路，要点是：不要乱，先找定一个对手，打透了以后然后再考虑视野和格局，以及各种扩展。

聊聊竞品分析

顺着竞争优势，聊聊竞品分析。具体怎么分析，网上有很多方法。初级的做法是列一个表格，对比一下几个产品，标出各种功能的有无，诸如 A 有 B 没有、C 有 D 没有、AB 都有但 CD 更好，等等。但是到底什么是“竞品”，很多人都理解错了。

下面，带大家逐步拓展竞品的范畴：

相似的产品→能满足同样需求的不同产品（从表层到深层需求）→所有消耗用户时间的产品

假设你是一个早点摊子上负责卖豆浆的伙计。为了卖出更多的豆浆，拿到更多的提成，开始做竞品分析，你会把什么当作竞品？

最初级的考虑是同质产品，旁边那个卖豆浆油条的摊子，肯定算一个，这叫“**用同样的产品功能解决同样的用户需求**”。和这样的竞品玩，比的是产品功能的优劣，比如你是现磨的，他是采购袋装的。你可以引发喝豆浆应该加糖还是加酱油的旷世舌战，他有红豆、花生等多种口味可选，还可以装背包里带走……你观察一下每天路过的用户都是什么样的人，大致就知道各自的优劣势了。

这样的竞品分析，相对简单，瞄着和你做同样产品的人即可，好比猫眼和淘票票互盯，暴风影音和 QQ 影音互盯。而这种分析的结果，往往也**只能带来一些功能层面上的优化，不会对产品方向带来什么新思路**。

我们常说，打败新浪微博的一定不是腾讯微博，而可能是微信的朋友圈；降低某品牌私家车销量的也不一定是其他品牌，也许是越来越发达的公共交通、越来越方便的顺风车；让客服失业的也不是另外一批工资更低的客服，而是人工智能的自动应答系统……

所以，对竞品的认知需要升级。

日子一天天过去，咱现磨的豆浆越来越得到用户的认可，健康看得见嘛！忽然某天早上，你发现隔壁摊子居然放弃豆浆市场了，开始卖各种牛奶和果汁！你震惊了，Why？赶紧去问用户，你为什么不买豆浆改买牛奶了？用户说我不一定要喝豆浆啊，包子太干了，要搭配点解渴的东西才好，所以，牛奶也可以。

“用不同的产品功能解决同样的用户需求”，这叫“替代品”。

于是，你体会到，**竞品分析不应该单单停留在对“产品功能”的分析上，还可以去寻找你这个功能背后要满足的“用户需求”，能解决同样“用户需求”的其他解决方案，也是竞品。这种分析，会给产品带来新思路、新方向。**好比，做网上超市的要多去沃尔玛逛逛，做报纸的应该订几份杂志。

多去接触用户，你会发现，他们买豆浆的原因还不止一种，用**同样的产品功能解决不同的用户需求**也很正常。这会反过来促使你重新思考自己的定位，到底要优先满足什么需求？于是你会在不同的需求场景下，找到不同的潜在竞品：豆腐、千张：有人喜欢豆制品；粥、馄饨：包子也不买了，直接来稀的；自来水、漱口水：吃完包子漱口，把菜叶弄掉……

再进一步，你还可以把这个买豆浆的原因追问下去，从而**用同样的产品功能满足不同层次的用户需求**。挖到最深处，一般会是人性的心理或生理层面。比如，喜欢豆制品那个用户，也许是体检后发现自己缺什么元素，与选用保健品、药品的动机有重合。那么，你卖豆浆是否可以往“健康”的需求上靠？这样，在不同层次上，通过对不同的竞品做分析，可以给产品更多跨界的思路。

于是，对竞品的理解逐步扩展。

你不再只盯着隔壁那个卖豆浆的老王：你关注到 100 米外开了个星巴克，200 米外有个喜士多，隔一条街有家健身房……你的自我定位，到底是豆浆店、早餐店，还是都市上班族没空好好吃早饭的解决方案，甚至有可能是改善国民健康的系统工程，你也渐渐有了视野和格局。

豆浆只是你的切入点，是最初的解决方案。解决方案可以经常变，明天推出拌面、后天引进个牛奶的供应商……但问题不应常变，你总要回到问题本身，再往后挖很多层，背后就是自己要解决的那个“元问题”，比如：360 就是安全，QQ 就是连接，星巴克卖的是小资生活，迪士尼卖的是快乐，锤子卖的是情怀。也许，你卖的是健康。

最后，再扩展一下竞品的范畴。

对于所有泛互联网产品而言，终极的竞争可以用这句话一言以蔽之：**互联网/手机**

上的所有产品都是竞品，竞争的是用户仅有的那点时间。到了 2016 年，中国互联网用户已经超过 7 亿，没法再翻倍，每个用户的时间也几乎被占满，他们不再是无事可做，而是忙不过来。有人提出了“国民总时间”的概念，本来有人口红利，大家各自去占领增量市场，但如今，已经是在争夺用户仅有的注意力了，这个存量市场，必然是此消彼长。

所以你处于这样一个环境下，不妨去了解你的目标用户还在用什么产品、把时间精力给了谁，那么，不管那个产品和你的领域差距有多大，也可以算作广义竞品，比如周末的下午，用户到底会选择去学习提升：参加一个线上培训；还是去娱乐休闲：看一部电影。而与广义竞品争夺用户时间，那真要看谁更懂人性了。

当然，分析完之后，自己最终做什么产品功能，还得考虑很多其他因素。

3.2 概念提出的综合案例

回到真实场景，一个产品或一个产品概念，到底是怎么想到的？很多情况下，它其实来自于生活中的一些不爽、不满意、想吐槽，所以“吐槽是一种生产力”。街边打不着车有了滴滴、快的；天太热懒得出门吃饭有了各种外卖订餐平台；老板通知个事情总有员工说没看到，于是有了钉钉……

下面来剖析几个综合案例。

3.2.1 案例 1：智能长命锁

这是我参与的一次实战演练的产出，通过这个例子，可以看到“产品概念”的思路源头和具体表达形式。

现场，我们用了一些工具来辅助说故事，很简单，找一堆没用的旧画报，把它们撕碎了，通过图片来启发思路，读者也可以试试。在其中找到能关联 3.1 节提及的五个关键要素的图片，每个问题可以一张或多张。找到以后，把图片贴在一张大白纸上，给未来的产品干系人讲这个故事，看看听的人是否有感觉，如果 high 了，产品概念通过。

我们组用一刻钟时间找到的产品概念：“智能长命锁”，如图 3-3 所示。

图 3-3　用画报来启发思路

我在组织团队讨论时，问大家有什么在日常生活中让你很头疼的事情。组内两位年轻父母都提到了自己的孩子，而其他人也纷纷表示认同。于是，我们对 3.1 节提出的五个问题给出了这样的回答：

核心用户：小孩 3～5 岁的白领（图片没找到更合适的，只有一个抱着小宝宝的年轻爸爸）。

刚性需求：因为人多、环境新、突发事件多等因素，对小孩的安全时刻提心吊胆（贴了一些危机四伏的街道、沙滩的图片）。

典型场景：带着小孩一起出去玩（找了海滩和迪斯尼的图片）。

产品概念：智能长命锁，可能的功能有 GPS 定位、超距离报警、哭声报警等（图片中概念车表达了“高科技”这个关键词，戒指表达了“时尚”这个关键词）。

竞争优势：家长放心（配一家人其乐融融吃饭的图片），而且孩子开心——这个产品很漂亮，孩子也很喜欢（配一张笑着的小天使图片）[1]。

除了吐槽，领域知识（此例中，是带孩子出游的经验经历，和对智能硬件的基本了解）也是准确描述上面内容的必备能力，不用长篇大论，简单的 5 句话，就定义出产品最初的切入点。

1　现场时间较短，产品概念描述的不够完善，而且定位也完全跑偏了。多年以后，市场上出现很多“儿童防丢手环”，而我们当时的竞品标的是“传统非智能长命锁”。

3.2.2 案例 2：淘宝首页

再来个更真实的案例，淘宝首页，如图 3-4、图 3-5 所示。

随着时间推移，淘宝的产品经理们逐渐理解了首页存在的意义，它不只是一个普通的页面，而且是淘宝一个很重要的产品，我们通过它来看看产品是怎么寻找切入点的。

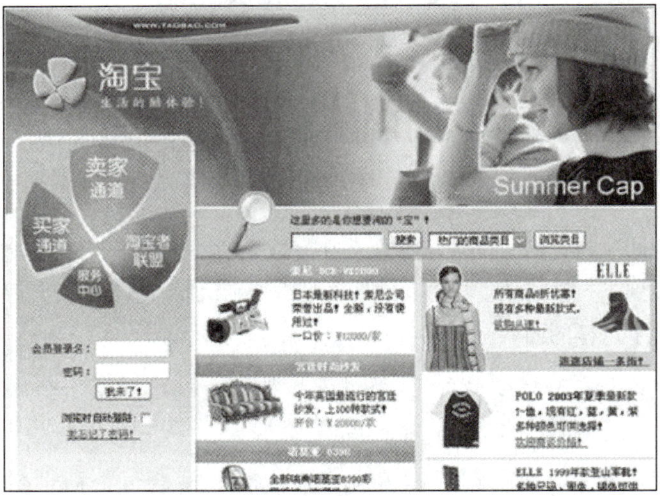

图 3-4　2003 年淘宝最初的首页

图 3-5　2016 年的淘宝首页

首先，我们要确定这个产品的**核心用户**。

- 第一步，做用户细分，列出可能与淘宝首页发生关系的各种用户：买家、卖家、合作伙伴（即服务买卖方的服务商）、淘宝员工、竞争对手、机器爬虫，等等。
- 第二步，判断每种用户的价值，排个优先级。这个例子比较简单，显然是“买家”最重要（整个淘宝谁更重要很难说，但首页一定是买家更重要）。
- 第三步，判断“买家”这个用户群体的粒度是否足够细。如果够细，到此为止，如果不够，回到第一步再细分，并循环这三步。

在这个例子里，“买家”还需要细分。当然，分类方法很多，我们最终采取了一种很常见的分类方法：按照用户对产品所在领域的熟悉程度，分为新手、中间用户和专家。其中，最核心的是“新手”，因为只有新手买家，才会在首页上仔细研究各个模块。相对成熟一点的用户，虽然也会访问首页，但通常只是“路过”，然后直接去了某个特定的频道。或者，他们已经形成了自己的购物习惯，从“我的淘宝”、“收藏的店铺”里开始，甚至从一些外部的导购站点进入淘宝。

接着，要确定这批核心用户的**刚性需求和典型场景**。

- 第一步，类似地列出新手买家的各种需求：逛、购物、学习如何使用淘宝等。举个例子说明一下“逛”，“逛”不等于无目的的购物，而是“我没打算在淘宝买××，但我想来看看商家的底价，以及别人怎么评价这个东西”这类场景。
- 第二步，对这些需求做价值判断。这个例子中，我们优先满足“购物”。
- 第三步，判断“购物”这个需求场景的粒度是否足够细。如果够细，到此为止，如果不够，回到第一步再细分，并循环这三步。

此例中，各种“购物”的需求我们都想满足，所以整个“购物”可以看作刚性需求。但在具体满足时，还是需要细分，以便在首页上用不同的功能模块满足不同类购物的需求场景。

分法同样很多。过去几年里比较经典的分法是，按照购物的目标是否明确，分为目标清晰的购物需求、目标模糊的购物需求和无目标的购物需求。淘宝早期重视购物、交易，不重视逛、社交的基因，也给后来的很多导购网站留下机会。

所以，淘宝首页这个产品概念对应的切入点就是新手买家的各种购物需求。而对于竞争优势，作为淘宝的一个子产品，淘宝首页主要依托于主站多年的积累。

这个例子里，很难说是先有了淘宝首页，然后淘宝的产品经理们一步步明确了对应的用户需求场景，还是先发现了新手买家网购的痛，再设计的淘宝首页，这并不关键。打个不吉利的比方，公司有一个半死不活的产品，你发现正好能满足一个原来没意识到的用户需求场景，那也是大功一件。所以，**问题和解决方案，不一定先有哪个，最重要的是要找到它们的匹配。**

这才是产品经理价值的本质。

聊聊用户分类的方法

顺着淘宝首页，再讲讲用户分类。寻找切入点，乃至后续的精细化运营的关键就是要对用户进行细分，所以，从目标用户中一层一层找到核心用户，是产品经理非常关键的一项基本技能。

分类的方法有很多，先从逻辑上分析一下什么样的分类是好的。我的理解是把全集分为子集后，不同子集的个体之间差异尽量大，每个子集内的个体差异尽量小。如分类能满足一个叫 MECE[2]的原则就更好，就是尽量做到不重不漏。

在这个大的分类逻辑指导下，在对目标用户进行分类时务求遵守的原则就是，**不同细分用户的“需求场景”差异要尽量大**。下面给出几条实用套路。

第一，如果产品的用户是多边的，先根据不同角色分类。

多边型的产品，对应单点（如小工具）和单边（某些同好社交应用）的产品，要有至少两种明显差异的用户群体，通常这种产品都具有平台属性。

举例，对于淘宝来说，常见的分法是买家、卖家、第三方服务商、平台方；对于滴滴出行，就可能会分成司机、乘客、平台运营方；对于知乎，可以分为提问者、回答者、吃瓜群众、平台方……不同用户群体的需求场景差异显然巨大。

第二，新人、中间用户和专家。

这是按照用户对“产品所在领域的熟悉程度”来分类的结果，也是一种非常常用的用户分类方法。对于单边的用户角色，如果找不到更好的分法，我建议用这个方法保底，毕竟新人和专家的需求场景差异已经足够大，前者希望“简单易用易上手”，后者期待“稳定可靠性能高”。

以 QQ 音乐为例，如果用户是新人，可能需要最热的榜单、通过场景自动选歌，而专家用户，则更可能会去搜某一张专辑或者搜某位歌手；又如开车，新人需要一辆

---

[2] MECE 的全称是 Mutualiy Exclusive Collectivly Exhaustive，中文意思是“相互独立，完全穷尽”。也就是对于一个重大的议题，分类要能够做到不重叠、不遗漏，而且能够借此有效把握问题的核心，并解决问题。它是麦肯锡的第一个女咨询顾问巴巴拉·明托（Barbara Minto）在金字塔原理中提出的一个很重要的原则。

好开的自动挡，专家可能需要能上赛道的手动小钢炮、能进山的硬派越野。

与此近似的角度，是新用户与老用户。

第三，根据人口统计信息（包括年龄、性别、职业、所在地、消费水平等）。

这个方法要慎用，要避免人口统计信息和产品关系不大的情况（比如按照不同职业来区分打车用户，就没什么逻辑），这样划分成的几类用户，需求场景差异往往不是很明显。

说几个比较适合的例子。银行设定信用卡级别，是按照资产、收入、消费水平来分类；乐高设定玩具难度等级，是按照不同年龄段儿童来分类，因为背后代表了智力水平的差异；一些服装品牌制定款式的策略，是按照地域，即一线大城市与三四线城市划分；K12 教育里的学生，按照不同年龄段分类；厕所，按照性别分类，等等。

第四，根据产品的业务场景。

还有一些分类方法，很难总结为通用的规则，要具体问题具体分析，通过几个例子给大家一点启发。

比如做企业服务，可以按照用户（公司）的融资阶段分为种子轮、天使轮、A、B、C……PreIPO、已上市等。

做培训，可以按照互联网、IT、快消、生产制造等行业划分，也可以按技术、产品、运营、管理等不同岗位划分。

做航旅，可以按照用户累积里程分为普通、银卡、金卡、铂金。

做媒体，可以按照读者的三观将其分为信中医和反中医的，民族主义的和世界大同的。

做社区，经常分为提供原创内容的 PGC 写手、加工内容（点赞、评论、转发等）的积极分子、纯消费内容的浏览型用户。

做出游，可以分为单人、情侣、亲子、团建等。

还有比较通用的，例如分为需要引导的菜鸟，需要维系的忠粉，需要召回的旧爱，需要赶走的讨厌鬼。

……

编个打油诗作为小结：

多边先分边，
新人与专家，
人口统计学，
业务场景化。

最后提一句，对需求场景的细分，思路上与用户分类是类似的。分得不好，后面做起来一团乱麻，分好了，便于分而治之。

3.3 产品概念的筛选

提出产品概念的几句话以后，如何最快速判断它是否靠谱呢？通常的经验是，先随手找几个人问问，把产品概念讲给他们听，如果你听到大家说“呵呵呵，我好像不需要”、“好奇怪，不理解为什么要这样做”，那就需要回炉重想，而如果听到“这个你准备卖多少钱”、“有点用，但是不是已经有类似的东西了”这样的问题，就说明这个概念靠谱，大家已经认可你的大方向了。

接下来就要对这些概念进行筛选。

首先要明确一个大前提，产品概念筛选其实是在一个时间切片上做的。随着时间的变化，筛选工作应该每隔一段时间做一次。因为经验告诉我们，有的事情真的是一个大浪潮，而有的事情可能只是一个小浪花。

筛选要考虑的维度有很多，如果能有一个模板，会为大家省不少力气。接下来就提供一个我的总结：如何从内部的能力、意愿，以及外部的价值、成本这几个方面来完成筛选，如图 3-6 所示。先说理念，再说案例。

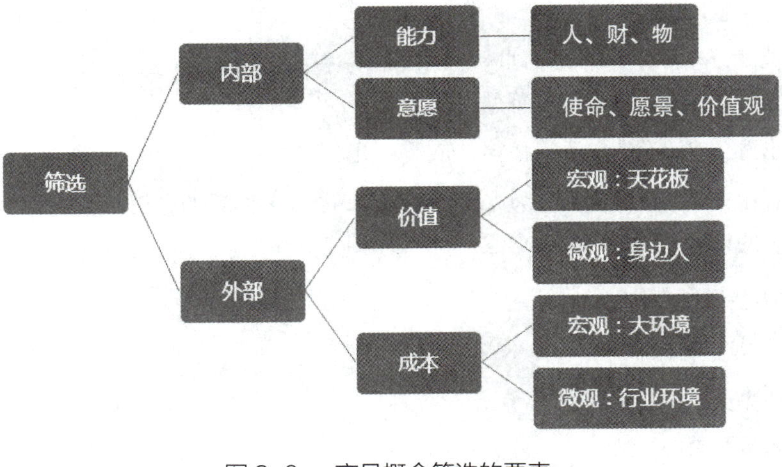

图 3-6　产品概念筛选的要素

3.3.1 内部因素：能力

先看内部因素的“能力”，它又分为人、财、物三个方面。

人：团队是否与要做的事情匹配。

老板、投资人在判断一些早期项目时，最看重的是人，特别是几个核心成员，尤其是创始人。重点考察这些“人”过去的经历，拥有的能力和经验是否胜任项目，这个团队是不是互补，是否能覆盖这件事需要的各种能力。当然，如果泛化地来看团队，还会包括周边的人脉、上下游的合作方等。

财：各种资本、资金的支持是不是到位。

比方说你要做 O2O。2015 年正在上演补贴大战，滴滴和快的一天要补贴上千万人民币。这个时候你要拿到足够多的钱才能做，而有些小的打车软件，整个公司账户上也就一千万左右，就只能直接退出竞争。所以，融资或在公司内部“抢资源”，也是一种关键能力。

物：行业资源与业务能力。

- **行业资源**，任何产品都需要，往往靠的是长时间在行业、产业的积淀。比如想做在线教育，团队里光有互联网人、能做出一个系统是不够的，还要考虑有没有人在教育行业待过五年十年，是否理解“学习”这个天然反人性的领域，懂不懂各种教育机构、政府部门的规则与潜规则，有没有足够多的讲师、课程资源，等等。
- **业务能力**，是通过反复做某些事逐渐总结出的套路，如复杂的 IT 支持系统、运营活动的方法论、公司内部的流程等。大公司的流程大多很复杂，在做一些创新创业项目时，就会成为障碍。举个简单的例子，我当时在阿里 B2B 做一个创新项目，要买一个八千块左右的硬件，就遇到了麻烦。因为当时阿里 B2B 是香港的上市公司，各种规定很严格，买超过五千块钱的东西就要走采购流程。最后，只能找不少于三个有资格的供应商来报价，然后再比价、走审批。东西买回来已经过去半个月了。而对于一个创业公司，可能只要在网上淘一淘，第二天就能收到。所以，不合适的业务流程，也可能成为一种能力上的不足。

这三方面，最本质的还是人，财和物都可以由人带过来。

3.3.2 内部因素：意愿

意愿就是使命、愿景、价值观。这些东西听起来很虚，但其实也是非常实的，你觉得一个东西太虚，很多时候只是因为你不了解。

使命就是我们要解决一个什么问题，要做一件什么事情，比如“让天下没有难做的生意”；愿景是说我们希望成为什么，比如“让客户相会、工作和生活在阿里巴巴，并持续发展最少 102 年”；价值观就是我们认为什么是对的什么是错的。这些问题的深入思考，决定了我们想做什么，不愿意做什么。

我跟一个创业者聊天时，会反复问他——你为什么要做这个项目？有的人会回答“因为现在热嘛”、“正处在风口”或“有一条很宽的赛道”。如果问来问去都是类似的答案，我们其实不会太重视，因为他的意愿不是原生的，不是自己真心想做，而是有一点机会主义的倾向。

那么，最好的意愿是什么？是要发自内心地对这个事情特别有使命感，并且一直为之努力，感觉这辈子如果不做就白活了，我会特别偏好这种创业者。创业的过程总会碰到各种各样的困难，只有这种有原生动力的人，才能够坚持，尤其是持续坚持（坚持的是目标，是初心，方法手段没必要傻坚持）。而且，对于有这样意愿的创业者，退一步讲，就算失败了，也会很坦然，觉得自己试过了，过程很值。

每个公司都有自己的定位，有所为有所不为，大多数互联网公司不可能因为有几个研发工程师空着，就去接外包项目。跟初心有关的事情，往往更容易成功，如果是为了追风口，为了公司的战略需要，失败的概率就会很大。个人觉得，2013 年底阿里做“来往”的想法，就是过于在意“公司需要”而不是“用户需要”。反而从中孵化出的“钉钉”，有着帮助阿里客户沟通、协同的初衷，在意愿上就胜出很多。

当然，意愿也不是某一天突然产生的，而是长时间的思考、沉淀的产物。对公司、对个人都一样，有了明确的意愿，做起事来才会有方向感、目标感。

3.3.3 外部因素：价值

说完了内部，再向外部看看。我看过一个 TED 的视频，演讲者根据硅谷很多公司成功与否的统计数据得出结论，最重要的成功因素居然是——时势。这告诉我们，“人有多大胆，地有多大产”是不理性的。一个好的产品概念，必须要筛选过各种外部因素，才有可能落地。外部因素有价值和成本两方面，其中，对于价值的思考，可以分为宏观和微观两个角度。

宏观：天花板

对天花板的分析，就是对某个行业宏观价值的思考。对于新手产品经理来说，平时不太接触这事儿，因为老板都已经分析好了。天花板的意思，具体点说，就是我们想做的事情，扩大到一个行业，整体有多大？增速怎样？现在是高速增长期还是成熟期，甚至已经是衰退期？

所以，可以列出这样一个等式：

潜在用户[3] × 单用户可挖掘价值 = 行业天花板。

由以上公式可以很容易地得出结论：金融、医疗、教育这些关系到民生的行业，都是天花板很高的超大行业。我们也可通过计算来衡量一个项目的宏观价值，如果一个事情的市场容量远达不到十亿美元，发展就比较困难。如果硬要做，你必须占据绝对大的市场份额，才能成长为一家大公司，而如果有一个千亿美元的市场，你就算处在第三、四名，也能活得很不错。

当然，这只是从投资、做大事的角度来说的。如果你想清楚了，就想做一件小而美的事情，那可以不那么在乎行业天花板。

通常，提供了足够多的用户价值，总能有办法找到自己的商业价值，说得再直白一点，就是总能赚到钱。

我们要仰望星空，还要脚踏实地，并且长期思考从实地到天空的发展路径。天花板是终局，但刚起步的时候，还是要多多思考切入点，相应的微观价值，就是身边人。

微观：身边人

“你自己需要这个产品么？”这是我个人比较喜欢问的。要做一个产品，最好自己就是典型用户，最好身边再有一群受这个问题困扰很深的人。只有这样，自己才能更加感同身受，找到的切入点才会更加准确。

儒家有一个传统价值观，叫作“修身齐家治国平天下”，我比较认同其中的顺序，越亲的人越重要。做产品，也应该从身边做起，越能帮到亲近的人，价值感越大。Facebook 一开始就是扎克伯格做给自己和身边的宅男，在无聊的时候看妹子照片用的。Pinterest（一个采用瀑布流形式展现图片内容的应用）最早的用户是创始人自己的妈妈，以及相似的有“剪报”习惯的全职主妇，她们用 Pinterest 在手机电脑上做剪报。后来，这个产品才渗透进设计师群体，成为从业者找图片素材的好地方。

3　潜在用户是指你目前还覆盖不到，但是通过产品的发展、扩张，将来可能会和你产生关系的那群人。

从身边起步还有两个特殊优势：一是为身边人，甚至为自己做产品，能减小“误以为自己懂用户”的错误概率[4]；二是找第一批精准用户更加容易，简化了项目启动过程。

我们把这些身边人叫作“种子用户”。

找到你的种子用户

听说有一家公司的一个新产品，在内部就迭代了 6 次。原因是每一次发布后老板都不满意，只好再改一版，前后改了 6 次。其实这样的根本不叫迭代。迭代的概念是和“种子用户”连在一起的，自己内部改改改，那只能叫没想清楚就动手。接下来看看种子用户究竟是怎么辅助迭代的。

种子用户是**受你要解决的那个问题困扰最深的一小群人**，最早的一批用户，通常是某种意义上的熟人，你很清楚每个个体姓甚名谁，他们也常被叫作“天使用户”、“铁粉”、“用户顾问”。从产品概念的验证开始，一直到需求采集阶段，很需要找到并维护好这群人。

他们对产品的帮助很大。

- ▶ **愿意配合**。因为他们受困扰很深，所以有人来帮助解决，自然很高兴。如果你的产品找不到几个很愿意尝试、积极配合的人，那只能说，你的产品概念有问题，几乎没有解决任何人的痛点；或者，有这样一群人，但你不认识，这表明你们团队的行业积累有缺失。
- ▶ **可以提供很多有价值的信息**。俗话说，久病成良医。他们中的很多人已经在自己尝试解决这个问题，去了解他们现在是怎么做的，让他们谈谈对新产品的想法，你一定会有很多收获。所以，种子用户也叫“用户顾问”。
- ▶ **可以忍受缺陷**。种子用户们虽然很想解决问题，但往往因为资源的缺乏，有想法但没能做出很好的解决方案，难免饥不择食。这时候，只要有方案出现，他们极有可能愿意忍受其缺陷。而这种不完美的产品，才是真正的迭代产物。你要做的是，在功能列表里筛选出 MVP[5]，做出来后推给他们。有时候，他们发现 Bug 后不仅不生气，还会热心提交反馈，这一特征实在太有价值了。
- ▶ **可以成为义务推销员**。如果他们满意了，一定会帮你宣传。所以，在选择种子用户时，找到某些细分领域的意见领袖很重要。

---

4 但产品长大以后，切不可再自以为自己理解各种用户。

5 MVP 是指最小可行产品（本书后续章节会详细介绍）。

我们看到，越来越多的行业在内测（或叫封测）阶段，会充分利用“种子用户”，并且尽量放大这个过程的营销作用，比如小米早期的路由器，以及一些高端的特色餐饮店。

初次接触用户，验证概念

产品概念在大多数情况下，还真是“空想”出来的。当然，作为产品经理，在相关领域肯定是要有积累的，须在过去几年、几十年见过无数用户。

紧接着，就得不断在“创意—验证—调整”这个循环里往返，从产品概念筛选开始，不断地去用户那里验证，一般会采取用户访谈的方式。仍然以“智能长命锁”为例，通过一系列的问题以及点评，大家体会一下“初次接触用户”的过程。

通常，会先有一些预筛选问题，防止在非目标用户身上花费太多精力。比如，可以在电话预约的时候问：您有没有孩子？孩子多大？经常带他/她出门吗？通话过程中可以考察对方的沟通能力、配合程度等。

约到靠谱的目标用户以后，会有一系列问题等着他。表 3-1 所示案例可以当作用户访谈模板。当然，当面问时应该尽量口语化。

表 3-1　初次接触用户的访谈内容示例

问题	目的
请告诉我一个您和孩子出行的有趣故事	引起兴趣，营造轻松交流的氛围
请描述某次出行，您孩子让您担心的几种情形	感受用户的痛点，帮助用户回忆相关场景（主观）
您最近一次带孩子出门，做了什么准备？出门以后又是如何防止发生危险的	探索用户现在有没有在试图解决这个问题，如果有，是怎么做的（偏客观）
如果您自己来解决相关安全问题，想怎么做	激发受访者充分打开思路，便于我们借外脑来完善产品概念。注意思考用户的各种做法背后想解决的对应问题
如果我们有一款×××，您希望它有什么功能	这是在抛出产品创意。须慎重，不要把用户带到沟里去。在访谈后期可选择性地介绍你设想的功能，以试探用户反应，也可顺便询问其愿意支付的价格
您还希望讨论哪些我们没有涉及的相关问题	没想到的额外信息，让用户帮忙补充

按照我在《人人都是产品经理》里对用户研究方法的分类，第一次和用户接触属于“定性的说”，涉及的都是“开放式”、“非引导”的问题。我们应该尽量到客户发生需求的场景去倾听客户、如实记录，不要做太多过滤和解读。

在这一步，跨部门的共同参与很关键，这样才能有“早期共识”，便于后续的产品推进。

从种子用户到潜在用户

图 3-7 中有几个前面加了不同修饰语的“用户”词组，让我们简单辨析一下它们各自所在的语境（本书之后会沿用这些语境）[6]。

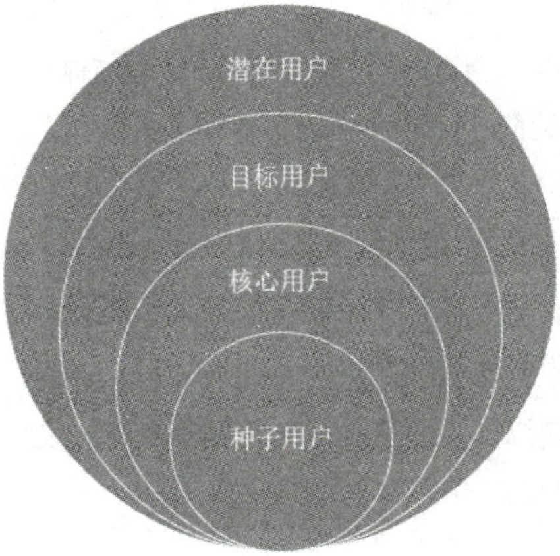

图 3-7　本书提及的几种用户

最外面一层的潜在用户，指向将来的想象空间与发展天花板；临近一层的目标用户，指所有现在能跟产品发生关系的用户群体；下一层的核心用户，指目标用户中最重要的那个群体；最里面一层的种子用户，指核心用户中最早接触的那一小批用户，通常是一些具象的、我们认识的个体。

以滴滴这家公司为例，种子用户也许就是公司在机场摆摊阶段每天遇到的那几十个人；核心用户为北京乃至各大城市的出租车司机，产品在切入点的选择上，通常先搞定供给端再找需求端；目标用户为出租车司机加上乘客，产品有了对目标用户的覆盖之后就可以形成一个价值闭环；滴滴打车扩张成滴滴出行后，又会覆盖到当初的潜在用户，例如有闲暇时间可以代驾的司机及可以开顺风车的车主。

3.3.4　外部因素：成本

价值高的事情不一定就要做，还要看看成本与风险。成本因素依然可以分为宏观和微观两方面。

6　如果你发现其他作者的文章中，这几个词意思不同，一般是因为定义造成的差异，请结合上下文理解。

宏观：大环境

宏观环境是指不太受企业掌控的大环境，比如 2016 年国家有过好几次关于私家车用作专车、顺风车的政策变化，对这个行业的从业者显然有很大影响。当然，如果你的公司足够大，也可以反向推动政策的改变。

有一个模板，叫作 PESTEL（是下面这些英文单词的缩写），可供参考。

- **政治因素（Political）**：是指对组织经营活动具有实际与潜在影响的政治力量和有关的政策、规定等因素。
- **经济因素（Economic）**：是指组织外部的经济结构、产业布局、资源状况、经济发展水平以及未来的经济走势等。
- **社会因素（Social）**：是指组织所在社会中成员的历史发展、文化传统、价值观念、教育水平以及风俗习惯等因素。
- **技术因素（Technological）**：不仅仅包括那些引起革命性变化的发明，也包括与企业生产有关的新技术、新工艺、新材料的出现，以及发展趋势、应用前景。
- **环境因素（Environmental）**：一个组织的活动、产品或服务中能与环境发生相互作用的要素。
- **法律因素（Legal）**：组织外部的法律、法规、司法状况和公民法律意识所组成的综合系统。

对于大环境，我们更多的是顺势而为，仅举几个例子加以说明：在中国的法律面前，你就没有办法做某些与性、大麻有关的产品；在经济不景气时，娱乐行业的市场规模反而会提升，出现所谓的“口红效应”；在特定的社会文化氛围下，很多产品都必须本地化，如淘宝的旺旺迎合的是喜欢讨价还价的习惯，支付宝迎合的是信用体系缺失的环境，这些都是本地化的产物。

微观：行业环境

微观指行业环境，如图 3-8 所示的波特五力模型[7]已经总结得很好了，让我们来依次对号入座。

7　迈克尔·波特（Michael Porter）于 20 世纪 80 年代初提出这个模型，认为行业中存在着决定竞争规模和程度的五种力量，这五种力量综合起来影响着产业的吸引力以及现有企业的竞争战略决策。

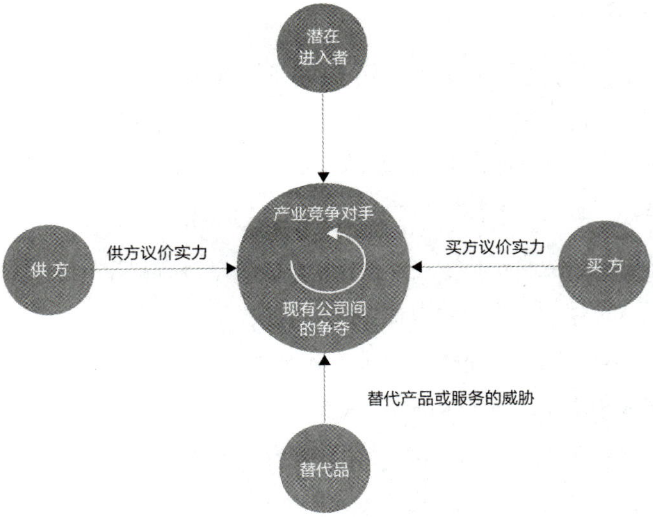

图 3-8　波特五力模型

- 对于同行业内现有竞争者的能力，其主要指标为市场成熟度和竞争激烈程度。对于不成熟的早期市场，竞争对手少，但用户教育成本高，要避免做“帮后来者教育用户”的事情，而竞争激烈时期，可以考虑的策略是往行业上游走。比如，几年前团购流行时上演了“千团大战”，你就可以考虑做团购网站的导航、做团购商品的供应商。
- 潜在竞争者进入的能力，代表行业门槛高低。一些依托“黑科技”创业的领域，门槛相对高，而商业模式创新则门槛相对低。
- 替代品的替代能力，有一个很好的例子，就是智能手机音视频功能对 MP3、MP4 市场的颠覆，可谓“毁灭你，与你何干”。对于这点，我们要保持对变化的敏感，与其被别人干掉，不如自己先拥抱变化。
- 供应商的讨价还价能力，其实是一个店大欺客的问题。如果你的上游供应商过于集中，就很可能对你强势，设法分散是个解决方案。
- 购买者的讨价还价能力，其实是一个客大欺店的问题。如果你只有一个客户，可想而知，他提任何条件，你都只能答应，所以也是要设法分摊风险。

此外，你的供应商或购买者，也就是产业链的上下游，如果过于强大，往往会倾向于控制产业链上的更多环节，也就是很可能跨界到你的领域来直接竞争。打个比方，一家给餐馆提供食材的供应商，业务跑顺了以后，很可能会自己开几个餐馆。

互联网行业的环境，要特别提一下 BAT 这类巨头。你要考虑自己的产品和巨头是什么关系。如果不小心走到了巨头战车会碾过的路上，也许他们都没有发现你的存在，你就已经死了。所以，你的产品最好能和行业巨头形成互补，或者迅速做到巨头愿意收购你的地步。

产品经理经常提的“竞品分析”，其实一定程度上也在分析行业环境。

至此，已经把产品概念筛选要考虑的因素讲完了。当然这只是一种框架，由于每一个行业都不同，每个人习惯也不同，你完全可以用别的框架。而模板的目的，只是防止在产品早期漏掉某些方面的思考，因为事后再弥补的成本会高很多。

3.4　概念筛选的综合案例

本章的最后，说两个产品概念筛选的综合案例。

3.4.1　案例 1：阿里旺旺的成与败

2013 年，在和几位同事一起整理旺旺产品发展史的过程中，给我最大的体会就是：**做产品要顺势而为。这个势，说大点是行业的浪潮、公司和产品的基因，说小点是用户群体的特质、需求的特性、场景的特点。**

旺旺的前身是 2003 年就有的阿里巴巴的贸易通，2004 年在代码上略做改动做出了淘宝旺旺，后来合并成阿里旺旺，再又逐渐细分为中文站版、淘宝买家版、淘宝卖家版。自始至终，这个产品的出身，已经决定了它的“交易工具”属性、“电子商务 IM”定位，这既成了它的优势，也成了它的瓶颈，或者说，成为了它的基因。

旺旺的子账号体系是 QQ 没有的。因为 QQ 的用户是个人，而旺旺某些版本的用户，其实背后是一个企业，企业需要一个统一对外的沟通工具。这就像一个企业的热线电话，一个人接听肯定忙不过来。所以，电话有了分机，旺旺有了子账号，并且还延伸出“智能分流”、工作台等工作场景特有的特性。

而对于买家个人使用的旺旺，一些成功之处也是由场景而来，比如聊天窗口里展现交易的各种信息：发个宝贝链接，直接能看到宝贝缩略图，窗口右边可以直接完成购买、查看物流的动作。对于一个通用 IM，很难定制同样的功能。哪怕是聊天窗口里调用 Windows 的计算器这样一个看起来很没技术含量的特性，都有很多旺旺用户使用，因为交易的过程要简单算算，而你如果把这个特性放在一个通用 IM 上，就很诡异。

对一类用户、需求、场景的深入定制，一方面可以成就一个产品，成为对手进入的壁垒，另一方面，这堵墙也有可能成为这个产品的牢笼。

“上班用旺旺，下班用 QQ”，这是 2007 年旺旺想达成的目标。当时，QQ 的用户数虽然多，但还不足以一统江湖，而 QQ 的低龄化、娱乐化也远比今天明显，公司白领上班时还有很多人在用 MSN、雅虎通，旺旺完全有机会切入这个市场。没曾想，由于旺旺用户和淘宝网的特性，绝大部分白领在使用旺旺时都不是在工作，而是在买东西。于是，逐渐地有企事业单位禁止员工上班时间逛淘宝网，自然也禁止员工使用旺旺。虽然禁肯定是禁不住的，但用户在旺旺上的好友关系以及对旺旺的认知，已经很难扭转，真是成也萧何败也萧何。

3.4.2 案例 2：B12 在方向上的思考

说说现在我自己的一家公司，在 2016 年初新选择的方向。公司叫“B12”，是做创业服务的，潜在的目标用户其实很广，需求也很多，我们做了如下筛选。

B12 的核心用户要满足的条件

行业：我们在互联网行业和传统行业之间选择了前者，因为更熟悉。

- **客户公司规模**：刚刚有想法的三五个人的团队，还是已经拿到 A 轮 B 轮 C 轮，甚至更大的公司？我们选择了从种子到 A 轮规模的公司。
- **地域**：先服务用户最多的北京，还是先服务人脉更广的杭州？我们选择了杭州，先做地头蛇。
- **具体的用户**：是创业公司里比较基础的岗位，还是他们的高层、合伙人级别的用户？我们选择了后者。

筛选的讨论过程并不短，甚至还可以再增加多个维度，但想清楚这个最关键。

B12 的需求场景是帮助创业者找方向

创业者的需求无非是找人找钱找方向。我们画了如图 3-9 所示的一张频度高低、刚性强弱的四象限图。

- 右上，高频刚需，对应“找人”，常见的业务形态有招聘、猎头、外包等，市场大，竞争激烈。
- 左上，低频刚需，对应“找钱”，常见的有投资、FA（指帮人找融资的服务）。
- 左下，低频非刚需，不值得做。
- 右下，高频非刚需，对应“找方向”，常见的有培训、咨询顾问、新闻资讯等。

我们结合自己的优劣势，最后定了一个切入点：通过牛人来帮助创业者找方向，或者说修正方向。

下面解释一下理由。

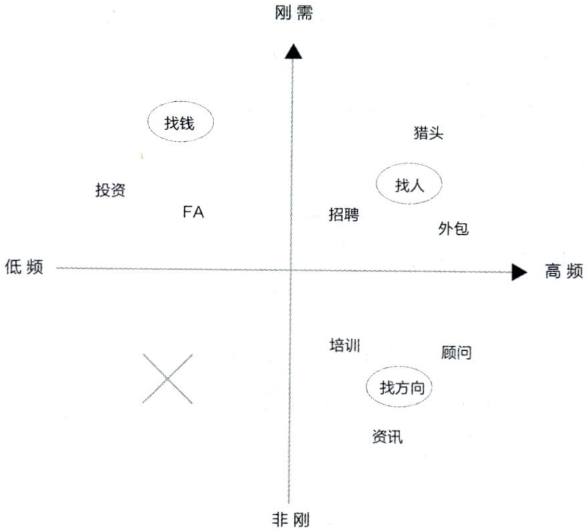

图 3-9　早期创业者的需求

B12 的产品概念偏内容，覆盖媒体及一些服务

我们陆续推出了“B12 大话”，线上分享；“B12 大会”，线下峰会；“B12 学堂”，小班培训、实战；“B12 私教”，上门分享，等等。这些都是在服务核心用户，帮助他们去找方向。

我们筛选的思路及规划的竞争优势如下。

内部的能力方面，B12 原来只是一个自媒体，2015 年还不到 10 个人，2016 年初已经扩展到 30 人左右的团队，可以做更多的事情了，2015 年下半年，拿到了财经作家吴晓波的狮享家基金的投资，也有了一些行业资源。而且在杭州的创业圈也积累了一点品牌影响力。

意愿方面，我们一直以来就是想帮助创业者，口号是“让创新得到赞赏”。本来是想通过媒体只赞赏那些优秀的创业者，现在加上了“帮助那些不是那么优秀的创业者”。

再到外部价值分析。国家的双创政策是一个利好因素，对传统企业而言，转型也是一个大趋势。我的另外一家公司，叫作良仓孵化器，也是做创业服务的；还有我们的兄弟公司盈动资本，是做投资的，同样在为创业者服务。以上这些公司整体上其实是一个小的生态圈，可以形成联动。

外部的行业环境方面，其实有很多类似的公司，比如 36 氪，以及传统的培训公司、猎头公司、投资公司和孵化器。所以，还是要找到足够精准细分的切入点，才能确保生存和发展。

综上所述，B12 的产品概念可以概括为，**我们认同创新，鼓励创业精神——筛选出最优秀的创业者，树立为榜样赞赏他；还不那么优秀的创业者，在能力上帮助他。**

当然，产品概念环节想清楚，或者自认为想清楚，和最后的成事，还差着十万八千里。就在我写书的过程中，B12 的方向依然在不断调整，不断探索。

3.5 延伸阅读与练习

本章关联到另外几本书的相关章节如下。其中的表情表示推荐阅读（笑脸）与选择阅读（冷漠脸），亦可根据一些关键词扩展阅读。

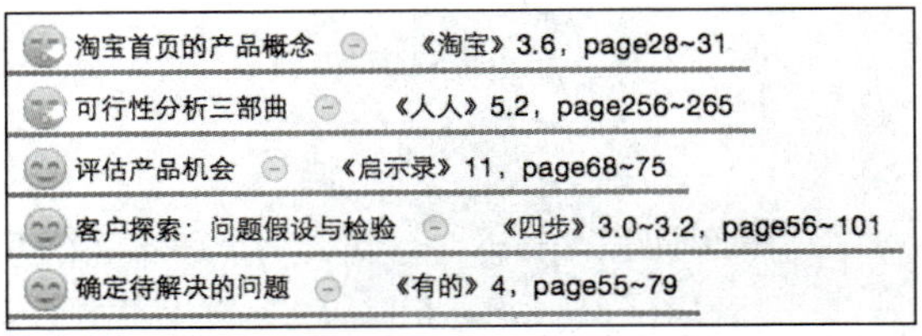

可以做的练习任务如下。

任 务	难度星级	耗 时	目 的
1.案例：对自己负责过或即将负责的某产品，做一次产品概念的分析	★★★★☆	4	从头梳理一遍工作中做的产品，发现潜在的问题并及时调整；也可以把这个任务视为一个机会，为公司提出一个新的发展方向
2.案例：做一次手头产品的竞品分析	★★★☆☆	4	好好盘点一下竞品，通过竞品分析发现不足，推动产品优化
3.设计：思考一个本地化的判断产品概念优劣的方法论或模板	★★★☆☆	2	行业等情况不同，可能导致判断逻辑不尽相同，提炼出符合自身情况的方法，供今后公司筛选新方向用
4.文章：对你所在的行业，做一个投资人视角的分析	★★★★★	4	适合高阶用户，需要跳出当前角色，从投资人视角审视一下自己正在做的产品——你现在会投么？解决掉什么问题以后你就会投

「03 概念：提出与筛选」

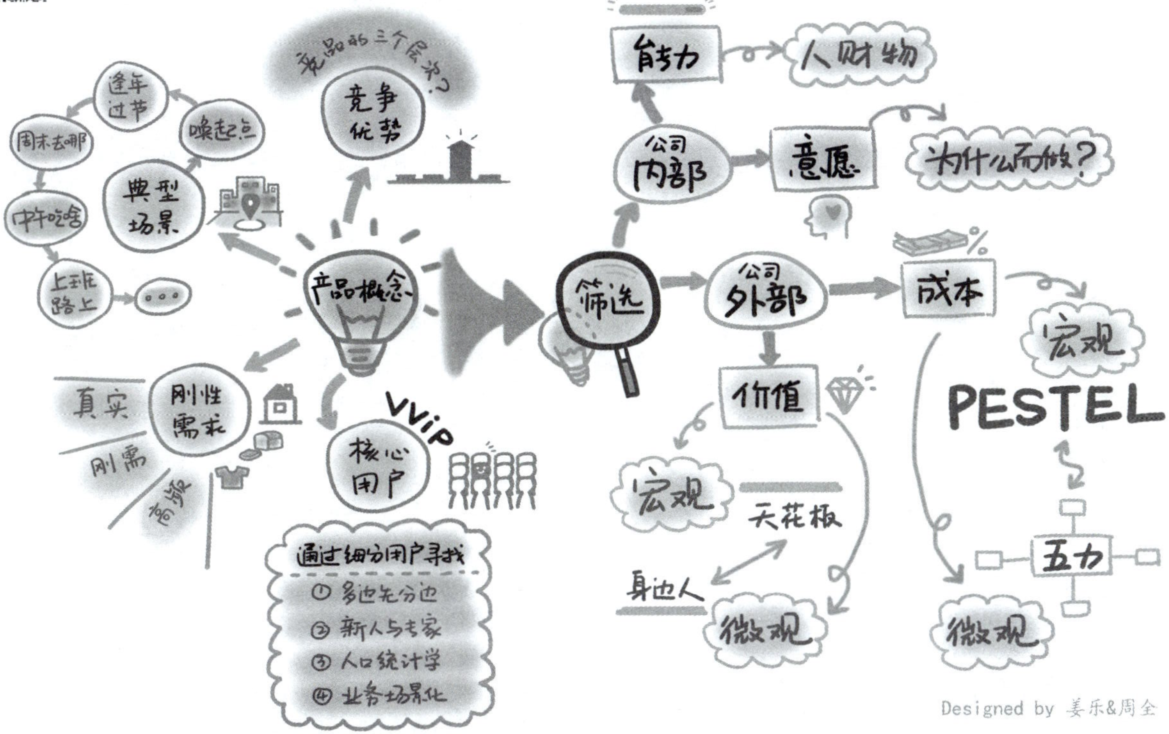

Designed by 姜乐&周全

第 04 章

需求：采集与用户研究

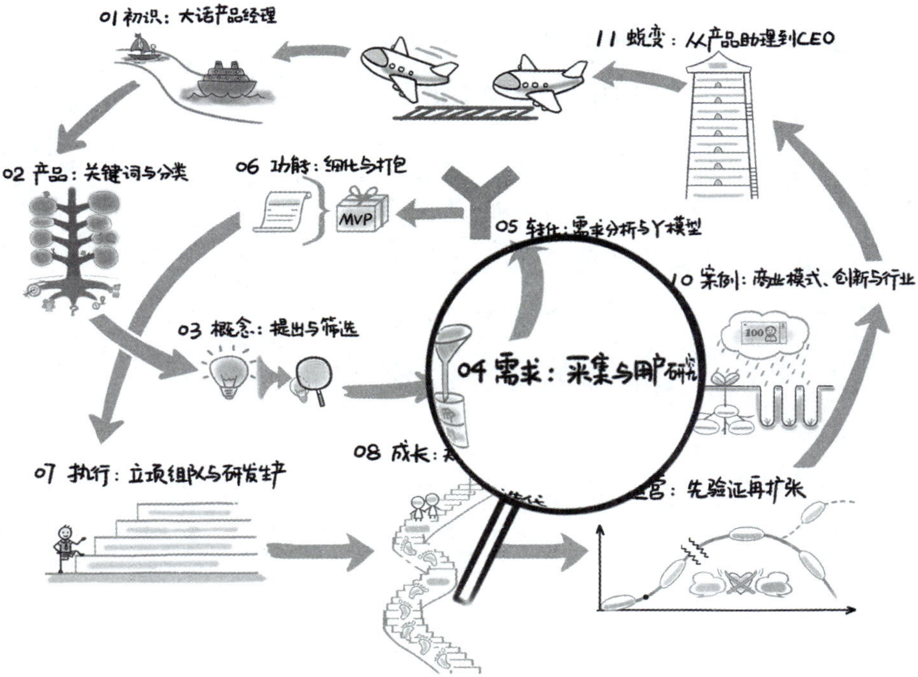

4.1 需求采集方法的分类

产品概念通过筛选之后，就要投入更多资源推进这个产品了。在开始设计功能之前，先要尽可能多地收集信息，即采集需求。采集需求只是手段，其目的是通过研究用户来更好地满足需求。接下来先从多个维度给需求采集的方法分类，看看各自的优劣，以便灵活应用。

4.1.1 直接采集与间接采集

直接采集与间接采集，获取到的需求分别是一手需求与二手需求，可以从以下两个角度来理解它们的差异。

- **第一个角度：**需求的提出者是不是有需求的人。如果用户是为自己提需求，采集到的就是一手需求；如果这个需求是转述的，就是二手需求。举个例子，比如说某一位销售见过一个客户，没有成单，然后他把阻碍成交的问题转化成一个需求提给产品经理，我们收到的就是一个二手需求。
- **第二个角度：**需求是原始的还是加工过的。比如直接跟用户聊，采集到的就是一手需求，而去看第三方机构做的一些行业分析报告，采集到的就是加工过的二手需求。给大家提个小的注意点：看报告时一定要关注它是出自哪个机构之手，甚至要查阅这个机构的股东结构，看看有没有可能存在影响报告客观公正性的投资方或关联企业。

对于这两种采集方式的优劣，可以从准确与效率两方面加以对比。

直接采集的一手需求更准确，所以产品经理一定要确保手里有足够比例的需求是来自直接采集的，这样才能让产品本身和自己对产品的判断更接地气。而间接采集的二手需求，就需要带着问号来看，思考其需求者和提出者分别是谁，以及有没有被曲解过。但，二手需求（比如一份客户反馈周报）是经过梳理的，所以获取结论的效率更高。在工作中并不是说只用其中一种就可以了，而是要视需求不同灵活选用。

实践层面，“**全员参与采集，产品经理处理**”是比较可行的模式。

既然有二手需求，就意味着公司里面除了产品经理，还有其他岗位也在做需求采集的工作。产品和其他岗位怎么分工呢？有一个做法供大家参考，我也在公司里面推行过——采集阶段可以全员一起上，一般不会有太大问题，甚至每个采集者可以做一些简单的需求归类、合并工作，也可以对满足需求的方案提出自己的建议。但是针对具体需求的最终方案，还是由产品经理说了算，千万不要让非专业人士告诉产品经理应该做哪些功能。否则，既有可能使产品方向跑偏，也有可能掺杂部门利益。

4.1.2 说和做，定性与定量

接下来，从另一维度来对需求进行分类。可以用如图 4-1 所示的两个关键轴把所有需求采集方法分成四类：说、做、定性、定量。

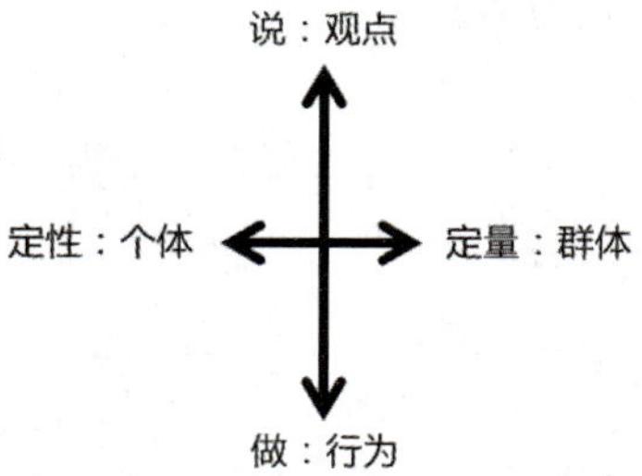

图 4-1 说和做，定性与定量

纵向是说和做。

怎么说表达了观点，怎么做反映了行为，用户怎么说和怎么做经常是不一致的。“说”最大的劣势是“耳听为虚”，怎么解决耳听为虚呢？看他怎么做。“做”的优势就是“眼见为实”，但也有劣势：我们不知道用户为什么这么做，背后的原因是什么，也就意味着没法从根本上解决问题。于是，需要再去听他如何说。所以说和做是一对不可分拆的方法，尽量同时用于一次需求采集，否则可能会出问题。

横向是定性与定量。

定性研究可以找出原因，偏向于了解，属于个体研究；而定量研究可以发现现象，偏向于证实，属于群体研究。定性的问题是“以偏概全”。如果你的产品有几百万用户，而定性研究经常只针对几十个用户，那么这几十人是否能代表全体？这种情况下很可能被部分样本的特殊情况带入歧途，所以要辅以定量的方法。但是定量会“以表代本”，只能用来发现表面的现象，却无法从中知道背后的原因。比如，通过定量的数据发现 7 月份用户活跃度比 6 月份降了 5 个百分点，那么，就可以抽取几个 6 月活跃但 7 月不活跃的用户，做一个定性的访谈，来搞清楚到底发生了什么。

产品经理理解用户需求的过程，并不违背人类认知新事物的一般规律——从观点到行为，再从行为到观点，一样会从定性到定量，再从定量到定性，以实现螺旋式上升，使了解和证实在不断迭代中得到进化。

图 4-1 中两根轴划分出的四个象限，各对应一种常见的需求采集方法，分别为**用户访谈**、**调查问卷**、**可用性测试**[1]、**数据分析**，《人人都是产品经理》里有过详述。沿着这些方法的使用顺序可以写出一个“Z”字，如图 4-2 所示。在需求采集的不同时期，可以有针对性地分别采用不同方法。这套简单有效组合拳，就是接下来要用案例加以说明的“Z 字采集法”。

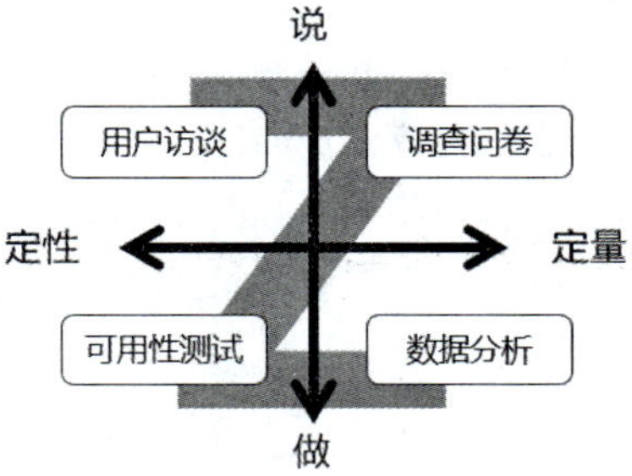

图 4-2　Z 字采集法

下面是一个我参与过的淘宝产品的完整需求采集过程。

- **产品规划阶段**：听用户“定性地说”，确定产品方向（做什么）；随机抽样了 40 个用户做访谈，据此写出需求列表。
- **项目早期**：听用户“定量地说”，确定需求优先级（先做什么）；投放了 20 万份调查问卷，确定了需求优先级的排序。当然，这只是确定优先级的辅助手段，最终做什么，还是由产品经理决定。
- **项目实施过程**：看用户“定性地做”，确定要先实现的那几个需求应该怎么做；设计的同时完成可用性测试，其间陆续找了 10 个用户来验证。
- **上线后的优化阶段**：看用户“定量地做”，根据产品的用户使用情况做数据分析，不断地改进产品。

“Z 字采集法”也有一个螺旋上升的循环，数据分析以后，通常又会做用户访谈来证实数据分析的假设。

当然，这是一个比较重要的产品，所以在用户研究上投入了较多的时间与人力。更多的时候，会视情况采取简化的方案。而每种方法具体怎么运用，网上资料很多，

1　简单地说，就是通过观察用户使用产品的过程，发现需求。

本书不再赘述。

接下来看一些其他划分方法。

4.1.3 是否在真实场景里

采集是否发生在真实的需求场景里，也是一种分类方法。

出于性价比的考虑，有一些采集是在模拟状态下完成，比如很多大公司都有专门用于用户研究的房间，提供单面玻璃、观察室等配置。但如果在用户需求发生的真实场景里进行采集，那么可靠性肯定更高。比如，平时用户在家里用产品，采集也发生在他家里，会更加可靠。当然，这种情况下，记录难度会增加。既然各有利弊，如果不是为了积累素材、给别的同事看或者节省时间，我个人还是倾向于在真实场景里采集，因为这样更具“临场感”。

临场感是产品经理的一项基本能力。需求通常都是带场景的，只有到那时那刻去亲身体会，或者通过想象去体会，才知道你的设计有没有问题。而对体会把握的准确感，就是“临场感”。

之前听过一个面向钓鱼爱好者的产品：“智能浮标”。这款产品可以通过 App 观察浮标的状态，提醒有没有鱼上钩。打算推出这款产品的公司认为这样对钓鱼新手的帮助很大。

找人访谈、试用后，发现了不少问题。首先，每次提醒之后都需要重置浮标的状态，而钓鱼的时候，人们要经常搓饵料，手上黏黏的，根本没法操作手机。更要命的是，很多人钓鱼就是为了要远离手机放空自己……

钓鱼的人给了些建议，说用振动提醒或者和手环结合，可能会好些。作为产品经理，最好去钓几次鱼，或者多看几次钓鱼，才能找到这个临场感。

还有一个例子：针对 Shopping Mall 车位紧张时 20 分钟才能找到车位的常见困扰，有人想做一个帮忙找车位的 App。问题在于，这个 App 的“唤起点”是到地库后发现空车位很少的时候。而这时掏出手机，多半会 “没信号”。所以，在地库的信号覆盖没能解决之前，这个产品只能面对一条死胡同。

还是这个 App，假设用户快到 Shopping Mall 地库的时候就提前想到车位可能很紧张，似乎先付钱锁定车位（假设锁定的是立体车位，可以悬在空中预留）就能解决信号覆盖问题。其实不然， Mall 的车库入口一般是公用的，必须等里面空出一个车位，才能再进一辆，你虽然订了车位，也只能排队干等。

这两个看上去很荒诞的场景，如果不去设身处地地体会，在办公室里很可能想不到。

再来一个糗事百科 CEO 王坚分享过的案例。我们都知道，MacBook 有 MagSafe 磁力电源线[2]，可以防磁防摔，日本生产的一些电水壶也有这种线。后来，联想有一款手机也借鉴了同样的设计，却出问题了：手机经常一边充电一边用，一不小心线就掉了，给用户带来很大困扰。仔细想想，之所以这样的设计并不适合手机这类产品，是因为适合用磁力电源线的产品，需要在充电或通电的场景下，安安静静地放在固定位置上。

作为一个具备很多专业知识的产品经理，只有能做到秒变小白，回滚到自己完全不了解产品的心理状态，亲自去体会临场感，才能避免做出很多坑用户的产品。而最好的体会临场感的方式，就是到用户发生需求的场景里去。这也是为什么产品经理不能只听“二手需求”，因为那些需求是别人总结过的，已经没有了临场感。真实的用户不是“用户群体”，而是一个个活生生的个体。

4.1.4　是否和产品发生交互

最后一个维度的分类方法，是看需求采集过程中，用户是否和产品发生交互。

有些需求的采集只是跟用户聊一聊，用户并没有开始接触这个产品，更没有真正用过这个产品。这种需求采集可能更多的是在“发现新问题”。还有一种采集方法是在用户跟产品发生交互的状态下进行采集，往往用于“优化现有方案”。所以，不一样的阶段，需要使用不同的需求采集方法。

对于很多产品，用户想象中的自己是否需要，和真的用过以后的自己是否需要，是完全不同的。而这正需要通过产品交互来发现，下面对比两种很典型的需求。

电视机需求 vs 洗碗机需求。

电视机：装修好新家，大多数人都觉得应该有个电视，这是必需品，所以一定会买来放在客厅或卧室里，但之后可能一个月才开一次，几乎不用。

洗碗机：在国内因为大家都不觉得这是必需品，所以很少有人买。但如果不小心买了，用过之后发现洗得确实挺干净，每周能因此省下不少时间，就“根本停不下来”。

之所以选择这两种产品，是因为它们对应的需求，可以分别用来定义两种很典型的产品功能。

---

[2] 苹果公司的一种充电连接技术，接口有磁吸装置，在外力作用下，线与电脑会自行脱落。

电视机需求：用户以为自己要，但有了并不用的产品功能。

洗碗机需求：用户以为自己不需要，但用过就离不开的产品功能。

举几个例子。

- 不少公司在规模很小的时候，就觉得需要制定一些规则来规范化管理。制定好以后，十有八九都没有很好地执行，规则成了摆设。这类无法执行的规则，只会削弱管理者的公信力，还不如没有，是典型的电视机需求。
- 很多 App 里，都有些功能，听了所谓的用户需求后做出来，但在数据上看根本没人用，这些功能都属于电视机需求。
- 2016 年有个 App 叫“得到”，颠覆了我们对阅读的认识。在绝大多数人最初的认识中，一本书怎么能通过听几十分钟的音频、看几千字就算读过了呢？要看就得看原书，而且要完整读完。但试过得到以后，很多人都觉得这是一种不错的办法，对于扩展非核心知识面很有效。这就是典型的洗碗机需求。

无论是电视机需求还是洗碗机需求，似乎都基于一个潜在原因：用户不靠谱。那么，究竟该如何应对这种不靠谱，或者说如何在这种不靠谱的现状下实现用户和产品的双赢？

办法很简单，采用低成本验证。具体做法就是，先不上复杂的系统，设法简化实现，或者干脆用人肉跑流程来验证。同时，多让用户低成本体验产品，比如试用、租用。

常见的做法是“免费试吃”，我们来举几个例子。

- 产品经理觉得用户肯定会喜欢，但毕竟用户没吃过。先在超市里摆放一个小号的试吃装，用户对从来没尝过的免费零食饮料往往毫无抵抗力，尝了一下后觉得“哎哟不错哦”，就买了。
- 企业在考虑是否需要一个收费的协同管理系统时会很纠结。如果系统提供商适时推出 30 天免费试用版，就可以大大降低客户尝试的心理门槛。
- 对用户而言，下载并体验一个新的 App 产品成本实在太高了。完全可以将一些基础的核心功能做成 H5 页面，让用户不用下载就能试用。

综上所述，在需求采集时，不但要和用户海阔天空地聊，还得创造机会让用户和产品交互一下。因为用户的想法，往往有些滞后，有些惯性，以为自己一定需要一个大家都在用的东西，以为自己一定不需要一个还很少有人用的东西。所以，就算没有产品，也可以想办法看看用户会如何与类似的产品互动，从而加深对需求的理解，真正达到用户价值与商业价值的双赢。

4.2　一些实用的采集方法

对于需求采集与用户研究方法，《人人都是产品经理》里系统化地讲过不少具体操作、可能遇到的问题及其对策，其他相关资料也有很多，这里只介绍几个简单、好用的实践策略。

腾讯的 10/100/1000，相信很多产品经理都听说过：产品经理每个月必须做 10 个用户调查，看 100 篇用户写的相关文章，处理 1000 个用户反馈。其实不用纠结数字和形式，关键是要保持和用户接触的强度。

在阿里，我待过的一个团队会逼产品去做客服，由此来迅速熟悉用户。有条件的可以让新人去客服部门轮岗数周到数月，没条件的也可以让产品经理每个月听半天的客服电话。同理，产品经理去做销售，哪怕作为技术支持人员陪同销售去见客户，也能大大加深对用户的理解。

还有一种很有意思的方法：请一群用户到公司里面开批斗会。开会的内容很简单，让用户来骂我们。一开始用户可能不好意思，说得不痛不痒，这时候可以找几个自己人作托，先骂几个“厉害的”让大家见识见识，然后你就会发现用户全都放开了。最后记得再给用户一些小礼物，让他们体会到我们的真心实意。

利用网络也是好办法，比如这个例子：智能路由器厂家的产品经理，可以试试用百度搜索关键词“路由器”，搜索引擎的大数据就会告诉我们很多用户痛点，如图 4-3 所示。比如非技术出身的用户，普遍都搞不清家里网络环境设置中的三组账号密码[3]到底是怎么回事，所以路由器产品可以对相关设置进行更多的引导和简化。

图 4-3　百度搜“路由器”的联想

3　分别是运营商提供的网络服务账号密码、路由器管理后台登录的账号密码，以及无线网络的 SSID 和密码。

类似地，用微博搜索自己产品的关键词，也经常能发现很多抱怨，可以直接找到这些用户，进行一对一的沟通。

还可以看各种报告和公开数据，比如百度指数、各种搜索榜单，微博、微信朋友圈的热门话题，各种应用商店里的排行。仔细看能从中发现很多需求和趋势。经常看到的各种追热点的营销活动，背后都有着一群时刻蹲守在网上、嗅觉灵敏的从业者。

所有的需求采集，本质上都是为了多接触用户、和用户做朋友。这个说法其实是从小米那里来的。既不要从上往下俯视用户，也不要跪舔用户，对用户言听计从、卑躬屈膝，这样都没办法建立起情感的链接。真正能交成朋友的其实是比较平等的两个人，平等意味着可以更充分彻底、掏心窝子地沟通。

还有一些用户研究的小技巧，可以通过学习心理学、社会学的相关知识了解，这里只说一个很有趣的小例子。

假设一家汽车公司想了解大学毕业二、三年的人在选择第一辆车时，预算是多少。如果直接问用户"你买第一辆车的预算是多少"，得到的答案就很可能会有偏差。比如，有的人预算只有 5 万，但自己觉得有点少，说出来挺不好意思，可能会告诉你八万到十万；而另外一位富二代，也许第一辆就打算买个百万的豪车，但不想露富，于是跟你说三、五十万左右。这时候，你可以这么问——"假设你最好的朋友要买车，你觉得他的预算是多少"，就可以排除掉大部分的偏差。

4.3 用户、需求的再理解

本书花了巨大的篇幅来帮助读者理解用户、需求，是因为我觉得这是做好产品经理的基础，怎么强调都不为过。接下来，进一步辨析一下需求的"三种深度"。需求深度与产品经理的功力直接相关，不同产品经理能挖掘到的层次并不相同。

4.3.1 需求的三种深度

- **第一种深度——观点和行为**。表面能听到、能看到的东西，一般是通过用户怎么说、怎么做直接表现出来。如果只到这个层次，是做不好产品经理的。
- **第二种深度——目标和动机**。用户为什么这么说、这么做？如果能找到目标和动机，会稍微好一些。但相对第三层，这里还是要实在一些。比如，用户说希望开始每天健身、跑步，目标是减肥。再往深层挖，其价值观层面的需求可能是为了在朋友面前呈现出积极向上、健康的自己。

- **第三种深度——人性和价值观。**最底层的，最稳定的需求，人类社会诞生的千万年来，基本上没怎么变。如果能把需求挖掘到这个层次，就找到了产品最本质的用户价值。

第三种深度的需求

马斯洛需求层次理论是对人性需求最常见的解读，它和弗洛伊德本我、自我、超我的理论有很多互相印证的地方。如图 4-4 所示[4]，生理、安全基本上对应着"本我"这个层次，属于生物人的范畴，和动物差别不大；社会交往、尊重基本上对应着"自我"这个层次，属于社会人的范畴，人只有存在于社会中，才有这两类需求；认知与审美、自我实现对应着"超我"这个层次，属于意识人的范畴，是精神层面的需要。一般而言，低层需求得到较好满足后才会产生高层次需求，比如衣食无忧后才会产生体验人生多样性的想法，比如进行一次自虐旅行或看一部恐怖电影。

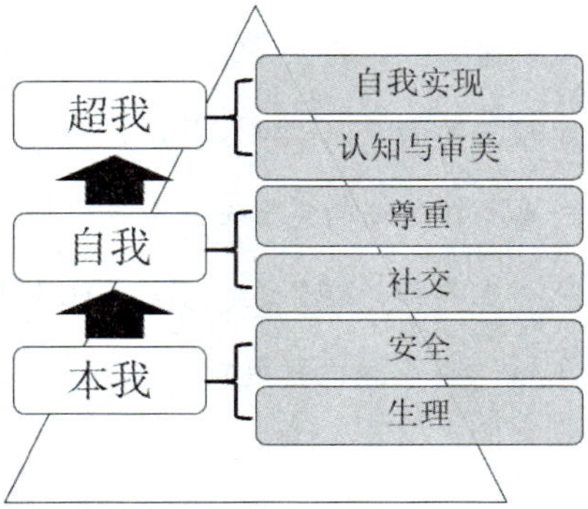

图 4-4　人性需求的层次

这个模型里，越下层的需求越普适、刚性、工具化，也越难出彩；越上层的需求越细分（场景、时间、空间）。这对做产品也有启发：一个产品所在的市场，随着逐渐成熟和竞争日趋激烈，对用户需求的满足也遵循着类似的规律。比如供给相对丰饶的互联网产品市场，会逼着产品经理们不断去思考更多的高层次需求。再比如，食品要优先满足消除饥饿的需求，然后才是好吃、健康、用餐环境、文化内涵、与众不同，等等。越靠后的需求，其市场越细分。

4　图 4-4 与常见的五层马斯洛需求相比，多出一个层次。它来自马斯洛 1943 年在《人类激励理论》中提出需求层次理论后，在 1954 年，对这一理论做出的补充，他认为尊重与自我实现之间还有认知与审美的需求。

好的理论，往往放之四海皆准，除了适用于产品经理，《西游记》中取经团队五个角色的核心诉求，对应了马斯洛需求中的五个层次，令人叫绝。

八戒对应生理需求，喜欢女色、大吃大喝等，有事没事就要分行李回高老庄；沙僧对应安全需求，他最经典的台词就是：大师兄，师傅被妖怪抓走了；唐僧对应尊重需求，尊重其实是一种责任感，唐王给了他一个使命，他就使命必达，历经九九八十一难愈挫愈勇；悟空对应自我实现，没活干就难受，从没人给他分派打妖怪的任务，这种主动性、积极性就是自我实现；白龙马对应社交需求，团队里面就他因工作需要一直不是人形，很容易被忽略，所以很缺乏归属感，需要别人认可他也是团队一员。

还有一部电影叫《七宗罪》，给出七种负面人性。虽是一部经典犯罪电影，在日常接触的一些产品中，其实都可以一一找到印证。

暴食：吃货国这个词可不是白给的，为了好吃的，我们可以做任何事。

贪婪：明明用不了那么多，但因为促销、打折、免费、补贴而买买买。

懒惰：干啥都不想出门，各种上门服务应运而生。

嫉妒：排行榜、攀比式刺激——你的×××打败了多少小伙伴。

骄傲：动不动给你发个虚拟的勋章、成就、身份，刺激一下。

淫欲：很多网站都用一些打擦边球的美女图片来吸引用户。

愤怒：网络喷子的戾气，在各种社群里随时可见，也为活跃度做出了巨大贡献。

此外还有很多类型的人性，有正面也有负面，比如好奇、同情、从众、恐惧，等等，都可以找到相应的产品案例来揣摩、体会。

案例：逛超市的需求

试着用刚才说的三种深度分析一下，逛超市的需求到底是什么。

观点和行为

用户说想逛超市，可以去实体店，也可以去网上超市浏览、选择、下单。绝大多数人逛后或多或少都会买点东西。这个深度上，用户几乎都一样，看不出什么差别。

目标和动机

有人可能要一次性补充家里几周的日常所需，所以会特意开车去郊区的仓储式超市批量采购。有人可能是晚饭后散步消食，走到了家门口附近的超市，顺便买了点零碎的小商品。有人喜欢逛网上超市，是因为这样能买到一些小众商品。有人必须要逛进口商品超市，因为对生活品质有着严格的要求，而且想感受高级的购物体验。有人把逛超市视为一家人一起聊天、增进感情的机会和最佳场景（逛其他任何地方，都会有人没需求或感到无聊，只有在超市，男女老少都能找到一些自己需要的东西，还可以通过互相建议找到共同话题），等同于参与一次家庭团建。

到这里，目标和动机开始不一样了。

人性和价值观

更多的细分开始出现。比如逛网上超市的人，有为了省钱的妻子，她觉得应该勤俭持家，打造一个贤良淑德的形象；有为了省时间的职场人，他觉得应该把更多时间用来打拼，从而获得更好的社会地位；有为了买限量版商品的玩家，他就要有一种与众不同的感觉，这样在玩家圈子里可以炫耀、获得羡慕的目光；有行动不便的老人，本来买任何东西都要别人帮忙，现在可以自己搞定了，他获得了一种自尊。

作为产品经理的你，恐怕也不得不针对这些细分不断地去思考，怎样才能更好地满足各种需求。

4.3.2　如何理解战略需要这类内部需求

先说个段子：淘宝商城的早期，逍遥子是老大。有一段时间，运营发现向产品提需求时有一招特别好使，就是说“这个需求是逍遥子要的”。实际情况也许是，但很多时候是在某个会议上运营问了逍遥子一个问题，逍遥子没有当场否决，而是采用“你可以去试试”之类的委婉表达。然后，有些同学就顺势拿着鸡毛当令箭。一开始，产品经理们也没啥办法。渐渐地这类需求越来越多。终于，有人想出了一个杀招，以后大家对这类指令统一回复“那你让逍遥子来找我”。一切就清净了。

当然，这个结果背后需要有开放、平等、透明等企业文化的支撑。而我想通过这个段子说明的是，老板说要做的，并不一定是最本质的需求。

战略、需要这类来自公司内部的需求，是产品经理工作中经常会碰到的。还会有一些来自各种岗位同事的内部需求，比如：运营要求营销活动可自由配置中奖率；产品经理自己要求监控各种数据；开发评估出来的性能要求；客服需要一个可以半自动处理用户反馈的后台；实施过程中还会冒出来各种限制条件……

怎么理解这些内部需求和狭义用户需求的关系？

首先，因为提出者都是广义用户，所以这些需求都要考虑，但要判断主次。

然后，要分清楚手段和目的。公司成立后，通过服务外部用户、满足外部用户价值来实现商业价值才是最终目的，而搭建团队只是达成目的的手段。

特别值得一提的是 KPI（Key Performance Indicator，关键绩效指标）。它本是战略落地的手段，用来衡量战略的完成度，但经常被误以为是目的，变成了片面追求的数字。我们一起来回顾几个让人哭笑不得的 KPI。

第一个 KPI，提高火车的上座率。

有个地方想出一个超级有效的办法：把车厢数减少，比如 16 节变 8 节，上座率直接翻倍。

第二个 KPI，改善北京的空气质量。

北京蓝天数由 1998 年的 100 天提高到 2010 年的 286 天，但空气质量并没有改善，只是更改了监测站的地点。2006 年，关闭了当时两个空气污染最严重的监测站，2008 年又将监测站搬到六环以外远离市中心 15 到 20 公里的地方。这样，空气质量的平均水平得到显著提高。

第三个 KPI，校车不能再出事故了。

新闻里说，受甘肃幼儿园校车事故及各部门严查校车的影响，多所学校决定取消校车接送。为了送孩子上下学，家长们各显神通，有的包三轮车，有的拼租面包车，有的自己抽时间接送。

第四个 KPI，春运不能让一个学生站着回家。

如果你去学校附近的代售点买票，问：有卧铺吗？答：没有。又问：坐票呢？又答：也没有。再问：站票呢？再答：有，但是不卖给学生！

终极问：为什么？终极答：因为铁道部规定，今年春运不让一个学生站着回家！

上述例子有些夸张，但为了满足公司战略需要，伤害用户的情况确实比比皆是。这是公司规模变大后很难杜绝的现象，牵涉到一个很深刻的管理学命题：各层员工到底对谁负责？当然，这不在本书讨论范围内。

由以上分析可知，最重要的用户还是外部的。满足任何战略需要的内部需求时，心里都要时刻想着外部用户，防止本末倒置。战略需要而用户不需要的产品，往往没有好下场。

4.3.3 用户：抽象到具象再到抽象

随着信息收集得越来越多，我们对用户的理解也越来越透彻，可以分为以下三个阶段。

- **第一阶段，用户是抽象群体**：在产品概念阶段，用户是假想的某一类人——目标用户、核心用户。
- **第二阶段，用户是具象个体**：需求采集时，我们要去接触一个个真实的用户，见活人，听故事，找感觉，发现“用户故事”。
- **第三阶段，用户又是抽象群体**：整理采集到的需求时，把真实用户再合并特征，定义出“人物角色”，并反向修正产品概念。

在产品概念阶段定义的用户需求场景是产品的切入点，要靠产品经理的经验和经历来做出假设，有点纸上谈兵。所以纯新人，对这个行业了解甚少的人，没有办法做这个早期的定义工作。然后，试着扩展产品可能涉及的各种用户，去见具象个体，回来后修正用户需求场景，再去见另一批个体，如此循环下去。

举个例子，一次实战演练时，大家提出一个叫“易停车”的 App 产品概念，切入点是：解决开车上班族（抽象群体）每天到公司很难找到停车位的问题。接下来，在去真实场景中采集需求时，有可能涉及其他用户群体，包括停车场的管理员及停车场附近的商户。

有了这些假设，就去约相应的个体聊，过程中可以发现很多活灵活现的需求。比如，对于开车的上班族，除了工作日上班这个典型场景（规律性、长期），还有带孩子去医院（突发性、费用不敏感）、周末郊游（偶发性、希望长时间停车能便宜点）等其他场景。

聊完后，再用这些信息逐步抽象出类似图 4-5 这张思维导图的一棵树[5]。图中以产品概念为核心，先分用户（可能多级），再分需求场景（也可能多级）。

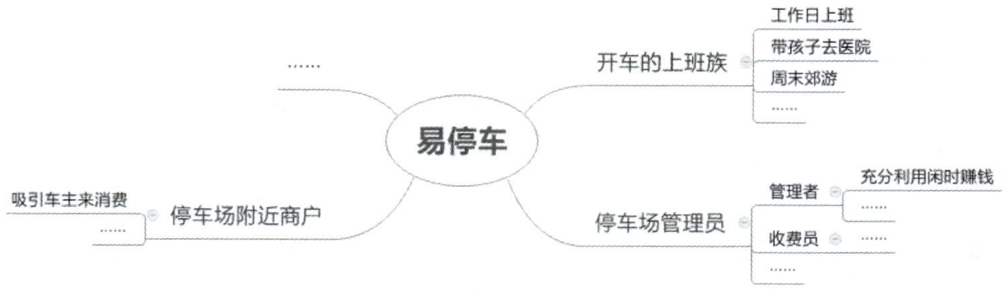

图 4-5　易停车的用户需求场景导图

5　从数据结构的角度，图 4-5 就是一棵树。

这棵树的主干节点是“人物角色”，分支节点可能是细化的“人物角色”，也可能是某个人物角色的需求场景，而末端的叶子，就是接下来要说的“用户故事”。

工具：用户故事

大家不妨先回忆一下产品概念里提过的“刚性需求”和“典型场景”，这些概念是抽象的，是还未经验证的假设。

去见真正的用户，能听到一个个具体、鲜活的需求场景，这就叫作“用户故事”。

继续以“易停车”为例。图 4-6 就是一个典型的“用户故事”，更多有故事感的细节，可以看图：小张是一家 IT 公司的主管，如前一天加班，第二天就会晚点去上班，到公司时已将近中午，经常找不到车位，那么他该怎么办呢？

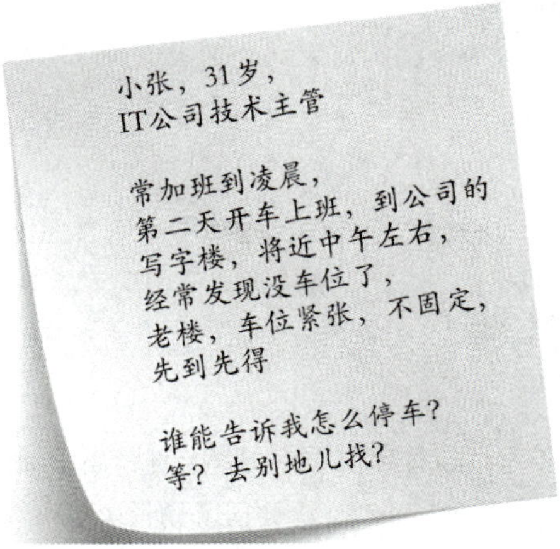

图 4-6　小张的用户故事（需求）

这就是易停车里，“开车的上班族”（人物角色）在“工作日上班”（需求场景）下的一个“用户故事”。实操过程中，可以把这样的卡片贴在树形思维导图相应的末端节点旁。

有一个和它有点像的词叫“用户任务”（这是第 06 章的主题）。用户故事是描述问题，而用户任务是描述解决方案，结合图 4-7 的例子，应该能体会到二者很明显的差别。

只要去采集需求，就可以获取很多用户的故事。这些故事既是后续设计产品功能的原材料，也有助于一步步明确“人物角色”的分类与描述。

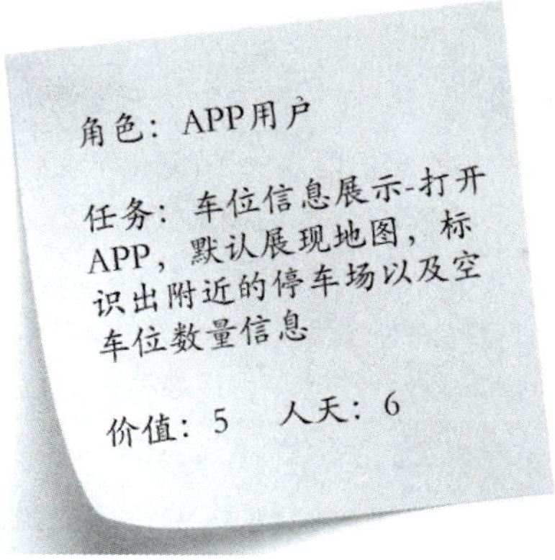

图 4-7　小张的用户任务（功能）

工具：人物角色

“人物角色”是一个对整个产品生命周期都很重要的工具，也叫“用户画像”，是指根据一些具体的用户故事，对某类目标用户的汇总描述。它可以用来帮助团队内部达成共识。特别对于新人和平时不怎么参与讨论的外围同事、老板，这一工具可帮助他们分清一个产品的多个人物角色，及其优先级。很多资料都提到过这个工具具体的制作和使用方法，此处不再赘述。

有了这个工具，最直接的转变就是，很多平时对产品的讨论就可以从“我喜欢”、“你认为”转变为“王大毛会需要这个产品吗”。

下面的例子是我在《人人都是产品经理》中就用过的，时间背景是 2010 年。再看一次，顺便感受一下短短 7 年时间里互联网行业的变化。

表 4-1　人物角色示例

	姓名：大毛 初次购车者	缺乏汽车知识，茫然：“第一次买车，完全不知道从哪里开始！”	
个人信息与简介（实战中可按需扩充）			
年龄	29	住址	杭州城西
职业	IT 从业人员	预算	10～15 万元
爱好	骑行、台球、魔方、棋牌、K 歌……		
性格	和善、理性、冷静、理想主义、追求完美……		

续表

行业信息（过去经历、当前状态、未来计划、痛处等）	
2009 年开始，公司搬到离家约 15 公里的地方，现在每天早晚都坐班车上下班，既要走路到班车停靠点，又要等待特定的时间发车，大量时间浪费在路上。计划 2010 年购车一辆，这样就可以自己掌握时间了…… 他的目标还算清晰——10～15 万元的紧凑型轿车，但具体选什么品牌、什么配置，就完全不知道了。他打算找一个可靠的汽车网站，先学习一下各种知识，并与网友交流，以便做决定。	
计算机和互联网使用情况（本例把互联网当作一个大产品）	
2000 年开始接触互联网，属于重度用户，特别是最近两三年开始，工作、生活都完全依赖互联网，每天在线时间超过 8 小时。电脑为 Dell 台式机和 ThinkPad 笔记本。上网主要是处理邮件，与同事朋友交流，用阅读器获取信息，不时逛逛各种 SNS、微博，购物等。喜欢的互联网产品有 Gmail、Google Reader、豆瓣、虾米等。	
用户目标	商业目标
1. 了解汽车知识，各种术语等。 2. 与购买同类车的网友交流。 3. ……	1. 经常访问网站（广告收入）。 2. 将网站推荐给其他人。 3. ……

从这个例子中可以发现，人物角色会随着时间的变化而变化，我们也要与时俱进。比如，校内网一开始的用户都是在校生；随着他们的毕业，如果依然要把他们定义为目标用户，继续服务他们，就需要增加“毕业生”这样一个人物角色。

两种典型用户：新手与专家

经常抽象出的人物角色可能是这样的：健身菜鸟，白领王喵喵；重度二次元宅男，李汪汪；网购海淘达人，孙小美；初次购车蒙圈男，王大毛……其中，可以提炼出很重要的两类抽象用户群体——新手与专家。

前面讲过，**每个产品都会面向多种多样的用户，只不过有主次之分**。有一种很常用也很好用的用户分类方法，就是按照用户对产品所在领域的熟悉程度，把他们分为新手、专家和中间用户。其中，新手和专家是需求差异最明显的两个用户群体，对产品尤其重要，产品经理需要尽早识别出自己产品最核心的用户属于二者中的哪个群体。

新手是一群不爱看说明书、急于直接上手、用得不爽就很懊恼、很轻易就放弃的产品用户，要的是**简单易用、快速上手**。

专家是一群会看说明书、会泡论坛、会查攻略、乐于接受挑战的产品用户，要的是**稳定可靠、性能高**。

核心用户是新手的典型产品，是那种用户量很大的大众产品，比如电梯、公厕、垃圾桶等公众设施；电视、冰箱、洗衣机等普通家用电器。任何领域的专家总是少数，所以核心用户是专家的典型产品，往往用户量很小，比如医院或工厂的专业仪器、乐器、专业级数码设备等。总体来看，2C 的产品新手用户更多，2B 的产品专家用户更多；前台产品的新手用户更多，后台系统的专家用户更多。

举个例子，来对比一下数码相机中的傻瓜式卡片机与高端单反。

- **产品本身**：前者按键很少，轻薄美丽，对用户友好，只要按快门即可拍照；后者机身上有一堆按钮，又重又大，你需要自己进行复杂设置才能拍出高质量的“大片”。
- **营销渠道**：前者通过电视、户外灯箱等来触达大众；后者通过专业论坛、杂志、展会来触达专业玩家[6]。
- **广告内容**：前者通常展现一家人、朋友间其乐融融的画面；后者要告诉你ISO12800 可用、高速摄影追焦很棒，要给你看各种样张。

也正是因为以上这些特点，傻瓜式卡片机基本已被具备拍照功能的智能手机所取代，毕竟这类新手用户要的只是“简单记录”。

专家级产品有时候会考虑“**向下兼容**”。比如 Canon 的 1D 单反相机，调到自动挡后直接按快门也能拍照。再如一些互联网、软件产品，往往也采取向下兼容的做法，将更多功能隐藏在“高级设置”里，让新手用户上手更容易。

当然，**随着时间变化，一个产品的核心用户也会变化**。有从新手变为专家的，一直拟物化的苹果手机操作系统从 iOS 7 开始扁平化就是一个很好的例子，用户更加追求效率。也有从专家变为新手的，比如自动档汽车相对于手动档汽车的比例越来越高，家用路由器的设置变得越来越傻瓜、友好。

移动互联时代，随着各种需求场景的碎片化，意味着用户，特别是 C 类用户的使用行为越来越“浅尝辄止”，成为专家的可能性越来越小。所以，各种产品对新手的友好越来越重要。这事儿想深一层也很有意思，总觉得人们作为“用户”这个身份，被各种体验优秀的产品宠得越来越浅薄了，我们在逐步地把控制权移交给机器、算法，以及背后的产品经理，但这样真的好吗？这也是为什么我坚信每个人都应该具备一点产品修养的理由之一。

6　基于同样的道理，真正的奢侈品一般都不会做电视广告。或者说，能在电视上看到广告的东西，都不会是太专业的。

4.4 产品原则与初心

本章的最后，来聊聊产品原则。制定产品原则的前提是一个产品做过需求采集且信息足够充分。

产品原则是整个产品团队必须达成共识的准则，依赖于团队的价值观或者是产品的初心，相当于一个产品的宪法。投资人在了解创业团队时很喜欢问一个问题：你为什么做这个项目？这个问题的答案就是初心，初心决定了团队发展空间的上限。

以下列出的要素都可以视为产品原则。

- 目标用户分为哪几类，以及他们的优先级排序，整个团队必须达成共识。
- 产品的市场切入点，最关键的用户需求场景是哪几个，一开始的最小可行产品 MVP 必须满足哪些。
- 对一个社区而言，人和内容都很重要，到底哪个更重要？回答这个问题的共识是这个社区的产品原则。而且，往往对错都没有共识重要。有时候虽然是一条绕远的路，只要齐心协力说不定就走完了，就怕走走停停、不断争吵。
- 一个产品，应该追求用户数量还是质量，追求流水还是追求利润？这些都是产品原则里面需要包含的内容。

和很多事情一样，产品原则也需要与时俱进，定期优化调整。

4.4.1 案例："小得"的产品原则

分享一下我在 2015 年下半年孵化过的一个产品——"小得"的部分产品原则。你会发现，这个产品原则是按照之前讲过的产品概念的框架来整理的。

价值观

相信共享经济会成为市场经济的一种重要补充，而知识经验的共享是共享中的高级形式。未来的组织，会比今天的科层制公司更加松散，越来越多的任务可以采取兼职、外包、临时组队的方式完成。

帮助愿意尝试新模式的公司和个人，让他们率先享受到价值。

目标用户

需求方：已拿到天使到 A/B 轮投资的创业公司（特别是互联网/移动互联网领域）。未来可扩展的是需要"互联网+，传统转型"的公司。

供给方：要么人很牛，要么做过的事情很牛，但不一定是大牛，只要有足够的实战经验即可。

需求场景

需求方：问题内部解决不了，招人又找不到，大牛不可能全职加入，顾问总要先接触，所以用一种内部分享的方式来实现最轻量级的触发。

供给方：自我提升（总结提炼，教学相长，能讲明白相较于自己了解又是一个很大的提升）、潜在机会（找到合作伙伴、招人、交朋友，及其他个人诉求）、赚点小钱（一个晚上 4 位数，我们对定价的底线是 1000 元 1 小时，折算一下也有百万年薪了）。

解决方案

最典型的解决方案场景是：占用工作日晚上的 2 小时，在需求方公司的会议室，十几个人一起分享交流。

将来有可能扩展的形式：分享（我说你听）、座谈（针对性地讨论）、咨询（带着做）、外包（帮你做）。

竞争优势

与“在行[7]”等同类产品的区别：是 B2C，而不是 C2C（企业主付费、员工参与 vs 个人付费）；客单价高出一个量级（两三千 vs 两三百）；面向人群规模增加（对一群人 vs 对一个人）；对话更加平等（会议型讨论 vs 高对低的指导）。

这些竞争策略，作为供给不足的解决方案，应该是对路的。“小得”后来的发展瓶颈出现在需求端——获客成本太高（整个知识共享领域，直到 2016 年底，大家都还在探索，并没有哪家完全脱颖而出）。

与培训公司的区别：培训公司的培训时长是 1 ~ 2 天，典型单价是几万元/次，形式更为正式，对讲师要求高；“小得”是分享，时间短单价低，形式自由，分享者讲自己亲历的案例。

此外，我们过去的资源积累，如 B12、盈动资本、良仓孵化器等，也可以为“小得”助力，搞定一批早期的分享者和客户。

不知道是缺少意识，还是缺少合适的人来引导，我发现很多团队并没有清晰的产品原则。由于缺少产品原则这种重要共识，这些团队工作时经常陷入无谓的争吵。比如，一个电商企业中有的人认为卖家更重要，有的人觉得买家更重要，在做某些功能

7　简单地讲，是一种“专业人士一对一帮新手做简单咨询”的服务。更多的信息可以访问这个服务的主页：zaih.com。

时究竟该倾向谁，争吵其实并不能给出答案。

4.4.2 美好初心：知乎与豆瓣

产品原则是源于哪里呢？我认为是源于初心。一个伟大的互联网产品往往源自一个伟大的初心，这个伟大的初心可能听起来很虚，但也许真的是一个让世界更美好的想法。这些想法来自众多公司，大到要“整合全世界信息”的 Google，小到身边那些步履维艰的创业团队。

而那些初心不那么美好的产品，通常难以大成。比如，有的产品会利用人的阴暗面，比如偷窥隐私、八卦的心理，在短期内获得海量的用户，但长期来看还是缺一口气，因为没有提供真正的价值。

有了一颗让世界更美好的初心，在价值观层面，这个产品或者有这个想法的公司似乎已经高人一等。至于怎么商业化、怎么变现，虽然也很重要，但是另外一回事。以下是两个我觉得初心特别棒的例子。

一个是“知乎”。很早的时候，我和知乎的联合创始人黄继新聊过，他觉得专业知识靠媒体做二传是不靠谱的。因为黄原来是科技媒体的从业人员，做了一个叫 apple4us 的群博客，所以很清楚这回事。他觉得普通人士看到的专业知识，往往并不是专业人士直接写的，而是媒体从业者写出来的，所以这些信息会经过扭曲，会造成误解。

我个人也有这种体会。原来很喜欢看《锵锵三人行》，觉得这几个人很厉害，随便找一个话题就能信手拈来，说得头头是道。直到有一期聊阿里的话题，因为我比较熟，所以发现他们的很多观点，甚至很多事实的引用都是错的，连我都可以轻易反驳。这个事情让我很震撼，继而猜测他们每一期的水准都是这样，只是我对其他领域不熟悉，更容易被忽悠而已。现在我可能会更偏激的认为，所有媒体其实都是这样，只有编造程度的大小和有意无意的区别。

知乎的那群创始人就想，每个专业领域的专业人士总有一些特别能写会说的。那为什么不搭建一个平台，让普通人问问题，然后让专业的人直接来回答呢？这样不就可以避免媒体在传输中扭曲事实了吗。我觉得的确如此，他们做的这个产品也真的非常有趣、非常棒，所以我现在几乎天天刷知乎。当然，每个产品的初心不一定只有一个，其实知乎还有其他一些美好的初心，比如“每个人都可以在某一时刻成为某些人的老师”。

知乎怎么来判断某个回答问题的用户到底是不是专家呢？首先它会通过官方的邀请、引导来筛选专家；其次可以通过群体智慧来票选专家，具体的做法就不再展开。

再来说豆瓣。不知道大家有没有这样的体会，在早些时候，读什么书看什么电影，选择权其实不全在自己手里。有一个类似于看门人的角色帮我们做了大量的过滤。看门人有自己的立场和诉求，比如说电影要经过广电总局的审核。此外，我们也会主动受一些书评人、影评人的影响，因为大家时间都很少，只能看少量的书和电影，自己的选择成本太高了，所以会先看专家评论，提前确定一本书或一部电影是否值得看。

但是有了豆瓣之后，你会发现，它利用海量的大众进行筛选，这是原来完全没有的途径。所以我觉得这一点非常棒，其背后的价值观是：海量的读者或观众对图书、电影的评价其实可能胜过少数专家。虽然，群体的智慧是否一定能胜过专家还没有定论，但至少豆瓣的尝试是一个很有意义的补充。

增加一种过滤器似乎总是好的，但这里又多出一个很值得思考和讨论的有趣问题：大众过滤器和专家过滤器到底哪个好呢？其实所谓的“叫好不叫座”，就是两种不同的过滤器发生冲突的结果。专家过滤器过滤出来的，我们称作“叫好”，大众过滤器过滤出来的，我们称为“叫座”。

长期来看，世界属于这类有美好初心的产品，让我们一起祝福它们。

4.4.3 跨界参考对象：美国宪法

听过几段罗辑思维的脱口秀，其中有一集讲美国建国初期几位老大昏天黑地开了 4 个月会完成了美国宪法的制定。这个宪法，牛就牛在只有短短几百个字，却足足用了 200 多年，过程中从未变更，只添加了一些修正案。

这件事情给了我启发。国家也可以看作一个产品，那么，宪法就是**产品原则**。我们看看美国宪法这份产品原则是怎么说的。

首先，要简单说下为什么要有产品原则这个东西，美国宪法的序言说出了初心：

我们合众国人民（We the People 就是全文的前三个词），为建立更完善的联盟，树立正义，保障国内安宁，提供共同防务，促进公共福利，并使我们自己和后代得享自由的幸福，特为美利坚合众国制定本宪法。

然后，要确定产品的价值观。总结起来，美国宪法的价值观就是以下七条：

人民主权、共和制、联邦制、三权分立、制约与均衡、有限政府、个人权利。

对应于你的产品，也许应该是“小组是成员们的私人领地，管理员尽量不要干涉”（豆瓣）、“每个人都可以在某时某刻成为别人的老师”（知乎）、“有激情有方法的人，做自己想做的事，效率会高于完成任务”（阿里赛马）等。

接着，是实现产品目标的方法论。

比如，**产品团队是如何组成与分工的**：“实行资产阶级性质的联邦制，肯定了立法、行政、司法三权分立。规定立法权属于美国国会，并规定了国会的组成；行政权属于美国总统，以及规定总统产生的办法；司法权属于美国联邦最高法院，并规定最高法院的组成；各州的相互关系和义务” 。

又如，**如何做产品决策**：“美国宪法明确了由选举产生的政府具有唯一的合法性。人民通过选举或者指定产生的政府官员和议员来行使权力” 。

随着时间的变化，产品所处的市场环境、竞争对手、用户群体也会不断变化，还必须要有一个产品原则的迭代优化机制。所以，美国宪法也提供了修正案提出和通过的程序，议员们可以修改美国宪法和其他基本法律，甚至还可以重新起草新的宪法。

不得不说，这份文件比绝大多数的产品原则写得好多了。

4.5 延伸阅读与练习

本章关联到另外几本书的相关章节如下。其中的图标表示推荐阅读（笑脸）与选择阅读（冷漠脸），亦可根据一些关键词扩展阅读。

- 理解用户与需求采集 《人人》2.1~2.2，page43~78
- 产品原则 《启示录》13，page83~86
- 特约用户 《启示录》15，page94~101
- 市场调研 《启示录》16，page102~108
- 产品人物角色 《启示录》17，page109~112

可以做的练习任务如下。

任　务	难度星级	耗　时	目　的
1.设计：你所负责产品的人物角色与产品原则	★★★★☆	3	这是一个产品的必备资料，但相信很多产品都没有，利用这个机会查漏补缺吧
2.文章：讲几个用户故事来引出你的产品，以此打动读者	★★☆☆☆	2	找一些身边还不知道这个产品的人，说给他们听。如果没法打动对方，那也很难打动最终用户，说明需要调整产品思路

续表

任　　务	难度星级	耗　时	目　　的
3.案例：从设计到实施，完成某一种具体的需求采集方案的应用	★★★☆☆	2	梳理一次有效的需求采集活动，或者是给一次即将实施的需求采集活动做些准备
4.设计：给你的产品团队设计一套“保持与用户接触”的方案	★★☆☆☆	1	贵在坚持，如果你是团队负责人，做这个任务意义更大。相信我，半年后你能感受到变化——大家真的开始懂用户了
5.设计：制定一套“种子用户养成计划”，借助用户的力量发展产品	★★★☆☆	2	找到、抓牢种子用户，不仅仅是让他们试用产品，还可以让他们参与到更多的节点里，意义重大

「04 需求：采集与用户研究」

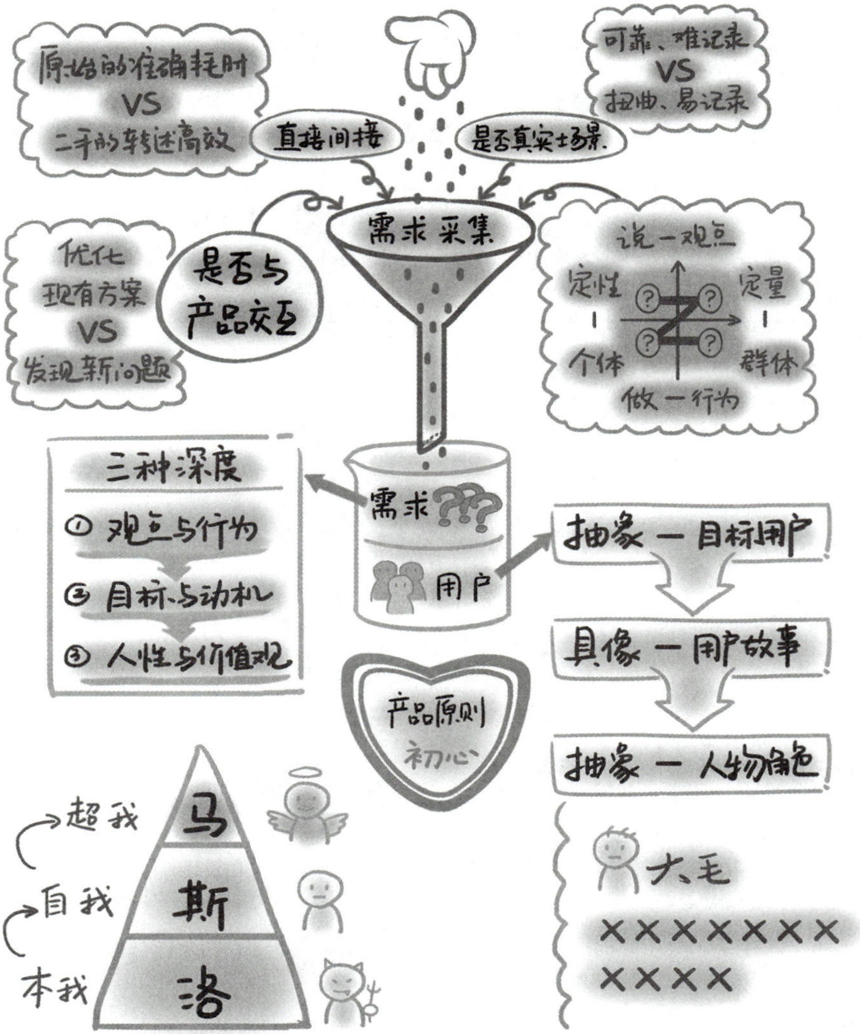

Designed by 姜乐&周全

第 05 章

转化：需求分析与 Y 模型

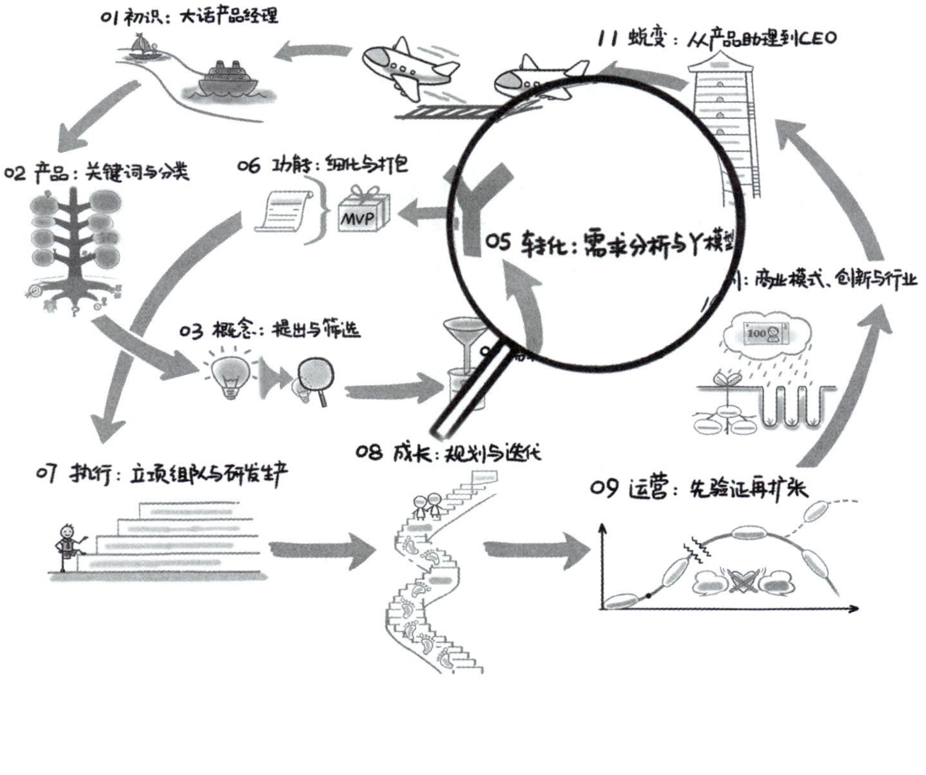

第 05 章 转化：需求分析与 Y 模型 / 123

5.1 从问题到解决方案

前两章提出并筛选了产品概念，采集了需求，研究了用户，随着信息收集得越来越多，对各种“用户需求场景”也理解得越来越透彻。这一章要开始琢磨解决方案了。

几年前读马斯洛的《动机与人格》时，发现有一章专门在谈论“问题”与“方法（解决方案）”这两个词。书中最难理解的地方，也许就在于“问题中心（Problem Centering）”与“方法中心（Means Centering）”这两个概念，这需要我们一起来理解和思考。

下面列出了产品经理们工作中常见的一些疑问：

a）PRD 怎么写，给我个模板吧？

b）写 PRD 是什么目的，给谁看，要对方了解什么？

c）最优的团队组织结构应该怎样？

d）我们的团队做现在这个产品，需要哪些能力，谁有这样的能力？

e）我们应该用什么流程？

f）现在的流程会出什么问题？如果出问题怎么解决？

进一步分析可知，上面的问题可分为两类：a、c、e 问，是典型的方法中心，而 b、d、f 问，是典型的问题中心。二者的区分可以概括为：方法是手段，问题是目的。而新手产品经理常犯的错误，就是过于重视方法，或过于忽视问题。

问题中心是“手里拿着钉子，看什么都是锤子”，更多思考“问题”相关的事情。如果你对任何问题的解决方案都能信手拈来，已达到“手里无锤，飞花落叶皆可为锤”的产品高手境界，那么的确可以只关注问题本身。方法中心是“手里拿着锤子，看什么都是钉子”，更多思考“解决方案”相关的事情。如果你真的打造出“雷神之锤”，可以用来解决任何问题，那你的产品需求解决能力确实也可以天下无敌。

从“问题中心”的思路出发，只要能搞定问题，用什么方法就不再是最重要的事情。比如，旺旺对话框里的计算器，调用的是 Windows 的自带功能，从技术角度来看这一解决方案非常简陋，但的确能实实在在地满足买家、卖家沟通时讨价还价的现实需求，可以视为“问题中心”的成功典范。

从“方法中心”的思路出发，方法本身就是核心追求，至于这个方法究竟能解决哪些问题，可以暂不考虑。比如有些业内顶尖的公司，早在 5 年前就成立了研究人工智能的实验室，当时只是基于对未来趋势的预判，并不知道研究成果能用在哪里，但大家心里清楚，等数据量积累足够多、计算能力足够强、算法足够厉害之后，总能找到应用场景。

长久以来，国内的教育导向都是强调方法而忽视问题。而从事产品经理这个工作，可以让我们渐渐学会在两者之间找到平衡，正好对传统教育的负面影响起到一定的纠偏作用。比如前两章对应于产品经理的工作，就是分析问题。在一个团队中，技术人员的思维侧重方法中心，业务人员的思维侧重问题中心，而产品人员则要融合这两种思维——需要先"问题中心"，尽快找到"用户需求"，回答 Why 和 What；然后"方法中心"，最终设计出"产品功能"来回答 How。

本章仔细聊一聊从问题到解决方案的转化过程。

5.2 Y 模型的基本概念

产品经理们工作中经常说的"需求分析"一词，就是指从问题到方法（解决方案）的转化，或者说从用户需求到产品功能的转化。我的总结非常简单，就是一个大写的字母 Y，我把它叫作"Y 模型"，如图 5-1 所示。先看看 Y 模型中的一些概念，如果看过前面的章节，对这些术语应该并不陌生。

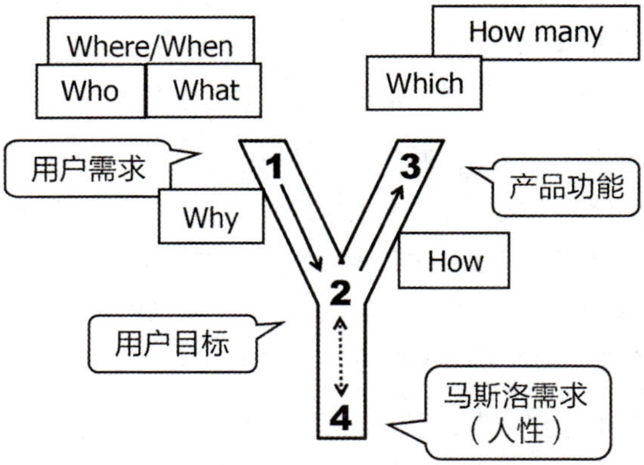

图 5-1 Y 模型的基本概念

"1"是用户需求场景，经常简单说成用户需求。这是起点，是表象，是需求的第一种深度——观点和行为。

"2"是用户需求背后的目标和动机，是需求的第二种深度，产品经理在思考用户目标时也要综合考虑公司、产品的目标。

“3”是产品功能，是解决方案，是实施人员能看懂的描述。

“4”是人性，或者说价值观，是需求的第三种深度，是需求的本质。

Y 模型的不同阶段，各自需要回答的一些问题，可以总结为 6 个 W 和 2 个 H。

“1”这个阶段的问题主要是 Who（用户）、What（需求）和 Where/When（场景）。

“1”到“2”和“2”到“4”这个阶段，对应上一章提到的需求的三种深度。其间，要回答 Why：不停地往下深挖需求。当然，有些细碎的用户需求，不一定会挖到“4”，所以“2”到“4”是虚线。

“4”到“2”再到“3”的过程中要想清楚“How”：问题怎么解决。

“3”这个点，要回答 Which 和 How many。Which 是指选哪一个方案，做哪一个功能，这背后其实是对价值的判断，比如怎么评估性价比和优先级。How many 是指这一次做多少个功能，考验的是对迭代周期、MVP 的把控。

5.2.1　最经典的例子

“如果福特问用户需要什么，用户会说，我要一匹更快的马”，据说这是苹果的乔布斯讲的段子。

我们看到，“1”用户需求是更快的马，但它经常会以一种不靠谱的方式表达出来，这种表述可以叫作用户自以为是的解决方案、伪需求。和用户交流的过程中，经常有这样的体会，你问他哪里不爽，他会告诉你应该怎么做。从心理角度分析，这说明每个人都喜欢给别人出主意，以显得自己很厉害。

如果是没经验的产品经理，这时候就会想，我要怎么研发一种新的饲料，或改进训练方法，让马跑得更快更久。而好的产品经理就会搞清楚 Why，往“2”走。结果发现，某种需求场景下，用户其实是为了更快的到达某地，“更快”比“马”重要。相对于用户，产品经理是领域专家，可以利用自己的领域知识，给出更靠谱的方案：汽车，如图 5-2 所示。

这是一个最基本的从问题到方法的转化案例，值得反复体会。

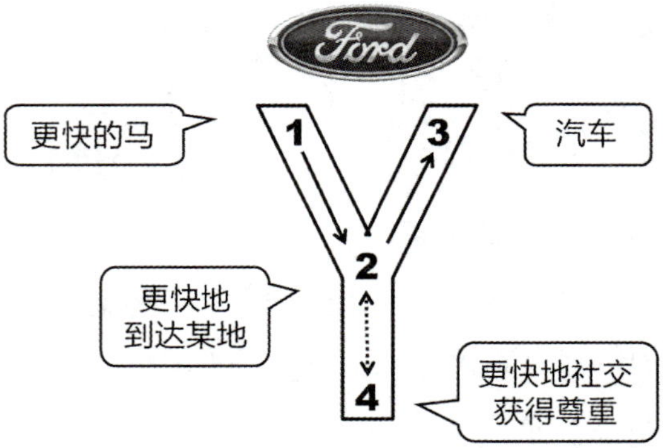

图 5-2 从更快的马到汽车

这么老的故事，为什么还要讲呢？因为只做“1→2→3”还不够。

一个优秀的产品经理会发现，在一个不成熟的领域或全新的市场，只做“1→2→3”是玩得转的，比如汽车市场的早期，你可以通过满足“更快”的需求建立优势。但表层需求很快就会被相似的跟进产品满足，随着市场的成熟，产品很快会陷入同质化竞争和价格战，最终整个市场变成红海（经济术语，指竞争相当激烈的市场）。

你会发现今天的各种汽车都满足“快”了，因为限制因素已经变成了道路限速、限行、堵车……比如现在我要去机场，5 万的吉利和 500 万的宾利几乎可以同时到，那么，有人买吉利、有人买宾利肯定是因为其他原因。在供给丰饶的时代，各种行业的细分市场都已经很成熟，而你的产品如果不能脱颖而出，就很难生存和发展。怎么找到让产品出彩的其他原因呢？

答案就是向深层需求探索，顺着马斯洛需求层次向高级需求的方向上追溯。这个时候，Y 模型里“4”的价值就开始展现了。市场越成熟越需要细分，今天大家对新车功能的关注点已非常发散，全景天窗、真皮座椅、按摩、加热、通风、高级灯光、安全辅助系统，等等功能，每个用户都各有侧重，但都和“更快”没什么关系。

我们挑一个细分市场来分析，地域设定为中国市场，品牌设定为宝马、奔驰这个级别的豪华汽车，主需求场景设定为上下班通勤。如果想知道客户为什么不买 10 万的车，而买 40 万的车，可以想象“4”要的是什么，我们都知道肯定不只是代步。设想一下客户有可能进出某些高端场所，或者打算换车时发现朋友们都买了宝马、奔驰这些场景，应该可以理解客户还有“想获得他人尊重和高品质社交”这些细分需求。

接下来，用产品经理的视角给家用轿车做用户细分。应该怎么分？开车的和坐车的，应该是一个好分法，这两种用户的需求差异很大，对不同的汽车品牌也会各有侧重。有句话叫“坐奔驰开宝马”，说的就是奔驰更照顾乘坐者的感受，宝马更照顾驾驶者的体验。那么，你觉得相对于 10 万元级别的车，豪车应该先满足谁？答案是坐车的。大家可以用 5 万和 500 万这两个极限数字去模拟思考，哪个级别的车更没有可能用于自驾？由此很容易得出结论，越贵的车越会优先照顾乘客。继续思考，在中国最尊贵的乘客一般会坐在汽车上的哪个位置？我们都知道，是后排。所以，宝马的 3 系和奔驰的 C 级，在中国有个本地化的功能点，就是“轴距加长”，特别照顾了后排乘客的乘坐空间。重要的乘客感觉舒服，反过来也能给车主带来尊贵感和社交优势。这个功能的设计，就来自对“4”的理解。

当然，为了分别满足不同的用户需求，宝马、奔驰也没有放弃操控感更好的标准轴距版。标轴和长轴一起卖的现象，在国内平民品牌（成本优先，够用就好）和顶级品牌（要么是超跑，要么轴距都很长）上很难见到，在欧美市场也很少见。

关于最早的“加长”，我追根溯源，找到了一个段子。

上个世纪八十年代，奥迪成为了中国的官车。一段时间后，奥迪的德国工程师就问中国的工程师：我们准备改款了，你们有什么需求？

中国工程师就说：把轴距拉长，把后排做宽敞点吧。

德国工程师很困惑：我知道你们中国人的身材，德国人都觉得后排够坐了，为啥还要加长？

中国工程师就解释：你不懂。因为奥迪在德国就是普通的家用车，老公开老婆带着孩子坐后面，但在中国是官车，司机开，官员做在后排。用户需求场景不一样，对产品功能的要求自然不一样。

后来，很多企业主也喜欢这款车，老板和朋友们坐后排，宽敞舒服，显得更有面子。于是，有了 A4L、A6L，卖得非常好，其他品牌也都纷纷跟进加长。

小结一下，和任何一个市场一样，汽车也经历了“从无到有”阶段拼功能、拼价格、拼质量等，以及“从有到优”阶段拼个性、拼服务、拼体验、拼品牌等的完整过程。而“加长”，就是典型的洞察人性、分析价值观之后的决定。这类功能，往往看起来不是“必须”的，但在一个充分竞争的丰饶市场，一款产品必须拥有这些细分优势，才能够鹤立鸡群。

5.2.2　用心听，但不要照着做

Y 模型背后有一个核心的价值观，可以总结为一句话：**用心听，但不要照着做。**

对于需求分析的工作，甚至扩展到产品经理的全部工作，最重要的做事方法和思维方式就是这句话。你需要用各种方法去了解用户，但是不要照着用户说的去做。[1]

乔布斯曾经说过，“你千万不要问用户，因为用户根本不知道自己需要什么，直到你把产品摆在他的面前，他才会跟你说，这不是我想要的”。然而，有好多产品经理对这句话的理解有误，认为乔布斯说的是不要听用户的，不要做用户调研。其实，乔布斯的重点是不要照着做。而且，乔布斯对人性的洞察，非常人能比，就算他可以做到特立独行、不问用户，绝大多数的产品经理也做不到，所以千万不要“没有乔布斯的命，却有乔布斯的病”。

5.2.3 不照着做的好处

不照着做，即不能跳过“2”，直接从“1”到“3”。这样显然会有额外的成本，下面来看看额外成本能带来哪些回报。

不被伪需求欺骗

遵循“1→2→3”这样的完整路径，第一个好处是不会被伪需求欺骗，不被用户自以为是的解决方案绕进去。比如，路人问附近有没有肯德基，可能是想找洗手间；潜在用户承诺“再加一个某某功能我就会用你们产品”，也许只是一个随口瞎编的用来搪塞你的理由；老板面露难色，嘀咕着“这版海报字不够大”，可能只是因为他嫌转化率太低……

再讲一个我在生活中碰到的事情。多年以前，我在杭州买了房，要去建行把之前若干年的住房公积金全部取出来，转到我常用的招行卡里去，当时，一个柜员妹子给我好好上了一课，没有被我的伪需求欺骗，分享一下当时的对话。

我：我要**转账**，把这张建行卡里的钱转到招行。（“1”用户需求，表现为“伪功能”——转账，用户自以为是的解决方案。）

妹子：转账的话要 1%的手续费，最高 50 元，如果你用网银的话最高 25。

我：但是我没有网银，算了，我是把钱全部转出去，只操作这一次，就柜台转吧。（双方陷入对解决方案的讨论。）

妹子：对了，你是要**把钱转到招行账号里**吧？（“产品经理”意识到，应该深挖“2”

---

1 我甚至为这句话拍了个 1 分多钟的视频，大家可以扫右侧二维码观看，视频的题目叫“用心听，但不要照着做”。

用户目的，即真实要解决的问题。）

我：是啊，要**转账**。（作为一个不懂银行业务的小白用户，分不清转账和转钱的区别。）

妹子：隔壁就有一个招行，我可以给你开个**本票**，手续费只要 0.8 元。（“产品经理”给出优化的“3”产品功能。）

我：本票？我从来没听说过，那和转账有啥区别？

妹子：对你来说没啥区别，呵呵，只是手续费成本 50 变 0.8，不过，额外增加的成本是要再跑一趟隔壁的招行，反正近嘛。

我自己想了一下，确实，我的真实需求是转钱，除了转账和本票，甚至还有把现金全部取出来，再到隔壁招行存进去的办法，这样虽然连 0.8 的手续费都没有，但是增加了风险。

通过这个例子，我们看到，一个“用户需求”，可以用很多种“产品功能”来解决，产品经理的水平高低也就体现在这儿了。当然，妹子这个做法对自己、对建行的价值高低，在这个例子中就不再展开讨论了。

解决需求冲突

产品用户是多种多样的，所以彼此之间的需求经常不一致。每个用户在提需求时，只会站在自己的立场上，不会为其他用户去考虑，这是人之常情。于是，不同用户提出的需求就很可能发生冲突。比如百度，普通的搜索用户希望结果页里的广告越少越好，但是广告主呢，当然希望越多越好。所以，只有靠产品经理站在更高的位置来统一规划，才可以避免出现需求冲突，所以他要从“1”到“2”转一下再到“3”。

再举个例子，多年前我做过一个淘宝卖家的小工具，叫快递单打印。早期的淘宝卖家，大多用手写快递单，当单量达到每天 100 左右的时候，他们就需要通过打印来节省时间。

经过调研后，我们向所有卖家提供了几家最主流的大型快递公司的面单模板，解决了 80%的需求。模板上线后，我们收到各种来自卖家的反馈，说需要 A、B、C 等快递公司的模板。我们去了解了一下，发现 A、B、C 等多为区域化的小型快递公司，因快递价格相对便宜而受到一些对成本很敏感的卖家欢迎。收集了一批这些公司的面单后，我们开始研究对策，这时才发现，问题并没有那么简单。

这时候，如果直接按照用户说的做，页面上就会出现几十上百家快递公司的面单模板。而且，模板需要转化为在线页面，这样会占用大量的研发工作量。即使不考虑工作量的因素，完成的页面也会非常复杂，卖家用户都很难找到自己需要的那家快递公司。很多时候产品的功能多、选择多，不但不是加分项，还会是减分项，因为会让用户分不清重点，甚至最终选择放弃。

怎么办？其实也很简单，面单的不同，无非是姓名、地址、电话等字段位置的不同。于是，我们做了一个自定义快递单功能，允许用户自行在页面上调整几个重要字段的打印起点坐标位置，从而一举解决了这个问题，如图 5-3 所示。

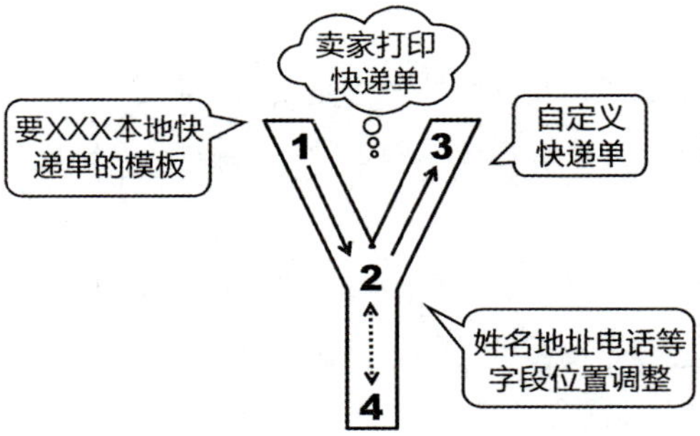

图 5-3　卖家打印快递单的需求

各种需求冲突，就算没有发生在用户之间，也会因为资源不足而产生，同样需要产品经理做出取舍。比如，相信不少产品经理都经历过这样的窘境——各个部门的同事都给你提需求，而且都是“最高优先级”、“越快越好”的紧急程度。解决的办法同样是“不要照着做”。

发现更多用户目标

很多人喜欢“创造需求”这个词，觉得能做出用户没想到的功能，比“满足需求”更高端。我认同这个结论，不过想修正一下其说法：我们没法创造需求，只能创造出用户没见过的解决方案，从而更好地满足需求。

用户不如产品经理专业，所以很难想得很全面，能直接表达出来的信息往往很少。所以直接从“1”到“3”，会有很多功能缺失。我们需要在“2”上下工夫，把他没有说出来的东西挖出来。来看一个“选购商品”相关的需求，如图 5-4 所示。

买家简单地告诉你，“搜索宝贝时希望能通过卖家所在地做筛选”，这当然是个值得满足的需求，所以淘宝在搜索结果里提供了所在地筛选。但如果只是草草满足一个需求，表现就太初级了。要想做得更好，就应该去继续探究“为什么买家需要做筛选”。

于是，发现原因各异——有人希望省运费，搜索结果页面相应地增加了“包邮”的筛选。有一个有趣的现象：客观数据表明，200 块的衣服加 10 块运费，就是不如 210 块包邮卖得好。有人希望能提前获知到货时间，客服经常会收到类似“后天宝宝过生日，今天买的乐高明天能不能到啊”这样的咨询，淘宝相应地做了一些与快递时效性相关的功能，比如增加“24 小时发货承诺”的筛选，以及生成订单以后的快递状态跟踪等；有人希望买一些地方特产，买家评论里经常能看到类似“这个龙井茶的卖家在重庆？”这样的质疑，淘宝相应地推出“特色中国”活动[2]。

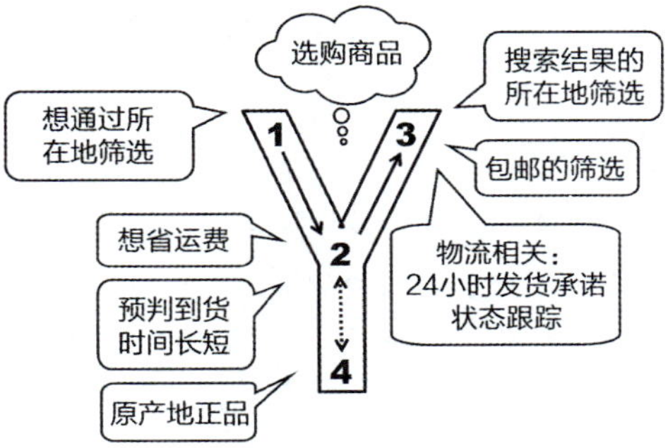

图 5-4　通过所在地筛选商品的需求

抓住恒定的人性

更进一步，有些需求要遵循“1→2→4→3”这样的路径，其背后的深层理由是“表象无常，人性更持久”。你会发现用户提的需求“1”，甚至目标“2”都会随着时间变化，而“4”指向的东西，几百年几千年都没有太大变化。关于吃，中午还在为了省时间而叫外卖，晚上又要挑个安静的餐厅来边吃边谈商务合作，但生理层面的需求一直恒定。对于 Y 模型里的“1→2→4”，随着时间的推移，越上面的需求变化越多，越下面的需求变化越少[3]。

举个例子，人与人之间一直有社交、通信、沟通的需求，在“4”这个层面几千年都没有变，但是在“1”上，变化是非常多的。

原始社会，“通讯基本靠吼”，需求表象是沟通双方要距离足够近，要有个好嗓门、好耳朵。

古代有了烽火台，需求表象是能找到一种白天烧起来冒烟、晚上烧起来有火的材

2　当时，纪录片《舌尖上的中国》特别火，每集直播的时候，淘宝上相关的美食搜索量剧增。于是，淘宝做了“特色中国”的活动，后来演变为“特色中国”频道。

3　这一点可以结合需求的三种深度一起理解，在特定时间背景下，越上面的需求越统一，越下面的需求越细分。

料，然后天气要好，不能下暴雨，不能有雾霾。

近代出现了电报，于是，要有莫尔斯编码，电报的收发设备、线路，以及专业的工作人员、机构。

现在，用电话、用微信，于是要有网络、要有电，甚至要随身带充电宝。

我们往下挖，找到这些需求的根，才不会被每天变化的具体工作内容、随着时代变化的市场环境弄得手足无措，才能知道自己做的产品，主线到底是什么。假设一家福特时代的马车公司，如果它把自己的产品定位成马车，那只能被时代淘汰，但如果定位成“帮助人们更好地出行”，就可以转型参与到汽车工业中，然后生存下去。

在成熟市场中找到机会

成熟市场中的竞争更加激烈，你会发现如果仅仅满足了用户提出的需求，他们不会感到惊喜，因为这些需求用户事先已经知道。你只有满足他人性层面的需求，让用户觉得自己都没有想到的问题被你想到了，这时候他们才会尖叫，对你产生正向情感，甚至主动帮你传播。

说个微信游戏的例子。随着微信渐渐地从一个“有用的”通信工具，变成一个“有趣的”平台，用户也渐渐地从有事儿上微信，变成了没事儿就打开看看，于是微信有了朋友圈、公众号，也有了游戏。用户可以打发时间，产品可以提升黏性。下面继续用 Y 模型分析一下微信的第一款游戏——著名的“打飞机”，如图 5-5 所示。

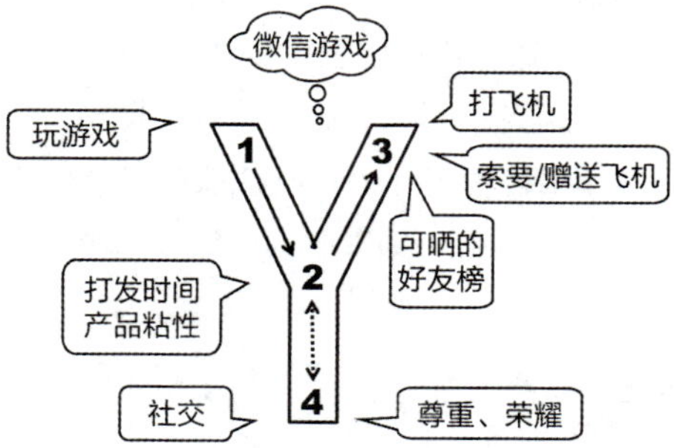

图 5-5　微信游戏的 Y 模型

打飞机类的游戏并不新鲜，上个世纪八九十年代的红白机上就有类似的游戏，例如沙罗曼蛇、兵峰、B 计划、1942 等。微信如果只提供基本的游戏功能，那就太没意思了。你愿意在微信里玩，而不是自己装一个模拟器玩，肯定有别的原因。

试着往“4”想一想，就能想到两点人性的诉求，第一是社交，第二是尊重。

先说社交，最近几年，不知大家有没有和很久没见的同学（比如小学、初中的同学）聚会过？我的经历是，现场很热闹，同学们互相加了微信，但一两年过去了，从来没聊过天。为什么？因为大家的生活轨迹差异太大，一群人在一起的时候还可以调侃过去，一对一单聊有什么可聊的呢？打字或发语音是一种比较重的社交，很难开场。所以，你们也就在朋友圈里互相点个赞，装作还很熟的样子，背后的本质是我们需要这种轻度的社交。

打飞机和以往的游戏不同，不是只要有钱有时间就可以一直玩下去。飞机用完了的时候，它给我们提供了一个轻度社交的理由——索要、赠送飞机，如图 5-6 所示。有没有想起儿时一起躲着老师、家长玩游戏的情景？赶紧和老朋友互动一下吧。

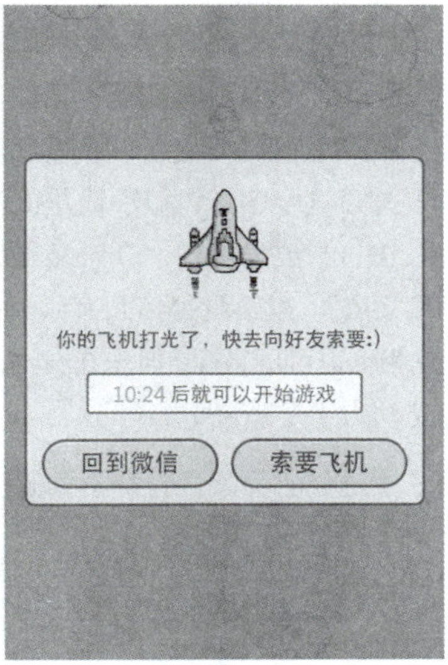

图 5-6　故意不让你继续玩的设计

从“增长黑客”[4]的角度看，这个功能点也很有意思，它让用户成为了产品的推销员，索要、赠送的动作都会让一些新用户接触到这个游戏。

再说尊重，它包括荣耀、攀比、虚荣、自尊等诉求，也是游戏让人上瘾的一大要素。结合微信自身特点——这里有好友、有互动，“打飞机”给出的特性是“可晒的好友榜”。游戏里的排行榜依然不是新鲜玩意，但在我看来，好友榜是第三代排行榜。

- 第一代是单机榜，自己和自己比，和兄弟姐妹比，或和隔壁老王的儿子比，有时候还可以和电脑虚拟出的机器人比。但一段时间后玩家就会觉得没意思，因为就那么几个人，排序渐渐稳定。

4　简单地讲，就是利用产品技术的手段，帮助产品某方面数据增长。

- ▶ 第二代是世界榜，因为有了网络，可以和同一个服务器里的网友比，显然更有趣。但时间一长，第二代排行榜出现两个新问题，一是你的排名会停滞不前，排在前面的都是专业玩家、高手，二是排行榜上的人都不认识，没法互动。私服（某种局域网里的服务器）的出现可以解决部分问题，但依然有很大缺憾。
- ▶ 第三代是好友榜，完美解决了第二代的两个问题。谁排前面，完全比的是谁时间多，毕竟你的朋友不是专业玩家。而且还有一个杀手锏可用，如果你怎么努力都只能排到第二，你还可以删掉第一名的好友，立即分享纪念后再把好友加回来。

另一方面，可以晒、可以刷存在感，绝对是一种生产力。网上说的“中国的微信朋友圈和微博拯救了不丹的旅游业”，就能体现出可晒的巨大能量。因为去不丹旅游的成本很高，本来应该没什么人去那里，但“我在一个很贵的地方玩哦”是一个绝好的晒点。通过照片和游记让朋友知道这个晒点，似乎钱花得就很值了。哪怕某天你在酒店昏睡了一天，什么地方也没去，只要发一句“今天又犯懒了，啥地方也没去，还得交××美元的环境保护税，嘤嘤嘤”，就会觉得倍儿有面子，是不是？回到“打飞机”，可能有些人觉得“我小时候游戏玩得可厉害呢，但现在身边的同事都不知道”，这让“怒刷”、“怒晒”的行为变得更是动力十足。

可晒的好友榜以及索要、赠送飞机等特性，都不是游戏的基本功能，但正是有了这些特性，让“打飞机”更具可玩性。

5.3 实战中如何深入浅出

由上可知，需求分析可以分为两大步骤。先是“1→2→4”，要深入，尽可能洞察透彻；而“4→2→3”则要浅出，力争给出尽可能简单的方案。接下来，就说说具体操作的时候，这两个要点各自怎么落地。

5.3.1 深入：如何深挖人性

深挖人性，即 Y 模型里的“1→2→4”，主要依赖“定性的说”这种需求采集方法。产品经理最好能有一点心理学、社会学的基础，然后通过不断练习提升聊天能力与用户洞察。

有一种方法叫“攀梯术”，很适合这个场景。学术上的解释比较理论化，我试着用浅显的语言描述。"攀梯术"主要出现在一对一深度访谈的场合，用来探究用户对产品功能/特性的态度背后的原因，也就是说，在产品属性（Product Attribute，A）与个人价值（Value，V）之间产生有意义的关联，从而知晓影响用户决策的因素。

从"Y 模型"的角度来诠释，攀梯术做的就是 "用户需求（A）→用户目标→人性与价值观（V）"的探究。对于"满足需求的产品"与"让用户尖叫的产品"，其区别就在于"1"（用户需求）和"3"（产品功能）是否与"4"（人性）之间建立起了关联。

攀梯术的基本手段，是通过一系列直接的探询式问句来洞察人性。典型的提问形式是"**为什么那个东西对你来说很重要**"和"**那个东西对你意味着什么**"。以下例子引用自网络。

研究员：您喜欢哪种口味的薯片？

用户：蒜香味的。

研究员：为什么呢？

用户：味道浓。

研究员：为什么喜欢味道浓的呢？

用户：这样就不会一次性吃太多。

研究员：一次性吃太多会怎么样？

用户：会长胖。

研究员：长胖对你意味着什么？

用户：身材不好。

研究员：身材好对你来说很重要吗？

用户：我自尊心强，觉得胖了会被人笑话。

至此，从 A（蒜香味的薯片）到 V（社会交往、尊重的需要）的关联达成。

但实操过程中，往往会遇到各种困难，比如：

- 用户想不出"为什么"，开始胡编乱造。
- 越接近个人价值的答案越抽象，离原本的讨论主题越远，离用户的个人生活越近，可能会遇到隐私或用户防御的问题。
- 由于老是要绕着弯儿追问为什么，用户可能觉得你很傻，须考虑如何让对方不至于讨厌你。

好在这些困难都是有对策的。

首先在做准备时，让访谈环境尽可能舒适放松，比如准备好饮料零食。

在开始访谈前向用户说明：

- 回答没有对错，只需要表达自己的观点即可。
- 如果过程中觉得有一些问题无法回答，可以直接说出来。

在访谈过程中，相关论文给出了五个经典技巧和案例，这里分享给大家。

情境唤起

通过让用户假想、回忆（使用产品的）情境，引起 Ta 的思考。

研究员：您说您倾向于在周末与朋友聚会时喝果酒，为什么呢？

用户：因为酒精比较少，但是饱足感强，我就会喝得比较少、比较慢。

研究员：为什么跟朋友聚会时，想喝酒精少的酒呢？

用户：不知道啊，没想过。

研究员：这样吧，您回忆一下，**最近一次跟朋友聚会时喝果酒是什么时候**？

用户：上周末。

研究员：当时为什么会选择果酒呢？

用户：我不想喝醉。

研究员：为什么不想喝醉呢？

用户：喝醉了就没法跟朋友交流啊，我需要融入朋友圈里。

至此，从 A（酒精含量低）到 V（融入朋友圈里，归属感，社会交往）的关联达成。

假设某物或某状态的缺失

让用户思考，某物/状态如果缺失了会怎样。

研究员：您说您倾向于下班回家后喝果酒，因为味道醇厚。为什么下班后需要喝味道醇厚的酒呢？

用户：没为什么，辛苦工作后来一杯，让我感觉满足。

研究员：为什么下班后喝一杯让你满足的酒很重要？

用户：不知道啊，喜欢就是喜欢。

研究员：**如果你家里刚好没有果酒，那你会怎么办？**

用户：可能喝啤酒吧。

研究员：和喝啤酒相比，喝果酒有什么差别？

用户：喝啤酒的话，我可能会一直喝下去。但是果酒的话，一杯就差不多了，就想止口了。

研究员：为什么你不希望一直喝下去呢？

用户：喝多了很容易困，早早就睡去了。那我就没法跟我妻子聊天沟通了。

研究员：与你的妻子沟通，对你而言很重要吗？

用户：当然，家庭和谐很重要啊。

至此，从 A（味道醇厚、容易止口）到 V（家庭和谐）的关联达成。

反面攀梯

用户无法说出做某事或想要某种感觉的原因时，可询问 Ta 不做某些事情或不想产生某种感觉的原因。

研究员：果酒有 300ml 和 500ml 两种规格，您更常购买哪种规格呢？

用户：我总是买 300ml 的。

研究员：为什么呢？

用户：不知道啊，习惯吧。

研究员：**为什么不买 500ml 的呢**？

用户：太多了，我喝完一瓶之前，气都跑没了，就只能扔掉。

研究员：扔掉酒会带来什么问题吗？

用户：让我觉得很浪费钱啊。

研究员：钱对你而言意味着什么呢？

用户：我负责家庭开支的规划，我有责任不乱花钱。

至此，从 A（300ml）到 V（家庭责任）的关联达成。

时间倒流对比

让用户反思过去，并与现状对比。

研究员：您说您通常在酒吧的时候会喝果酒，为什么呢？

用户：不知道啊，习惯点这个。

研究员：**和几年前相比，您现在酒吧的点酒习惯有什么不一样吗？**

用户：嗯，现在和以前还是不太一样的。

研究员：有什么变化呢？

用户：以前念书的时候，基本上就是喝啤酒。

研究员：那现在为什么喝果酒呢？

用户：现在工作了，和同事出去喝酒，喝果酒看起来比喝啤酒好。

研究员：为什么？

用户：果酒的酒瓶设计和包装，显得比较高端。

研究员：这对你而言很重要吗？

用户：反映一个人的形象嘛，显得比较成熟、职业化，可以拉近和同事之间的距离。

至此，从 A（酒瓶设计和包装高端）到 V（拉近和同事之间的距离，归属感）的关联达成。

重定向——沉默或重述确认

用沉默或通过再次询问确认的方式来鼓励用户继续讲。

研究员：您说喜欢果酒里的碳酸，您觉得碳酸有什么好处呢？

用户：没什么特别的吧。

研究员：果酒里的碳酸呢？

用户：没什么吧？

研究员：**（沉默）**

用户：我想起来了，有碳酸的话，口感比较爽。

研究员：爽意味着什么呢？

用户：可以快速止渴啊，特别是刚刚运动完的时候，来一瓶最赞了。

研究员：**您刚才提到“赞”，您能具体解释一下这是怎样的感觉呢？**

用户：像是一种对自己的犒劳吧，我完成了自己定下来的锻炼目标。

至此，从 A（含碳酸）到 V（完成目标，自我实现）的关联达成。

攀梯术可以应用在各种形式的访谈中。本质上它是一种层层深入的追问手段，旨在从具体的用户需求/产品功能出发，寻找到用户目标以及背后的价值观。攀梯过程对提问者的访谈技巧有较高要求，最好的提高方式还是多多练习。

5.3.2　浅出：如何设计功能

浅出的意思是解决方案要尽量简单。微信“摇一摇”刚出现的时候，大家一致感叹没法再超越的原因，就是因为它太简单了，所谓“完美不是无一分可增，而是无一分可减”。

绝大多数基础的“产品元素”，或者说解决方案的组件，其实都是成熟的，比如登录/注册、List 页、Detail 页、个人中心、搜索、订阅、推荐、下单、发帖、评价、点赞、打赏……会设计这些功能，并不是产品经理的核心竞争力——无他，唯手熟尔。

真正重要的是，在分析透了需求后，你能马上想到几种可行的方案，然后在众多成熟元素中灵活组合出一个有新意的产品。做到这点，需要很多领域的知识，需要日积月累看过很多相关的产品，需要有跨界产品的启发，再加上灵光一现。

我在 2015 年练手时做了一个叫“好产品”的 iOS App，用来发现、推荐各种好的 App，后来被 App Store 强制下架了，理由是太像 App Store 本身……这不关键，我想说的是，**做产品的时候，真的带来启发的，往往是一些看上去八竿子打不着的产品**。

说几个当时给了我启发的思路。

向“糗事百科”学借力用户

“糗事百科”充分利用 UGC（User Generated Content，用户产生内容）的理念和优势，设计出 “提交→审核→最新→推荐”的内容审核机制，对于新产生的“糗事”，先让活跃用户来审核（通过点击表达认可）这些内容；某条“糗事”获得足够多的认可后，首先进入“最新糗事”；获得更多流量后，如果还能继续被认可，才进入“推荐糗事”。普通用户只是看看推荐，活跃的用户才会去看最新，更活跃的用户才会去提交、审核。

这个做法充分利用了不同类型的用户，让他们都对产品里的内容做出了贡献。

向“知乎”与“知乎日报”学冷启动

知乎早期的每一个问题与答案，都是一组高质量的内容加互动。这和知乎早期用户李开复和他朋友们的贡献，是分不开的。虽然我们很难达到这样的种子用户质量，但可以学它的邀请制。用户注册控制紧一点，只让高质量用户邀请好友，能在很长一段时间内保持整体用户的水平。也有些产品，通过只做 iOS 版本的策略，来保证早期用户的相对优质。

我们还可以学知乎员工，在早期亲自上阵生产、筛选内容。早期的知乎员工，习惯提好问题后自己去邀请相关的牛人回答，自己还会给高质量的答案点赞，这对冷启动时期的内容质量控制起到了很大的作用。

过了启动阶段，知乎做了知乎日报，从封闭圈子走向大众，进一步扩大了用户影响规模，也很值得学习。

向各种游戏学"引人入胜"

游戏的产品元素，有三点很值得学习。

- Badge：勋章和等级，表示玩家过往的成就。
- Point：积分和经验值，代表你现在的状态。
- Leaderboard：排行榜，指引你未来努力的方向。

很多非游戏产品，也借鉴了上述元素。比如社区，就有很多勋章和积分的应用。对于用户的各种行为，如果是社区鼓励的，就加分，是社区不喜欢的，就减分。再将分数与勋章关联，然后明确告诉用户，现在拥有勋章的权限，可以进行什么操作，不可以进行什么操作。游戏化，是很多产品的高级玩法，对这个话题感兴趣的，可以去看一本叫《游戏改变世界》的书。

除此之外，还可以向传销发展下线的手段学激励机制；向一些社交类应用学美好的交互细节；向含线下部分的产品学如何设计标准的用户服务流程；向各种针对 VIP 用户的产品学如何营造尊贵感，等等。所以，作为产品经理就得不停地看和用各种产品。只有这样，最终才能把已有的东西重新组合在一起，加上自己的一点点灵感，形成一个全新的产品。至于最终成果是创新，还是四不像，留给用户来检阅就可以了。

5.4 一些综合案例

大到整个产品概念，小到一个具体功能，都可以用 Y 模型来分析。

也许你已经发现，我们讲的人性有关的例子，都是 2C 的产品。确实如此，产品类型与自身定位直接相关，2C 产品重心在生活，2B 产品重心在工作。2C 产品是感性的，像女人，更在乎过程和感觉；2B 产品是理性的，像男人，更在乎目标和结果。2B 产品要解决问题，需要分析业务逻辑，建立领域模型，多数需求处于从无到有、提升效率阶段，很少需要分析用户动机，也很少需要解决炫耀、认同等这样的心理需求。当然，如果你的 2B 产品能够让大家在工作中有些小惊喜，也会是非常棒的亮点。而 2C 产品的市场供给已经很丰富了，很多解决方案都是从有到优，所以更注重于人性。

下面再说几个案例。

5.4.1　淘宝首页

接着第 03 章讲过的淘宝首页案例，继续说。很多年来，淘宝首页的核心用户及其刚性需求都比较稳定，没有出现太大变化，一直是之前总结过的“有购物需求的新手买家”。既然核心用户和刚性需求的变化很小，产品功能的变化也不应该太大。因此，尽管淘宝首页在外观上一直千变万化，其背后一定有一些核心功能始终稳定地存在着。下面，让我们一起来把它们挖出来。

假设我们是淘宝的产品经理，目标是满足新手买家的各种购物需求——看来，要和买家用户来个亲密接触了。

我们可能碰到一位数码发烧友，他对各种新玩意儿很热衷，要买 iPhone 8，心仪的是 256GB 内存、土豪金色的裸机。这类需求，连商品的“货号”都已覆盖到，隐含的用户目标是“**买到一个具体、明确的商品**”。只须在淘宝首页上放一个大大的明显的搜索框，就可以满足这类用户，如图 5-7 所示。有一个有趣的问题，同样是搜索框，为什么“聚划算”首页没有？当年团购大战的时候，淘宝产品经理看到有些小的团购网站首页居然有搜索框，不禁哑然失笑。要知道，这种设计简直是自杀行为，因为必然导致大量的搜索无结果、少结果的页面，很难处理。

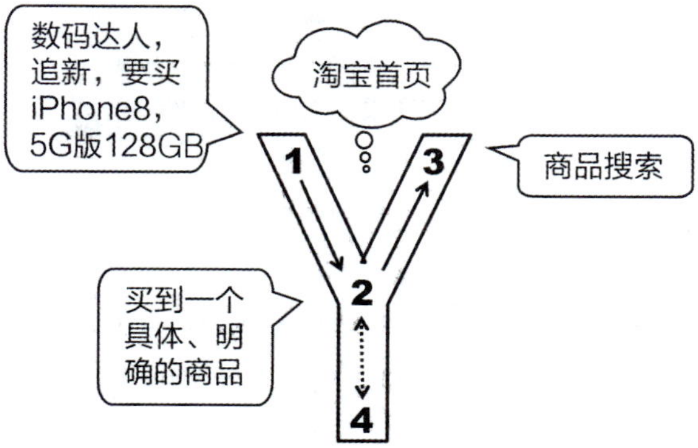

图 5-7　淘宝首页的用户需求到产品功能

我们可能碰到一个大学生，夏天快到了，他衣服不够穿，想买几件 T 恤，这背后代表的是“**有模糊购物目标的新手买家**”。淘宝首页上大块的类目导航，就是为他们而生。当然，搜索也可以满足这类需求。所以，我们看到，**用户需求和产品功能并不是一一对应的**。

我们可能碰到一个小女生，刚和男朋友吵了一架，心情不好，想在淘宝上买点东西来发泄一下，这背后代表的是“**无购物目标的新手买家**”。对于这类用户，反正他们自己也不知道要什么，我们就在首页放一些促销活动吧，告诉他们什么东西正在打折、什么东西新上了、明星在用什么、大家都在买什么……

再看一眼图 5-8 所示的 2016 年淘宝首页，变化背后不变就是这几大模块。如有你有兴趣找来每一年的淘宝首页，会发现这几块一直存在。

图 5-8　不变的搜索、类目导航和促销活动

5.4.2　健身应用

如图 5-9 所示，在这个健身 App 中，“1”对应用户说想看的健身数据，“2”对应的目标是想了解健身有没有效果，所以产品会做一些信息的展示，比如跑了多远，消耗了多少卡路里，体重变化了多少。再往下深挖“4”对应的健身的人性需求是什么。很有可能，是用户想让别人看到积极、健康、向上的自己。于是，可以让用户把他的健身成果秀出来。比如做一个结合地图的跑步线路，用户可以方便地分享给朋友。

有个段子说“外国人健身是为了自己，中国人健身是为了发朋友圈”，表达的就是中国人对分享、晒的偏爱。所以，我们总是能够在深夜看到一些朋友在秀图，很多人健身就是为了让别人知道他在健身。在设计产品的时候，就要把这些都考虑进去。有的功能，用户不一定提出来，但你有了，用户就感觉很好，很喜欢。

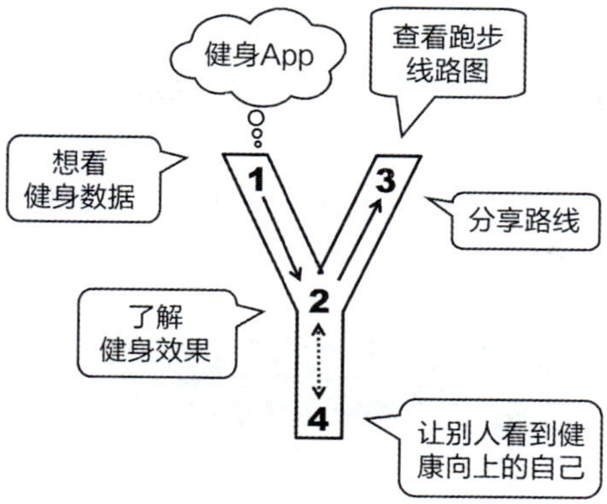

图 5-9 健身 App 的 Y 模型分析

5.4.3 直播应用

2016 年直播很火，我们分析一下“秀场直播”观看者的需求。

用户可能会说，我要给主播妹妹送花送游艇。我们知道，肯定不是白送，如果你做了一个“默默送”的功能，估计没几个人用。他的目的是希望“我送了”这个成就能让在看直播的芸芸众生知道，最好还能单独和主播互动一下。如图 5-10 所示，“2”这个点对应的就是“想引起注意”、“和主播互动”，那么在设计“3”对应的这个“送礼物”功能时，一定要做成在屏幕上突出显示，让所有人都看到老王送大礼了。这个时候，乖巧的主播也会说一声“谢谢老王送的保时捷，永远爱你宝宝”什么的。我看过一些直播，女主播就一直在说谢谢某某的礼物，可以感觉到那些送出礼物的用户听后是真的很开心。

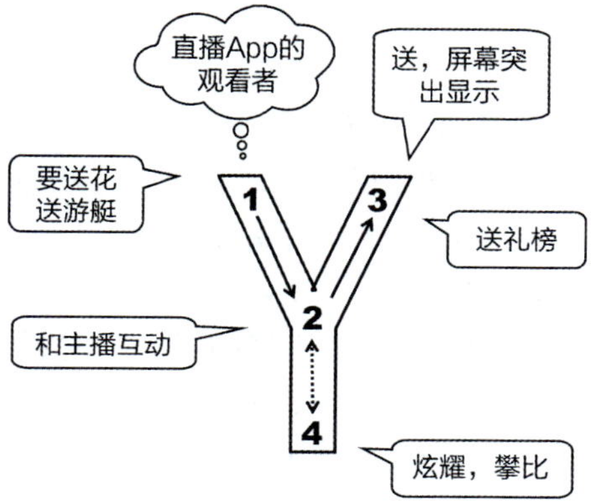

图 5-10 直播 App 的 Y 模型分析

这么多人送礼，怎么让他们更开心，“4”里有没有突破口？分析一下，就会发现突破口有可能是炫耀和攀比。好比在线下的演艺酒吧里，经常出现前排卡座里的老板斗富的场景，这在线上也可以复现。于是，在几乎所有的直播应用里，都可以找到排行榜，有的还有分类，如图 5-11 所示。送礼榜表示谁为主播花的钱最多；分享榜表示谁帮主播做的宣传最多，即没钱的捧个人场；时长榜表示谁最忠诚，一直在看。

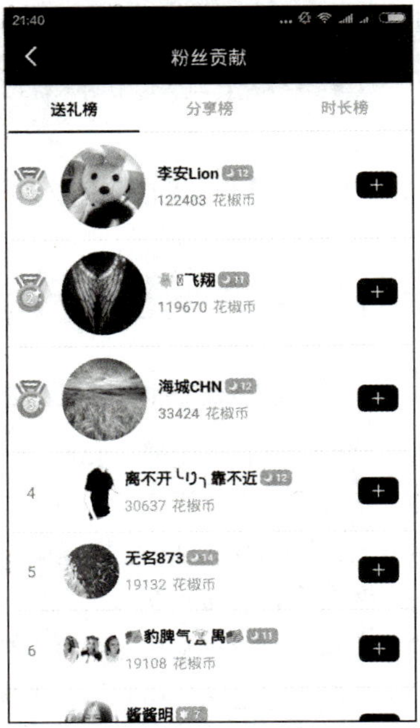

图 5-11 某直播 App 里的排行榜页面

5.4.4 企业内训

最后说个不是 IT 系统的产品。我在负责阿里集团产品大学时，经常有产品经理跟我说自己的用户需求（对应 Y 模型里的“1”）是“不知道学什么”。和他们深聊下来，发现背后的原因是“缺乏明确的成长路径”。于是，除了一门门的培训课程以外，我们还设计了一些“导学”的内容，告诉大家如何通过当前的日常任务，推导出需要具备什么能力，然后要学哪些内容。而更深层的需求，我认为是大家缺乏职业安全感。因此，我们还和 HR 部门的其他同事一起，制定出“岗位模型”，设计出“职业发展通道”，并且通过“学习路径图”将其和具体的学习方法、内容结合在一起，如图 5-12 所示。

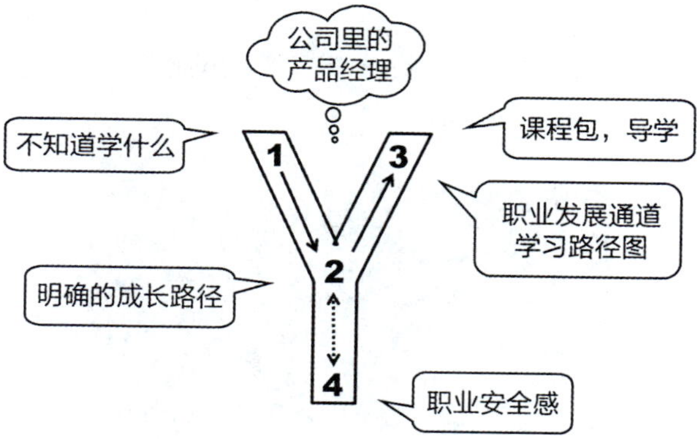

图 5-12 产品经理学习的 Y 模型分析

5.5 Y 模型的更多理解

最近几年，我时常发现各种概念都可以结合 Y 模型来理解。本章的最后，就给大家分享一下我的心得。

5.5.1 用户视角与公司视角

Y 模型里的“1”、“2”、“3”三点，分别可以从用户视角、公司产品视角给出三对近义词。

用户需求就是产品机会

产品经理是挑剔、追求完美的，总能发现问题；但他们又是乐观的，具备视问题为机会的意识。比如，当前国内的教育、医疗领域都有很多不完善的地方，所以也蕴藏着巨大的创业机会。

用户目标就是产品目标

长期来看，在满足“2”对应的用户目标的同时，必须也要为公司创造价值。优秀的产品经理都知道，只满足用户目标而没有产品目标，就不是一个商业行为，也不可能得到持续发展；同样，只有产品目标而不去满足用户目标，用户就会渐渐离你而去。

图 5-13 就展示了一个很有趣的例子。在这个例子中，用户目标“讨个好彩头”与产品目标“游人排队”最终达成了和谐统一。

图 5-13 用户目标与产品目标的完美结合

用户任务就是产品功能

虽然，这两个词都在说解决方案，但有意思的是，往往用户任务越简单，产品功能背后的实现就越复杂，而产品经理应该做的是，把简单留给用户，把复杂留给自己。

本书中，会根据上下文灵活描述 Y 模型里的“1”、“2”、“3”说法，如图 5-14 所示，大家心里清楚我在说什么就好。

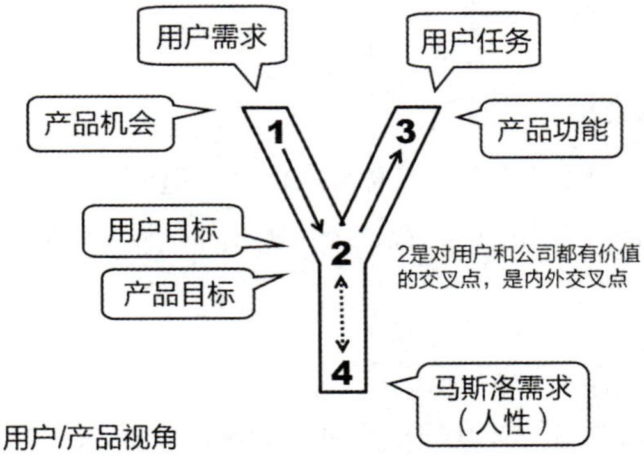

图 5-14 用户视角与产品视角的对比

5.5.2 新手思维与专家思维

产品经理应用 Y 模型，还有个挑战，是要在“新手”和“专家”两种思维方式之间来回切换。在 Y 模型的前半段，面对“问题”时要像新手，这也是常说的“一秒钟变傻瓜”，要快速进入一个没有任何专业知识的用户的视角。而在 Y 模型的后半段，设计“解决方案”时必须成为专家，才能发现需求的本质，找到最具性价比的解决方法。

拥有“新手”心态

保持好奇心，思维不固化，拒绝“存在即合理”，才可以不断发现新的问题和可改进之处。经验不足的产品经理，经常设计出一些自觉逻辑很清晰的产品使用流程，但产品一到用户手里，用户用起来就各种卡壳，不知道接下来的流程应该怎么进行。这是因为产品经理掌握着充足的相关背景信息，是这个产品的专家，但用户不是。

举个例子，如果用户在网上提交完一个申请后，只能在页面上找到“提交成功”这样的简单提示，而后续的一系列问题，包括怎么知道进展、多久可以有反馈、等不及该联系谁等的答案统统不得而知，那么用户对这一“产品”的体验评价一定不会是正面的。之所以会出现这样的问题，是因为产品经理已完全脱离了新手思维，觉得只要自己可以在后台看到用户的申请，就一切尽在掌握，完全考虑不到用户使用过程中的困惑和沮丧。

拥有“专家”能力

对一个职场人来说，面对问题时表现出的能力有几个层次，分别是制造问题、忽视问题、发现问题、解决问题。而作为产品经理，我们的能力不能仅仅停留在发现问题上，还要能设法解决问题。而要提升到这一层次，需要产品经理拥有必备的领域知识和超强的学习能力，也就是说，要拥有专家的能力。

比如我的一些产品经理朋友在家里装修时，就表现出了极强的学习能力，迅速成为了专家，对于包阳台，没几天就是满口黑话——凤铝 789，1.4 的，中空双钢，顶面用 5 加 5 夹胶，2.0 型材，下面用 8 个的毛玻……打胶、转角立柱全包。他们会发现包工头的施工方案不合理，项目经理的过程管控可以改进……后来，他们甚至会自己上手优化设计方案，参与项目管理，这个表现看起来很有“职业病”，但淋漓尽致地体现了迅速成为专家的能力。

回顾一下第 01 章讲产品经理“思维方式”时提到的三点：“从学生到职场”讲的是用新手的“无知”心态面对问题，“从用户到产品经理”讲的是从新手到专家的切换，“从现象到本质”讲的是像专家一样解决问题。然而灵活切换并非轻而易举，对能力的要求极高。

5.5.3 普通青年与文艺青年

从 Y 模型里，还可以映射出三种人，普通青年、文艺青年与产品经理。最终的结论是，前两者的思维深度都不够，产品经理才是真正的高手，如图 5-15 所示。

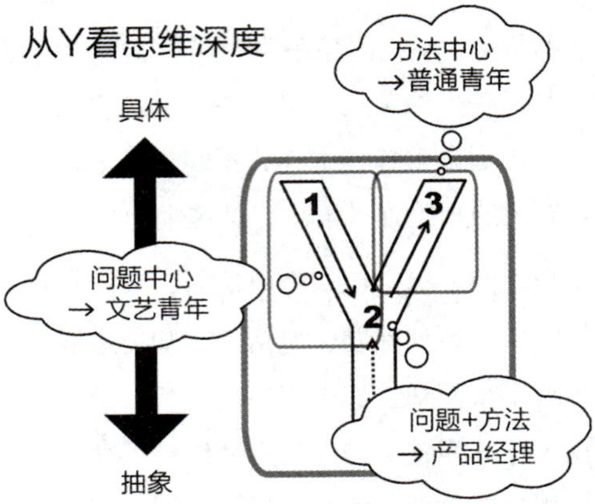

图 5-15 从 Y 模型看思维深度

第一种人普通青年，采用方法中心的思维方式，拥有典型的学生式解题思维。这种思维对应着 Y 里的“2”到“3”，需要有人告诉他们明确的任务。

而且，这种人不大会问为什么，而是以完成任务的心态面对各种工作。单纯的方法中心容易使他们陷入努力地在做错误事情的误区。普通青年总是显得很急躁，想着你怎么还不告诉我该怎么做。其实对方正在交代来龙去脉，想告诉他“为什么会有这个方法出现，最早是为了解决什么问题”，这样可以帮助他理解得更深刻，但是这些在方法中心思维的角度来看都是废话。最典型的例子就是，我们觉得西方的教科书枯燥，不像国内教材，会总结出很多知识点想塞进你的脑子，来让你感觉很充实。而从科学的角度来看，我们的大脑更应该用来分析处理信息，而不是存储信息。

第二种人文艺青年，采用问题中心的思维方式。这种思维方式对应着 Y 里的“1”到“2”，整天只会思考为什么，却不行动。就像很多文艺青年都有一场“只说不走的旅行”一样，他们执行力比较差，不愿意做脏活累活。

第三种人产品经理，习惯先问题后方法，思维方式是“用心听，但不要照着做”，对应着 Y 里的“1”到“2”再到“3”，或是更好的从“1”到“2”到“4”再到“3”。

读者可以想想自己的日常，更多的时候在做哪一种人。其实，大多数人都习惯用比较简单的思维方式，而这事儿的根源，也许是教育。

孩子是天生的提问者，一开始不会懂任何方法，绝对是问题中心的思维模式。而且他们提问题的视角，与成人完全不同，甚至会提出只有哲学家才有可能提出的问题。之后发生的变化，极有可能是“教育的摧残”——把问题中心的孩子变成了方法中心的成人。方法中心的典型动作是“答题”，问题中心的典型动作是“提问”。教育让我们太熟悉前者，忘了问才是主动的独立思考，答只是被动的记忆接收。更为甚者，好奇心一旦不在，小到个人，大到人类社会，各种创新、进步的动力都难以维系。

学校里通常的教育方式，是传授给你诸多技能，但不告诉你是干什么用的。你即使已经掌握，却不知道可以用在什么场景下。直到我们工作以后，才恍然大悟，原来《软件工程》在做系统项目的时候能用得上，原来《概率与数理统计》在分析用户数据的时候用得上……

在学校里成绩好，只能证明你具备解题思路，可以很好地执行任务。“方法中心”没问题，但“问题中心”是否够强，则不得而知。这也是学校教育与实际工作的脱节之处，只能靠不断实践、不断犯错或职业再教育来弥补。

好在，虽然现在国内的教育现状非常不如人意，却并不妨碍方法中心有其更终极的意义，那就是科研，我指的是真正的科研。“你做这个有什么用呢？”，这是个很值得思考的问题。为什么做事情必须要“有用”呢？应用求用，科研求新，而新就意味着没法立刻找到应用场景。哪里是人类还未曾探知的领域？用我现在掌握的技术和设备可以攻克哪些难题？不在乎意义，也许反而有利于实现终极意义。不考虑目的的研究，源自追求真理的纯粹好奇心，导向的则是人类文明的不断进步。

5.5.4 复习、预习一些概念

最后结合 Y 模型，以问答的形式来复习、预习一些概念，作为本章的结束。

1. 如何理解竞品？

答：不仅仅是“3”相似的东西是竞品，“3”不同但“1”相似的产品，也是竞品，甚至更要关注。

2. 如何理解创新？

答：创新不只是做一个新东西出来，而是要同时满足“1”（有用户需求，背后靠的是市场洞察）和“3”（有方法突破，背后靠的是科学发明）。

3. 产品如何扩张？

答：通常而言，早期先要扩张用户规模。因为“3”的变化不大，所以要围绕核心功能不断优化，等用户增长出现瓶颈以后，再去设法满足用户群体更多“1”对应的需求场景，这时候就要在“3”上做较大改动。

4. 产品发展早期为什么会有鸿沟？

答：产品用户数增长的鸿沟存在于种子用户与主流目标用户之间，主要因为这两个人群的“1”对应的需求场景不同。种子用户是“饥不择食”的，主流用户是在乎性价比的。

5. 何谓生产驱动和需求驱动？

答：Y 模型里，从“1”到“3”叫需求驱动，是从问题出发推导解决方案，前面说得比较多。其实，也可以从“3”到“1”，这叫生产驱动，是用现有的技术方案去解决合适的问题。调整“3”，更多的工作是产品开发，而调整“1”，更多的工作是市场开发。

产品经理的价值体现，是找到“1”用户需求（问题）与“3”产品功能（解决方案）的匹配，无所谓从哪里出发[5]。设想一下，如果你没有开发新产品，但是为公司滞销的一批货找到了新的用户，那也一样创造了很大的价值。

6. 如何理解目的与手段？

答：Y 模型的前半段是目的，后半段是手段。随着技术发展和市场变化，手段会不断更新升级。所以，我们应该花更多的时间、精力在目的的研究上。

5.6　延伸阅读与练习

本章关联到另外几本书的相关章节不多，大家可以试着去“读”一些真实的产品，亦可根据一些关键词扩展阅读。

用心听，但不要照着做　《人人》2.3，page78~82

研究真实产品，寻找那些直击人性的亮点

可以做的练习任务如下。

5　如果读者对这个话题感兴趣，可以去了解一个概念 PMF（Product Market Fit）。

任　务	难度星级	耗　时	目　的
1.案例：针对自己做过的一个产品/功能，讲一个转化故事	★★☆☆☆	2	回忆一下，应该有过“用心听，但不照着做”的例子，说说你对这个例子的思考，以及对 Y 模型的理解
2.文章：列举几种人性层面的诉求，以及对应的产品功能	★★☆☆☆	3	多看一些产品，多体会对人性层面需求的满足，不论善恶。对“恶”的需求的利用一直存在很大争议，要找到自己的底线
3.文章：讲一个给你很大启发的产品/功能	★★★☆☆	2	从产品功能的角度，说说它的什么做法、设计给了你很大的启发，然后你自己是怎么应用在实际工作中的（当然不是简单的照搬）
4.案例：找一个做产品的朋友，让他贡献一个产品，供你从功能倒推到背后的用户需求并进行验证	★★★★☆	2	分析其他人负责的产品，做完后和当事人讨论一下。这种对反向推导能力的训练，也是一种培养产品感觉的好方法

「05 转化：需求分析与Y模型」

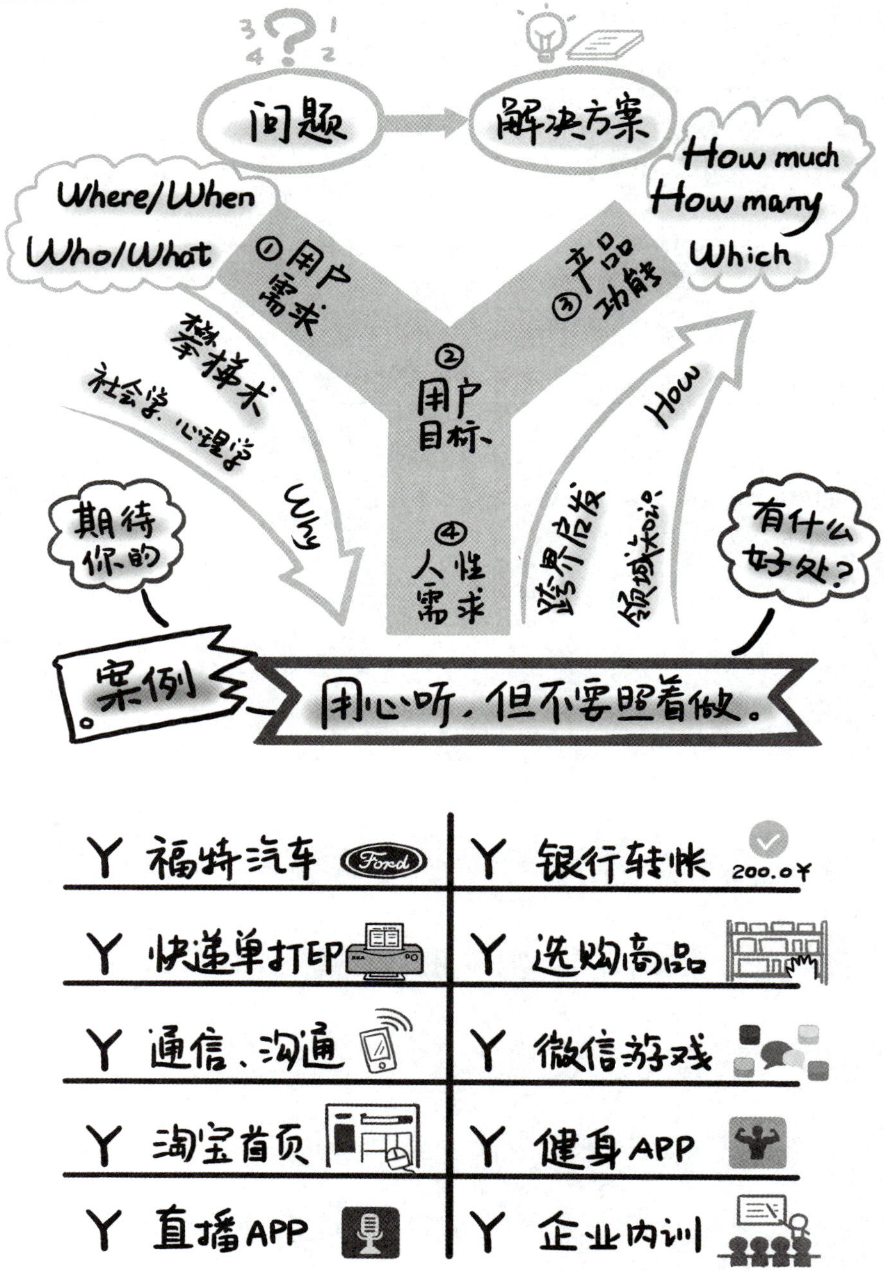

Designed by 姜乐&周全

第 06 章

功能：细化与打包

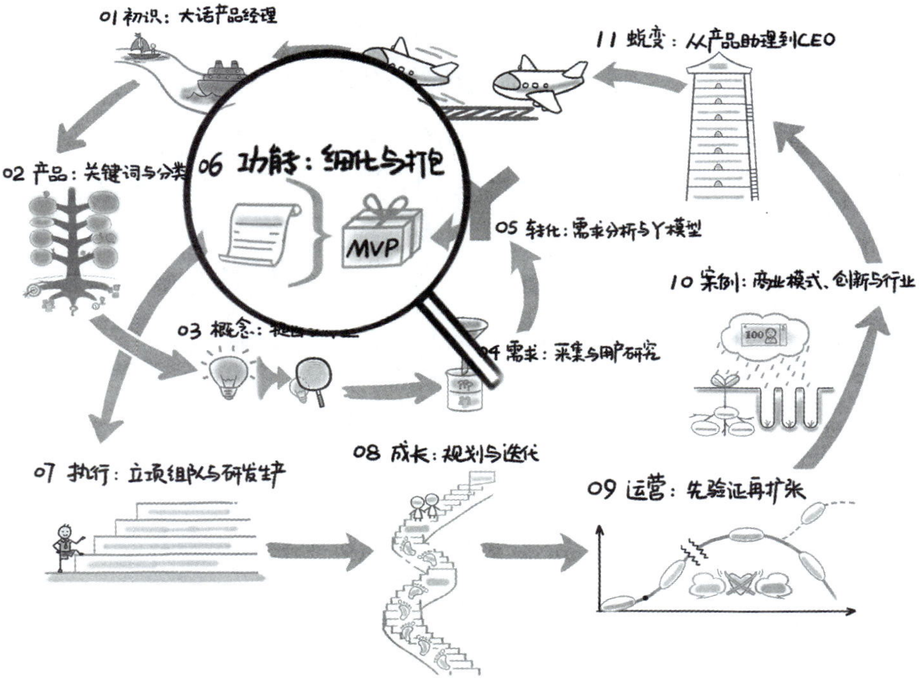

第 06 章　功能：细化与打包 / 155

6.1　一个功能的 DNA

俗话说，产品经理推动工程师实现功能有三宝：竞品已搞，老板想要，开发量小。如果不行，再上杀招，求求你了好不好。

实际工作中，当然不能这么玩。第 05 章中用 Y 模型做完了需求分析，从一堆用户需求中推导出很多产品功能，接下来，要回答 Which（做哪个）和 How many（这次做多少）这两个问题。

一个功能，涉及表 6-1 中所列的很多属性（更具体的介绍请参见《人人都是产品经理（纪念版）》）。

表 6-1　一个功能的 DNA[1]

功能属性	属性说明
编号	功能的顺序号，属于唯一性标识
提交人*	需求/功能的录入 PD，负责解释功能
提交时间	功能的录入时间，属于辅助信息
模块*	根据产品的模块划分
名称*	用简洁的短语描述需求
描述*	功能描述：无歧义、完整性、一致性、可测试等；简要描述原始需求
提出者	即需求的原始提出者，有疑惑时便于追溯
提出时间	原始需求的获得时间，属于辅助信息
Bug 编号	将一些 Bug 视为功能来统一管理
类别	新增功能、功能改进、体验提升、Bug 修复、内部需求等
商业价值*	从广度、频度、强度等方面综合判断商业价值，不考虑成本
开发量*	把成本简化为开发工作量，表征实现难度
性价比*	“商业价值/开发量”，用于决定先做哪个
分类	基础、扩展（期望功能）、增值（亮点功能）
状态*	需求/功能生命周期：待讨论、暂缓、拒绝、需求中、开发中、已发布

表 6-1 中最基础的信息，是功能的描述。必须要让技术同学看了之后，就大概知道要做什么事情，这里的描述，通常只是一两句话，界面、逻辑等细节，还需要等到项目中的 PRD（产品需求文档）阶段才会细化。

1　表 6-1 中标记*的功能属性比较重要，为必填项。

在本章中，主要展开说三点：价值评估（表中的“商业价值”）、成本评估（表中的“开发量”）和功能分类（表中的“分类”）。

更进一步可以总结出以下两点：

- 价值由产品功能背后的用户需求（问题）决定。
- 成本由产品功能（解决方案）决定。

实现成本低，或者对应需求的价值高，这两个条件中的任一个，都不能单独作为决定去实现一个功能的理由。必须结合这两个条件，综合考量功能的性价比。理论上，性价比高的功能优先级也就高，应该先做。

性价比 = 价值/成本

不过在实际操作中，还需要考虑功能的分类，在本章的功能分类部分，会仔细分析不同种类功能各自的应对策略。

6.1.1 功能的价值判断

先说说对某个功能进行价值判断的流程。

- 参照“产品原则”里“目标”部分的定义，明确当前产品最看重的指标是什么，可以是数字化的 KPI，比如注册用户数达到 10 万，也可以是某些关键结果，比如“建立起线上自动化的专家入驻全流程”。如果有多个指标，则需要对这些指标加权合并[2]。
- 考察每个功能点实现后，对上述指标的帮助大不大。如果大，则这个功能的价值就大。因为每个产品不同时期的指标不同，所以评判各个功能价值的标准也各有差异。通常用半定量的方式来衡量，比如最简单的大、中、小，或者 5、4、3、2、1 等评分标准。

接下来介绍图 6-1 中三个功能价值评判的基础原则。

---

2 举个例子，假设某产品在当前关注用户数与收入两个指标中更看重前者，就可以用“用户数*0.7 + 收入*0.3”来作为加权合并后的综合指标。

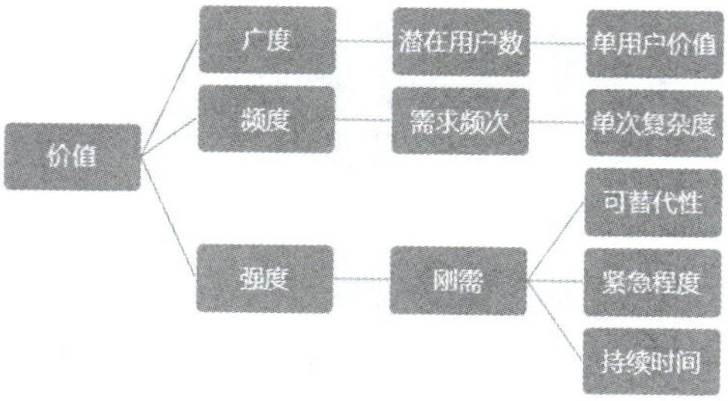

图 6-1　功能价值评估的框架

广度：潜在用户数*单用户价值

简单来讲，广度对应着潜在用户数，即一个产品将来可能覆盖的用户群体有多大。不同产品、不同功能的定位，直接决定其可能覆盖的潜在用户数会有差异，有时甚至相差一个或多个量级。

同样是面向出行这一需求，如果是打车应用，覆盖的潜在用户数可能是几个亿，如果是代驾应用，因为要求用户有车且没法开，可能覆盖的潜在用户数最多只有几百万，二者相差两个量级。同样是餐饮服务，日常快餐和只接婚宴，潜在用户数的差距也很大。

同等条件下，我们肯定愿意做潜在用户数多的产品功能。但是，潜在用户数不是唯一的因素。有一些产品虽然潜在用户人数很少，但是也可以做，因为它覆盖的这些用户，"单用户价值"非常高。典型的例子就是银行的 VIP 业务，从普卡、银卡、金卡、白金卡到钻石卡，以及再高级一点的私人银行，用户数越来越少，但一个高级用户的资产少则几千万，多则几个亿，可以抵上几千几万个初级用户。

单用户价值这个词，在不同行业能找到不同的说法。比如，电商行业的"客单价"，是指用户平均每次消费花多少钱；游戏行业和运营商的"ARPU 值"（average revenue per user），是指平均每个用户在单位时间内给公司带来的收入；而对于社交应用，对应的说法也许是活跃度。

从广度的角度，"潜在用户数*单用户价值"可以用来判断产品对应的市场容量，也就是第 03 章提到的"产品概念筛选"里的"天花板"。当然，具体操作时，经常先从某些细分用户切入，再逐步扩大到所有潜在用户。比如，2016 年下半年火爆的 ofo 共享单车，就是先攻高校内部，再扩张到校园外。

频度：需求频次*单次复杂度

频度是指需求频次的高低，不同的需求，频次差异会非常大。

有些需求每天都会出现一次甚至多次，比如叫外卖；有的需求每周最多出现一次，比如看电影；有的需求也许每个月只出现一次，比如交水电费、还信用卡；有的需求每年出现一、两次，比如车险，出境游等；有的需求甚至有可能一辈子只出现一次，比如结婚。

同等条件下，我们当然更喜欢做频次高的产品功能。我曾负责过天猫积分系统，当时有很多积分相关的消息要开发。在产品的早期版本里，我做了一些简化：买家每次购物产生的积分变动消息，需要先做；而用户每年年底积分过期的提醒，可以缓缓，如果碰到可以先手动解决。

但是，有些需求的频次不是那么高，我们也愿意做。这是因为这些单次需求的复杂度高，而且单价也高，有很大的价值空间可供挖掘。

虽说外卖需求的频次比较高，但每单通常只有 20 块左右。而婚礼，虽然一辈子只有一次，但背后的需求包含了很多点——拍婚纱照要几万，办酒席要几十万，蜜月旅行要几万；还需要买一些周边产品，小到喜糖，大到车和房，后者又至少有几百万的潜在市场价值。

通常，频次很高的需求不太可能有太高的单次价值。理由很简单，类似每天一次、每次一万块这种需求，只能存在于极端小众的土豪市场，大众普遍没有这么强的消费能力。图 6-2 为这四种情况的二维图。

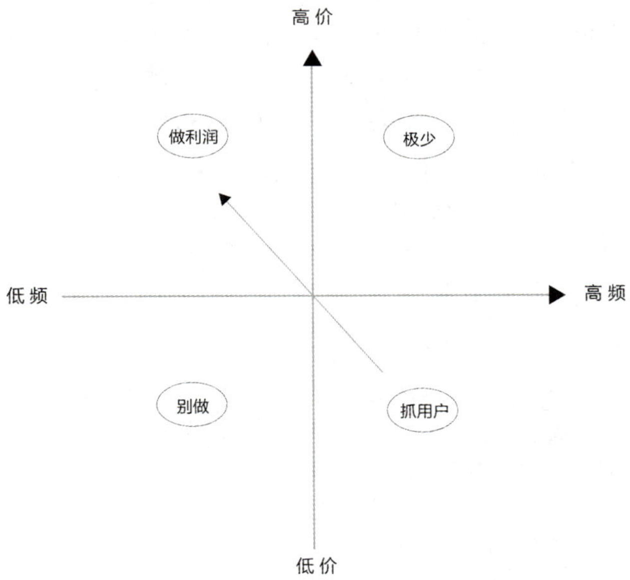

图 6-2　不同价位、不同频次需求的处理策略

通过图 6-2 很容易就能得出结论，高频高单价的需求极少，低频低单价的需求不值得做。对于另外两个象限的需求，常见的策略是：先利用高频低单价的需求抓用户，因为高频场景和用户互动的机会多，而低单价的轻决策场景可以降低用户进入门槛，容易引流；再用低频高单价的需求做利润，因为单价高了，可以切分的蛋糕才大。之所以采取这样的先后次序，是因为必须有海量用户做基础，低频需求的总量才足够大。比如汽车后市场（指买车以后产生的各种消费）就很典型，用高频低单价的洗车增加客流量，甚至通过补贴来抓牢用户，然后用低频高单价的保险、保养、修车来赚取利润。

"需求频次*单次复杂度"，让我们在广度之余，可以从频度的视角再一次对市场容量进行验证。

强度：不可替代、紧急、持久

强度背后说的就是真实刚需。

一个需求是不是真的，是不是刚性，有一个简单的判断原则，就是问自己这样一个问题："当你没有做这个产品功能时，用户是不是在设法解决，甚至已经在用某种低效的方式来解决这个问题？"如果答案是肯定的，那么说明需求真的很强烈。接下来再给大家讲几个判断的角度。

可替代性

可替代性用来说明一个功能是不是很容易被其他功能替代。打个比方，假设你开了家早餐店，一开始技术不太熟练，所以每天早上只能供应包子这一款单品。做了几个礼拜之后，技术水平提高了，发现早上时间还有富余，可以再做第二款单品。这时有两个选择，一个是馒头，一个是豆浆，应该怎么选呢？我相信大家都会选择豆浆。因为馒头和包子是可以互相替代的，豆浆是不可替代的。你会发现，买了包子的人经常会四处张望，看看旁边有没有卖牛奶、豆浆或其他饮料的，因为包子太干，容易噎着。

紧急程度

需求紧急程度也可以作为衡量需求强度的判断原则。科学的时间管理建议我们应该更有计划性，尽量避免紧急的事情发生，但现实中的确有这样的需求，真的是受各种客观情况所限，必须马上动手实施或调整计划。比如，极个别用户的负面评价，引起了广泛的舆论风波，必须要在产品上做出响应；营销方案已经开始推广，忽然发现支撑后台还有部分功能没有实现；竞争对手突然提高了补贴力度，必须马上决定是否应战。

持续时间

持续时间是指一个功能做好之后，用户有效使用的周期是多久。有一些需求上线后用户可能只用几天，另外一些需求上线后用户可以用几年，产品经理当然愿意做后者。举个例子，中秋节的促销活动一般只持续 3 天。如果要开发一个特定的系统，那么产品经理通常会采取两种对策，或是和营销人员沟通，询问能否借用已有功能来实现这一需求，或是争取把这个功能做成通用模块，以后可以经常复用。

不同阶段的产品看重什么

在产品的不同阶段，对上面提到的广度、频度、强度，会有不同的侧重点。

产品早期的验证阶段，更重视“强度”。通常在产品上线前后，要设法验证用户是否认可产品，愿意用且愿意反复用，即测验留存率高低。只有留存率够高，产品在将来才会有好的发展，而留存率高就要求产品背后的需求足够强。所以，刚上线的产品就像大家在小学应用题里经常见到的那个游泳池，有一个进水口在进水（获取新用户），有一个出水口在出水（失去老用户）。如果产品经理在现实生活中遇到这样的事情，当然会先去堵上出水口，而不是急于灌水。这个阶段的产品，常见的版本号是 0.8、0.9 和 1.0，还在不断试错，寻找最能打动用户的切入点。

验证完毕，产品进入大面积拉新（指获取新用户）的阶段，这时更重视“广度”。这个阶段的产品需要快速增长，希望通过各种推广来占领更多市场份额，以尽快与对手拉开差距。所以，拉新是否顺利，依赖的就是需求和功能覆盖的广度是否够大，当然也离不开足够的资源和资本支持。对于产品本身，此阶段常见的版本号是 1.1、1.2，工作重心依然是围绕核心功能做优化，同时可以获取大量的用户反馈。

当用户增长出现瓶颈，就需要开始对产品的用户进行激活，这时更重视“频度”。拉新阶段，通常的策略是先攻“单用户获取成本”低的场景，比如你要主攻白领人群，那么上下班时间的写字楼电梯口，就是一个好场景，在这里单位时间内能获取的新用户数肯定高于你在路边随机拉人。但是，当这类场景都做得差不多了，拉新成本就会越来越高，也就意味着用户数没法一直保持高速增长。这时再想扩大产品的价值，怎么办？在每个用户身上挖掘更大的潜力是个好办法，所以这个阶段适合做频度，让已有用户更加活跃，使用产品的频次提高，贡献更大的价值。这时候产品一般会出现大幅度的版本跳跃，比如从 2.X 升级到 3.0。

当然，上述对产品阶段的划分过于理想化，真实情况是各个环节互相渗透，交替出现。

6.1.2 几个价值判断的案例

对于功能的价值判断，可以借助回答下面这两个问题来得到结论：

谁的痛，有多少这样的人？（这些人是核心用户吗，人群足够大吗？）

痛有多深？何时会痛？何地会痛？多久一次？一次多久？（具体场景典型吗？需求刚性吗？）

完成判断后，再来验证一下被判断为价值最大的那些功能，是不是正好满足第 03 章提出的产品概念切入点——核心用户、刚性需求、典型场景，借由二者的吻合情况可再次验证整个产品功能价值判断的逻辑。

下面这些案例，可以用来对大到产品、小到功能的价值进行综合判断，进而推导出产品发展的对策。

实用工具，如何突破

以墨迹天气为例，来聊聊实用工具类产品在价值上的优劣，以及如何突破工具产品没有想象空间的瓶颈。

墨迹天气的优势在于潜在用户数很大，几乎所有人都有看天气的需求；而且，需求频次很高，每天都要看天气。所以，它可以作为典型的入口级产品快速积累用户。

但是，它和用户之间的互动关系很疏远，这导致单用户价值很低。甚至可以说，看天气的只是“用户画像很模糊”的人，都称不上是真实的用户。因为 Ta 用了几年都没有注册，墨迹天气根本不知道 Ta 是谁。而且，每次的需求也很简单，只是点开 App、刷新，看到天气情况后就离开，其间只停留 5 秒钟左右，产品方几乎难以榨取任何价值。此外，因为产品门槛不高，所以可替代性很强，用户如果要换另外一个天气应用，在使用上并没有太大区别。这就是典型的工具型产品的困境。

所以，我们看到墨迹天气做了各种尝试，这些尝试对其他工具型产品都很有启发。比如，它推出时景功能，让用户拍照、上传，在产品里留下一些数据，以期用户对产品的依赖性和黏性增强，如图 6-3 所示。再如，它利用自己的大流量，给其他产品引流，这种“把用户卖给别人”的做法也不失为一种很有价值的探索。

有一位同行说过这样一句精彩语录：**一个产品要大成，靠的就是用户与你产生复杂的积极性情感**。所以，很多工具都在尽力向社区和个性化的方向靠拢，其实都是为了让用户跟自己产生情感。

图 6-3 墨迹天气的时景

智能硬件，怎样“送礼”

再来看一下 2C 的硬件产品。这类产品在上市之前或上市初期，比较适合做一些新品赠送的活动。可以站在产品方的立场上设计一下这样的活动，尝试回答怎么送、送给谁这些重要问题。

首先要判断活动目的。如果是为了“公测”，那么应该送给一些目标用户，比如硬件发烧友，让他们帮助测试功能、性能及各种产品细节；或是送给小白用户，以获取易用性等反馈。

而对于 2C 的硬件产品，这类活动更多是为了“营销”。那么，就应该考虑如何把路由器送到价值最大的人手里，而这个价值，就是获赠人能影响的目标用户的数量，“送给谁”这个问题的答案也就有了——KOL（Key Opinion Leader，意见领袖），特别是互联网、商界、媒体圈子的意见领袖。从投入产出比来看，这样营销相当划算，但需要有个重要的前提，就是自己产品的性能和质量足够过硬，能一举征服这些 KOL，最好促使他们自发地帮忙宣传、为产品背书。

以智能路由器极路由为例，它曾在线上微信群做过新品发布会，聚集了几百位 KOL，并在群里发红包、抽奖，最终引发正向的口碑传播，效果不错。

这个例子可以推而广之，它告诉我们，要重视那些“单用户价值”很高的用户。你看，我在书里又帮他们宣传了。

上门服务，哪种靠谱

2015 年，各种上门服务特别火，美甲、家政、洗车、厨师、按摩、宠物等服务项目轮番登场。到了 2016，幸存者寥寥。这些发生在他人身上的教训，让我们认识到，资本推动的补贴并不是长久的商业模式，上门服务还是要做到行业效率优于旧模式才能持久。下面简单讲讲哪些因素是我们应该关注的要点。

第一，客单价要高。上门相对于到店，把用户在路上花费的时间转嫁到了服务者身上。因为“时间不值钱，收入水平低”的人在路上跑才合理，所以，上门服务应该是相对有钱的人才会叫的，高客单价能弥补服务者的时间损失。几十块的上门很难，几百块才靠谱。

第二，订单密度要高。为了进一步减少手艺人的路上时间，上门服务讲求“三公里效应”。要瞄准一个个小区域来攻克，以把订单密度做到足够大。只有让服务者在一个街区就能做满一整天的活，才能充分体现出高效的优势，而这背后依赖的其实是需求的频次。单次服务时间越短的上门服务，比如取送清洗的衣服或收发快递等，越要减少路上时间。有些服务项目设计得比较巧妙，比如有一家上门理发的服务，为了提高订单密度，只接写字楼里的企业客户，将常规认识中典型的 2C 业务转化 2B 业务，一下子提高了单位时间的服务人数。

6.1.3 成本评估与性价比

成本评估

判断完了功能的价值，就要评估另外一个同等重要的因素——成本。

判断一个产品功能的成本，有很多方面的考量，比如人力、时间、金钱等，甚至也可以把风险看作广义的成本。日常评估时，没法面面俱到，所以通常会先判断成本的瓶颈在哪里，然后用对成本瓶颈的评估来简化完整评估。互联网、IT 行业的功能成本瓶颈一般在开发工程师的工作量上，所以常常把“开发量”的高低视为成本的高低。

那么，具体谁来评估？我认为有技术背景的产品经理，这时候自己上就可以了。因为这个阶段的评估是相对粗略的，可以称作成本的“初评”，虽然常用的计量单位还是“人天”（指一个人一天可以做的工作量）、“人周”、“人月”，但目的不是为了精确知道工作量，而是为了了解不同功能实现难度的排序。

这个时候只做初评的原因，一方面是因为评估准确也需要很多投入资源，而这个功能做不做还不知道，所以没有必要精确评估；另一方面是因为做不到，毕竟还没有确定功能细节，也不知道由谁来做这个功能。

举一个方案细节对成本影响的小例子。

电商卖家向淘宝的产品经理提了个需求，希望可以修改订单价格。这看起来简单，但具体做起来，难度可大可小。最简单的做法是直接修改总价的数字。但修改价格的目的，有可能是多种多样的。

- 买家经常要求包邮，那淘宝是否提供“包邮”这样的快捷操作功能，让卖家可以直接把总价中的邮费部分清零。
- 免邮费是否需要和地域结合，给出类似偏远地区不包邮这样的提示？
- 对于货款，卖家经常要修改的是打折、抹零，要不要提供更方便的操作？
- 老客户折扣有没有提醒？这又需要和 CRM 系统打通。

……

往往，越想让用户简单，系统就要设计得越复杂。

所以，针对成本的初评来细化功能，细化到什么粒度是很讲究的事情。粒度太粗则没法评估准确，而太细又会浪费时间。这里面有个有趣的悖论：开发说你不细化我就无法评估，产品说你不评估我就不知道是否值得细化，双方各执一词，形成死循环。

要想正确看待这一悖论，需要双方心里都清楚，功能细化有可能给成本带来很多方面的影响，最终减少影响也离不开大家的共同努力。

而要在没细化时就能评估得相对准确，要靠团队默契。想象一下，如果产品和技术团队都很成熟，对彼此的人员情况很熟悉，对现有产品、技术架构也很熟悉，具体表现为产品经理知道技术人员的能力，了解功能实现的基本可行性；技术人员理解产品业务，能预测将来会扩展的地方，那么早期的评估一定会更加准确。

如果细化之后工作量确实比预想的大了很多，我们还可以灵活分割，把一个大功能切分成更细的模块，按照性价比分期实现，从而在保证产品迭代节奏的前提下，逐步完成工作。

确定性价比

评估完价值与成本后，就可以得到一张功能列表，具体的呈现可能是一张 Excel 表格，或者是某个 IT 系统里的需求管理表。

图 6-4 是我在某公司交流时做的一个简化的功能列表。第一列的每张卡片各是一个功能点，有些功能之间的关联很紧密，必须一起做，特意贴在一起以表示同属一个

功能模块。第二列是价值评估，用 1 ~ 5 从低到高的分值来衡量。第三列是成本评估，已简化为开发量“人天”，而且因为较难一次性评估准确，用了便签的方式以便修改。第四列是第二列除以第三列得到的性价比数值。

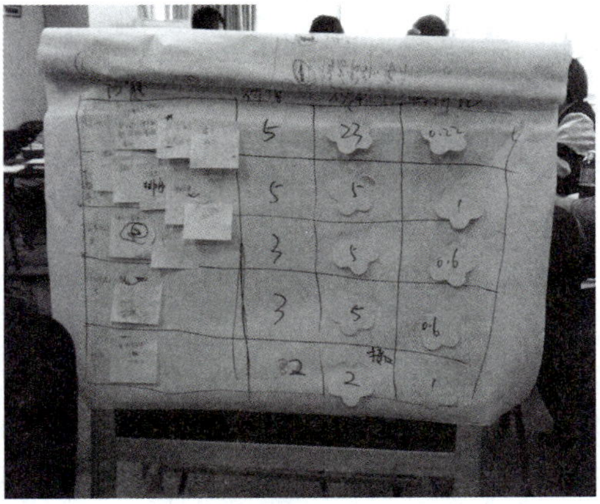

图 6-4　最简单的功能列表

经常有人问我产品经理要不要懂技术？我的观点是，产品经理懂技术肯定是优势，只要不滥用。比如，在初步评估成本时，自己能搞定就可以大大提升效率。那如果不懂技术怎么办？你就必须和技术人员配合。提供两个常见的方法，Team Estimation Game 和 Planning Poker，都是敏捷开发过程中供团队一起评估成本的方法，非常简单也非常好用，有需要可以自行查找资料加以学习。

要牢记此时评估的目的：确定功能的相对成本高低，从而确定性价比。功能 A 与功能 B 相比，哪个相对成本较大一点，哪个较小一点，只需要知道对比关系就可以，比如“高中低”的评价或者“54321”的不同分值。然后，用半定量的价值和半定量的成本，就可以计算出半定量的性价比。

这个半定量的公式是：性价比 = 价值/成本

按理说应该先做那些性价比高的功能，但这太理想化了，实际操作中，还需要考虑功能的分类和其他的实际情况。

6.1.4　功能分类：KANO 模型

表面上看，只要从功能列表中找到性价比最高的功能先做，就不会有问题。但事实上并非如此。你会发现，有一些非常基础的功能，比如一个电商网站的交易、支付等功能，是非做不可的。如果这些功能需要投入较大工作量，则性价比不会很高。这与之前性价比高者优先的结论有些矛盾，要想正确看待和理解这一矛盾，需要引入 KANO 模型[3]。不过，由于 KANO 模型并不是专门针对产品经理而设计的，此处对其说法进行了一些相应的转化，用它来对功能进行分类。

先来解释一下图 6-5。图中横轴指的是产品功能的实现度，用来表征一个功能有没有做完。最左侧的一点代表功能实现尚未开始，最右侧的一点则代表功能实现已经很完善。纵轴指的是用户满意度，越靠近下端表示用户越不满意，越靠近上端表示用户越满意。

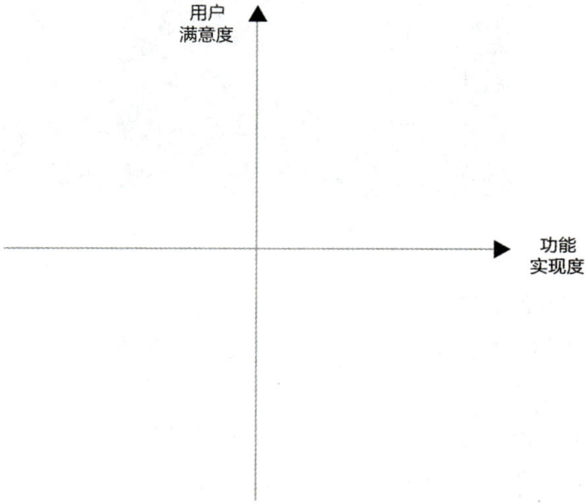

图 6-5　针对产品经理语境优化的 KANO 模型

不同类型的功能，对应图 6-5 中的不同曲线，下面逐一加以说明。

第一类，基础功能

第一类功能对应的是如图 6-6 这样的一条曲线。

由图 6-6 可知，当这类功能没有实现时，用户对产品是“极其不满”的。但是，这个功能做得再好，用户也认为“理所应当”。于是，把这种功能叫作基础功能，英文中的说法是 Must Have。基础功能是必须要实现的功能点，但无法带来满意，只会消除不满。

3　KANO 模型是东京理工大学教授狩野纪昭（Noriaki Kano）发明的一种对用户需求进行分类和优先排序的实用工具，以分析用户需求对用户满意的影响为基础，体现了产品性能和用户满意之间的非线性关系。

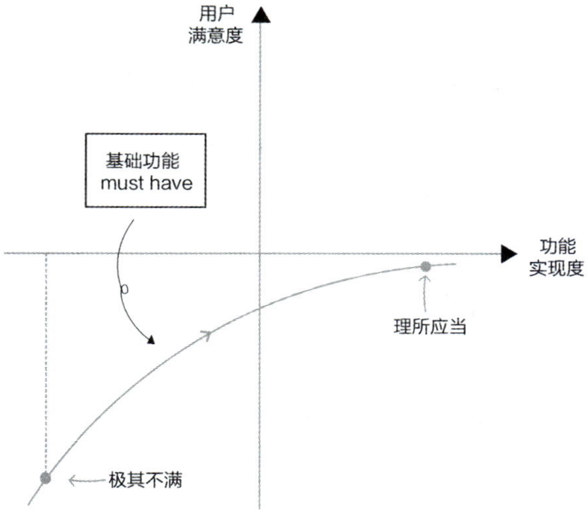

图 6-6　基础功能曲线

比如，对于手机来说，如果只可以有一个基础功能的话，就是打电话。基础功能不具备，用户根本就不会用我们的产品，所以在回答其对应的 Which 问题时，没有必要再看性价比，唯一正确的做法就是留足资源先把它搞定。

那么，怎么判断一个功能是不是基础功能呢？主要靠领域知识。一个产品经理做某个领域的产品，就得知道该领域有哪些基础功能。比如，要做一个美图的应用，就必须知道它要能拍照，还要有几种基本的滤镜和一些类似拼图这样的核心工具，用来处理拍完的照片。

如果领域知识不够，无法做出正确判断，还可以通过问用户两个经典问题来补救：

- 如果产品没有功能 A，你觉得如何？请从很满意、一般满意、无所谓、不太满意、很不满意（或 5、4、3、2、1）这五个评价选项中选出一个来作答。
- 如果产品有了功能 A，你觉得如何？同上给出相应的答案。

然后，在 KANO 模型图中将以上两个答案对应的点之间连线，就能看出这一功能所属的类型。这个方法对接下来要讲的几类功能同样适用。

之所以首先强调领域知识，而不是直接建议向用户提问，是因为有些特别基础的功能，不适于提出这样的问题。比如，“如果我们的下一款车没有刹车，你觉得如何？”这样的问题，就颇显尴尬。

第二类，亮点功能

第二类功能的曲线与基础功能的曲线看上去正好相反，如图 6-7 所示。

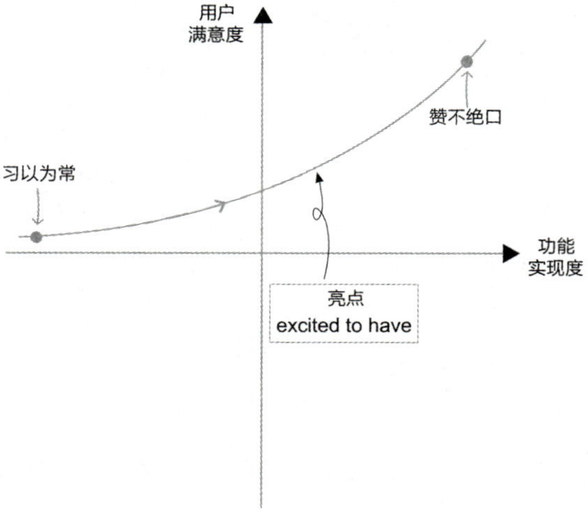

图 6-7　亮点功能曲线

当这个功能没有做时，用户并不会不满意或觉得有问题，因为已经“习以为常”。但是一旦有了这个功能，用户就会大为惊喜，甚至“赞不绝口”。为什么会这样？主要因为这些功能通常是新的，用户事先想不到产品居然还能有此妙用。比如，若干年前，有谁会想到，手机能当手电筒用，浏览器能通过记忆和联想自动补全你刚开始输入的网址，已发送出去的电子邮件还可以因内容不妥在几秒内撤回……这类功能有一个名字，叫作“亮点”，对应的英文说法是 Excited To Have。

亮点是忠诚度、口碑传播的基础。如今，一个没有亮点的产品，用户也许偶尔会用，但不会与产品建立正向情感连接，更不会主动帮我们传播。想要低成本引流，让老用户带来新用户，产品必须找到自己的亮点。

那么应该做什么样的亮点呢？常见的亮点特性有“用户没见过”、“未经市场检验”和“如果被认可就能获得巨大回报”这几种。由其可知，选择亮点不能一概而论，大公司和小公司，已经很厉害的产品和新生的产品，都会做出截然不同的判断。

小公司和早期产品，应该优选成本低的亮点，仅将其作为锦上添花。比如很多网站有趣的 404 页面、很多 App 里用心的交互小细节。因为一个潜在的亮点在投放市场之前，并不知道它会不会真的变成亮点。如果投入太大成本去做这样的亮点，对小公司来说往往等于孤注一掷，一旦用户不买账，公司基本就完蛋了。当然，如果就是信奉大赌大赢，则另当别论。

对于大公司或很厉害的产品来说，情况完全不同。由于市场竞争领先、资源充足，完全可以不用那么在乎成本，做一些可以让自己保持领先地位的亮点，以寻求更大突破。还可以通过大量市场调研和技术预研，在功能推向市场之前就基本确定它是一个亮点，然后再投入大量资源重点研发，把这个亮点打造成领跑市场的杀手锏。

比如苹果手机，从 iPhone 5S 开始推出指纹识别，就是一个比较典型的例子。起初，安全和麻烦似乎相伴而生，想要安全就不能怕麻烦。要学会用多个密码、大小写字母+数字的强密码、短信验证、安装证书、硬件 USB KEY、动态密码卡等方式严防死守，因为怕麻烦就意味着不安全。最终，指纹识别的出现一举解决了这一矛盾，完美兼顾了“方便”和“安全”这对曾经矛盾的需求。指纹识别这种级别的功能，一定需要投入大量市场、研发的资源，但因为能事先确定必会成为大趋势，先做出来就能引领潮流，而且苹果公司和产品的状态也足以支撑这样的突破，自然不会放过这样的亮点。

怎么做出亮点？主要靠对用户人性的理解，因为亮点是用户想不到、说不出的，必须领先一步，深刻洞察，这方面内容在第 05 章已经聊了很多。

第三类，期望功能

第三类功能的曲线如图 6-8 所示，看上去比较平缓。这类功能叫作期望功能，对应的英文说法是 Nice To Have。这类功能，对产品而言往往是“多多益善”，选择起来也比较简单：先做性价比高的。

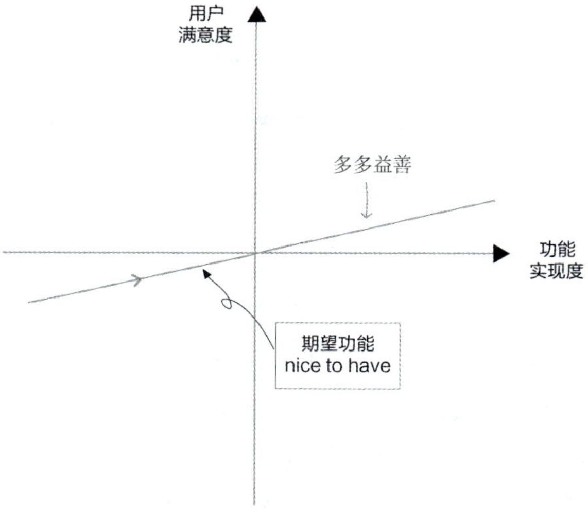

图 6-8　期望功能曲线

之所以取“期望功能”这个名字，是因为这类功能都是用户的期望。比如，你要做一款创新的智能手环，去问用户有什么需求，用户的答案可能是“最好操作简单一些”、“要能自动记录我的运动情况”、“充电不用太频繁，希望充一次至少用一个礼拜”、“样子要酷一点”……这种大多数用户能说得出来的，就是期望功能。

产品具备了期望功能，用户当然会继续使用，但因为缺乏惊喜而不大可能主动传播。如果只是通过简单地和用户交流来采集需求，最终实现的大多只能是期望功能，这再一次印证了第 05 章反复提到的 Y 模型中的一个原则：“用心听，但不要照着做”。让我们用图 6-9 来进一步阐释。

Y 模型里面的“1”，既是用户需求的表象，也是用户的期望。KANO 模型从另外一个角度告诉我们，如果直接从“1”到“3”，照着用户说的做，这个产品的功能往往是不完整的。因为用户告诉你的，只会是期望功能。用户不会提基础功能，因为他觉得你的产品肯定会有；用户也不会说亮点功能，因为他想不到。可见，不能抄近道，必须从“1”往下挖，挖到“2”后用领域知识来补全基础功能，再挖到“4”，这时要通过对人性和价值观的理解来提出亮点。从各种功能的来源上看，期望功能对应的是“1”，亮点对应的是“4”，而基础功能对应的是“2”。

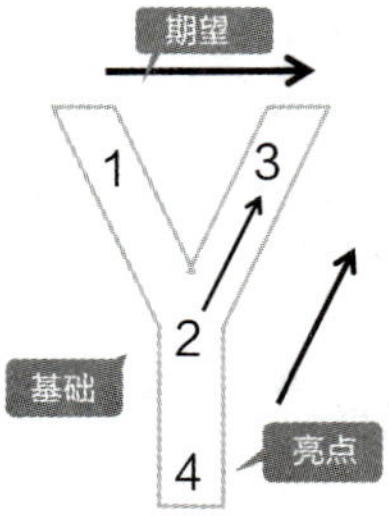

图 6-9　KANO 模型与 Y 模型的关联

前三类功能的与时俱进

我们刚刚讲的前三类功能，还只是在一个时间切片上去分析。现在，再加入时间维度来理解 KANO 模型。先说结论，随着时间的推移，一个功能的类型是会变化的，往往会经历从亮点功能到期望功能再到基础功能这样一个完整变迁。

预测未来很难，但可以通过追溯过往来找到例子。2000 年左右，有少数手机已经可以用来听歌，彻底颠覆了单独使用 MP3 的用户习惯，所以“可以听歌”明显是个亮点；一、两年后，越来越多的用户意识到手机能听歌的好处，会在参与需求调研时提出“希望你们的下一款手机也可以听歌”，这时“可以听歌”又变成了典型的期望功能；再过去几年，当所有手机都能听歌了，用户就再也不会主动提这个功能，“可以听歌”变成了理所当然的基础功能。

有些新功能因为一直没能成为亮点，最终淡出了历史舞台，而有些基础功能也有可能被新技术替代，慢慢不再被用户需要，这都是时间的力量。现在看一下自己手机里的短信，会发现短信收发这个功能，已经彻底沦落为只用来接收验证码和垃圾广告了吧？几乎所有的短信，收发的对方都是机器，很少是真人，所以已经渐渐变得无足轻重，也许再过若干年，它会完全消失。

时间的推移，也是一个市场逐渐成熟、由俭入奢的过程，越来越多的功能成为基础功能，行业门槛也就随之提升。因此，基础功能常用来满足旧有的存量市场，而亮点功能则更有可能创造一个全新的增量市场。随着市场竞争的日益充分，企业要想胜出，必须不断创新，对市场进行有效细分，以快速找到自己产品的亮点。

第四类，无差别功能

接下来，再说第四类功能。在图 6-10 中，它和横轴重叠，用波浪线表示。这类功能叫作无差别功能，做不做用户对产品的感受是没有变化的。

可能有人会觉得奇怪，怎么会有这样的功能呢？举个例子，某产品的某个二级菜单，从后台观察数据，从来没有人点击，这就是无差别功能。

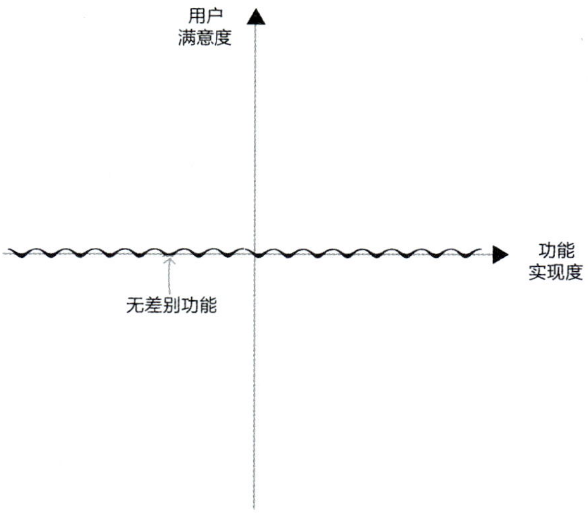

图 6-10　无差别功能曲线

这样的功能怎么应对？当然是不要做。那么问题来了，如果不做，怎么知道它是无差别功能？所以，这里需要提一下低成本验证的概念，就是采取一些小投入的方案，来验证用户需求、验证市场，进而决定要不要做这个功能。对任何准备做的功能做取舍时，我都极力推荐低成本验证的方法。

美国有一个鞋类电商网站，叫 Zappos，后来被 Amazon 收购了。它早在十几年前就在做网上卖鞋这件事情。最开始的时候，要回答的第一个问题就是“有没有人愿意在网上买鞋？”。当时没人知道这件事，毕竟对于买鞋，传统的想法还是要试穿的。如果先把电商的整个系统，包括网站、后台、供应链，等等都搭好，万一没有人愿意在网上买鞋，那损失的成本就太高了。

Zappos 的创始人谢家华是这样做的：他先搭了几个简单的页面，当有人下单之后，他就去商场把这双鞋买过来，然后给对方寄过去。通过这样的方式把业务流程给跑通，然后才逐步做各种电商系统。

谢家华写过一本书，叫《三双鞋》，讲的是在用户每次购买一双鞋的时候，Zappos 会给用户寄三双，挑中那双外的其他两双可以无条件退回。Zappos 通过这样的方式，把用户不敢在网上买鞋的顾虑打消了。

IT 系统作为狭义的产品，本来就是用于提高效率的。所以，先通过人肉跑流程来验证模式，使用量上来后再用 IT 系统来提升效率、实现规模化效益，是常见的操作方式。一个流程在效率可接受时，不一定非要做一个产品出来。千万不要因为我们是产品经理，为了刷存在感，就要把各种东西都做成 IT 系统。产品只是一种解决方案，人工服务也是，这里面的核心考量是投入产出比。

第五类，反向功能

如图 6-11 所示，第五类功能的线条呈现为一条反向的斜线，代表的含义是做得越多用户越讨厌，听起来是不是很奇怪？这类功能叫作反向功能。

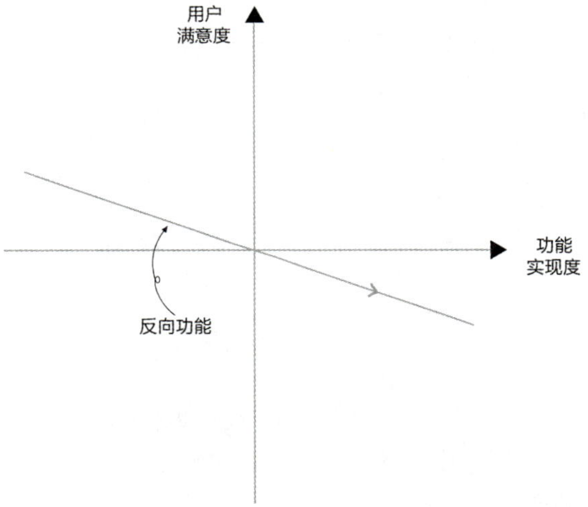

图 6-11　反向功能曲线

既然用户讨厌，是不是不要做这种功能就好了？问题没这么简单。

比如百度的广告，对普通搜索用户来说，搜索结果页里广告越多，满意度就越差，但对投放广告的用户，肯定希望搜索结果中也里有自己的广告。

这是因为，KANO 模型里的纵轴叫用户满意度，而一个产品的用户是多种多样的，不同用户的目标也各不相同，所以这里的“满意”，针对某一种用户可能是反向的，而针对另外一种用户却可能是正向的。

一个 KANO 模型，往往只针对一种用户，通常是核心用户。实际上，也可以针对不同的用户画出多个 KANO 模型。一般情况下，因为必要性不大，实操中很少有人这么做。

在评估反向功能时，要注意以下两种常见的用户属性。

第一种是用户的多边性，指多边型的平台产品[4]里有完全不同类型的用户，他们之间可能存在的利益矛盾。比如同时有卖家、买家双方的交易类平台，往往卖家很喜欢的功能，对买家利益可能有损害，反之亦然。比如出行应用里，司机希望能够主动挑乘客，不希望被平台派单，而乘客也希望能主动挑司机，不希望被动接受，这里面就有冲突。而广义的多边，是外部用户和公司，他们之间的利益，也经常是有冲突的。

第二种是用户的多样性。同一类用户中，有一些人喜欢这个功能，有一些人不喜欢这个功能。举个例子，豆瓣每次改版后总有一些用户会不满意，然后产品经理被骂得受不了了，只好改回去。马上，另外一些刚才没说话的用户站出来说，你怎么又改回去了，我们挺喜欢新版的。这体现的就是用户的多样性。

反向功能很考验产品经理，我们需要在多种用户利益之间寻找平衡，而如何判断不同用户孰重孰轻，则又要回到“价值判断”的章节寻求答案。

6.2　功能打包，确定 MVP

到这里，基本完成了功能细化的工作。接下来，就要回答 How many 这个问题，决定下一个版本到底要做到什么程度。这一节标题里的“功能打包”，就是从整个功能列表里，把下个版本打算做的功能点挑选出来，理清逻辑，安排实施的意思。

4　第 02 章里提过的概念，指需要几个不同人群一起使用才能产生价值的产品。

6.2.1 尽可能多地放弃

产品界的主流价值观是“少做就是多做”、“完美不是无一分可增，而是无一分可减”。所以，这一步要确定“最小可行产品”，即 MVP（Minimum Viable Product）。

MVP 是指的是满足“用户愿意用、最好愿意付费”、“用户易于使用”、“团队有能力实现”的最小功能集合，有些可以直接作为最终产品使用，有些甚至只能用来演示。它的重点就是制作的成本要极低，但是却能展示最终产品的主要特色。当然，对 MVP 的解释也有争议，比如“可以人工跑通流程的业务模型”算不算 MVP？但比起理解 MVP 的目的，这并不重要。

MVP 的功用就是让你拿着它接触客户，尽早根据客户的回馈来改进你的产品。用户需要的东西有时候并不难实现，但很容易被忽略。如果你不是一开始就跟用户接触，就很难知道这些内幕。典型的错误就是窝在家里做没人要的东西，却自以为很有成就。

和需求采集阶段“尽可能多地采集”不同，这一步要“尽可能多地放弃”。看似矛盾的理念，其实目的都是为了提供尽可能多的用户价值。可以通过表 6-2 以及图 6-12 来理解这个观点。

表 6-2　A、B、C 三个功能模块的用户价值与时间成本

功能模块	用户价值	时间成本
A	5	10天
B	3	10天
C	2	20天

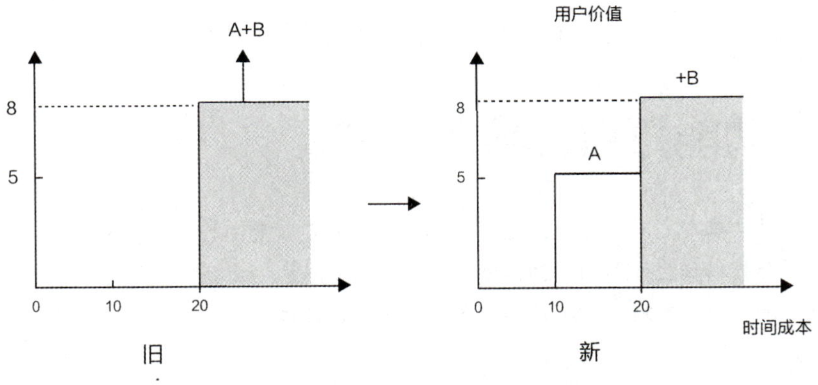

图 6-12　尽可能多的放弃，反而能提供更多价值

这是一个理想化的模型，假设功能列表里待开发的功能模块有 A、B、C 三个，价

值和成本如表 6-2 以及图 6-12 所示。来对比以下两种做法。

第一种是传统做法，先做 A 和 B，到第 20 天，可以发布一个用户价值为 5+3=8 的产品。

第二种是新做法，先做 A，再做 B。这样，到第 10 天，就可以发布一个用户价值为 5 的产品，第 20 天依然可以发布一个用户价值为 8 的产品。

如果简单地把曲线下的面积理解成产品持续提供给用户的价值，那么可以从图中得出明显的结论：只要条件允许，“尽可能多地放弃”反而能提供更多的用户价值。这里的放弃不是要把更多功能丢掉，而是不要集中完成，分批次地迭代实现。

这样做的另一个好处是，可以提前 10 天开始获取用户和市场的反馈，而这就足以让我们能提前几天制定出更合理的产品策略。比如，在开始做 C 之前，发现价值为 4 的 D 模块，就可以改为先做 D。

真实场景中可能会出现以下情况，需要加以留意。

- 发布的频次，并非越频繁越好。因为发布本身也需要占用时间和支付成本，如果发布次数太多，正式版的最终发布时间会不断延迟，最终严重影响产品整体的市场节奏。
- 越轻量级的产品，越容易打包出一个尽量小的 MVP。能独立发布的前提条件是要有一个 MVP，但并不是每个产品都能很容易地打包出一个 MVP，这取决于产品形态。从大实体到软硬结合、CS 结构、BS 结构，越重的产品打包 MVP 的难度越大。
- 不完美的产品先让种子用户去用。提前发布的产品，直接推给全体用户时一定要慎重。最好能和“种子用户”的概念结合起来，让他们来完成试用。

我们经常听到迭代、敏捷、试错、小步快跑、持续交付等这些说法，其实它们都表达了相似的价值观——尽可能早地改正错误。一年有 52 周，如果 4 周迭代一次，则有 13 次改正的机会，如果 2 周迭代一次，就有 26 次改正的机会。迭代的话题属于研发生产环节，后面的章节还会细聊。

6.2.2　案例：QQ 的 MVP

看一个真实的功能打包案例：QQ，当时还叫 OICQ，1998 年开始产品规划，1999 年 2 月推出图 6-13 所示的 Beta1，这是 QQ 的第一个公开版本。因为各种考虑和限制因素，只能优先实现三个特性，应该怎么选？

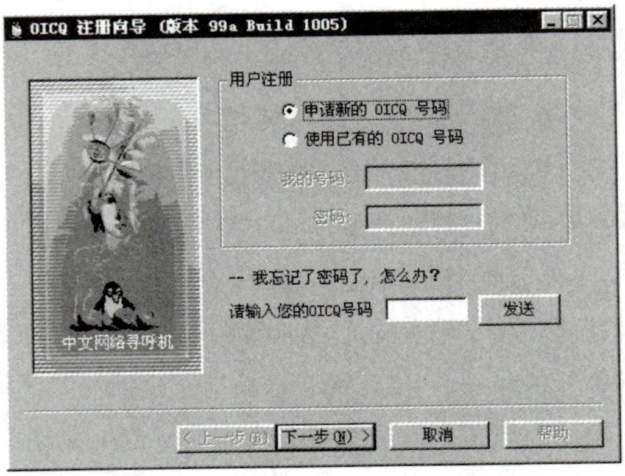

图 6-13　QQ 早期版本的注册界面

这是一道腾讯的面试题，网上有很多版本的答案，我按照自己的理解梳理了一遍。我们不去回答在下面的 12 个特性里到底选哪 3 个，而把分析焦点放在每一个选项到底应该先做，还是缓缓。

1. 卡通头像
2. 不可窃听的安全通讯
3. 聊天室
4. 很小的.exe 文件
5. 皮肤 Skin
6. 速度超快 0.5 秒反应
7. 聊天记录管理器
8. 语音
9. 视频
10. 看谁在线上
11. 传文件
12. QQ 表情

第 1 个功能“卡通头像”，是 QQ 比较早做的。

那个年代，用户在大多数网络应用里只有一个 ID，分不清男女老少。要知道，那会儿还很少有数码相机和摄像头，更别提可以拍照的手机，所以真人头像很难实现。QQ 的卡通头像，让用户活了起来。当时，头像用了一批迪斯尼的卡通动物和漫画人物，唤起了早期用户对小时候看过的动画片的记忆，产生了情感连接。而用户自己选择的头像，也帮助用户在沟通时能大概知道对方的性格、性别、年龄，是个萌妹子，还是个女汉子，是个小鲜肉，还是个成熟大叔。

第 2 个功能“不可窃听的安全通讯”，在 QQ 历史上是较早实现的功能，但我认为值得商榷。

这可能和 QQ 最早定位为“中文网络寻呼机”，对标产品是“寻呼机”有关。“寻呼机”主要用于商务场合，对信息安全要求比较高；而 QQ，其实是一个偏娱乐、生活化的应用，早期对安全的要求并没有想象得那么高。

第 3 个功能“聊天室”，也是 QQ 最早就有的。

QQ 最核心的基础功能就是让用户在网上聊天，所以，和所有 IM 一样，刚推出来时都要解决单边产品的共性问题：第一批用户从哪来，如何让他们彼此互动？第一版 QQ 的用户大多是孤独的极客，缺少足够的熟人用户，所以要解决“能找到陌生人聊天”这个迫切需求。而聊天室正好可以提供一个有共鸣的主题，让彼此陌生的人在一起天南海北地聊。很多人的打字速度都是当年在聊天室里练出来的。

早期的网络用户，更熟悉的是 Web 聊天室这种陌生人交友模式，很难在迁移到客户端的聊天工具 QQ 时，一下子习惯熟人社交。所以先从聊天室开始，这样更尊重用户习惯，让他们适应起来更加顺畅。陌生人聊熟了，再互加一下好友，也解决了用户 QQ 上没有好友的问题。一旦有了好友，用户就会被黏住，有了持续使用 QQ 的动力。

第 10 个功能“看谁在线上”，也是很早实现的特性。因为原因与上一个类似，所以提前说一下。

QQ 是即时通讯工具，强调实时性。要立即找人聊天，就得知道当时谁在线上，QQ 有在线、离线、隐身等状态，这和后来微信的“永远在线”是完全不同的概念。查找谁在线上这个功能，还经常被早期用户用来定向添加好友，比如设定好友查找条件为“北京市海淀区”+“女”+“18 到 22 岁”。（是不是和后来的陌陌很像？）

第 4 个功能“很小的.exe 文件”，是一个并不需要投入太多资源去做的特性。

当年的电脑、网络性能确实很差，要求安装文件尽可能小一点。但 QQ 的第一个版本，没有经过任何版本迭代，安装文件只有几百 K，优化的必要性和空间都很小。真正需要优化安装包大小，要等到若干版本之后，exe 文件膨胀到几十 M 时，才值得专门投入资源去做的。

第 5 个功能“皮肤 Skin”，明显是一个锦上添花的功能。

我一直有个观点，当一个产品开始考虑“换肤”，就说明这个产品进入了成熟期，可以把资源抽调出来去做更重要的事情了。

段子里是这样说的：

公司有个技术牛人，某产品助理向他提需求，牛人一看内容很扯，质问“你觉得这个需求有价值吗？”

对方诚恳回答：“没价值，但是我总得写周报啊。”

牛人想了一分钟，回答说“好吧，我帮你做，因为我也得写周报啊。”

而“换肤”就是这样的需求，一个能满足产品技术团队“写周报”的需求，能满足老板“识别投入过剩”的需求。

第 6 个功能“速度超快 0.5 秒反应”，是针对网络的优化，需要尽早做。

当年很多人家里还在使用 33.6K、56K 的猫[5]，访问网络速度慢、不稳定。记得假期和大学同学聊 QQ 时，事先都要按照约定的暗号试试网络是否通畅：我在 QQ 对话框里输入“1”，他看到了回复“2”，我看到“2”再回“3”，到“10”后掐表算一下平均一条消息需要传输几秒。可见当时的网络的确有明显的延时，哪怕是用 QQ 传输文字。所以，将网络优化的优先级设为很高是合理的。

第 7 个功能“聊天记录管理器”，早期并没有做。

仔细区分一下，聊天记录其实有两种，存储在客户端的本地聊天记录和存储在服务器端的漫游聊天记录。限于当时的网络带宽，下载漫游记录纯属奢望，只能考虑客户端聊天记录的备份和管理。但，那个时候很多用户都没有个人电脑，去网吧上网是常态。因为经常需要换电脑，保存本地聊天记录并无实质意义。更为甚者，当时很多用户聊一次 QQ 就重新注册一个 QQ 号，完全不理解“个人账号”的含义，以为和登录某些 Web 聊天室，进房间之前取个昵称是一样的，也就更不会有对备份“聊天记录”这种个人信息的强需求。

第 8 个“语音”、第 9 个“视频”和第 11 个“传文件功能”，都很类似，没有在早期做。

以当时的网络速度，这些功能就算实现了也不会有很好的用户体验，要等到宽带普及才有必要考虑。

第 12 个功能“QQ 表情”，因为满足这个需求有可替代的现行途径，所以也可以先搁置。

当时，很多人都已经知道有一种东西叫颜文字，可以用标点符号及英文表示一些十分简单的面部图案。比如用冒号+不同方向的括号就可以代表笑脸和哭脸，如图 6-14 所示。所以，解决情绪表达的需求暂时不急。

5　猫是 Modem 的谐音，即调制解调器，是早年的拨号上网设备。

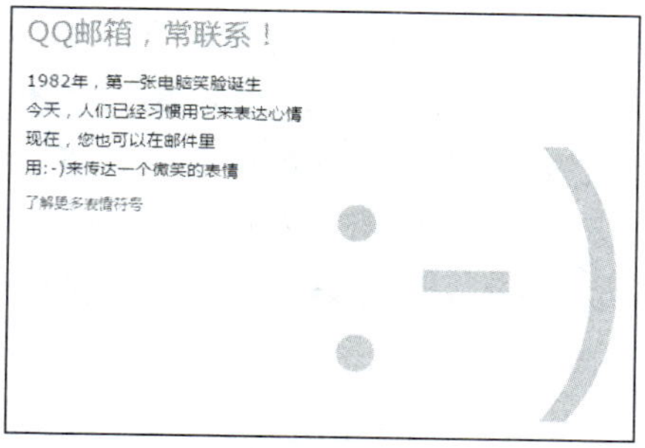

图 6-14　QQ 邮箱的欢迎界面，介绍了最早的表情符号

最后，再提一下“优雅降级”这个概念。说的是，在思考这种“一大堆功能中选哪几个先做”的问题时，也可以用逆向思维。假设产品已经完全具备这些功能，但是因为流量太大，服务器撑不住了，必须要关掉某些功能以保证基础产品的可用性，你会留下哪些功能？

天猫双 11 时，在产品里就做了成百上千个这样的开关，以应对局部系统的压力过大。回到 QQ 的案例，你想保留的那些，就是应该最先做的。

综上所述，我认为应该最先做的几个特性是：3、6、10，最多再加一个 1。

6.2.3　MVP 的限制因素

现在，试着完整地回答如何打包功能和确定 MVP 这个问题。

不同功能不同对策

先回顾理想模型，结合相关原则和限制，按照性价比的评估和 KANO 模型的功能分类，最终结论可总结为：

- 基础功能必做，要留足资源。
- 在产品初创期，先实现个别低成本的亮点。
- 对期望功能，先做性价比高的。
- 无差别功能无须做，低成本验证出来即可。
- 对反向功能，权衡各方利益后再决定。

考虑功能依赖关系

功能的内外部依赖关系，如合作伙伴和各种前置条件等，都需要事先考察。

例如，某个功能的实现有技术难点，在你的公司里只有某位技术大牛才能解决，而他短期内在另外一个项目里出不来；或者，你的海淘业务想做一个互动，能不能成功，取决于某个关键商品是否能拿到更好的价格，现在需要等待与供应商的谈判结果。功能的依赖关系，有点像产品概念筛选环节需要讨论的那些因素。只不过，这里需要考虑的因素更细节、更具体，并且是针对每一个具体功能点的。

考虑功能相似性

功能相似才能保证我们做的是一个整体的项目，而不是一个小需求合集。本书提及的所有产品相关流程，更加适用于一个完整的可以实现用户价值的产品，而日常小修小补的需求合集，则可以做适当简化。一般来说，1.0、2.0 这种成熟的版本，基本上已经是一个完整的产品，而 1.01、2.1.3 这样微小的版本升级，通常对应一个小需求的合集。

考虑非功能需求

最后，还要识别出一些“非功能需求”。由于非功能需求也是有成本的，所以要在项目实施之前应当一并考虑进去。如“论坛需要支持 1000 人同时在线”，这是一个性能需求；“系统功能升级，必须在发布 2 周以前完成对客服部门的培训”，这是一个培训需求；“如果硬件压力突增，应该有报警，具体细节是……”，这是一个运维部门的维护需求；“在用户数增加 10 倍的情况下，硬件投入必须小于 2 倍”，这是一个可扩展需求；“此功能的用户操作日志需要记录”，这是一个内部数据分析的需求。

功能打包好了，怎么来表达你的 MVP 呢？通常会画一张产品架构图。

6.2.4 MVP 的表达，产品架构图

有一个段子说：

> 通过在公司里写的文档类型，就能看出地位高低。最底层的写 Word，在细化一个具体的任务；高级一点的写 Excel，给很多事情安排优先级；更高级的写 PPT，需要向老板汇报；什么时候开始听 PPT，就成老板了。

俗话说“字不如表，表不如图”，能用一张图来表达想要做的事情，通常说明是想得比较清楚了。产品架构图的形式不限，绘制工具不限，甚至手绘都可以，因为画得好不好根本不重要，关键是要能把事情表达清楚。

一起来看几个例子。

一本书的产品架构图

图 6-15 是用 Visio 画的，纯自由流，是《人人都是产品经理（纪念版）》一书的产

品架构图，表达了每一章讲什么，主要有哪些话题。

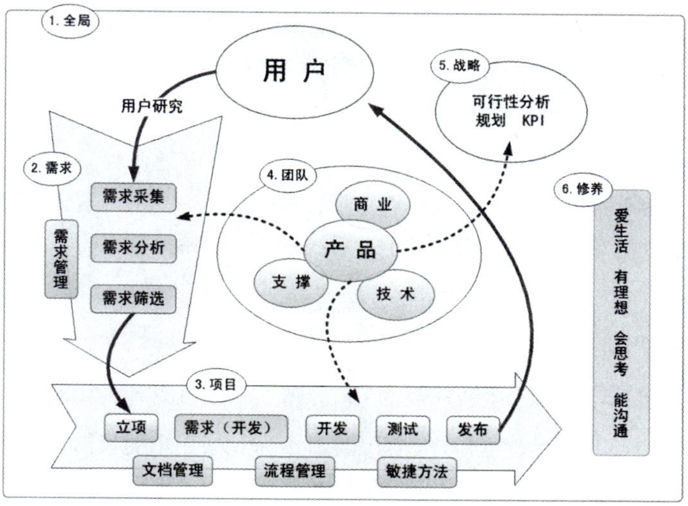

图 6-15　《人人都是产品经理（纪念版）》的产品架构图

一个创业产品的架构图

再来一张，是我在某公司交流时指导学员画的。他们要做一个叫“No Waiting”的产品，切入点是解决“乘坐公共交通出行的人们在上车前和在车上的大量等待时间里感觉很无聊”这个问题。针对这一切入点，学员们以核心用户为中心，把关键功能依次展开，来完成这张产品架构图的绘制。

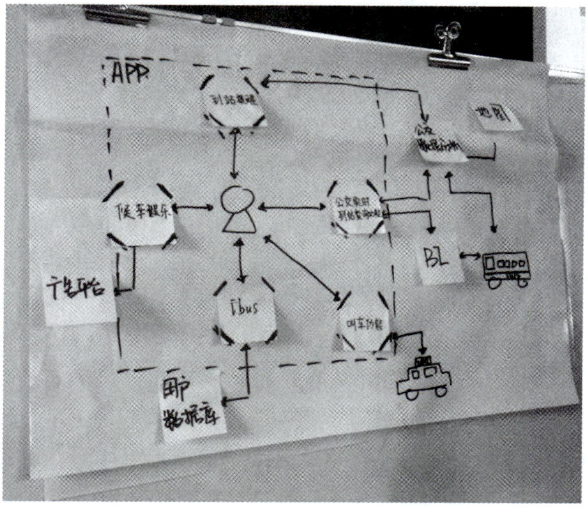

图 6-16　No Waiting 的产品架构图

图中有以下几个关键的功能点。

- **公交实时到站查询**：让用户了解是否需要一路小跑去公交站，还是可以先去旁边的便利店买一瓶水。将来计划对接公交公司的数据、BI（Business Intelligence，商业智能）系统，还会对接地图应用。
- **候车娱乐**：如果车还有很久才来，或者已经上车还没到站的时候，用户可以通过候车娱乐玩游戏。其亮点在于，玩的过程中不用再紧张地随时需要停下来抬头看看是否该上、下车了，系统里会有到站提醒。这一功能点将来可以用来承接广告，产生直接收入。
- **叫车功能**：如果实在等不及，还可以唤起第三方的打车应用。
- **到站提醒**：准备上车和准备下车的提醒，同样需要对接公交系统的数据。
- **个人中心 iBus**：建立用户数据库，让系统记录用户的家、公司等常去地点及乘车路线，将来也许可以做社交，比如："本月你和小红已经在这路公交车上邂逅 3 次了，要不要打个招呼？"

天猫的产品架构图

图 6-17 是 2010 年天猫（当时还叫淘宝商城）的真实产品架构图，供大家参考。

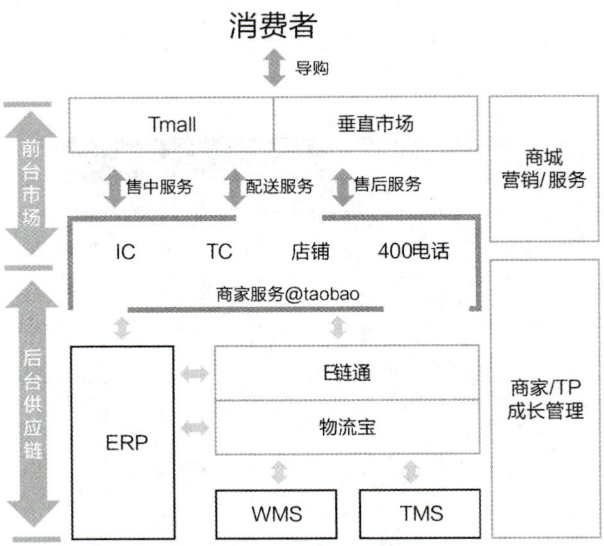

图 6-17　2010 年淘宝商城的产品架构图

根据表达的需要，产品架构图可以画成流程图、实体关系图、用例图等，各种类型的架构图都可以在网上找到相应的参考。

6.2.5　功能分分合合的本质

顺着产品架构的话题，再探讨一个产品形态的问题——不同的功能，到底应该做在一起，还是分开。举个例子：滴滴平台的顺风车，乘客和车主的功能在同一个客户端里，而其出租车，乘客和司机的功能分布于两个客户端。

其实这个问题背后的判断逻辑很简单，就是看**不同用户角色背后的自然人重合度高不高**。如果高，则倾向于同一个端搞定，如果不高，则倾向于分离。

说一个淘宝的故事。

淘宝的买家和卖家，是典型的双边，他们都需要“商品类目”这个功能。一开始，淘宝试图用一套类目满足双方，但发现两者需求不同。买家通过类目来找商品，希望路径更短，更容易找到，为了不断优化路径，类目结构最好能随着季节、热点不停变换；卖家通过类目来发布商品，则希望其相对固定。

后来淘宝做了一个很大的项目，叫“前后台类目拆分”。简单地说就是，卖家通过后台类目发布商品，买家通过前台类目选择商品，用不同的产品来服务不同的用户。

这个项目体现的是互联网向传统行业学习的结果，我在《淘宝十年产品事》中有过仔细的描述，简单说就是电商向线下超市学习商品陈列。

大超市里的商品，在货架上的陈列方式是变来变去的，会随着季节、销售情况或特定事件经常调整。大超市还有一个重要的地方，就是仓库。仓库里的商品摆放相对固定，食品就在食品区，洗护用品就在洗护区。所以说，商品放在两个地方，对应的是两种分类方法：前台销售和后台存储。从这个例子可以看出，电子商务并不一定比传统商务先进，毕竟后者发展了数百年，一定有很多值得学习的东西。

如果把外部用户和公司员工视为广义的双边用户，那么，通常外部用户用的前台产品和员工用的后台系统，是两个独立的产品。所以，MVP 阶段，就很可能需要做一个独立的后台，而这部分往往被新手产品经理忽略，特别提醒一下。

6.3　把需求和功能管起来

该做哪些、做多少都想清楚了，MVP 和产品架构图也确定了，接下来要扫个尾，把已经做了的、正在做的、还没做的需求和功能都管理起来。可以从以下两个维度进行管理。

6.3.1　空间维度：功能列表

空间维度的管理工具是“功能列表”，它表达了在某个时间切片，所有功能的状态。类似图 6-18，每行是一个功能点，每列是功能的一种属性。读者如想进一步了解相关知识，请参阅拙作《人人都是产品经理（纪念版）》，书中有详细讲解。

模块	子模块	Feature	任务描述	商业价值描述	商业属性	商业优先级	开发量	性价比	备注
WEB邮件			繁体中文支持	港台商家	扩展	C		高	
WEB邮件		邮箱容量可视化	邮箱总容量可视化（用颜色表达）		扩展	B		高	
WEB邮件			容量将满需自动邮件报警		扩展	B		高	短信提醒先不做
WEB邮件			可以设置每页显示邮件数		扩展	C		高	
WEB邮件			可以设置邮箱皮肤		扩展	C		高	
WEB邮件		邮箱设置	有邮箱各个属性的统一设置模块：如邮件规则、文字过滤器、黑白名单、提醒设置等：（在垃圾邮件设置）		基本	A		高	更多的是我们前台展现的设计
WEB邮件		快捷键支持	支持键盘快捷键操作		扩展	C		—	
WEB邮件	邮件列表	邮件列表排序	可按收件时间、大小、主题、发件人等排序		基本	A		高	
WEB邮件		显示邮件属性	图形化显示邮件已读、未读、有无附件、已回复、已转发、优先级等信息		基本	A		高	
WEB邮件	邮件	HTML格式解码	支持HTML格式编辑邮件，完全所见即所得；HTML格式邮件的自动识别及显示，包括背景图案、插图、正文格式等，已显示的图片不再当作附件；		基本	A		高	提供类似live邮箱的方案
WEB邮件		编辑邮件正文	包括字体、段落、贴图等较丰富的编辑功能		基本	A		高	提供类似live邮箱的方案
WEB邮件		保存为草稿	可以将邮件保存到草稿夹，并允许多次修改		基本	A		高	
WEB邮件		邮件签名	可以设置多种签名；写信时可以选择各类签名。	早期可单一签名	基本	B		高	
WEB邮件		支持多种发送形式	支持抄送（CC）、秘密抄送（BCC）、回复作者（Reply）、回复全部（Reply All）、转发（Forward）		基本	A		高	
WEB邮件		发件箱备份	可以选择发出的邮件在发件箱中保留一个拷贝---已发送邮件的List		基本	A		高	
WEB邮件		自动回复	可以启用/禁用自动回复；可以设置自动回复内容；（系统管理员可针对某域设置是否开放该功能）	假期自动回复	扩展	B		高	
WEB邮件		自动转发	用户可以设定条件，对某些邮件（与过滤器结合）自动转发到某邮箱；		扩展	B		高	缺点：降低用户粘性 系统管理员可针对某域设置是否开放此功能
WEB邮件		邮件分类	缺省提供收件箱、发件箱、草稿箱和垃圾箱四个目录		基本	A		高	
WEB邮件			有单独的未读邮件标签，方便的查看未读邮件数		基本	A		高	
WEB邮件			可以将邮件标为已读，标为未读		扩展	B		高	
WEB邮件			可以自定义邮件过滤器（邮件规则）；过滤器可与自定义邮件夹结合；		扩展	B		高	
WEB邮件			可以给邮件打标记（outlook的彩色小旗，后续标记）	标识待办事项	扩展	B		高	
WEB邮件		邮件搜索	可按照信件的标题、发件人及信件内容中的关键字搜索所需要的邮件，支持模糊搜索	节约时间，提高效率	基本	A		高	
WEB邮件		邮件删除	可对一封、多封、整页、整个邮件夹的邮件进行删除操作		基本	A		高	
WEB邮件		邮件移动	用户可以将一封、多封、整页、整个邮件夹的邮件在不同目录间移动		基本	A		高	
WEB邮件		读信提醒	发信时可设置要求回执，收件人读信时，同意回执后，自动信件通知		扩展	C		高	
WEB邮件		失败提醒	信件发送失败提醒（发不出/对方没收到等）		扩展	C		高	
WEB邮件		大附件发送	支持大附件（如>50m）发送给多人		扩展	B		高	
WEB邮件		添加附件	可以从用户系统中选择文件并添加为附件；支持添加多个附件；（目前支持3个附件）		基本	A		高	

图 6-18　功能列表示意

6.3.2　时间维度：需求流程

时间维度的管理工具是“需求流程”，它其实是从需求到功能的状态流转图。图 6-19 反映的就是从最初需求采集回来的待讨论状态开始，之后需求发生转化，流向开发环节，最后过渡到已发布状态的全流程。“需求流程”实际上是在管理某个需求到功能的完整生命周期。读者如想进一步了解，同样可以参阅《人人都是产品经理（纪念版）》一书。

值得一提的是，图 6-19 里的"暂缓"，在实际工作中已化身为"这个需求放二期"，成为产品经理拒绝需求的金句。用这招，不知道砍掉了多少功能，因为很多项目根本就没有二期。还有一些砍需求的金句，分享出来博读者一乐[6]。

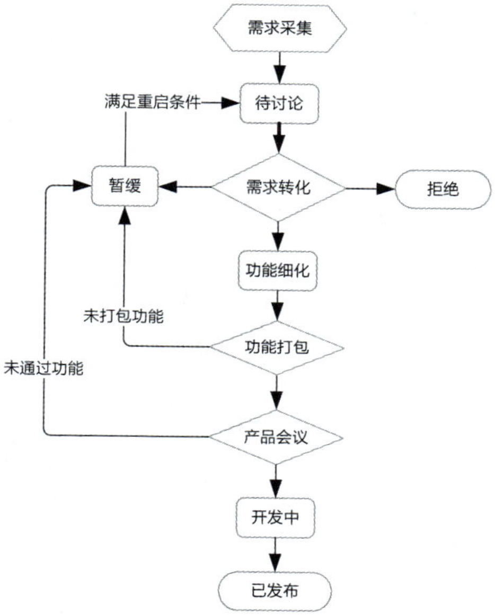

图 6-19　需求到功能的状态流转

你不是我的目标用户。
这是你的需求，还是用户的需求。
我建议你们再去评估一下。
……

6.4　延伸阅读与练习

本章关联到另外几本书的相关章节如下。其中的图标表示推荐阅读（笑脸）与选择阅读（冷漠脸），亦可根据一些关键词扩展阅读。

6　想看更多产品经理的内心 OS，可以扫右侧二维码看我自拍的一个小视频。

- 功能细化与管理 《人人》2.3~2.5，page82~109
- 产品探索 《启示录》12，page76~81
- 基本产品 《启示录》20，page122~124
- 产品验证与原型测试 《启示录》21~22，page125~141
- 客户探索：解决方案假设与检验 《四步》3.3~3.4，page102~113
- 确定解决方案 《有的》5，page81~116

可以做的练习任务如下。

任　务	难度星级	耗　时	目　的
1.设计：本地化的功能列表模板与需求管理流程	★★☆☆☆	2	把需求管起来，功能列表是在某个时间切片管理所有需求，需求管理流程是在时间流里管理某个需求，两者结合应用
2.案例：一次“低成本”MVP 验证的实践	★★★★☆	4	发挥创造力，找一个简单易行的手段，三天内验证某个产品假设，以指导产品实践
3.设计：本地化的功能价值判断模板，可以扩大到产品价值判断	★★★☆☆	2	结合自己的业务情况，让某个功能“到底做不做、先做还是后做”有据可循，更关键的，是达成团队共识
4.案例：给自己的产品画一张产品架构图	★★★★☆	3	试着用一张图表达自己的产品，然后给公司里相关的同事看，试一下是否能做到不用说话，他们就明白这个产品到底是什么

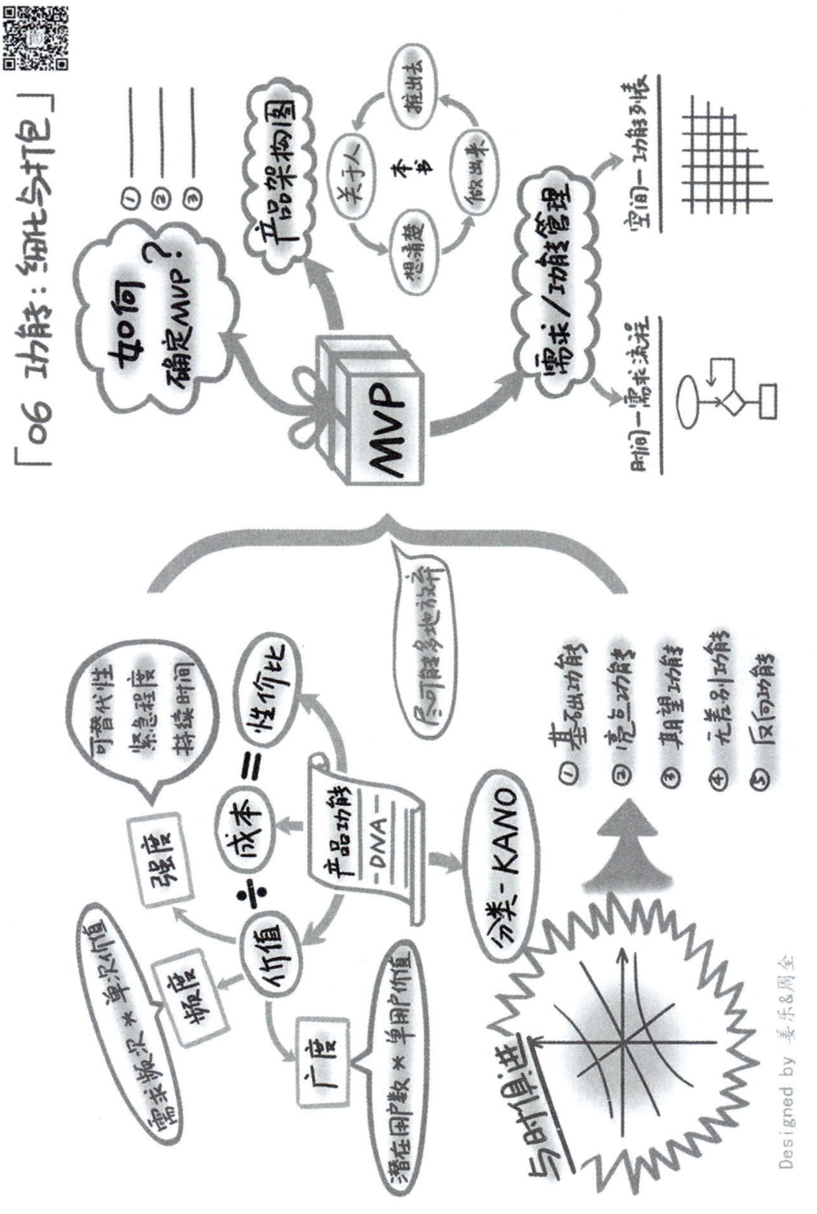
「06 功能：细化与打包」
如何确定MVP？
①
②
③
产品架构图
关于人
想清楚
做出来
推出去
MVP
需求/功能管理
时间—需求流程
空间—功能列表
尽可能多地放弃
产品功能 -DNA-
价值
÷
成本
=
性价比
可替代性
紧急程度
持续时间
强度
频度
广度
需求频次 * 单次价值
潜在用户数 * 单用户价值
分类-KANO
① 基础功能
② 亮点功能
③ 期望功能
④ 无差别功能
⑤ 反向功能
与时俱进
Designed by 姜乐&周全

第 07 章

执行：立项组队与研发生产

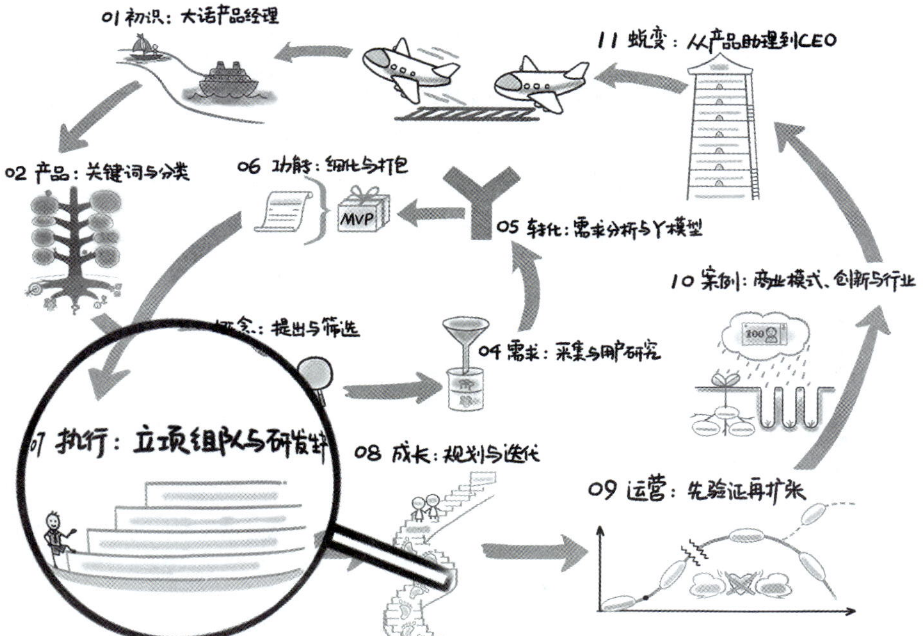

7.1　从“想清楚”到“做出来”

截至第 06 章，我们几乎已经想清楚了要做什么。第 03 到 06 章提到的关键步骤可以概括为图 7-1，也可以把这个过程称作“创意设计”环节。图中特意放置了一个老式电话机，是为了再次提醒，这些步骤不是 Step by Step 顺序完成的，而是更像老式电话机的拨号过程[1]，要不停地回溯到前面进行过的步骤去验证，如经验证发现步骤有误，需要继续向前追溯，以进一步修正相关步骤。

图 7-1　“想清楚”的几大步骤

本章的开始，先说说产品项目执行前最后的验证——评审立项。因为必须找到一群人来完成执行，接着会聊聊组队的话题，最后再讲讲执行过程中有哪些注意事项，以确保通过合理、准确的研发生产把产品做出来。

7.1.1　原型验证与 NPS

确保有的放矢，**不要努力地做错误的事**，这是产品立项前要做出的最重要的判断。因为，立项就意味着研发资源的正式投入。在这个节点的验证，叫原型验证。之前的验证，主要目的是验证用户需求抓得准不准，而本次验证则是考察用户是否认可解决方案。

1　老式电话机的拨号需要转动拨号盘。拨号盘上有 10 个洞，分别对应 0 到 9 的数字，在把手指放进某个洞里顺时针转动拨号盘，到底再松手，拨号盘会自动回位，这样才能完成这个洞对应数字的拨号。

有的公司把这个环节叫作 POC（Proof of Concept），产品概念测试。在这一环节，需要用尽量低的成本，做出某种形式的产品原型或 Demo，来让用户试用。对于制作原型的工具和方法，网上资料很多，不再细说，本书重点提一个叫 NPS 的概念。

NPS（Net Promoter Score）指净推荐值，是一种计量用户将会向其他人推荐某产品可能性的指数。作为一种流行的用户忠诚度分析指标，它专注于用户口碑，在产品早期验证用户价值时，尤为重要[2]。

净推荐值的计算公式：

NPS =（推荐者数 – 批评者数）/总样本数 × 100%

确定净推荐值时，可以直截了当地问用户一个问题："您是否会愿意将某某产品推荐给您的朋友或者同事？"然后让用户根据愿意推荐的程度，在 0 到 10 分之间来打分，最后根据打分情况把用户分为推荐者、被动者和批评者。

- **推荐者**：打分在 9 ~ 10 分之间，是具有狂热忠诚度的人，他们会继续使用产品并将其引荐给其他人，可以帮助产品成长。
- **被动者**：打分在 7 ~ 8 分之间，总体满意但并不狂热，会用但不会传播，可能考虑其他竞争对手的产品。
- **批评者**：打分在 0 ~ 6 分之间，使用后不满意，或者对你的产品没有忠诚度，可能有负面口碑，会阻碍产品成长。

然后，再根据推荐者和批评者的人数来计算 NPS 的数值。

NPS 的得分值在 50%以上就已经比较理想，如果达到 70%~80%，则说明产品拥有一批忠实拥趸。而实际情况是，很多产品的 NPS 值远远低于 50%，甚至是负数。如果你的产品还没有测试过 NPS，那么赶紧去测试一下吧，这个测试永远都不晚。如果分数太低，建议马上把推广甚至研发生产停下来，回过头来好好想清楚产品定位。产品上市后，NPS 也应该定期测试，以指导后续策略。

对于验证用户是否认可解决方案这件事儿，没经验的产品经理可能会去问用户：这个产品做出来你会不会用，会不会买？这时候，用户通常会给出毫无意义的敷衍式回答：我可能会用、会买。所以一定要用净推荐值这种方式来问，这一步骤是产品生命周期早期的一个关键节点。

---

2 净推荐值最早由贝恩咨询公司"客户忠诚度"业务创始人 Fred Reichheld 在 2003 年哈佛大学商务回顾文章《你需要致力于增长的一个数字》中提到。

7.1.2　产品委员会与关键节点

从“想清楚”到“做出来”，再到“推出去”，每逢关键节点，都需要判断接下来对此产品是应该加大投入、保持投入，还是减少投入。那么，由谁来判断？答案就是“产品委员会”。

一个团队里，总会有某种形式的“产品委员会”存在，他们通常由各个相关团队的 Leader 组成，或者说得更直白一点，由手里握有资源的人组成。因为资源投入方向要阶段性地做出判断，所以产品委员会要在每个关键节点召开产品会议。经过筛选，以下四个关键节点是必不可少的。

概念筛选

根据各种背景信息，判断要不要对某个产品概念进行细化、展开。如果认为可行，就要启动全方位的需求采集工作。这是本书第 03 章讲的事情。

立项组队

对产品进行原型验证，评估需要投入多少研发生产资源，有多少风险及如何应对等。如果立项获批，就要启动项目、组队开干。这是本章前半部分的内容。

上线发布

产品完成开发后，千万不要因为怕浪费而仓促上线。这时还是要先用真实产品找种子用户验证，如果没有通过验证，就不要上线，以免浪费更多的客服、销售、运营维护资源。

营销推广

为提升用户量，上线之后马上就开始推广，也是常见的错误。应该先花一段时间考察用户是否活跃，是否会再次使用产品。当这些指标达到预期后，才可以大力推广，否则就是浪费资源。

在大公司，这四个节点是申请资源的关键节点；在创业公司，这四个节点是引入外部投资、关键岗位人才的重要节点。产品经理们只有把自己的视野拓宽一下，站在老板或投资人的立场去想想他们到底想要什么，才更容易理解获取资源更有效的途径。接下来讲立项时具体需要搞定哪些资源。

7.2 立项：搞定各种资源

对于初级产品经理来说，这些事往往不用自己搞定，但随着能力的提升，这也成了份内的事。我们简单地把需要获取的资源分为两类，人和物。

“人”就是团队、组织。对于初创产品、创业公司来说，找到一个好的团队是最难的事情，这个坎儿如果能迈过去，接下来的发展就会很顺畅。“物”包括除了人以外的各种资源，比如政策支持、资金等。

7.2.1 关于人：团队、组织

一群人到底为什么要聚在一起做一件事情？只有想清楚了这个问题，才能真正搭建一支有战斗力的团队。我们从组织形成的三种原始动力说起。

权力：强力组织，比如国家政府，用“枪杆子”保证“绳之以法”。

利益：商业组织，比如公司企业，用“钱袋子”支撑“诱之以利”。

共识：松散组织，比如公益社团，用“笔杆子”达成“晓之以理、动之以情”。

这三种原动力，在人类发展的不同阶段，所起的作用也各有不同。资源匮乏时容易形成暴力组织，随着资源越来越丰富，组织越来越倾向于用利益和共识这些力量来维系。举个“荒野求生”的例子来解释一下。

当资源特别匮乏时，所有人都没法靠自己吃饱穿暖。于是，大家会推举多数人认可的领袖，愿意信任他，围绕这个中心人物打造中央集权，统一安排劳动，统一上交生产所得的各种物资，再由他自上而下进行统一分配，以保证每个人的基本生存需要。早期的家族、宗族、部落，就是这种组织。

随着生产力的发展，组织的人均资源变得相对丰富，开始有了剩余的私产。比如有的人有很多水，有的人有很多食物，有的人有很多打猎用的武器。这种情况下，大家发现彼此交换可以生活得更好。于是，人们通过利益互换来维系关系，形成商业组织。这个阶段，大组织开始瓦解，小组织通过商业活动也可以活得很好，人们对中央调控的依赖降低。

再往后，会发展到资源极度丰富的阶段。在这种情况下，每个人可以按需获得各种物资，似乎不再需要合作。但限于与生俱来的社会属性，大多数人不可能完全与世隔绝，还是会形成组织、形成社群。这时候，合作就不是为了生存，而是为了某种共识。在一起做事，是为了某个使命愿景，这样形成的就是共识驱动的组织。

任何组织的凝聚力都是这三种原动力的混合，只不过配比不同。每一个团队中，也都有不同的人。有的人很职业，在他们的认识里，工作就是工作，接了任务就有义务想方设法完成；有的人则讲求物质回报，只要钱给足，保证活漂亮；也有的人更看重对团队目标的认可，将其放在首要位置。大家可以思考一下，自己所在的团队中各种力量的占比，从而可以更深刻地理解到底怎样才能把团队真正凝聚在一起。

现在不带团队的读者，可能认为这部分内容有些空洞。但只要你隶属于一个团队，就离不开与他人的合作。可见，思考合作者的内在驱动力，对任何人都是很务实的需求。随着时代的发展，共识驱动的比例越来越大，而我们也应该努力寻找这样的团队。这是因为，对于权力驱动的团队，一旦权力不在，团队就散了；而对于利益驱动的团队，一旦利益不在，组织也就没了；只有共识是内生的，不会消失，由其驱动的团队往往表现为，成员归属感强且彼此信任。为加深体会，可以用以下这些关键词来描述共识驱动的团队：使命感、责任感、成就感、互信、价值感、内驱力、自激励。

团队给力和事情靠谱互为因果，所以，接下来我们说事情，也就是“物”。

7.2.2　关于物：政策、资金等

“物”的范畴，包括公司内外各种政策、流程、资金等的支持。举几个例子，在大公司，需要其他部门配合时，有没有大老板的一句话，就可能产生巨大差别；做创新业务的时候，能否不走集团统一的决策流程，也许是一个关键要素；作为创业公司，这一次可以融资多少钱，恐怕能决定生死。

本节我们聊聊，要做哪些事，才能获取到这些关键的“物”。其实，整个“想清楚”的第 03 到第 06 章都在为这些事做准备，而所有的这些准备，可以通过一个叫 MRD 的文档表达。

先比较一下 MRD 和 PRD 这两个产品经理最常写的文档。

MRD：Market Requirements Document，市场需求文档，除了描述问题，解释为什么要做这个产品，还要给出解决方案。这个文档比较像产品规划和商业计划书（BP，Business Plan），是写给资源拥有方看的。

PRD：Product Requirements Document，产品需求文档，是在项目过程中写给开发、测试、设计师看的，仔细描述产品功能要怎么做。

接下来就以 Why、What、How 三部分来谈 MRD 要包含的内容。

Why：为什么要做这个产品

我们有很多“动之以情”的素材，比如可以把需求采集环节的用户故事包装一下，放在 MRD 文档的开头，让受众一开始就感受到需求之强烈、问题之严重。但更重要的是“晓之以理”——在产品概念筛选阶段做的内部能力、意愿的分析，以及外部价值、成本的判断，就可以用上了。最后还可以“诱之以利”，做一个 ROI（Return On Investment，投资回报率）的预估。当然，这里的 ROI 是广义的，回报不一定是金钱，还可能是用户数、市场占有率等其他指标。

What：产品 MVP 包含哪些功能及要做什么

我们通常会筛选出功能列表中第一版产品要做的那些功能，将其列在 MRD 里。但老板们更喜欢看图，所以，把这些功能用产品架构图的方式表达出来，更加重要。如果可以在现场演示某种形式的 Demo，那绝对不要错过这个加分的机会。

这里，也可以考虑展示一下产品的用户角色、重要的产品原则，方便老板们进一步理解我们要做的事情。

How：项目计划及风险对策等

这一部分，要说清楚项目计划、需要多少资源做保障，让老板们知道要花多少时间、多少资金，以及要用多少各种岗位的人。如果你做过竞品分析，可以把可能碰到的风险及其对策等也放在这里。还可以针对具体业务，说说打算如何获取用户、上线后怎么运营、做什么市场动作、如何评估这些动作的效果等。

如果是创业公司融资，在这部分还可以加上核心团队的背景介绍、当前股权结构和融资预期等信息。

MRD 写得好，意味着各种准备工作做得到位，最终能获得各种支持就是自然而然的事。本节的最后，再分享一些创业公司融资的注意点。

首先，有些情况下的钱不能拿：一是只出钱却想控股的，会使得团队陷入打工心态；二是不懂行的暴发户，没法提供资源支持，还喜欢指手画脚；三是给了钱却附加各种条件的（相信我，你肯定玩不过投资人）。建议有融资计划前，尽量多和有过融资经历的创业者交流。

其次，投资人给钱时，不同轮次的关注点不同。基本上，种子轮只看团队，只要团队靠谱，就算还没确定方向，拿个几十万到一两百万人民币是没问题的。天使轮，就要看产品了，产品做出来且通过了早期的用户验证，就能拿到大几百万到一两千万人民币，可以用于继续发展。投资业内有个说法，大公司里出来的，或者已经有过靠谱创业经历的明星创业者，刷脸就能拿两轮，说的就是种子轮和天使轮。再往后，产品进入市场运营、销售及品牌积累阶段，就要看数据增长、能否找到商业模式、收入、盈利、市场份额等这些指标和因素，这时候再拿钱就是ABC轮等[3]。所以，作为一个创业者，在早期最需要关注的是团队和产品。

接下来就谈谈初创团队相关的话题。

7.3　组队：聊聊初创团队

理想的初创团队，当然是熟识多年，底层价值观相同，方法论、能力、性格互补的一群人，但这群人通常不会一开始就凑齐，往往需要经历“借事修人”到“因人成事”的转化。“借事修人”的阶段相当于练兵、演习，就算事情没成，如果锻炼了团队，也算差强人意，接下来就说说这个阶段可能出现的问题以及应对方法。

7.3.1　如何快速知己知彼

以下故事，皆为亲历，如有雷同，真是巧合。

不管怎样，事情只要已经开始，就说明已经凑齐了一支看起来可以开干的团队。大家并不是很熟的时候，做起事来总会一团和气，但过一段时间，每个人都会发现，过程、结果并没有想象得那么美好。于是，团队进入频繁吵架的阶段，大家都在找合适的当口发泄自己的失望和不满。吵架的原因，往往是一些底层的东西并没有达成一致，导致观念冲突，团队成员之间不信任、不理解、没有默契。当出现这种情况时，就说明有些统一思想的事情漏做了。我们要花最少的时间，让大家感觉到彼此已经熟识多年，互相很清楚对方想要什么。

大公司里的专业 HR 可能会更早意识到这一点，然后提醒业务人员。但对于创业团队，只能靠老大自己发现，然后决定团队成员是不是需要聊聊，以及在什么场合下聊。场合很关键，找到一个大家都很想聊聊的场合，是达成默契的第一步。

所以，在团队里比较和谐的场景是，某天下午大家又因为一个具体的业务问题，从讨论逐步发展到争吵，继而开始对彼此的思维模式、做事套路不认同……正当大家精疲力竭的时候，老大问了一句：“晚上都没事吧？一起去吃饭，我请客。”这就是一个良好的开端。

在非工作时间、非工作地点，沟通更容易敞开。这时候可以一起聊这样几个方面

3　不同行业和公司，每一轮融资的金额差异很大，这里列出的数字仅供参考。

的话题，每个人都要发言。

- 为什么要来这个团队？

  讨论可以从每个人的理想，若干年后希望自己在做什么，到更具体的三年后的个人目标。然后，设法找到个人目标与团队目标的结合点。

- 对一年后收获的底线预期。

  有人希望能找到一份工资翻倍的新工作，有人希望提升某方面的技能，有人希望锻炼出一支能成事的团队……但任何人都不能一无所获。

- 个人对团队的帮助。

  在“守住底线，奔向理想”的基础上，每个人有必要让其他人知道自己是有价值的，而每个人也需要知道其他人的具体价值。

- 自己能做什么？

  这个话题主要总结过往积累的能力。

  通过一个人过去做过的事情，比如 App 的渠道运营、做过 SEO 等，可以看出哪些事情他可以较快上手。团队 Leader 对每个人比较了解，但团队核心成员很有可能互相并不清楚对方能做什么。

- 自己想做什么？

  这个问题用来探求将来的意愿。

  每个人都有希望提升的方面。比如，有人想在线上线下的活动策划上有提升，以便对运营岗位有个更全面的把握，这时其他团队成员可以一起帮着分析、判断一下，其想提升的方向和个人的长远目标是否契合。知道对方想要什么，配合起来才更顺畅。

- 项目失败最可能的原因是什么？

  比如，没能及时引入合适的人，或者团队成长不够快，因整体实力不够，项目难以突破，僵死在一个不好不坏的程度。甚至，初始的股权结构不合理，到某个阶段可能会让团队散掉……

批评与自我批评的意图是继续暴露问题，因此前提是沟通气氛到位，才可以继续聊这个话题。

聊的时候，可以抽离出来，以第三方的视角来看待问题。最终会发现，绝大多数问题还是出在人的身上，团队成员能有共识至关重要。

最终，可以结合以上问题，由团队共同提出非业务层面的改进方案，但方案的核心要点最好不要超过三条。比如，其中一条有可能类似——将决策机制从原来的核心团队共同讨论，直到达成一致，改为核心团队共同讨论，最终由老大拍板后执行，或是核心团队每周必须聚餐之类很具体的举措。

上面这些话题看上去有些虚，但对提升早期核心团队的战斗力非常关键，问题的具体答案是什么其实不重要，重要的是共同参与。

7.3.2　小团队的沟通协作

虚的讲完了，再讲一个实的。这也是我带过的一个真实小团队的故事。这个团队一共有 5 人，其中 2 个全职、3 个兼职，每个人的专业能力都不错，做的是互联网/移动互联网领域的产品。因为不在同一个城市办公，挑一个好用的协作工具来同步信息，成为关键点。

本着"工欲善其事，必先利其器"的理念，团队组建前就研究过很多协作工具。但并没有一个工具被坚持采用下来，因为随着一个个队友的加入，前一个工具总是很快被与团队规模更加匹配的新工具所取代。我们始终遵循"奥卡姆剃刀"原理[4]，每时每刻都在考虑用最低成本的方式来满足需求。

第一/二周，只有 2 个人，微信+电话搞定。

第三/四周，团队变 5 个人了，很自然地改用微信群搞定。大家也第一次在北京集结，一起吃了个饭。随着要做的事情逐步清晰，我开始把自己手头的文档分享给大家，发现微信群分享文档不太方便，需要新工具了。

第五/六周，我们发现 QQ 群就够了，群共享、群公告都很好用。随着工作的展开，会不停地在 QQ 群里讨论一些细节。这时候，有的兼职同学反馈，他们白天在公司里参加一个会议，就会漏很多信息，之后也不一定能想起来看。这怎么办?

第七/八周，增加了 E-mail 群发，每天晚上我会把事情汇总后发给大家，第二天晚上再更新汇总。这样运作了几天，感觉还不错。但随着任务越来越多，越来越细，大家都觉得如果能自己更新自己的部分就更好了，可以更高效。

第九/十周，大家聚在一起吃了第二顿饭，总结了在工作方法上可以优化的点，一致认为确实需要一个协同工具了。于是，花了一点时间评估备选工具，猜猜最终用了

4　奥卡姆剃刀原理是由 14 世纪逻辑学家、圣方济各会修士 William of Occam 提出。该原理称"如无必要，勿增实体"，即"简单有效原理"。

哪个？我们分析了团队的需求，发现只需要一个格式清爽、允许多人在线编辑的记事本而已。最终，用了一个叫 WorkFlowy[5]的产品。

作为产品经理，在给自己和团队选择产品时，也无时无刻不体会到“没有最好的产品，只有最适合的产品”。最好用的团队协作工具是随着用户需求场景不断变化的。比如，上述团队的成员都是有技术背景的 Geek 或伪 Geek，所以都觉得 WorkFlowy 不错，而到了这个项目的后期，新加入的运营同学会觉得很不习惯。

把这个话题扩展一下，更多的小团队并非异地办公，而是在一起办公。这时，除了协作工具的使用，随时随地面对面的沟通更加重要。协作也好、沟通也罢，都是为了彼此之间信息同步，表 7-1 列出了工作中经常用的方法。

表 7-1 沟通协作方式举例

		个体：一对一	群体：多人
线上	实时	电话、IM	电话/视频会议、各种群
	延时	IM、邮件	各种群、群邮件、协作工具
线下	实时	面谈	会议、看板
	延时	留纸条	看板

简单地说，实时沟通在需要各方参与讨论时的效率高于延时沟通，但对沟通发起者有利，被动方正在做的工作往往会被打断。所以，加个简单的预约行为会更好。延时沟通用于单向传递信息时的效率更高，无须协调双方时间，紧急情况下加个通知提醒即可。线下沟通的信息传递效率高于线上，因为除了文字、语音、图片等，还可以加入表情、手势等辅助形式，但缺点在于对沟通各方的地理位置有要求，视频会议也只能解决部分问题；线上沟通组织协调各方时间的成本低于线下，如今更可以通过手机随时随地讨论事情。

我们可以根据事情的重要和紧急程度，灵活使用各种沟通协作方法。

7.3.3 小团队与大公司的区别

虚的、实的各说了一点，再结合亲身体会，聊一下在小团队和大公司做产品的区

[5] 对该工具感兴趣的读者，可以扫右侧二维码查看这篇知乎问答：如何玩转 WorkFlowy？绝对是强迫症、洁癖患者的好工具。

别。有一句话说得很好：对于初创公司，组织架构应该以**目标**为中心，按需设置部门，而不是像大公司一样以**流程**为中心。而组建公司之前，应该以**机会**为中心。因为在最早的阶段，运气的确更重要。

以下是我在知乎上对“在大公司和小公司做产品经理有哪些异同点？”的回答。

2014 年 12 月，一个小的创业项目启动，我作为创始人，完整体验了从 0 开始的全过程。2015 年 1 月，基本上我是团队的产品、运营、商务、测试……把体会给大家分享一下。

大公司：写规划，过规划——老板那边又没过，郁闷。

小公司：没人管，自己决定做什么。谁来告诉我这么做到底对不对？有人来喷喷也好啊，但找喷都是要钱的（至少得请人吃顿饭吧）。

大公司：竞品分析——那个谁谁也做了类似的东西吗？——没事，我大××怕过谁，灭了他。

小公司：那个谁谁也做了类似的东西吗，大公司？额，怎么避开他……小公司？找他聊聊，看有没有合作的可能。

大公司：用户研究——申请用研团队的资源，输入目的，拿到报告。

小公司：直接约人吃饭、喝咖啡、聊天；隔两天，继续约人吃饭、喝咖啡、聊天。所以，只能做一件身边有很多目标用户的事儿。

大公司：评优先级——最好我提出来的都是最高优先级的，把别人的需求 PK 掉，哈哈哈。

小公司：没有“别人”，先做哪个自己说了算，但反而要更认真地想——能不能再砍一点，再砍一点，特别心疼开发在没那么重要的功能上花时间，越是能低成本验证的成功率越大。

大公司：需求文档——按模板写啊，谁知道这次分配到哪位来开发……

小公司：自由流太爽了——和开发确认一下能不能看懂就行——用 Excel 写逻辑，用 Visio 画图，用 Axure 做示意 Demo，完事儿。

大公司：老板给的开发资源不够啊——走，吵架去。

小公司：算算现在几个全职，几个兼职，开销多少，再加人一个月又要多几万块成本——更充分地体会到“时间就是金钱”——都是资源，容我纠结一下……

大公司：怎么还有这种低级 Bug，测试干什么吃的。

小公司：自己测，大家一起测——总是担惊受怕，觉得测得不完整，漏了什么。

你问为啥不找个测试？产品早期，能省就省……

大公司：需求变更——发现一个地方可以简单优化一下，可能要走流程什么的，最快两三个礼拜吧。

小公司：如图 7-2 所示，我发现了一个小问题，提给客户端同学；正在讨论方案的同时，服务器端同学已经把问题改掉了，几分钟解决。

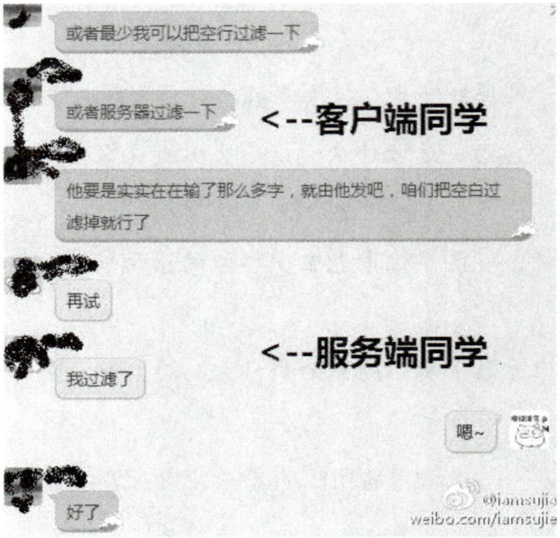

图 7-2　小团队的响应速度

大公司：产品数据不好看（但也是以“万”为单位），找运营聊聊，再搞点流量。

小公司：自己琢磨用户和内容，怎么零成本冷启动，找各种资料补课。

大公司：团队组建，产品 1 人，设计 2 人，技术 5 人，测试 2 人，运营 2 人……

小公司：比例一样，只不过是——产品 0.3 人，设计 0.3 人，技术 1.5 人，测试 0.2 人，运营 0.2 人……有零有整是因为有兼职同学，或者有人是劈成几个岗位来用的。

大公司：参加聚会，别人过来搭讪，你们正在做什么呢？

小公司：只参加“有用”的聚会，目的性特别强地去主动搭讪——嗨，我们正在做什么什么。

大公司：上班上知乎，偷个闲，嘿嘿嘿。

小公司：连回答这个问题都是有潜在目的的，比如说为了招人……

大公司：睡觉前想想，今天没干什么又收入几百块。

小公司：睡觉前想想，今天没干什么又花了几千块。

现在，有些大公司也在尝试着内部分解，分出很多的小团队来运作，以获取两种状态下的优势。不管你们现在处于哪种状态，都应该好好享受、珍惜，互帮互助、祝福彼此。

7.3.4　借助第三方力量做产品

如 7.3.2 节我的那个小团队一样，很多初创公司在一开始都会采取兼职员工的方式做事，这其实是在借助第三方的力量。因为绝大多数初创团队都很弱小，如果任何事情都要自己搞定，那前进的速度肯定会慢下来，所以必须要学会借助外力。举个例子，大公司做一个新产品，可能一开始就会配备专职测试人员，但对于创业公司，尤其是 20 人以下的团队，很少有专职测试，都是全体员工一起做测试。

本节从创业角度给大家讲讲都有哪些外力可以借用。初创产品、团队碰到的所有问题，最终都可以归结为：找钱、找人。也许你觉得还有找资源、找方向，但所有资源、方向都可以追溯到人和钱上。这两个问题，分别有两种解决方式：旧模式和新模式，如图 7-3 所示。

	旧	新
缺钱	募资	众筹
缺人	招人	众包

图 7-3　找钱、找人的新旧模式

缺钱怎么办？旧模式下就是募资。缺人怎么办？旧模式下就是招人。对于这种比较传统、比较重的模式，其问题在于，资源往往只能优先满足最优秀的公司，很多新的、还没什么名气的团队很难搞定。这时，可以尝试一下新模式。

新模式下应对缺钱的方案是众筹，应对缺人的方案是众包。这里重点讲讲众包。

缺什么人招什么人看似合情合理，但对于创业公司来说，招人其实是一件风险特别大的事情。因为你的业务有可能变化很快，很多时候没等你找到一个合适的人，业务又变了；或者，招来一个人后发现，你的业务暂时只能发挥他的 40%的能力，甚至发现招进来的这个人根本不合适。这时候你就要面对最大的风险——时间已经过去了。

精益创业的理念告诉我们，做产品要不断低成本试错，其实用人也是。我们可以利用非全职员工来解决问题，更常见的说法是众包、外包、顾问。

我认为，众包服务又分两类。

一类是帮助现有的人节省时间，通常是借助工具，还有一类是借助外面的人力。

前者，比如做项目管理，本来要花技术负责人 20%的时间，现在可以借助项目管理的工具，省掉部分精力，再如要给 App 加一个客服功能模块，可以借助第三方组件，几行代码搞定。现在各种技术服务已经非常发达了，磨刀不误砍柴工，准备撸起袖子做一件事之前，多研究一下市场上是不是已经有现成的服务。初创团队千万不要重复造轮子，条件允许最好花钱买时间。

再说说借助外面的人力。这其实是一个知识经验领域共享经济的概念。将来的公司和个人的关系，一定比现在更加灵活。个人不再是公司的附庸，公司反而变成了个人的平台。在用人上，越来越多的公司会认可“为我所有不如为我所用”的理念。

这种人才的专业能力众包，又可以分成四个层面。

- 第一个层面：**分享**，就是我说你听，借的力只是一个想法和做法，我并没有帮你做事，而且针对性也不是很强。
- 第二个层面：**座谈**，可以有针对性地进行讨论，给出一些有针对性的建议。
- 第三个层面：**咨询**，给你指导，带着你做。
- 第四个层面：**外包**，直接上手，帮你搞定。

只要可以把工作标准化，外包现在可做的事情就已经有很多，比如客服可以外包，财务出纳的事情可以外包。将来不那么标准化的事情也可以外包，甚至产品的 1.0 版本也可以交给外包团队来做。做产品，特别是在早期，快比什么都重要，而借助第三方力量，会让团队更加灵敏。而且，产品的早期版本主要用来验证方向对不对，如果发展得好，后期还可以自建团队、重构产品。

关于初创团队的话题，就聊这么多，当一切准备妥当，就要进入“研发生产”阶段了。

7.4 研发生产时，我们做什么

本节说的研发生产阶段，是指立项到产品发布之间的过程。作为产品经理，在这个过程中要做些什么事情呢？图 7-4 是对《人人都是产品经理（纪念版）》里描述项目流程的图略做修改后的结果。

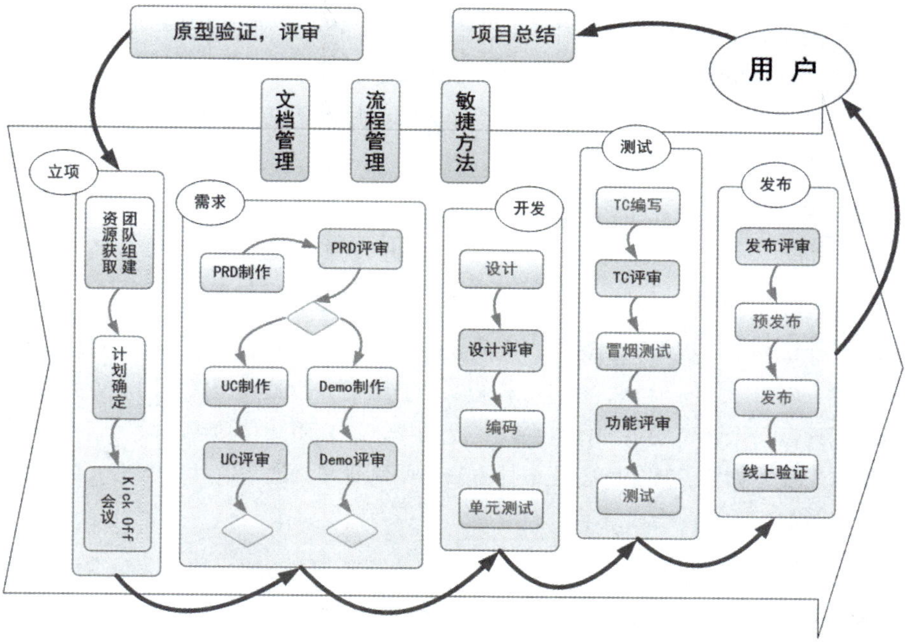

图 7-4　产品经理视角的项目流程

简单地讲，原型验证完成、产品委员会评审通过以后，要经历立项、需求、开发、测试、发布几大环节，然后再拿着做出来的产品找用户验证，最后做项目总结。

- **立项环节**：即本章前半部分探讨的话题。在这个环节，产品经理要组建团队、设法获取各种资源，以及确定项目计划。在正式开干之前，一般还会开个 Kick Off 会议，鼓舞一下士气。
- **需求环节**：这个环节主要做的是功能细化，也可以叫需求开发。产品经理要写 PRD 产品需求文档和 UC 用例，并和设计师配合做 Demo 原型。在这个过程中，可能会经历多次评审会议，还要和技术人员一起确定功能细节。以写产品需求文档为例，产品经理一般都不会遗漏主干流程的描述，但是否能把分支流程、异常处理、边界条件都写完整就不一定了。比如，一个搜索结果为空或少结果时怎么处理，会员管理列表中如果一个会员都没有，是否应该全空着，微博用户关注人数达到上限时该怎么提示，等等，都是产品经理需要掌握的基本功。
- **开发环节**：这一环节的主角是开发工程师，他们要做代码方案的设计和评审，然后完成编码和单元测试[6]。与此同时，产品经理已经开始下一个迭代版本的项目前期准备，这是第 08 章的话题。

- **测试环节**：开发推进的同时，测试工程师要编写 TC 测试用例，通过 TC 评审，并且在系统可用的第一时间做冒烟测试[7]。此环节中，产品经理要组织功能评审，在第一时间把新产品展示给所有的项目干系人，以确保做出来的东西是大家想要的。
- **发布环节**：测试工作完成后，运维人员要组织发布评审，执行预发布、发布的动作，并且在发布完成后让产品经理到真实的线上环境去验证，以确保产品符合预期。

为了保证整个过程的顺利进行，产品经理还要把控三件事。**一是文档管理**：每个环节的输入/输出文档是什么，用什么模板、工具编写，以及如何保证同步更新等。**二是流程管理**：每个环节的各种评审会议，是否可以结合团队实际情况做出删减，突发需求和需求变更如何处理等。**三是敏捷方法**：团队日常沟通采取什么方法，如何监控进度，以及如何改进配合模式等。

上述这些细化需求和跟进研发的工作，产品经理在入行的头两年会经常遇到。我在《人人都是产品经理（纪念版）》的第 3 章有更加详细的讲述，这里就不再展开。研发生产环节的主角是技术人员，下面主要聊聊产品经理和他们配合过程中的各种注意点。

7.4.1 产品经理要不要懂技术

产品经理到底要不要懂技术？这是一个经久不衰的问题，因为在研发生产过程中，产品经理要经常和技术人员讨论细节，如果完全不懂技术，似乎很难沟通。所以，这本质上是一个沟通的问题，标题中的“技术”换成“设计”、“运营”、“市场”等也是适用的。下面，说一下我的理解。

第一，底线是可以和技术人员无障碍沟通，并不要求你会写代码。具体点说，技术人员可以直接用平时和同伴说话的方式与你交流，而不用刻意翻译。如果对话过程中经常出现听不懂甚至解释了还是不明白这类情况，很容易让彼此间失去信任，直至没法沟通。当然，和高水准的技术人员配合，会轻

6 unit testing，是指对软件中的最小可测试单元进行检查和验证，一般由开发人员自己完成。

7 冒烟测试，Smoke Test，是对新电路板基本功能检查的形象类比。任何新电路板焊好后，先要通电检查，如果板子不冒烟，则冒烟测试通过。软件研发领域借用这个词来描述新功能是否可用的初步测试。

松很多，他们更会换位思考，尽量用通俗一点的语言进行沟通。此外，良好的沟通能力和理解能力，也可以弥补专业知识的不足。

第二，多向技术伙伴请教，自学一些技术知识。如果你懂一些术语或者会说一些“黑话”，让技术人员觉得“你即使不会写代码，但也是懂的”，会拉近彼此的距离，建立一种自己人的信赖感，这在沟通、协作过程中会有很大的帮助。所以，对于技术出身的产品经理，这点确实是天生的优势，但他们要注意的是不要滥用技术，越俎代庖。一方面自身应该把更多的时间精力用在思考产品层面的事情；另一方面也不应挫伤技术人员对产品的“责任感”与“参与感”。

第三，根据所负责的产品，决定要懂哪些技术，懂到什么程度。做技术驱动型的产品，比如 Baidu 搜索，那必须是特定方向的技术出身，否则很难胜任，而如果你要做一个导购类的 App，就相对容易一些。所以，要补哪方面的“技术常识”，最好能先明确将来你要做什么产品，可能碰到哪些技术。

第四，要特别关注技术方案与业务场景的关联。有些技术方案的选择会反过来影响业务，这种情况下产品经理最好能给技术人员提出建议。举几个例子：你要知道 iOS 的开发分客户端和服务器端，能根据业务需要建议数据更新的方案；你要能想到把一些静态素材做成配置文件以方便修改；你要能给出建议，将经常需要改动的那几个页面做成 H5 页面。

如果你现在还做不到上面说的几点，也不用担心，我见过很多文科出身的人，经过几个月的痛苦折磨之后，也上路了。文科生做产品，在研发生产阶段确实有劣势，需要有更多的加分项来弥补。推荐关注“给产品经理讲技术”（微信号：pm_teacher）这个公众号，里面的文章用浅显的语言讲解了很多产品经理最需要掌握的技术知识。

接下来，分别看一点开发、测试、设计、运维等方面的专业知识，用极短的篇幅帮助大家快速摆脱一窍不通的状态。

开发的 Secret Toolbox

如果你不被技术人员认可，或者把他们逼得太紧，就容易逼出一系列可怕的大招——开发的 Secret Toolbox，下面给大家分享一下。

- Copy&Paste：不假思索地“复用”，满足当前需求就好，不考虑逻辑的可扩展。比如，A 和 B 现在 1 对 1，不考虑将来有可能 1 对 N，即使是业务上已经做出提示。

- Hardcode：写死代码，不用配置文件和变量。当你发现某个参数不妥，想要多改几次试试时，会发现工作量超乎想象，而且怎么改都改不干净。
- Less Testing：减少测试，或者不重视测试。听到一个很搞笑的故事，某位技术同学写完代码做单元测试，第一次没过，百思不得其解，于是再测一次看看，结果过了，再测，又过了。于是，就认为第一次是幻觉。
- Skip Error Handling：不考虑异常情况，直接假设用户都是正常使用（当然，在业务方认可时确实可以这样做）。举一个最简单的例子，输入框没有做安全上限的长度控制，用户可以通过输入过长的内容来直接使网站挂掉。
- Descope：偷摸减需求，只做主流程，不做分支流程。不用举例，真的会有，验收时产品经理发现了还好，但只验收主要场景是发现不了的。
- Less Review：减少设计评审、代码 Review 等。强技术的确可以少评审，但会动用 Secret Toolbox 的同学往往并不是很厉害的人。
- No Autotest：不提供测试自动化。工欲善其事，必先利其器，一直不磨刀，整体效率就一直上不去。

如果对技术缺少敬畏，就会在不知不觉中背上沉重的技术债务。一次交付最终完成，当你看到需求都已满足，心里甚至还会暗爽：就是要逼吧，你看，逼一逼都做出来了，下次继续……但这种理想状况不会持续太久，总有一天你会发现，整个技术团队越来越不愿意承诺，即使承诺也越来越难履行，效率好像越来越低。要么任务经常延期，要么出活越来越少。这些现象表明，用来填坑的时间越来越多。

直到有一天，技术 Leader 面露难色地找到你，说：

“兄弟，业务发展太快了，技术架构跟不上，要重构了。”

“啊，要多久？”

“两个月，一大半的兄弟都要参与。”

“不可能，因为……”

“必须重构了，不然说不准什么时候就挂了。”

以上就是技术负债前后生动的一幕。

测试是个专业活

测试工程师也是技术人员的一种，他们与产品经理做事的思路有明显差异。产品是把握大方向，而测试是专盯细节。有一次我在知乎上看到一个很有趣的问题，通过这个问题，正好能把一些常见的测试概念科普一遍。

问：为什么互联网公司不开除测试，转而让大众来测，找到一个 Bug 给 100 元？

答：大家的讨论很有意思，不少都是围绕 100 块够不够、给不给、怎么给来说的。我的角度是，测试是产品团队里一个重要的角色（团队早期可能由产品经理来兼任这个角色），没了他们还真的不行。

00. 默认前提是，开发已经做了**单元测试**和**冒烟测试**（原则上冒烟测试应该测试来做，但人家都被你们开除了啊，只好让开发来做了，至少要保证交给大众的是一个能跑起来的产品），这两项总不至于期望大众来帮忙做吧。

01. 很多 Bug 其实并不是非黑即白，也许产品就是这么设计的。这些内部的测试知道，但外部的大众不知道，他们用起来觉得不爽，当 Bug 提了，这钱是给还是不给？哪怕公司内部，当测试发现此类问题（比如为了安全考虑，第二次输入密码的确认框不允许复制粘贴），开发说这是一个**需求/特性**，还得再把产品经理叫过来一起讨论，外部可做不到。

02. 专业的测试需要**测试用例**（Test Case），但常见的测试用例（临界值相关、内存会不会泄漏、特殊字符……专业测试人员玩起来一套一套的，分分钟把开发认为没问题的程序挂掉）在大众那里可做不到，更不要说 **TC 评审**了。或者说，大众永远是知其然不知其所以然，所以只能做**黑盒测试**，没有办法做**白盒测试**。

03. 专业测试提的 Bug 是**分级**的（成熟的产品应该有 Bug 分级标准和规范）。研发流程里应该有相应规定，几级以上的 Bug 必须全部 close 才能发布；开发也会按照级别来确定修复顺序，并不是所有的 Bug 都需要马上修复。而大众提交上来的 Bug，还得额外安排人去做分级 Review。

04. 专业测试会把 Bug 指定给特定的开发或产品经理，背后的逻辑是这些特定人员知道技术角度的模块划分，以及对应的负责人，只有这样才能方便流程向下执行。而大众提交上来的 Bug，还得安排人去做 assign to 这个动作。

05. 专业测试懂得用开发明白的语言描述 Bug，能说清楚是什么机器、什么系统、什么版本，特别是能说清楚“如何重现”。而大众提上来的 Bug，出错环境不明确，**Bug 重现**不了，急死你。

06. 内部经常有针对 Bug 的讨论，部分 Bug 可以 defer 或 reject。那么问题来了，谁来牵头组织讨论，以确定 **Bug 状态**的流转与控制？可不要指望大众会“跟进”自己提交的 Bug。

07. 如果开发比较牛，能理解大众提的 Bug，但改完后谁来确认是否修复，谁来 close 这个 Bug，整体的**回归测试**[8]谁来做？

08. 以上还只说了狭义的**功能测试**，**性能测试**、**压力测试**怎么办？大众没法帮你模拟 10 万人同时做某个操作。还有，**自动化测试**谁来做？

09. QA——质量控制相关的事情还没说呢。

10. 其实，这个做法接近于 UAT（用户接受度测试），也有人叫**验收测试**。经常由产品经理代表用户做（当然，有资源最好让用户亲自来），不是找 Bug，而是看产品是否满足用户需求、设计是否符合用户认知，等等。

11. 这事儿很好，有条件都做吧。但更多的目的是找个理由和用户互动，而不是找 Bug。

看了这一段，相信大家对测试工程师也心生敬仰了吧。

设计与运维环节

研发生产的主干环节是开发、测试。在其前后，还有设计和发布这两个环节。下面讲一下这两个环节对应的两种主要角色。

设计

先说说设计师的分工，主要有以下四种。

- **交互设计**：关注的是产品与用户互动的过程，具体的输出为产品线框图、低保真原型等。
- **视觉设计**：更加注重用户界面看上去的美观、好用，具体的输出为视觉稿、高保真原型等。
- **工业设计**：主要对应产品里的硬件、实物、包装等的设计。
- **服务设计**：更加关注线上、线下的服务流程，以及如何提升用户体验等。

在需求细化的环节中，产品经理和设计师要并行作业，所以两者任务的界限也有点模糊。如果用一句话来区分他们，就是产品经理负责结构化思维，设计师负责形象化表达。

接下来以著名的“尼尔森十大可用性原则”其中两条为例，进一步感受一下设计师到底在做什么。

8 回归测试是指修改了旧代码后，对相关功能重新测试以确认修改没有引入新的错误或导致其他代码产生错误。

原则一：所有动作都可视

所有动作都是可以及时获得反馈的。比如在 PC 互联网时代，你的鼠标悬停在一个超链接上或单击一个超链接都会看到实时的视觉反馈。

原则二：对用户操作容错

帮助用户从错误中恢复，容许用户在操作后反悔。例如，在你误删除邮件后还可以做 undo 操作。

发布

发布相关的概念属于运维的范畴。因为有了丰富的云服务，现在互联网业务的运维工作轻松很多。在团队不大时，甚至可以交给开发工程师代劳，而等到产品发展壮大后，运维工作就非常关键了。运维工作要负责维护并确保整个服务的高可用性，还要不断优化系统架构、提升部署效率、优化资源利用率以提高整体的 ROI（Return on Investment，投资回报率）。目前大规模集群已司空见惯，如何管理好成千上万台服务器上的服务，成为运维工程师面临的最大挑战。

移动互联网时代，发布的工作还包括“发包”。发包是把安装包提交给各种应用市场。俗话说，iOS 怕审核，Android 烦渠道。具体地说，iOS 程序提交到苹果 App Store 审核之后，总会碰到奇奇怪怪的拒绝理由，关键是每次拒绝审核人员只提出一个问题，改好后再次审核时才提下一个，时间就这样一天天过去，效率非常低下。而 Android 程序，有太多各式各样的应用商店，发包工作不胜其烦。

以上提到的都是把产品“做出来”的岗位，但只列出一些线索。研发生产的过程中，还会有些其他岗位的人员也介入进来，比如客服要熟悉新产品、准备帮助文档，市场运营要准备商业上的发布方案等，这属于广义运营的内容，到第 09 章再说。

7.4.2　如何做一个让 Ta 们讨厌的人

本章的最后，继续聊聊在研发生产过程中与他人沟通和配合时的注意事项。下面以与技术人员沟通为例，分享一些简单易学、通俗易懂，能让产品经理在各种配合方眼中迅速变得很讨厌的做法。

开始实施之前

- **不说清需求价值**。技术问“为什么要做”时支支吾吾，或者说这是老板（运营）要的，假装自己是个传话筒，或者说“我接的是二手需求，什么都不知道”，而不是去追溯这个需求的初衷。相反，面对老板时，则一定不要有理有据地顶撞，那会让大家喜欢上你。

- **不去想功能细节**。技术问细节（当然，是涉及业务的细节，不是技术实现细节）时，装作自己之前完全没想过，需要现想："那就这样做"、"可能那样做也可以""要不你来定吧"……这时你能看到的是技术同学的白眼，听不到的是他们心里的三字经。
- **帮技术评估工作量**。特别是技术出身的产品经理，最容易这么干。他们的潜台词就是"希望加活"："我评估过了，这些都能做掉的"、"不要偷懒，不要忽悠我，我都懂"。
- **逼着技术团队承诺**。任何时候只知道公事公办，技术承诺了却做不到，自己就没责任了。很多事情不像接力跑的交棒，更像踢足球的传球，一开始没人知道下一步该干什么，如果对方基于此对你说："大家在一条船上，应该同舟共济"时，你只要回："我不管，我不管，我不管"就好了。

我认为，"承诺"更适合传统的瀑布模型，开发任务明确，技术也成熟，可以提前计算好工作量。但在互联网的敏捷模式下，很多时候会做着做着发现坑，或做着做着需求不得已发生变化，所以产品经理应该和技术人员一起做"预测"，心里想着目标，一起面对变化。最核心的区别是：承诺是技术对产品的责任，预测是两边一起承担责任。

实施过程之中

- **做了一半改需求**。经常在某个迭代周期内做"非受迫的需求变更"，这招太狠了，技术同学肯定很难忍受，俗话说"没有变更就没有伤害"。如果是因为产品经理没想清楚而导致无谓劳动，碰到性子烈的技术就要直接干架了，这时候要注意保证自己的人身安全。
- **开发过程中消失**。你可以多安排点出差、多开开会，注意手机尽量关机，不要响应技术的问题，要不然，责任就回来了。让技术同学为了赶进度，按照他们自己的想法做下去，关键是要在验收的时候跳出来说"这不是我要的"，再次提醒注意人身安全。
- **过度关注实现细节**。帮技术决定技术方案，技术出身的产品经理最爱干的事儿就是变着法儿地越俎代庖。一定要把技术从积极主动的小伙子，打击成一个个纯打工心态的"资源"（这个词听起来就有杀伤力）。

产品发布之后

- **发布后没有反馈**。技术人员也需要从市场、用户那里获得反馈，从而对自己做的事情产生价值感和成就感。我们要做的就是，功能发布之后，好像石沉大海，不告诉大家任何结果，甚至庆功会都不叫他们，紧接着继续安排他们干活。

- **任务无节奏感**。让技术人员忙一阵闲一阵，发布之后再开始研究接下来做什么。一会儿让技术人员有着天天通宵的高强度，给 deadline，下死命令，做完之后突然不知道做什么："你们也一起来讨论一下业务"或者"出去培训培训（做做团建）吧"。

全程适用

- **优柔寡断无决断**。表现出这个品质很具杀伤力。比如，在事情讨论完毕后，大家说："你定吧，你说往哪儿走我们就照办。"在所有人都等着你拍板的时候，你说："啊……那个……方案各有利弊，我也不知道怎么办，你们有什么好想法……"
- **报喜不报忧**。藏着、掖着一些坏信息，比如"老板在考虑干掉这个项目"这类信息，从不主动公开，但通过其他小道消息让大家知道，这样很容易就把互信完全打破，这时候他们一定很讨厌你。
- **不要把他们当人**。这是必杀技——不关注人的成长，只关注事的结果，永远把合作伙伴当"资源"。

以上内容正话反说，希望能对大家有所触动。当然，所有配合顺畅的大前提是，每个人在自己的岗位上都要专业靠谱。

做完本章说的事情，就已经拥有了一个成型的产品。但任何产品的 1.0 版本一定非常粗糙，需要不断地优化，这就是第 08 章的话题"规划与迭代"。

7.5 延伸阅读与练习

本章关联到另外几本书的相关章节如下。其中的图标表示推荐阅读（笑脸）与选择阅读（冷漠脸），亦可根据一些关键词扩展阅读。

以下是立项组队部分：

- 产品管理与周边职能 《启示录》2~5，page7~31
- 管理产品经理 《启示录》7，page47~55
- 产品评审团 《启示录》14，page87~93
- 项目Kick Off 《人人》3.2，page118~126
- 产品经理周围的团队 《人人》4，page183~247
- 公司团队方面的要点 《有的》8，page165~170

以下是研发生产部分：

- 项目中的各种文档、评审 《人人》3.3，page127~143
- 开发测试到发布 《人人》3.4，page143~155
- 聊聊文档与流程 《人人》3.5.1~3.5.2，page155~167
- 一些特色项目与案例 《人人》3.6，page172~182
- 文档与用户体验 《启示录》18~19，page113~121

可以做的练习任务如下。

任　务	难度星级	耗　时	目　的
1.设计：本地化的研发相关流程	★★★☆☆	3	结合实际情况，优化一下现在的研发相关流程
2.设计：确定自己产品的净推荐值 NPS	★★☆☆☆	2	找一群用户，了解自己产品的净推荐值 NPS，进而决定各种策略是否需要调整
3.案例：对现团队做分析，总结出存在问题与改进建议	★★★★★	4	适合高阶用户审视自己的团队——哪方面比较弱；怎么改善，是培训、外包，还是加减人，如果加减人应该怎么实施
4.设计：本地化的 PRD 模板	★★☆☆☆	2	优化一下产品经理最重要的文档——PRD，除了内容也要关注形式，也许还可以试试在线写作
5.文章：产品经理与技术、设计如何愉快地玩耍	★★★☆☆	2	说说你在研发生产过程中，与技术、设计配合的技巧，以及需要注意的坑
6.设计：本地化的评审策略	★★★★☆	3	看似简单，实则很有讲究——设计评审、TC 评审、发布评审等环节到底要不要？需要结合各种实际情况来完成

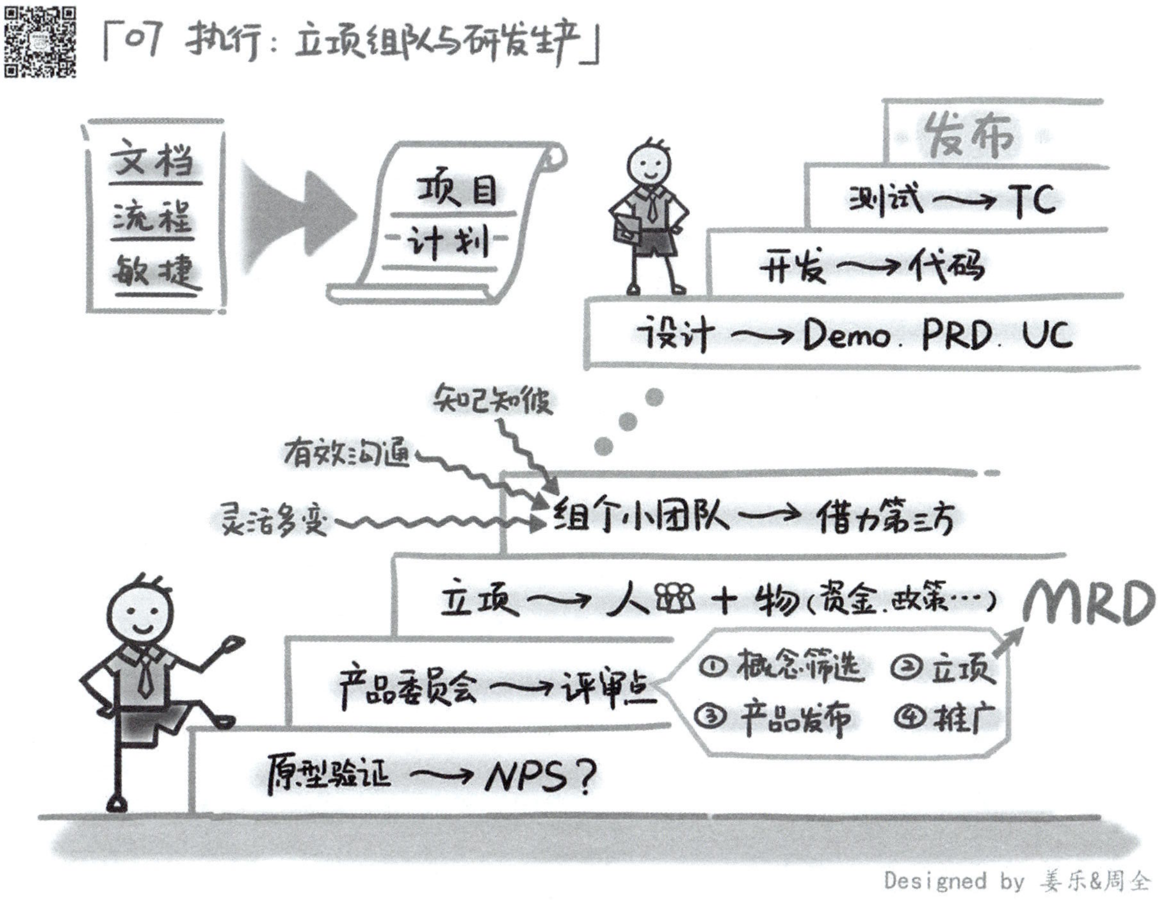
「07 执行：立项组队与研发生产」
文档
流程
敏捷
项目
计划
发布
测试 → TC
开发 → 代码
设计 → Demo、PRD、UC
知己知彼
有效沟通
灵活多变
组个小团队 → 借力第三方
立项 → 人 + 物（资金、政策…）
MRD
产品委员会 → 评审点
① 概念筛选 ② 立项
③ 产品发布 ④ 推广
原型验证 → NPS？
Designed by 姜乐&周全

第 08 章

成长：规划与迭代

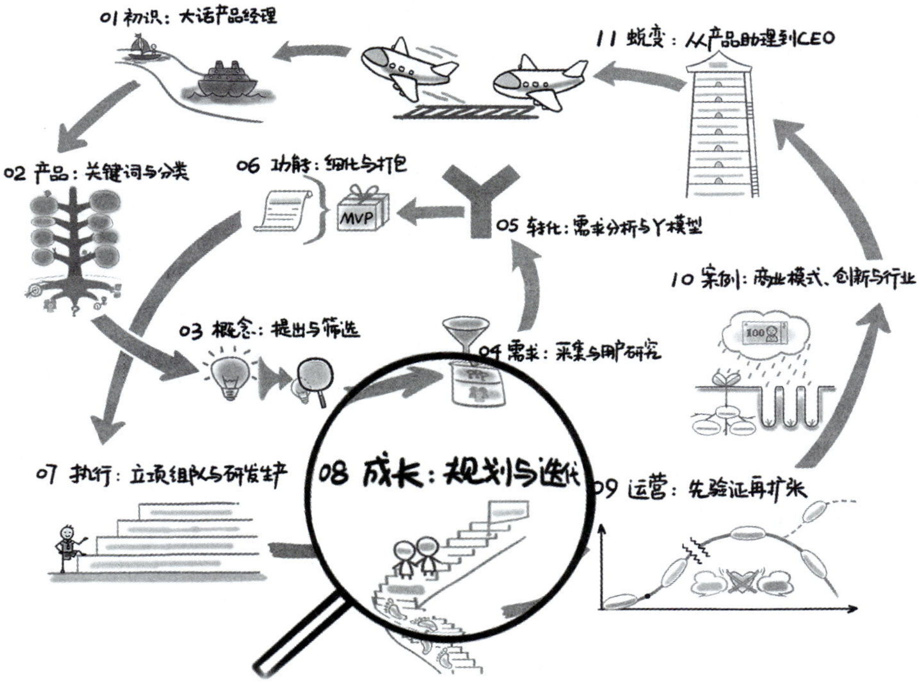

8.1 好产品步步为营

正式开始之前，先来体会一下产品的成功有多么不易。多年前的一次周会，我提了一个有趣的议题：如果你到了对手公司做卧底，如何不动声色地毁掉一个产品，请大家献计献策。换个角度思考，是为了能获得更多启发。后来，我把这个议题发到了微博[1]上，收到了各种创意爆棚的回复。很多人看了之后惊呼毛骨悚然：这不就是我每天在做的事情吗？但我不是卧底啊！看看大家都是怎么说的。

精彩回复一：

摸清现状，提超前需求，在产品早期一味堆砌大量功能，向管理者宣传这些功能如何吸引用户，业界如何流行，我们应如何奋起直追！迎合其急功近利之心态，盖无基础之高楼，画虚妄大饼！产品无稳定基础，必然事倍功半，团队大量加班，远见者知楼之将倾，亦分崩离析，人心涣散……

精彩回复二：

多开会多获取需求：使进度拖延。

增加大量新功能：让产品臃肿化。

项目推进制度化、流程化：制造各种无形的障碍，让团队成员投入精力去整理各类文档。

不切实际地赶进度：给开发人员超负荷的压力，让他们情绪化。

扩散干系范围：牵连多部门，制造各种利益冲突，让问题尾大不掉。

过度细化职责与分工：形成众多小团队，让他们相互扯皮、纠缠不休。

绝对民主作风：优柔寡断、不决策。

精彩回复三：

根据全行业不同领域发展的数据报告，不断提出有理有据的新需求，不断新建产品的故事主线：1.X 版本讲这个故事，2.X 版本讲那个故事，还要告诉老板，1.X 的故事过时了。原先只有一条的核心产品线扩张到 *N* 条，通过 KPI 细节的调整，瓦解产品、技术、商务同学的合作关系，让“爷凭什么给你做”成为企业文化的典范。

1　新浪微博原帖可扫描右侧二维码进行阅读。

精彩回复四：

以严格时间管理的名义，要求最快速度上线。

以迭代的名义，经常调整改版计划，做多个方案折腾团队。

以尊重团队成员意见的名义，把每个人的想法都采纳一点，做个“四不像”。

做几次十分无聊的 team building 以瓦解军心。

精彩回复五：

忽悠董事会给他们定神话般的 KPI。

反复刹车，反复改模式。

找各种人给他们的产品提意见。

精彩回复六：

最多人提到：把项目搞得华丽而臃肿，使劲拖进度。

最讽刺方法：把号称是业界第一的牛人挖过来。

最搞笑方法：对大多数产品经理来说，认认真真做产品就行。

成功的产品都是相似的，因为每个环节、每一步都要做对，而失败的产品各有各的不同，因为任何一环出问题都会垮掉。回顾一下，本书第 03 章到第 07 章讲述了“从一个想法开始，直到把第一版的产品做出来”的全过程。然而，这仅仅是一个开始，任何一个好产品都是一步步强大起来的，也就是说，这个过程要一次又一次地重复进行，这就是本章的主题“规划与迭代”。

回想一下最开始的微信，只是一个免费发短信的工具，没有语音、没有群、没有摇一摇、没有朋友圈、没有公众号……

2003 年淘宝成立，在 2006 年以前，你要买东西，只能“立刻购买”，没有购物车。作为一个产品经理，不能只看到表象，没有购物车实际上意味着淘宝当时还没有订单系统，线下商场常见的促销手段，比如满 1000 减 500，是没有办法实现的。这同样说明，那个时候的淘宝还没有后来引以为傲的营销体系。

评判一个产品是否真正成功，有一个必要条件是看它的版本号。如果小于 3.0，产品还处在早期的探索阶段。版本号的逐渐增加，就是通过迭代和规划来实现的。

“迭代”和“规划”，这两个词究竟是什么意思？表面看，说的都是“一步步来”。但其实它们的区别，在《精益创业》中有一个特别贴切的对比：发射火箭和开车出门。

大家对发射火箭都不陌生，发射之前要把所有能准备的事情都准备好，再按一个发射按钮，经过 10、9、8、7、6、5、4、3、2、1 的倒计时，火箭就发射出去了。然后，就只能祈祷一切顺利，火箭不要掉下来。这意味着点火之后，做任何事情都无法干预发射结果了，这叫发射火箭的模式。而开车出门之前，我们往往只有一个起点和一个目的地，在开车的具体过程中走哪条路，可以边走边看。如果用高德地图，它会根据实时路况帮你自动躲避拥堵，随时变换路线。你要去右前方某地的话，在前面某个路口直行也可以，右转也可以，到路口后看红绿灯临时决定也来得及。边走边看，就是开车出门的模式。

这两个比喻在书中是用来说明，在做产品，特别是互联网产品时，很难做到像发射火箭那样，在点火前收集到足够充分、完备的信息，准备好一切后再发布，也就说无法事先“规划”。我们面对的局面往往是信息很难收集、市场在快速变化，所以做产品更像是开车出门，有一个明确的目的地，然后走一步看一步，这就叫作“迭代”。

再看这一对词，你会发现规划的一步步来，是以自我为中心、以公司为中心的，是生产驱动的。而迭代的一步步来，是需求驱动的，是对用户反馈的不断响应，需要根据市场信息的变化来一步步调整。

打一个比方，迭代其实是瞄准、射击、再调整的过程。大家可以想一下，射击时怎样才能够尽快地打中靶心呢？一种做法是花很长时间瞄准，经过各种计算后打出一颗子弹。还有一种做法是，大概瞄一下就打一颗，根据这颗子弹的弹孔距离靶心的远近做出调整，调整完后再快速打出第二颗子弹，就这样不停地调整、发射、调整、再发射，其实更容易打到靶心。当然，这里有一个非常关键的前提，就是子弹不贵，而互联网正好就属于这种子弹不贵的行业。

以上内容，明显是在推崇“迭代”，但其实“规划”应用得当，也能产生巨大的价值。规划是战略布局，是定方向，做正确的事；迭代是战术实施，是定走法，正确地做事，二者各有短长。下面，就先讲一下规划的具体做法。

8.2　规划：只看最短和最长

一个产品经理在做产品三五年之后，不可避免地要碰到写规划这件事儿。在快速变化的互联网行业里，规划到底该怎么做才有实际意义呢？

我的建议是，只做最短和最长的规划。短的规划是指最近 1 到 3 个月，最多 6 个月的时间段里，要做什么，其实更像一个项目计划。长的规划是要预判产业终局，比如 3 到 5 年，甚至 10 年以后会是什么样子，要思考那个时候我们能处于产业链的什么位置。有不少人，其中不乏大牛，持“规划无用论”的观点。如果将他们说的无用，理解为中等时长规划的无用，则并无不妥。对于 1 到 3 年这样尺度上的规划，在一个快速变化的行业中，多想无益，只能选择放弃思考。

规划通常会有业务规划和产品规划两种。字面意思看，产品规划只需要讲清楚产品要做什么，而业务规划更完整，要涉及不少商业上的话题，因此业务规划要大于产品规划。一份业务规划，与第 07 章提到的 MRD 类似，分为三大块：Why、What、How。

业务规划可以包含 MRD 里的所有内容，但它更加强调“未来几步怎么走”，就像一名优秀的棋手，会多算几步，更通俗的说法是：吃着嘴里的，看着碗里的，想着锅里的。它和 MRD 相比还应该说清楚以下三点。

- **一句话的业务定位**：如果一句话说不清，那就说明定位还不够准，还需要反复想清楚。这句话通常也会表现为产品的 Slogan，比如小红书的“全世界的好东西”、微信的“一个生活方式”，以及陌陌的“总有新奇在身边”。
- **一个业务模型**：包括这个业务内部分为哪些模块，彼此之间有什么关系，与产业链中的各个角色怎么配合，如何平衡各方的利益，自己如何赚钱等。为了更加清晰，可以画几张图来表达。图 8-1 出现在阿里集团 2016 年 7 月的公开季度财报，它从最宏观的视角描绘出阿里的完整业务模型。

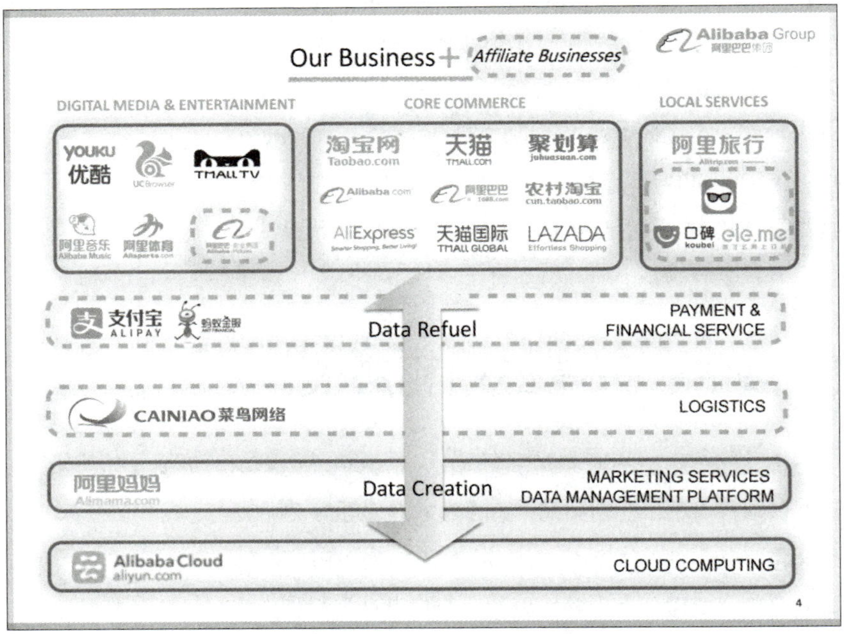

图 8-1 阿里集团 2016 年的业务模型

- **三五个业务关键点：**接下来的一段时间，主攻的几个业务难点是什么。比如"入驻平台的卖家数在 1 个月内达到 10000""3 个月内把服务扩展到所有省会城市"或"半年内谈妥 ABC 几个战略合作伙伴"。

作为一个产品经理，如果规划做得好，就有可能再进一步，参与公司的战略讨论。

8.2.1　从规划向上看战略

长期的规划即战略，它是一种从全局考虑、谋划实现全局目标的规划。一个战略就是设计用来发展核心竞争力、获取竞争优势的一系列综合的约定和行动。选择了一种战略，公司即在不同的竞争方式中做出了选择，从这个意义上来说，战略选择表明了这家公司打算做什么，以及不做什么。

战略上接企业的使命、愿景、价值观，下接具体的战术实施步骤，包括产品规划。这里不说过于理论的概念，而是通过案例来看看阿里十几年来是怎么做战略规划的。长期布局方面，个人认为阿里在业内确实属于一流。

阿里巴巴成立于 1999 年，最初的几年处于找方向阶段，也做过给中小企业建网站的事情。第一个比较成功的业务是阿里巴巴 B2B，包括中文站和国际站，主要解决的问题是让内、外贸企业做生意时信息更加通畅。靠着诚信通和中国供应商两款产品收的会员费，阿里养活了自己，并且有了充足的现金流来思考下一步。

电子商务有信息流、资金流和物流这三流，只做信息流的话，创造的价值有限，所以阿里希望介入资金流。而在 21 世纪初，B2B 业务很难直接做在线交易。于是，阿里先从个人的 C2C 业务切入交易，这就是淘宝。

为了让消费者在网上交易更加方便，阿里顺理成章地做了担保交易的产品——支付宝，以及讨价还价的工具——旺旺。这发生在 2004 年左右。

随着淘宝卖家逐步长大，他们产生对管理软件的需求，于是阿里软件应运而生，后来发展成阿里云，给更大的商家提供各种技术基础设施。而为了帮助商人更好地做生意，阿里也先后做了不少教育类产品，例如阿里学院、淘宝大学，它们帮助商家培养了很多人才。

随着消费者对网络购物的接受度越来越高，很多人不再满足于在网上购买大众化商品，于是淘宝也进一步分化。C2C 平台主攻商品的丰富度，叫"万能的淘宝"，B2C 平台主攻商品的品质，叫"品质天猫"，C2B 平台主攻消费者反向定制，叫"无所不能聚的聚划算"。而整个淘宝也找到了比收会员费更高效、更自动化的盈利模式——广告、抽佣，成立了阿里妈妈。

时间到了 21 世纪的第二个十年，因为网购的推动，物流、快递行业飞速发展，阿里内部对物流业务尝试多年也积累了相关经验，终于成立了菜鸟网络。

再说到资金流，B2B 的在线交易也开始成熟，阿里反向切回这个市场。

而最早只是淘宝财务部的支付宝，也不再仅仅是一个支付工具，还包含了理财、信贷等金融业务，拥有了更大的想象力。

说到这里，都还只是和电商强相关的主干业务。随着电商版图的全覆盖，阿里继续进军娱乐、健康产业的故事还在进行中，这里不再展开。

整个过程，能明显地感受到一浪又一浪的接力领跑。这其中，马云和他的战略团队功不可没。

8.2.2 通过提问把别人干翻

标题有些惊悚，但下面列出的提问，无不是规划时应该认真思考的。哪怕你对一个业务不是很了解，也可以通过一系列的合理提问，去弄清楚这件事的关键点到底在哪里，最终得以提升规划的能力。

先说说抢资源时如何提问。这种事儿通常发生在规划 PK 会上，因为大公司人多事多，所以**选择不做什么比决定做什么更重要**，于是每隔一段时间，就会有一次产品和业务规划的 PK 会。这个会，和第 03 章谈到的产品概念筛选及第 07 章谈到的立项前的评审，在实际操作中有可能合并，因为目的和参与者很类似。会上公司会决定接下来的资源投向，参与宣讲的就是每个产品和业务的负责人。

当然，小公司可能不会召开这么正式的会议，但依然可以用下面这些问题拷问自己，因为同样需要对市场、团队和投资人负责。

我在天猫的时候，负责营销产品线和几个垂直市场。那会儿天猫的老大，就是后来阿里集团的 CEO 逍遥子，超级擅长用犀利提问的方式把大家问得哑口无言，大家私底下都开玩笑地互相问，你觉得这个 PPT 能撑到老板的第几个问题？而且，也逐渐习惯以接招数量为衡量规划质量、思路的标准。

有幸被拷问过的那几次，每次都冷汗直冒。后来，即使逍遥子不在会上，大家还是会互相拷问。毕竟资源就那么多，干掉别人的规划，自己的机会就多一点……下面，说说我的心得：怎么在规划 PK 会上，通过提问题的方式把别人干翻。

1. 每次对方讲完 PPT。

为什么要做这件事，不做的话会“死人”吗？

2. 看到对方从总体 KPI 分解出的目标。

这是用户的目标还是我们的目标，是不是老板的目标，老板换了怎么办？

3. 看到对方从用户需求出发，引用了一个观点。

这个用户有普遍性吗，能代表多少人，这类用户对我们的优先级是什么？

4. 看到对方引用一个数据来证明自己的观点。

数据来源是什么，什么时候获取的，是怎么采样的？

5. 看到对方的规划写得太实在，都是项目方案。

为什么没有看到这个产品线的大图，5 年后这个产品是什么样子，你实现整个图景的路径是什么？

6. 看到对方写得太虚，都是画大饼。

未来的确很美好，但怎么实现？现在如果只做一件事，最重要的是什么？你打算怎么做？

7. 看到一个运营方案需要资金预算。

你能给出量化指标吗，ROI 是多少，这笔钱真的能用在最看重的用户身上吗，会不会被不投钱就已经很活跃的用户花掉？

8. 看到要做的事情太多。

这么多事情，你打算组建多少人的团队，他们都需要什么能力，怎么分工？如果只给你两个人，怎么办？

9. 看到要做的东西真的很吸引人。

实现路上会碰到的最大问题是什么，你打算怎么解决？需要大家怎么配合你，你打算如何说服各个部门都来帮你？

10. 看到具体的项目。

你这些项目需要占用的开发资源有多少，如何给技术同学带来成长和成就感？

其实还有很多类似的问题，就不一一列出了。这些问题都是通用的，和具体的业务无关，但真实会议中往往还要加上与产品实际业务相关的问题。如果你能回答出全部问题，就是一个无敌的产品经理。实践中建议多经历几次这样的强化训练——先是多问，再是多被问，收获会很大。

当然，干翻别人不是目的，防止被干翻才是目的。更终极的目的是为了把各种问题都想清楚，使做出的规划更靠谱，团队资源的分配更合理。

对提问方法感兴趣的读者，还可以去仔细研究一下苏格拉底法[2]，对提升提问能力很有助益。下面再给大家讲一个通过提问引发深思的故事。

2010 年左右，前阿里巴巴 B2B 公司 CEO 卫哲在走动管理[3]期间，来到我们团队问了一系列问题，令我印象深刻。当时，我们正在做一款淘宝卖家的管理工具，其中有一个功能是帮助淘宝卖家研究市场行情。

问：“你们怎么想到要做这个产品的？”

答：“我们在和卖家接触时发现，有很多人花很多时间了解竞争对手的情况和市场上什么好卖。”

问：“有多少卖家做这件事，多久做一次？”

答：“大部分卖家每周都会做几次。”

问：“他们现在是怎么了解竞争对手的情况和市场上什么好卖的？”

答：“他们现在每天都会上淘宝进行搜索，找到同类商品卖得好的卖家，然后看别人的关键字设置有什么特点、价格是多少、卖了多少件、做了什么活动，每周要花好几小时。”

问：“那用了你们的产品后，他们怎么做这件事？”

答：“用了我们的产品，他们一方面可以看到针对他的某个宝贝，同行的类似宝贝有哪些、价格如何、销量如何。另一方面可以看到某一类目的特定关键字下，哪些宝贝卖得最好。”

问：“也就是说你们是在帮他们节约时间？小企业的时间是不值钱的，中国是这样，美国也是这样。”

我们有些无言以对。

问：“这些数据他们自己在网上能看到吗？”

答：“能，但有些统计和分析，比如平均价格、有多少人比他价格高之类的看不到。”

问：“那知道了这些信息之后他们能做什么？”

---

2 古希腊哲学家苏格拉底和人讨论问题时常用诘问法，又称苏格拉底法（the socratic method）或产婆法（比喻为知识接生）。这种方法首先是怀疑的：苏格拉底认为一切知识均从疑难中产生，愈求进步疑难愈多，疑难愈多进步愈大；其次是谈话方式的：采用谈话的方法，以辩论为技术来寻求真理和概念的正确定义。

3 走动管理是指高阶主管抽空前往各办公室走动，以获得更丰富、更直接的员工问题，并及时了解员工工作困境的一种制度。

答："他们可以做一些关键字或价格的修改，或者换一下推广的商品，使买广告时更有的放矢。"

问："那我们的功能有没有和推广挂钩，比如和淘宝直通车做整合，直接让它来做投放的优化？"

这个问题我们还没有想过，但立刻意识到可能是一个方向。当时的对话还有很多，这里就展示到此，事后我们进一步思考了上述问题，感到对产品的帮助确实很大。

通过问答的方式，可以提升思考的深度。同样，还可以通过演练的方式来提升规划的实战技能。

8.2.3　提升规划能力的实践

下面分享一个淘宝某些团队的简单实践。

- 让产品团队每个人做一份自己产品的规划，规划周期可以限定为 3 个月。重点是每个月要拿出 1 天时间，每个人轮流宣讲，听众是团队其他人。
- 每个人讲完以后，听众轮流说一点"好"与一点"可以更好"（其实就是"不好"的委婉说法），不许重复。可以针对规划本身，也可以针对 PPT 制作、演讲技巧等。
- 主讲人自己在白板上记录大家的发言，等所有人发言完毕后统一进行回复和讨论，会后优化产品规划 PPT 以供下次讨论。

一般半天时间（4 小时计）可以讨论 3 个人的规划，假设是一个 6 个人的团队，一天时间正好全部讨论完。最终每份规划可以得到 5 点"好"与 5 点"可以更好"，全组就能得到 30 点"好"与 30 点"可以更好"。相信 3 到 6 个月下来，每个人的产品规划、PPT 演示能力都会有显著的提升。

熟练之后，对现场点评的内容还可以进行约定和细分，比如从产品规划的 Why、What、How 几个层面分别给出评价。

还有一个小技巧：如果团队成员比较温和，不愿意互相批评，可以用评选最优评论员与最差评论员并适当奖惩的措施来加以刺激。

这种在实战中互相学习的模式，可以推广到"如何写出一份好的 PRD""如何做竞品分析"等诸多产品经理技能提高目标，成败不论，贵在坚持。

8.3 迭代：再理解敏捷

说完规划再说迭代。

提到“迭代”一定绕不开“敏捷”这个词。敏捷是一个偏技术的概念，是指以用户的需求变化为核心，采用循序渐进的方法进行软件开发。敏捷最重要的不是那些具体方法论，反而是底层的价值观、宣言和原则。对此先说说自己的理解，然后再分享一些实践。

8.3.1 价值观、宣言与原则

首先结合敏捷的五个价值观，谈一谈我自己的体会。

沟通

团队中绝大多数的问题，问五次为什么之后，都会归结于人的问题，或沟通的问题。团队配合过程中，开始就约定好明确的“沟通计划”和“沟通原则”是很有必要的，比如“工作日每天 18 点开站立会议”“最新信息及时同步给相关人，不要藏着、掖着”等具体约定背后的目的，是要实现团队成员之间真正的互相信任、互相认可。

简单

简单强调一切按需，遵循的是 Less is more（少做就是多做）原则。随着技术发展，各种基础设施越来越完善，有很多任务都可以由更小的团队来完成。小团队在做产品时，要努力做一个爆一个，不要堆砌功能。在团队管理、文档、流程等方面也要力求简单，切忌为了显得“正规”而增加一些不必要的规范。

反馈

及时获取反馈，用反馈来拥抱变化。阿里的价值观里面有一条“拥抱变化”，让所有人印象深刻。因为我们所在的这个行业实在变化太快，只有适应变化才能够生存下去。及时变化的前提是不断地收到各种反馈，所以信息透明、共享是整个团队必须做到的。Teambition 公司的前台有一块很大的屏幕，实时展示整个公司的各种运营数据，供全公司同事甚至外部参观者随时了解，这种信息公开的力度可不是每个企业都能做到的。

勇气

不怕犯错，勇于尝试。在一个新兴行业里，怕犯错就什么都做不了。支付宝在 2010

年左右被财富通、快钱挤占了很多市场份额，能在 2012 年后得到好转，就是因为价值观上的一个重要转变，由原来沿袭自金融业务的求稳、不许触犯红线、不能冒险，改为——可以冒险，只要对用户有价值。马云对支付宝员工说，你们尽管去冒险，要坐牢我第一个去。之后，支付宝的策略开始稍显激进，比如说推出余额宝。有一句比较极端的话，“所有的创新都是从犯规开始”，很多公司发展之初都是先打擦边球。当然，我们要有道德底线。各种出行服务的公司，先用创新让政府、社会看到价值，然后让他们自觉做出响应、修改规则，这才是真正的互联网创新，这就叫勇气。

谦逊

承认自己的无知，也是互联网行业很重要的一个特点，它来自“求援”思维。我们经常向专家求援，甚至向用户求援，力争把对方的智慧、能力榨取出来，为产品做贡献。就像经常听到的一个词 UGC——用户生产内容，就是很典型的向用户求援的一个例子。事实上，很多内容属性强的产品，里面绝大多数精彩的内容都是用户贡献的。团队配合时也需要每个人能保持谦逊，大家都是各自领域的专家，通力合作才能达成目标。

再来复习一下敏捷宣言：

一、人与人的交互，重于过程和工具。

二、可用的软件，重于详细的文档。

三、与客户协作，重于合同谈判。

四、随时应对变化，重于循规蹈矩。

敏捷的整体思想非常目标导向、结果导向，也非常接地气，以上四条也都很容易理解。我想多说两句的是第三条，它告诉我们要用敏捷的方式做项目，客户方与实施方之间千万不要搞成“甲方”和“乙方”的关系，而要像一个团队一样彼此协作。因为市场变化很快，采取甲方派任务、乙方实施的接力棒模式，响应速度一定跟不上。

最后看看更具体的敏捷十二条原则：

一、对于我们而言，最重要的是通过尽早和不断交付有价值的软件满足客户需要。

二、拥抱变化，欢迎需求的变化，即使在开发后期。

三、敏捷过程能够驾驭变化，保持客户的竞争优势。

四、经常交付可以工作的软件，从几个星期到几个月，时间尺度越短越好。

五、业务人员和开发者应该在整个项目过程中始终朝夕在一起工作。

六、围绕斗志高昂的人进行软件开发，给开发者提供适宜的环境，满足他们的需要，并相信他们能够完成任务。

先聊聊对前六条的想法。

敏捷对团队的要求非常高，它要求团队里每一个人都是独当一面的高手，在能力上非常专业，在态度上非常职业。这样的团队，人均产出很高，因而能保持团队规模足够小，员工福利足够高。我们经常对硅谷某些公司的免费餐饮羡慕不已，但团队整体效能上的差距，才是更显而易见的。

能力不足、新手太多的团队没有办法照搬敏捷的各种做法。比如，没法让新人“认领任务”，只能自上而下地指派任务，因为新人对工作量的评估常常不准；再比如，过于木讷的工程师无法和客户顺畅沟通，只能通过产品经理来传递信息。

职业精神不强会造成更大的问题。典型例子是，绝大多数国内运动员能理解“第二天要比赛，前一天晚上不应该去泡吧”的合理性和科学性，但有的运动员则必须真有这么一个规定来约束自己。我也碰到过一些职业素养不高的互联网企业开发人员，承诺交付日期后屡屡拖延。

所以，敏捷在具体操作层面上，要根据团队情况做一些调整，接着看后六条敏捷原则。

七、在开发小组中最有效率也最有效果的信息传达方式是面对面的交谈。

八、可以工作的软件是进度的主要度量标准[4]。

九、敏捷过程提倡可持续开发。

十、对卓越技术与良好设计的不断追求将有助于提高敏捷性。

十一、简单——尽可能减少工作量的艺术至关重要，最好的架构、需求和设计都源自自我组织的团队。

十二、每隔一定时间，团队都要总结如何更有效率，然后相应地调整自己的行为。

在具体操作中，敏捷思想认为我们应该和利益相关方、核心团队共同维持一个稳定的节奏，以对抗敏捷造成的随时可变、心里没底的状况。通过一个月左右的时间，让大家形成一种习惯，每一个迭代周期里，第一天做什么、哪几天开发、哪几天测试、什么时候 Review……这样建立起来的确定性能够大大增加每个人的心理舒适感。

---

4 有一个段子说：“如果你花了一个月完成了开发工作的 90%，那么最后 10%还需要两个月。”所以，脱离了最终可用产品的开发进度都是纸上谈兵。

8.3.2 敏捷项目管理的实践

说完了对敏捷方法的理解，再聊聊实践。我经历过的团队，最常采用的是以 Scrum 方法为原型，再根据实际情况略做调整。下面，先说一下对几个 Scrum 关键概念的理解。

▶ 团队角色

PO（Product Owner）通常是产品经理，要对各种利益相关方负责。

SM（Scrum Master）充当教练的角色，一般由对流程、方法论比较熟悉的人来担任，不建议这个角色和 PO 重叠。

Team 由核心成员组成，其中的某一个人是可以担任 SM 的。

▶ 关键产出物

Product Backlog 指比较长期的产品任务表，即第 06 章提到的功能列表。

Sprint Backlog 在 Scrum 里指当前这个迭代里面的任务点。

Burndown Chart 是燃尽图，用来监控任务是不是在按期推进。

▶ 重要的会议

首先是每个迭代的**计划会**，经常和**需求评审会**合并，主要目的是明确任务，以及评审这个迭代里需要做的功能。

每天的**站立会议**，是重要的信息同步手段。

功能评审会用来评估做出来的东西是不是想要的。

回顾会的目的是为了过程改进，因为 Scrum 和敏捷最核心的思想就是不断优化，以优化出一个最适合当前团队的方法论。

▶ 日常管理工具

看板是一个非常重要的实用工具，很多公司的办公区里都会有，在硅谷创新公司里也被广泛应用。比如，有一块写着当前迭代关键信息的白板，或者有一面用来粘贴任务卡片和便利贴的玻璃墙，如图 8-2 所示。

接着，再说一些 Scrum 实际应用的具体做法。

2015 年下半年，我孵化的一个项目，采用的就是以 Scrum 为原型的敏捷方法。

图 8-2 我在硅谷某孵化器里拍的看板

当时的团队成员大部分只有 1 到 3 年的工作经验，缺乏足够的专业训练。所以在开始几周，花了很多时间跟大家一起定规矩，并最终制定出如图 8-3 所示的简化项目流程。

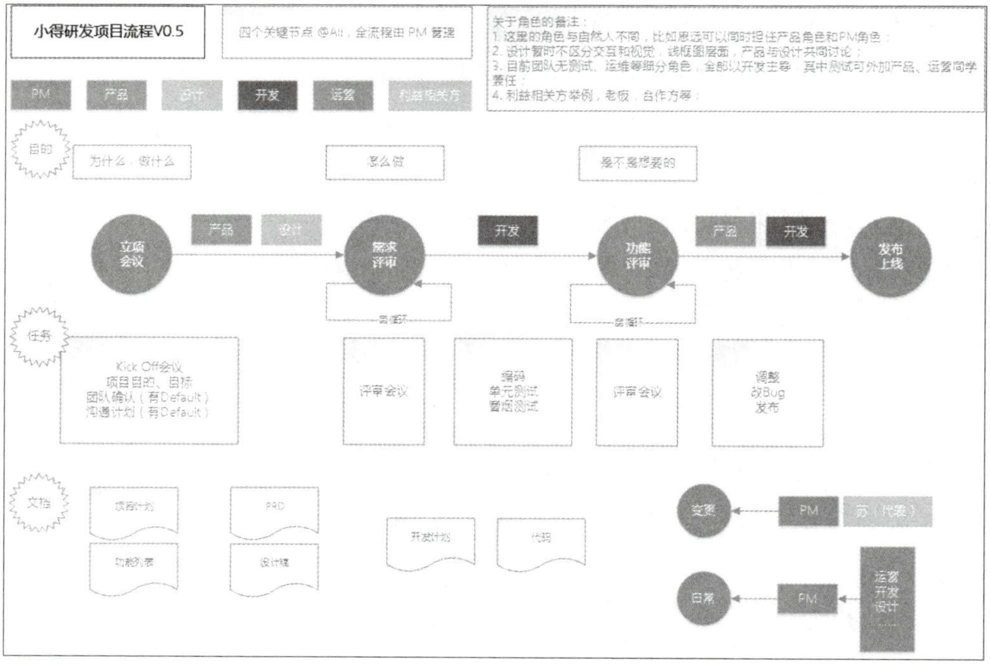

图 8-3 创业公司的简化项目流程

项目流程简化

角色的简化

首先，根据业务和团队的现状，对项目进行了合理的角色简化。这还是挺考验经验的，必须见过分工很细的团队，且能理解其中每个角色是怎么一步步分化出来，以及不同角色各自的设置目的，才能做好。当时这个项目的做法是：不区分交互和视觉，用全民测试代替专职测试，运维、DBA 等全部由开发承担，前端职能单列出来，最终一共设置四个角色：产品、设计、前端、开发。

流程的简化

同样，需要见过更复杂的流程，知道每一个环节是为了防止出什么状况，才能合理地简化。最后，设置了四个关键节点。这些节点是除了产品、技术、运营之外的其他关键团队成员也要一起参与的，已经没法再减了。

- **立项会议：**确定项目目的——为什么、做什么（时间控制在半小时以内）。
- **需求评审：**确定项目怎么做（对相对较小的项目，可以和立项会议合并，总体时间控制在 2 小时以内）。
- **功能评审：**简单地讲，就是在测试环境下演示一下产品，以确定做出来的是不是团队要的（1 小时左右搞定）。
- **发布上线：**确定产品是不是用户想要的，以及用户还要什么。通过获取用户反馈来让产品的优化形成一个螺旋上升的闭环。

以上说的是主流程，还有两个常见的分支流程也简单提一下。

- **需求变更：**这在项目过程中不可避免，一开始可以简化成某个人拍板，决定是否接受变更。
- **日常需求：**即零散、随机出现的小需求。开始只掌握一点，即所有需求必须经过产品经理，运营等角色不能直接找开发，确保产品经理知道所有的需求信息，以便统筹安排。

文档的简化

在项目开始阶段，文档只保留 PRD、设计稿、代码三件套，其他文档，都用看板、白纸加上拍照留存来解决。既然看板可以代替很多文档的职能，接下来就看看其在项目中的实际应用。

看板实践

看板这种看起来很原始的线下手段，事实上在研发项目过程中特别好用。与在线软件相比，它最大的好处是，所有不时路过看板的人，只要抬头就能看到所有关键信息。

任务卡片

看板里经常用到的基本元素是任务卡片，它其实就是一张如图 8-4 所示的便签，上面一般会呈现几个关键信息。

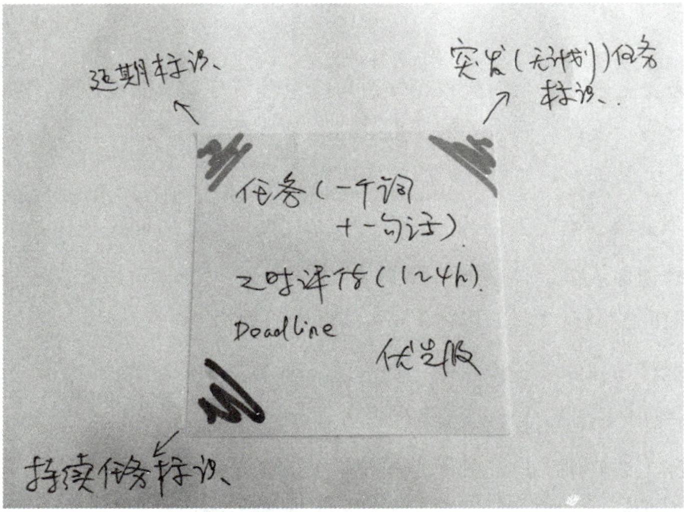

图 8-4　本地化的任务卡片

- **任务描述**：一般是一个词加一句话（如果一个词可以讲清楚，也可以不用一句话）。比如，前端可以写一张叫“Detail 页面制作”的任务卡片，产品可以写一张叫“后台订单管理需求细化”的任务卡片。
- **工时评估**：对于 2 ~ 4 周的项目，评估精确到 1 ~ 4 小时的粒度比较合理。如果一张任务卡片上的工作量超过 8 小时，则需要分拆。对工时的评估，一开始不准确很正常，通过每天的站立会议回顾和改进，很快就会越来越准。
- **deadline**：写明日期即可，因为人人都信奉 deadline 是第一生产力。
- **优先级**：任务越多就越需要重视和完善这个信息。

图 8-4 任务卡片的角部，还能看到三个很明显的小标志，这是我们团队的实用小创新。在一张任务卡片相应角部位置做出标记，就表示这一任务具有如下的特定属性，可用来提醒团队注意。

- **左上角标：**表示此卡片的任务延期。少量的任务延期是正常的，也是允许的，但要进行监控。如果发现项目里有很多人出现大幅延期，则说明计划制订不合理，需要及时调整；如果只是个别人出现大幅延期，则更可能是个人问题，需要延期人自己加班赶上进度。团队要达成共识，让别人等、浪费别人时间是可耻的。
- **右上角标：**表示突发任务。少量的突发任务也是正常且允许的，但如果有大量突发任务，则说明缺乏经验、计划不足，或者有“外力”经常干扰项目进程。
- **左下角标：**表示持续任务，可以一直贴在看板的 Doing（正在做的）任务列表里。比如，对产品经理来说，“处理用户反馈”就算一个持续任务。而非持续任务都应该从看板的 Doing 列表及早转移到 Done（已完成的）任务列表。
- **右下角标：**未定义的备用标记。团队在做项目的同时会不断优化项目流程，如有需要可以临时定义这个新的角标。

还可以灵活运用卡片的不同颜色。比如，我们团队有 4 种角色，正好对应 4 种颜色的卡片，这样可以让看板更加清晰。

看板应用

在日常工作中，一个完整的看板应该怎么应用呢？看一下如图 8-5 所示的看板，其横坐标是 Todo（未开始的任务列表）、Doing 和 Done，纵坐标是各种团队角色。当时，团队每天下班前，也就是 18:00 开站立会议，大约持续 15 分钟，会上每个人只说三句话。第一句“今天做了什么”，说某个任务的同时指着看板上对应的任务卡片，如果任务完成，则把卡片从 Doing 一列拿到 Done 一列，如果延期了就涂上左上角标；第二句“明天打算做什么”，同时指着 Todo 一列的相应任务卡片，并把它拿到 Doing 一列；第三句“碰到什么困难、需要什么帮助”，与大家一起讨论，但不展开，具体的细节可以约着会后私聊。

而 Todo 里的便签，是平时每个人分解完任务后，随时贴进看板的。

实践中还根据需要确立了一些规则，比如团队里每个人都要轮值汇总周报，以及担任周会召集者。

通过以上项目流程的执行和看板的运用，一个 10 人左右团队、2 ~ 4 周一次迭代的研发项目基本可以得到妥善和有效的管理。

图 8-5　本地化的看板

8.4　天下武功，唯快不破

每个产品都要通过不断的规划和迭代一步步成长，而互联网产品的特殊之处在于成长得格外快。几个月以内，就能亲历一个互联网产品“看他初乍到，看他起高楼，看他宴宾客，看他楼塌了”的全过程，这可比以“几十年”一个变化周期的传统行业刺激多了。

做产品，成功当然最好，但最差的不是失败，而是半死不活地一直拖着，其间的机会成本会大到很难负担得起。互联网产品追求快速，首先要强调研发周期的缩短和迭代频率的加快。因为迭代周期越短，同样时间段内获得的尝试次数越多，用来纠正和改进的机会也就越多。

下面，就让我们从速度的视角来体会一下这个“快生快死”的行业。

8.4.1　互联网速度到底有多快

在产品早期的验证阶段，团队灵活，流程简单，还没有太多的用户，最能体现出互联网速度。有的产品从发现问题或机会，到讨论出方案，再到上线，大约可以做到两三个小时，甚至不到一个小时。

给大家两个鲜活的小例子，第一个来自豆瓣。10 多年以前的豆瓣，还是由创始人阿北一个人来写代码。如图 8-6 所示的这个帖子发布的时间是某个周日将近 23 点，跟帖的若干条讨论也就发生在几分钟内。阿北通过和用户紧密而及时地互动，在几分钟内就完成了对豆瓣页面这个小调整的一系列优化。

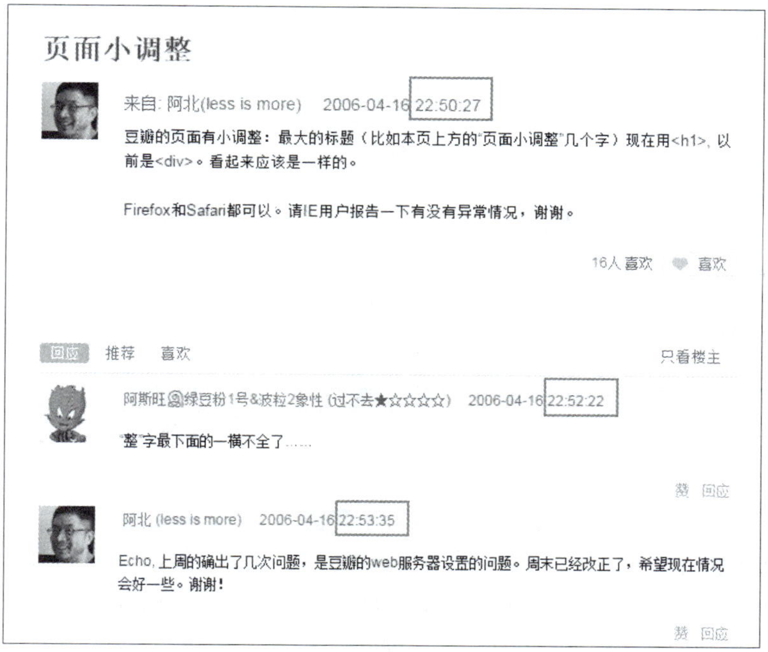

图 8-6　早期豆瓣的迭代速度[5]

第二个例子是互联网产品运营社群“三节课”贡献的，展示了产品和运营是如何配合完成一次快速响应的。

5　有兴趣的读者可以扫右方二维码来膜拜一下这个几乎是史前神迹的帖子。

2016 年 4 月 21 号，微信群里曝出一个很有意思的玩法——用户可以通过修改自己的名字、撤回已发出的消息等操作，在群里留下如图 8-7 所示的有意思的系统提示。

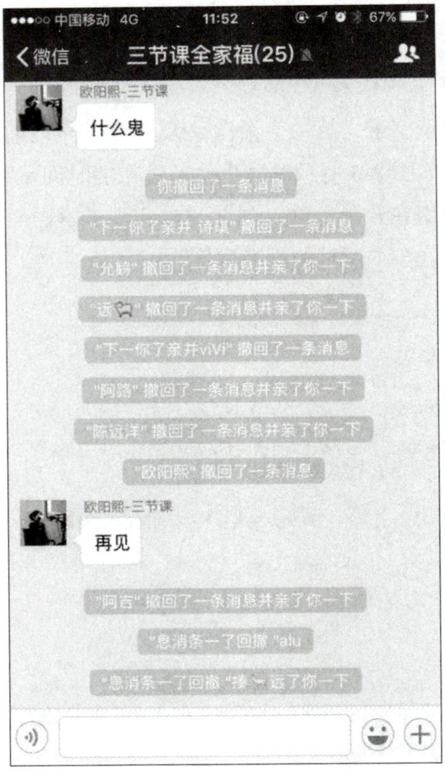

图 8-7　三节课的响应速度

对大多数微信用户来说，这只是一个有趣的小玩法罢了。但职业敏锐度让三节课团队意识到，完全可以趁着业内人士新鲜劲还在的时候，借势做点事情，让三节课从中受益。而达成这一目标的关键，就是响应速度。

下面，依次列出他们采取行动前后几个小时内发生的事情。

11:00 发现这个玩法，三节课的同学自己开始玩。

11:40 技术同学出于好奇，主动研究微信系统提示的运行逻辑。

12:20 技术同学研究出原理，开始思考是否可以做一个全民娱乐的小工具，让大家都可以更方便地留下各种系统提示。当然，这个小工具可以顺带植入三节课的广告。

12:50 工具完成，运营同学接力，开始传播。

13:20 微信同样反应迅速，封掉了这个也许称不上漏洞的漏洞。

在互联网行业里，每天都在上演着与时间赛跑的案例。这个行业的机会很多，但都是稍纵即逝，因此保持敏锐度和快速执行的能力，非常关键。

8.4.2　烧钱是为了抢时间

“烧钱”，似乎是互联网行业很有特色的一个发展策略。能理解快的重要性，就不难理解烧钱的目的——抢时间。对创业团队来说，抢时间尤其重要。

一位创业的朋友在分享运营策略时，谈到“单用户成本”的算法：**计算一款产品的“单用户成本”时，要纳入整个公司的运营成本（含人员等成本），而不是只计算该产品的推广费用**。

举个例子。如果只算推广费用：

A 方案：每个月花 5 万元带来 1 万个用户，单用户成本是 5 元。

B 方案：每个月花 20 万元带来 2 万个用户，单用户成本是 10 元。

如果以这样计算出的单用户成本为考量依据，明显应该采取 A 方案，选择每个月花 5 万元来运营。

但如果考虑公司日常运营成本（包括人员、服务器、带宽等成本，假设一个月为 20 万元）：

A 方案：每个月 25 万元带来 1 万个用户，单用户成本 25 元。

B 方案：每个月 40 万元带来 2 万个用户，单用户成本 20 元。

这次，对比后理所应当选择单用户成本低的 B 方案，而这个方案中投入的直接推广费用是 20 万元，远大于 A 方案的 5 万元。看来“烧钱”是有量化依据的。

当然，这个例子忽略了很多实际情况，比如用户的后续活跃留存等，但其计算方法的逻辑无疑是正确的。除了单用户成本有优势外，B 方案更加有利的是，比 A 方案提前一个月做到了 2 万用户，足足省了一倍时间！对于在和竞争对手赛跑或需要用漂亮数据拿到投资的互联网创业公司，这样的领先意义重大。

多年前我写过一个“攻山头的故事”，里面提到创业和某些大公司的区别：

从前有座山，山上没有庙……但是有好多好多的蘑菇、山药、木耳，让每个人都口水直流，于是，大家都想抢占这个山头，而且只有一天时间。

一支三五个人的游击队，饿得不行了，没时间探路，没时间研究，唯一的机会就是抓紧时间，乘着夜黑风高随便找一条路冲向山头。也许一场大雨引发泥石流，或者踩到一颗地雷，或者遇到一群狼，都会全军覆灭，但如果侥幸冲上去，就立马占山为王，山鸡变凤凰。

这支部队，是创业公司。

一支看上去人很多的部队，实际上是十支集合在一起的游击队。进攻之前，领头的发现依然是没时间探路，没时间研究，心想干脆不探路了，当年在游击队的时候拼的就是 RP（人品）。于是召集所有兄弟开了一个统一思想的会议，言明攻下这个山头的高尚动机与社会价值。然后，十个队长带着兄弟们高喊着：“为了×××，冲啊！”从四面八方涌向山头，十支敢死队也许死了八九支，但只要有一两支冲上去，就胜利了。

这支部队，是阿里。

国内现在的创业环境，更像是综合了上面两个情况。

每个小土包，都有几十支饿得不行的游击队在往上冲，每个人都清楚地知道，他们绝大多数都会死，但从概率上讲，总有人会登顶。这时候，如果选择慢慢来、想清楚了再上，就算路径正确，也是死路一条。因为等你爬了一半，就会发现山顶已经有人了，而——快，才有可能活下去。

听起来，像是有一种“别人孩子都去上补习班，于是我也只好给娃报名”的无奈，而事实上这是一个行业从新生到成熟的必经之路。

8.4.3 省时间的低成本验证

单纯为了速度而横冲直撞，是不可取的，也是得不偿失的。那么，如何合理而科学地加快速度呢？答案就是低成本验证。低成本验证的理念，本质上和迭代的思路完全一致：**在一个快速变化的环境下，不断地用最少的时间、成本去获取市场反馈，不断修正前进方向**。下面举几个例子。

假设你要做一个交易系统。

正常的交易流程一般叫作“正向交易”，要满足买卖双方之间下单、付款、发货、收货等常规需求，是交易系统必备的。但是，“退款/退货”这种“逆向交易”要不要做呢？做的话，系统复杂度会大幅增加，实际工作量不只翻倍，往往会超出 3～5 倍。

怎么办？可以这样低成本验证：先在线上做一个假的“退款/退货”按钮，用户点击以后，系统直接给客服人员发邮件，由客服人员人工完成处理。这样运行几周后看看效果。如果客服只收到几封邮件，那么就继续采用“人肉”处理；如果收到的邮件多到人工处理不过来，就可以理直气壮地上系统了。

除此之外，不轻易做系统还有一个现实意义：上线容易下线难。功能上线后，如果只有很少的人在用，就会陷入尴尬境地。如果下线，这些在用的人会跳起来说：“我用得好好的功能，你们为什么要下线。”而如果迫于这种压力，勉强继续维护着这一功能，一方面有成本，也很吃力；另一方面后续新功能也必须考虑和这个鸡肋功能的兼容、协作。

现在的很多创业项目，启动阶段先做微信公众号、H5 页面，而不是 App，一个主要的出发点也是低成本验证。这么做，开发人力的成本可以低一些，用户获取的成本可以低一些，功能调整的成本也可以低一些。用一个简单的产品雏形把业务逻辑先跑通，然后再考虑是否要做客户端，是很值得推荐的产品策略。

再来一个案例，假设你想做一个垂直领域的导航站。

这个站点可以告诉创业者，创业过程中都会碰到哪些问题，可以用哪些服务解决，可以去什么站点获取资讯。我的建议是，先不要做网站，而是把精心整理的各种资料，通过一篇高质量的文章来传播，收集阅读、收藏、转发的数据，或者挑一些目标用户来问问反馈，再决定下一步怎么做。

最后来说一种有趣的低成本验证方法——利用公关手段。

经常看到阿里 PR 稿件中出现“阿里又要推出×××”“阿里开始进军×××”“阿里正在秘密研发×××”这样的标题，而这很多时候都是有意为之的小动作，甚至产品、技术团队都毫不知情，更谈不上真正开始投入资源了。而很多对手会被带到沟里，开始研究对策、排兵布阵。

大机构想推出新政策的时候，先借助合适之人如专家的嘴，或其他渠道如非官方媒体、小道消息等来透露给社会大众，试探他们的反应，得到相应的结果后，或顺水推舟地证实，或矢口否认地辟谣。不用担心最终没做会辜负期待，用户总是很健忘。回顾一下以往的新闻，能想到很多这样的例子。

广义的公关之法，其本质就是先不做，却告诉受众我已经做了，从而收集反馈，其优势在于成本非常低，验证非常高效。

小结一下，低成本验证的核心，就是看谁能用更少的资源、时间等成本，拿到一些假设是否成立的结论，而更深层次的目的，还是为了更好地服务用户，更好地达成公司的商业目标。

8.5 与用户一起成长

产品除了要通过规划和迭代，面对快速成长的问题，还需要在更大的时间尺度，比如 5 到 10 年上，考虑用户的成长。经过这么大的时间跨度，产品的用户往往已经不再是最初那批人，产品将面临这样一个选择：是跟着原有用户走，还是服务一批新用户？

举一个校园社交产品的例子。随着最早的一批学生用户毕业，这款产品是应该转而服务职场人士，还是服务新一批的学生？一些同行观察到了类似的现象：一个女性社区，随着用户从小姑娘变成少妇，几年间最活跃的版面也按照用户的自然成长规律，依次在服饰、装修、婚嫁、孕育之间切换。

事实上，产品往哪里走，并不是由产品经理决定的，而是由产品团队和用户共同决定的。产品与用户在几年时间内已经形成共生的关系，产品影响着用户，用户也影响着产品。

试图决定产品走向的产品经理，实在有些自不量力。下面，用豆瓣的成长故事来进一步说明产品发展的自主性。

豆瓣最早的产品是“读书”。对于一本书，如果想讨论内容，可以发书评，但是想讨论作者的八卦，怎么办？于是，豆瓣做了“小组”，把它当作“读书”的“垃圾桶”，有些奇怪的话题都可以去小组讨论。没想到，小组火了。这时，作为一个读书网站的豆瓣，最大的小组居然是“爱看电影”。豆瓣顺水推舟，又做了“豆瓣电影”，而另一些小组催生出“豆瓣同城”。

这个故事告诉我们，产品和用户是一起成长的，只有把用户当作产品的一部分，形成一个大的生态系统，才是正道。

最后，再用一个大家所共知的产品的成长简史来作为结尾。到 2017 年，这个产品正好诞生十年，它重新定义了手机，它把我们真正带入了移动互联时代，它就是 iPhone（以下内容由多篇网络公开资料汇总而成）。

一代的 iPhone

除系统应用外没有安装 App 的概念，也不支持多任务……但，那可是 2007 年。iPhone 的大屏幕、只有一个按键，以及用手指操作的“未来感”，领先了时代至少 5 年。今天的我，已经无法描述第一次见到两个指头缩放、旋转图片的震撼，而电容屏、多点触控是背后的技术支撑。虽说当时 Nokia 还嘴硬，但很快，市面上所有手机都长成了一个样子。

二代的 iPhone 3G

硬件改动不大，但 App Store 的出现实在是一件大事，它通过引入大量开发者来共建生态，并且统一管理，小心翼翼地平衡着“开放与封闭”。开始支持 3G 网络，各种联网 App 变得更加实用。我用的第一款 iPhone 就是二代，安装 App 的便捷性，比原来的智能手机好太多了，它让手机变成了一个没事儿就可以玩的玩具，而不再只是一个工具。

三代的 iPhone 3GS

硬件性能大增，比如摄像头像素从 200 万增到 320 万，容量开始有 32GB。这一代的大事是应用内支付机制（IAP），使整体商业想象力大增，越来越多的开发者愿意参与进来。与用户共生，构建生态系统，从这一年开始逐步成型。

四代的 iPhone 4

样子终于变了，但变的不只是样子。首先是 Retina 屏幕，用过的人都说回不去了，然后是造型，今天看依然经典，而内核，终于用上了 Apple 自己的 A4。软件方面，值得说的是正式把操作系统命名为 iOS，它支持后台多任务，出现文件夹的概念，并且推出了 Face Time。另外需要提一下，这是乔布斯最后一次亲自发布给世人的产品。

五代的 iPhone 4S

Siri 出生，不知大家是否还能记起当初调戏它的场景。iCloud 面世，让果粉们的多台设备成为一个整体，一直不太好用的 iTunes 也开始渐渐淡出。摄像头用上了 800 万像素，加上优秀的软件算法，让不少人直接放弃了卡片机。

六代的 iPhone 5

屏幕尺寸坚持了 5 年，才变大一点点。长了，但居然更轻，这是拿到手的第一感觉。8pin 的小接口，让很多酒店的床头音响无比尴尬，Nano-Sim 卡也又一次引领潮流。这一代，也让果粉们意识到，也许数字后加一个 S，才是真正的好东西。

七代的 iPhone 5S 和 5C

指纹识别很惊艳，第一次同时满足了安全和便捷两大需求。从这一代起，iOS 的设计也从拟物演变到扁平化，这引起了圈内巨大的争论，但同时也是用户与市场成熟的象征：不再需要拟物的提示，改为需要简洁高效。产品线开始细分是这一代较大的改变，终于推出了被念叨好几年的关键词——土豪金，以及低价版的 5C。

八代的 iPhone 6 及 iPhone 6 Plus

终于长大了，还有一个更大的 Plus。软件方面，Apple Pay 是一大亮点，Watch 的应用也值得一说，苹果试图构建一个更加完整的生态。iOS 8 更加开放，各种应用都可以用指纹解锁了，输入法也可以自由选择。所以，越狱这个词，渐渐地开始不为一些 iPhone 新用户所知。

九代的 iPhone 6S 及 iPhone 6S Plus

又是一款 S，各种小修小补，似乎在憋着更大的招。同期，还推出了一款廉价版的 5SE。2016 年年底正在写作本书的我，用的就是 6S。

十代的 iPhone 7 及 iPhone 7 Plus

感觉还是在小修小补。值得说的是，7P 的双摄像头，再挑出一个亮点，难道是闪瞎人眼的“高级黑”（第十代 iPhone 推出的新配色，有着钢琴般的黑色光泽，用了非常先进的材料工艺）？

我们看到，10 年可以让一款伟大的产品具有史诗感。而 iPhone 的产品创新，似乎也开始进入成熟的平台期。

本章，介绍了规划与迭代，从时间角度讨论了产品成长的几个话题。做产品这件事，从某一次的想法产生，到确定做什么，再到做出来，需要一次又一次地如此轮回，正像本章讲的那样。这一切，构成一个产品完整的生命周期，是为时间大局观；而接下来的第 09 章，将让大家的视野进一步横向扩展，来讲讲大运营的话题，是为空间大局观。

8.6　延伸阅读与练习

本章关联到另外几本书的相关章节如下。其中的图标表示推荐阅读（笑脸）与选择阅读（冷漠脸），亦可根据一些关键词扩展阅读。

- 规划偏生产驱动，迭代偏需求驱动　《四步》1~2，page13~55
- 有的放矢的基本原则　《有的》3，page33~53
- 不断优化、平滑部署与快速响应　《启示录》23~25，page142~150
- 合理应用敏捷与瀑布　《启示录》26~27，page151~164
- 一些敏捷的体会　《人人》3.5.3，page167~172
- 路标规划、会议与KPI　《人人》5.3~4，page265~277

可以做的练习任务如下。

任　务	难度星级	耗　时	目　的
1.设计：你的产品，从 1.0 到 X.0 的线路图	★★★★★	4	根据你产品现在的版本号，可以是总结回顾，也可以是展望，关键是找到逻辑主线，以指导后续工作
2.案例：本地化的敏捷实践	★★★☆☆	2	敏捷的实际应用，有哪些不适合的地方，有哪些用得很爽的地方，怎么调整、优化，都可以聊聊
3.设计：团队里需要的沟通计划与协作方法	★★☆☆☆	2	绝大多数的问题，追问五个为什么，都会变成沟通的问题。所以，合适的沟通计划、协作方法，对于快速推进很关键
4.案例：去 App Store 里找一款你喜欢的、已经 V3.0 以上的产品，根据更新记录，写一篇分析报告	★★★★☆	4	一个产品，已经达到了 3.0 或更高的版本号，且还有很多人用，其必有可取之处，赶紧研究、学习一下

「08 成长：规划与迭代」

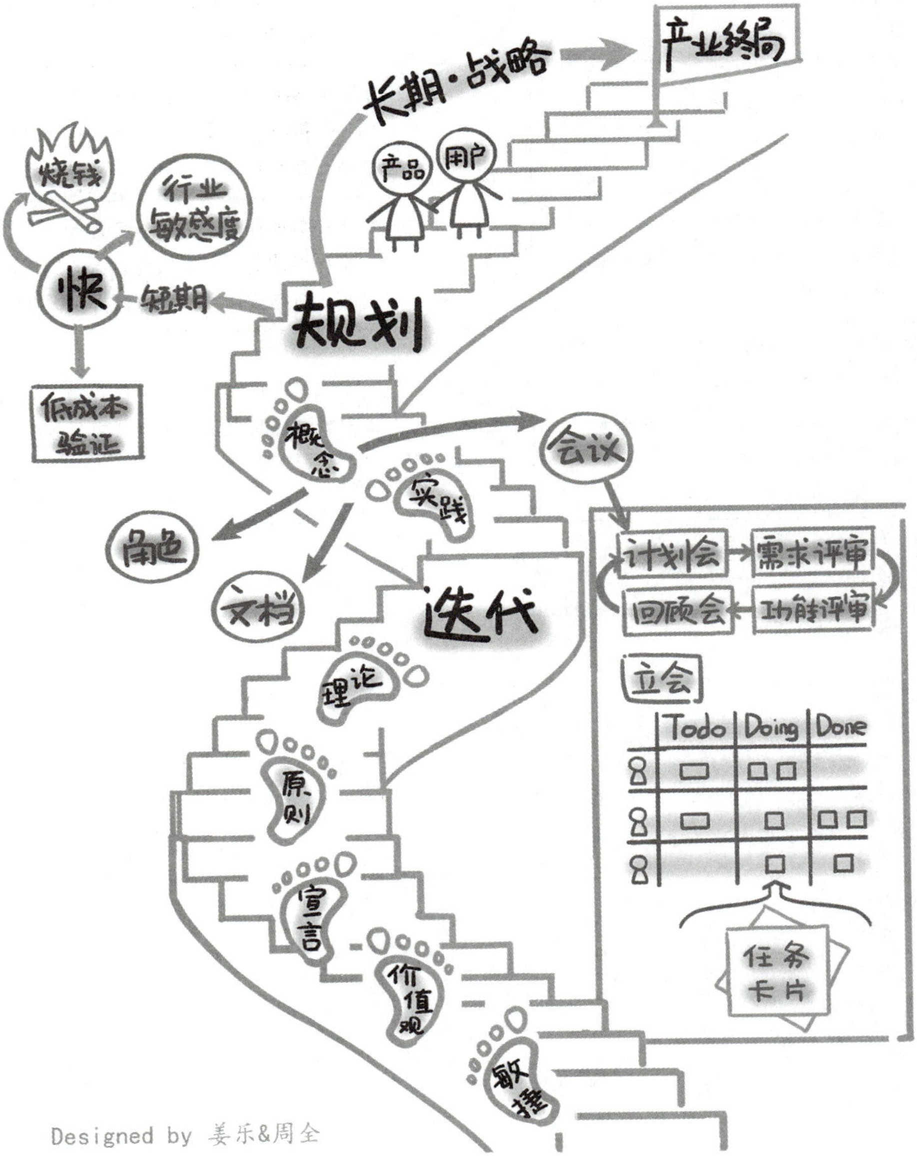

Designed by 姜乐&周全

第 09 章

运营：先验证再扩张

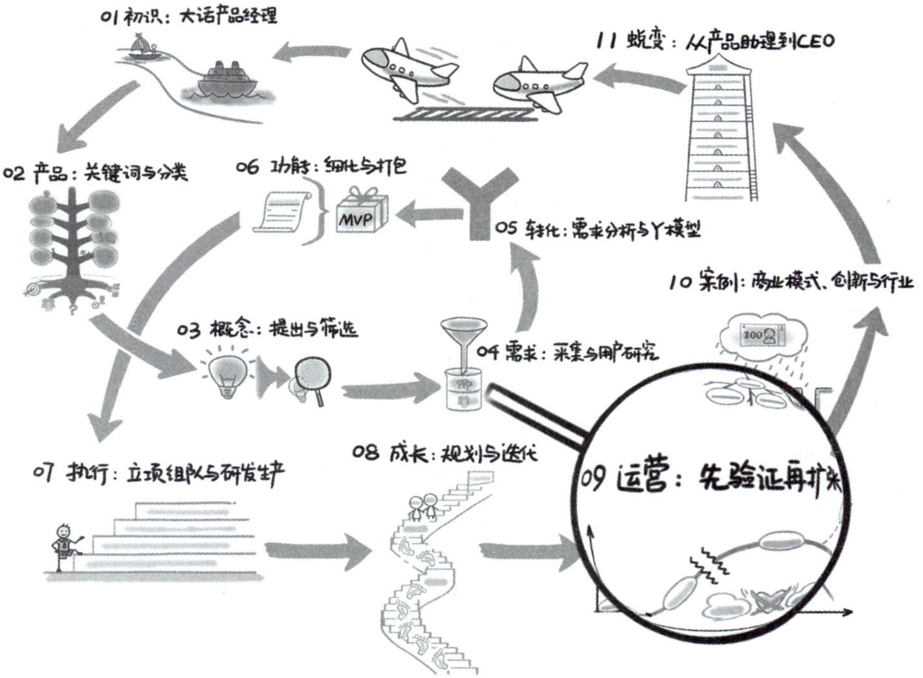

第 09 章 运营：先验证再扩张 / 249

9.1 产品与运营的关系

前面几章介绍了如何把一个产品想清楚，然后一步步做出来。本章将进入下一大模块，谈谈如何将一个产品推出去。这个模块属于“大运营”的范畴，包括运营、销售、市场与品牌等话题。

本章先说狭义的运营岗位，它在互联网团队中往往是作为产品经理的冤家出现的。然后，再说说各种广义运营要做的事情。

如果有人问，产品与运营之间是什么关系？

我会这样回答：“**自古以来，运营就是产品不可分割的一部分**。”

真正的产品经理要对产品的最终结果负责，所以必须要懂运营；而运营，却很少被要求负责“把产品做出来”。比如在阿里巴巴，当产品经理达到一定层级的时候，就必须要具备一定的运营知识。这两种角色的轮岗很常见，而在大公司里如果晋升到总监级别，这两个岗位的任务其实殊途同归。

如果一定要有所区分的话，那么产品经理的职责是将产品做出来，保证其“有用”，而运营的职责是将产品推出去，保证“有人用”。

经常会遇到这样一个衍生问题：在公司里，运营和产品谁说了算？有些公司运营一直压制着产品，有些公司则产品比较强势，而这种强弱对比关系背后是由公司的业务形态决定的。互联网界有“百度的技术”、“腾讯的产品”、“阿里的运营”这样的说法，就正好与 BAT 各自的业务特点一一对应。

“谁说了算”这个问题，在俞军[1]给淘宝当产品顾问时，给出了我认为的终极答案：“**谁懂用户谁说了算**”。

实践中，可以通过对比以下两点来相对容易地识别出，在公司里究竟谁更懂用户。

- 谁更资深：一个产品新人和一个工作 5 年的运营，那当然是运营说了算，反之亦然，这往往直观地体现在岗位级别上。
- 谁对结果负责：只要高层是清醒、理性的，那么把产品的最终结果交给谁负责，权责利就要对等，负责的角色就要有决策权。

[1] 前百度产品副总裁，2017 年担任滴滴产品负责人，业内著名的产品前辈。

9.1.1 需求、功能到卖点

如果说产品经理的核心能力体现在从需求到功能这个阶段，那么运营的核心能力就体现在从功能到卖点的阶段：让一个“有用”的东西“有人用”。就算我们都能很好地找到用户需求场景，做出正确的产品功能，但不同产品的市场表现仍然会千差万别。而造成差距的核心原因，就是讲故事的能力。

说白了，就是面对用户时，应该说什么？

举个例子，同样是做摄像头，一种讲法是强调自己有 1000 万像素、镜头用的是某某高科技材料；另一种是突出你和远方的亲人可以通过这个摄像头联络感情。区别在于，后者是讲这个东西对用户有什么用，能给用户带来多少利益，如果用户不使用，有什么价值损失。可是总有人忍不住“炫技”，非要像前者那样宣称有什么功能，用了什么新技术，比竞争对手好在哪里（当然，基于一些特殊的产品定位或擅长策略，比如目标读者是专家用户，主打技术参数和性能指标也并无不妥）。二者的实质性区别是什么？

一个是真正以用户为中心，另一个总是在说“我”。

怎么讲故事，我们小学就学过。每一个故事，都可以分解出时间、地点、人物、事情的起因、经过、结果这些信息，这叫记叙文的六要素。将其翻译成产品的语言即：

- 目标用户：人物。
- 场景：时间、地点。
- 碰到的问题：事情的起因——需求产生。
- 产品/功能：事情的经过——我们如何解决了问题。
- 用户收益：事情的结果——使用产品以后，用户的工作、生活如何变得美好。

只可惜，小时候老师教授时，经常夹带其他目的，不让我们好好讲故事。这是来自一个朋友的段子。

他小学写记叙文，说自己养了一只小鸡，然后怎么照顾。过程中看着鸡一天天长大，并充分发挥了群众智慧，帮鸡解决了很多吃喝拉撒、离家出走的问题。可是有一天，家里人把它杀了吃了，他很伤心，但是吃到嘴里觉得味道不差，转悲为喜。

多真实的故事，一个没心没肺的小朋友跃然纸上。

可惜，老师觉得他立意太差，愣是给改成了小鸡长成大鸡，很漂亮。有一天清晨，金鸡开始报晓，他看着鸡，恍惚觉得其迎着朝阳的剪影已化作伟大祖国的地图形象。鸡都如此，更何况人，然后立志要奋发图强云云。

哪个故事更好，要看面对什么用户，反正这位老师想满足的用户需求，我不敢苟同。

我们经历了太多类似的教育，总喜欢玩虚的，动不动就拔高，其思维方式也颇不务实。在真实环境中，用户不吃这一套，老老实实讲一个小故事，比如《功夫熊猫》，一只笨拙的熊猫立志成为武林高手的故事，才能让用户为你的产品买单。

举个例子，看看如何绘声绘色地讲述一个故事。

什么时间？一个普通工作日的白天。

什么地点？千里之外的父母家里，一个小县城。

什么人？退休的父母。

哇，碰到一个我们期待已久的问题：听说网购很方便，尝试了几次，会逛了，能用鼠标点来点去，找到一些想买的东西，但注册、下单什么的还是不会，也担心被人骗钱。

当时多么紧张、害怕，然后，我们的产品出现了——叫儿子代买（这个产品是什么形态呢？大家可以自己思考）。

三下五除二，问题迎刃而解：父母打开门，看到快递员把东西送上门。

故事讲完了，好像一个简单的广告宣传片也设计好了。如果在产品的早期阶段就能对“用户需求场景”理解得很透彻，那么“卖点”的提炼往往可以水到渠成。由此也可以看出，产品和运营这两个角色的确应该紧密合作。

给用户讲故事的重要性同样适用于很多工作场景。对于在公司里工作的人来说，讲故事就是说服老板、打动同事；对于创业者来说，讲故事就是说服投资人给钱、给人、给时间，说服一票人跟着你累死累活，说服合作伙伴与你拴在一条绳上……

这种说服能力，不但对运营重要，对产品经理也一样重要。需要知道，产品经理的一项重要技能就是无授权领导，而想要一群人配合你一起做事，施加压力不如获得认同。从某种程度上讲，获得认同后的无授权领导比有授权的领导效果更好。第一，能说服很多人认同的事情，靠谱的概率总会高一些；第二，用权力压人是让别人“要做”，而无授权是让别人“想做”，真想做事情就好办了。

9.1.2 多相爱，少相杀

实际工作中，产品人员和运营人员经常发生冲突。产品总觉得运营想到一出是一出，毫无逻辑，乱提需求；运营却觉得产品总是不给力，不理解 KPI 的压力，这么简单的功能也不帮忙实现……我在淘宝时，就经常和一些运营的同事闲聊，通过互相提问来加深了解，下面分享一些当时的问答记录。

运营：你们最喜欢和什么样的运营合作？

产品：最喜欢的不好描述，但可以说说最害怕和什么样的运营合作。本质上，产品经理会把运营也当作一种用户。听运营说，但不会照着做。矛盾的一大根源就在于，运营提的需求经常是解决方案，比如把页面上的广告位换个位置，把操作按钮加大一点。这时候，产品就会很郁闷：那还要我干嘛，你直接去找开发得了。产品希望知道的是，这个解决方案背后的那个问题，希望由产品来做把用户需求转化为产品功能这件事，因为这才是产品经理的核心职责，而细化功能、写 PRD 什么的，其实并不是关键。再举个例子，你说要吃海鲜餐，我想知道你是馋了还是饿了，如果是饿为主，我可能会扔给你两个馒头。那种一上来就摆出一副“我不管，我就是要吃海鲜餐”架势的运营，是我们最怕的。这种人你们团队里面就有，比如执意要求我们的活动支持某种玩法，问他为什么，又说不出个所以然，只知道说你先照我说的改。

运营：但是我们背着 KPI，这可是活生生的数字啊，要么我们一起背？

产品：我们也知道运营压力大，背着 KPI，但总是很急躁地做事，忙中反而容易出错。同一个团队的运营和产品共同背 KPI 是否是好事，不得而知。一起背的话，虽然能让团队目标更一致，但对用户也许不是好事。说不定公司就是这样设计规则，让产品和运营互相制衡。

运营：你是指大家会一起变成 KPI 动物，然后伤害用户？

产品：这种情况很常见。举个例子，很多年前，我就知道某个产品为实现活跃用户数，用了一些特殊手段。当时，活跃用户数的计算条件是访问某个页面，所以就做成在用户进行其他很多操作的时候，都弹出这个页面，用户活跃数如愿大增。还有个例子，因为 KPI 是鞋类商品的交易额，运营发现 Adidas 店铺里除了卖鞋还卖衣服、裤子，所以就琢磨着做一个买鞋送服饰的活动，想把所有交易额都算成鞋类的……对于这种想法产生的需求，产品经理的态度是——恕难从命。所以说，就算一起背 KPI，也有前提，就是 KPI 的制定要合理，并且一定要达成共识，KPI 最关键的不是数字，而是数字背后的目的。

运营：但是，你给我吃两个馒头，其实只满足了我的部分需求。

产品：用户的需求，我们也不是全满足，因为根本满足不完，总会源源不断地出现。我觉得需求是需要控制的，就应该让各种用户“欲求不满”。但控制不是目的，而是为了找出最刚性的需求来优先满足，因为都重要等于都不重要。且不说需求是否靠谱，只说能力上，就不允许，我们也会受制于资源。PD（阿里内部对产品经理的简称，Product Designer 的缩写）也有自己的压力，比如实现一个需求，结果没什么效果，对你们来说，那就算了，赶紧做下一个，但 PD 就会遭受到其他 PD、技术团队的压力。毕竟，实现这个需求就意味着放弃了另外一个需求，占了资源不说，技术团队还会因为效果不佳而找不到成就感，今后不愿意继续与你合作。长此以往，PD 就很难再为你申请到做事的资源。我们会更注重长期，不管是对用户，还是对团队内部，很反感杀鸡取卵和涸泽而渔，对做不做某个事情的判断，会更谨慎。

运营：我喜欢有运营背景的 PD，你是不是也喜欢有 PD 背景的运营？

产品：没错，就像技术喜欢有技术背景的 PD 一样，无非是因为能互相理解，不用搞得像敌人一样。我们的目标其实是一致的，只是做事方法上有差异。资源永远无法满足所有的需求，也不是坏事，这样才能促使大家设计出更合理的规则，尽量避免做错误的事情。

产品：反过来问你，你们喜欢什么样的 PD？

运营：其实也不喜欢言听计从的那种，希望能帮我们想想还有什么更好的方案，可以用更短的时间，得到更好的结果。

9.1.3　给运营提需求的模板

在上述聊天后不久，我和运营一起制定出一个提需求的模板，用来帮助双方化干戈为玉帛。不管是不是产品经理，如有必要都可以拿来参考，既可以作为日常思考的清单，也可以分享给公司里其他岗位的同事，如表 9-1 所示。

表 9-1　给运营提需求的模板

目标用户	这件事是为谁而做的。一旦运营从这里开启思考，就可以自行排除掉很多需求
问题描述	目标用户碰到的痛点，说出何时/何地、怎么难受即可
严重程度	对问题严重程度的判断，以高/中/低来划分即可。具体的判断方法，可以根据用户重要程度，以及问题出现的次数、频率等因素来考虑，如能有对严重程度的案例描述则更好
现有方案	现在是如何解决此问题的。一个值得解决的问题，通常已经有人着手解决了，所以也一定已经有一些解决方案，而没有现成方案的问题，很有可能是因为不够严重，大家懒得解决
建议方案	尽量思考后提一些建议，虽然产品经理不一定采纳
价值描述	改进方案带来的额外价值。比如省时间、更便宜、能更精准地找到×××等

续表

改进成本	建议方案的成本评估，用高/中/低表示，主要是非技术层面的成本。同样，产品经理仅用作参考

以上模板，其实是本书前几章“想清楚”模块的内容简化，产品经理拿到这样的需求后，再根据性价比等主要参考因素进行判断，可以更快速、准确地决定接下来做什么。

9.2 运营工作的分类

回到运营岗位本身，看一看这个岗位主要要做的几件事情。

从方法视角来分类，**内容运营、活动运营、用户运营**是最常听到的几种运营岗位。

内容运营

内容的定义很广泛，文章、图片、视频、商品等都属于内容。内容运营要做的事情是打造“内容供应链”，从内容来源的挖掘、筛选，到内容本身的生产加工、包装呈现和传播。

内容运营的目的是通过连接用户与其匹配的内容，促进用户的下一步行动。针对电商的运营内容就是商品和类目；针对论坛的运营内容就是主帖和跟帖；针对视频网站的运营内容就是视频、回复和弹幕。广义而言，所有媒体从业者，包括互联网环境下的网络编辑和新媒体运营等的工作，都属于内容运营范畴。

活动运营

活动只是手段，策划活动是为达成背后的运营目的。

电商的各种促销活动，可能是为了获取新用户；社交网络上举办的各种晒图大赛，也许是为了促进活跃度；我的一家公司“B12”，经常在全国各地举办一些以创业、创新为主题的品牌活动，是为了提升影响力。办活动存在通用的框架性思路，包括确定目的、策划方案、执行方案和复盘等。如果是一次有效的活动，做完以后应该能看到关注指标的明显提升，如图 9-1 所示。

用户运营

根据产品的不同，用户运营的对象也会有所不同。以电商运营为例，就可以分为针对商家和针对买家两种。

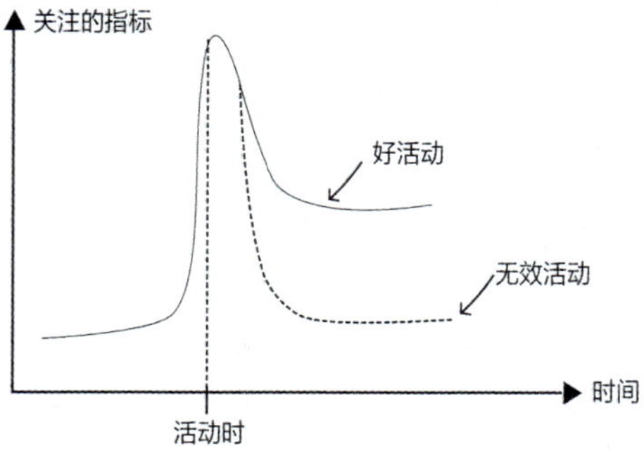

图 9-1 有效与无效活动的对比

有会员体系的产品，会花很多精力做会员运营，比如 QQ 为会员准备的各种颜色的钻，实体商家给客户办的各种级别的 VIP 卡。淘宝有一种 VIP 叫 APASS，面向的都是每年在淘宝消费几十万元以上的用户，淘宝甚至会为其中最高级别的那部分人在豪华酒店里举办线下聚会，场面宛如一些高端的时尚界晚宴。

对产品来说，用户运营是最本质的命题，用户在哪里、产品当前的主要目标是获取新用户还是维护老用户、怎么高效触达用户等问题，是务必及早找出答案的。

上述几种运营是根据运营的对象不同，对岗位任务做出的细分。还有一些类型不符合这种划分标准，但同样需要了解。比如渠道运营，也可以视为广义用户运营的一种，其运营的对象是渠道商，在 2B 的产品中比较常见。再比如数据运营，主要职能是用数据来辅助决策，运营对象是数据，在某些公司中这一岗位隶属于 BI（商业智能）部门。

接下来，换到目的视角，看看运营都需要解决哪些问题。

按照这个视角，运营工作主要分为拉新、激活、留存三个阶段，也有人戏称为拉客、接客、留客。有人觉得“转化”也算一项独立的运营工作，但我认为转化更像是每个阶段都要做的工作，运营目标体现为特定事件的“事后用户数/事前用户数”比率，只不过特定事件的定义不同。

下面，仔细说说不同阶段的不同运营目标。

9.2.1 不同阶段的运营目标

先看图 9-2，此图参考了前迅雷看看 CEO 郝志中先生一次分享里的素材，横轴是时间，纵轴是用户量，表达了一款产品从上线到退市期间用户量的变化。我们看一下各种互联网产品，都会画出一条什么样的曲线。

首先是下方曲线对应的 90%的产品，这里的数字是虚指，意味着绝大多数产品从来没红过，用户量始终没起来。

再看看中间曲线对应的 9%的产品。这类产品肯定有它的过人之处，比如脸萌、足记等，但过把瘾就死，只能成为现象级产品。它们的硬伤在于是好奇心驱动的，无法提供持续的用户价值，用户新鲜劲一过就难以为继。所以，这类产品更适合作为一个更大产品里的功能，出现在一次有计划的推广活动中，能起到很好的拉新作用，然后用产品的其他功能做留存。

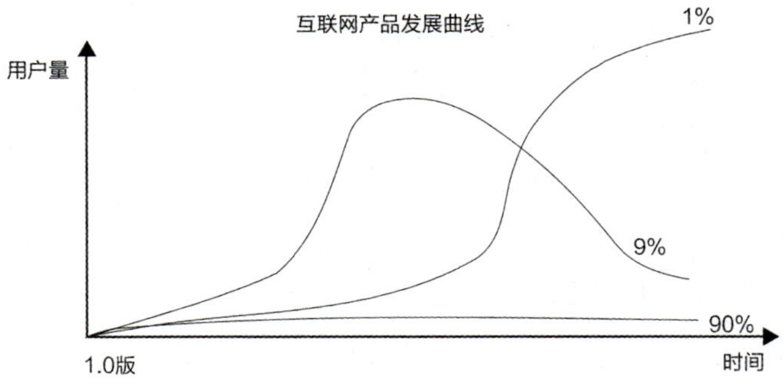

图 9-2　互联网产品随时间变化的用户数曲线

最后是如图 9-2 中曲线对应的 1%的产品。作为极少数，它们可以拉出一根真正漂亮的 S 型曲线，成为大家眼中成功的产品。

这三类产品的比例分布很不均匀，符合幂次法则[2]。借用投资的理念来解释这一现象：对于一支投早期项目的风险基金，通常表现最好的一家公司，给基金赚回的钱要超过其他所有的公司，而表现第二好的公司，赚的钱又会超过前两名以外的所有公司。于是，早期基金的投资人，在选择公司时，会特别喜欢那种“一家公司就可能赚回整个基金”的标。投资之后，也不能均匀服务，而是要把所有资源都给表现最好的，绝不应该去做“哪家碰到困难就去帮哪家”的救火队员。这还真是有点像马太福音中说的“凡有的，还要加给他，叫他有余。没有的，连他所有的也要夺过来”，这就是商业的理性。

聚焦到 1%成功的产品上，再看图 9-3。

2　“幂次法则”也叫“80/20 法则”，由经济学家维尔弗雷多·帕累托在 1906 年提出。他认为，在任何一组事物中，最重要的只占其中一小部分，约 20%，其余 80%尽管是多数，却是次要的。

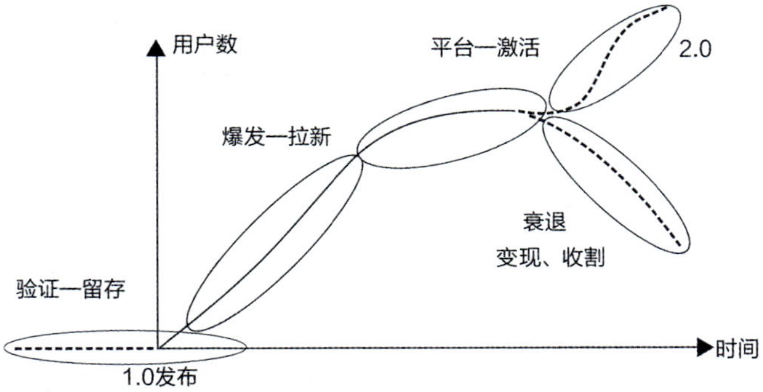

图 9-3　成功产品的用户数曲线

首先，给 1%产品曲线增加了几条线段。第一段是 1.0 发布前持续时间不短且用户数很少的发布前期；第二段是衰退期，再成功的 1.0 版产品，也有完成使命的那一天；第三段是 2.0 版生长期，它会延续 1.0 的生命。理想状态的 2.0 产品，会在 1.0 版期间获得一定规模用户的基础上，再拉出一根漂亮的 S 型曲线。当然，这种理想状态的产品，在 1%的成功产品中可能也只有 1%。所以，版本号超过 3.0 且广为人知的产品，大多是经久不衰的，可以放心使用。

在图 9-3 曲线中，除 2.0 部分外还有四个阶段。

- **验证期：**也就是产品发布前的筹备阶段，加上发布之后到推广之前的预备阶段。这个阶段的主要目标是验证产品是否达到了与市场的匹配，即 PMF（Product Market Fit）。产品在这个期间要不断修正主打功能，运营主要关注的指标是用户留存，典型的良性表现就是用户用了还想用，成为回头客。
- **爆发期：**产品验证完成后开始大面积推广，即进入爆发期。此阶段产品依然在围绕核心功能进行强化，但用户数会迅速增加，运营工作的主要目标是拉新。
- **平台期：**拉新一段时间后，产品会进入平台期。一旦容易搞定的用户都搞定了，单用户的获取成本就开始越来越高，这时候要想继续放大产品的整体价值，就只能依托于提升单用户的价值。于是，产品功能开始扩展，升级 2.0 版逐渐提上日程，运营工作的主要目标是激活用户，也常常说成“促活”，让用户使用产品的时间尽可能增加。
- **衰退期：**1.0 版的产品终归要退出历史舞台。进入衰退期以后，产品仅需要维护，而运营能做的事情就是想方设法榨取产品的剩余价值。比如，在敬畏用户、不伤口碑的前提下，从用户身上赚到最后一点钱；把用户平稳无知觉地导入 2.0；让团队去做更有价值的事情，等等。

上面提到的拉客、接客、留客，在产品的每个时期都要做，只是不同时期各有侧重。想了解更多内容，推荐大家去研究一下 AARRR 模型[3]。

仔细研究，就会发现产品和运营对每个阶段的贡献是不同的。拉新阶段特别依赖推广能力，明显运营的作用更大一些；激活阶段二者的贡献则不相伯仲；留存阶段的成功，产品的因素会更多一些，因为只有产品好用户才会持续使用。就像有些街边小店的吆喝——第一次不来是你的错，第二次不来是我的错。对用户而言，第一次不来是运营的错，第二次不来是产品的错。

下面就验证期、爆发期、平台期这三个重点阶段，讲一下对应的运营工作要点。

验证，艰难的冷启动

产品团队经常觉得自己是在让世界更美好，而用户根本不会那样认为，如同某位朋友的这条金句：**一些很有初心、情怀的产品，看似是在助人为乐，其实是在强行扶老奶奶过马路。**

那么，问题来了，如何找到那些真正想过马路的老奶奶，什么是帮助老奶奶过马路的正确姿势，有什么只需要盯着就行、能直观代表留存的数据指标？这些就是验证阶段要回答的主要问题。

“真想过马路的老奶奶”有以下两个特征：

用户数自然增长

在无主动拉新的情况下，依靠产品的自身价值，而非不可持续的利益刺激，每天的新增用户数持续攀升。这意味着已有相当多的用户愿意把产品推荐给亲朋好友，也就是说产品在净推荐值 NPS（第 7.1.1 节有详细介绍）这项指标上表现出色。

可以在网上通过各种渠道去搜索，看能不能找到在主动推荐产品的用户，尽快和这些人搞好关系，以弄清楚到底是产品的哪些方面给他们带来了惊喜，从而有针对性地做出强化。

用户数自发地高速增长，也意味着产品产生了“病毒式传播”现象。而这一现象背后的关键要点，值得进一步找资料学习。

---

3 Acquisition（获取用户）、Activation（提高活跃度）、Retention（提高留存率）、Revenue（获取收入）、Refer（自传播），是产品运营工作的 5 个重要部分，AARRR 是这 5 个单词的首字母缩写。此模型被硅谷产品运营圈广泛使用，是一个获取业务增长的方法论集合，俗称“海盗模型”。

用户的激活与留存稳定

同样地，把所有运营动作停掉，如用户激活率、留存率等相关指标依然可以保持稳定，则说明产品能持续提供用户价值。激活和留存，一个是一个转化率漏斗，而另一个则表明用户走了还会再来，接下来对它们分别加以分析。

激活率等于单位时间内的“已激活用户/新用户”，表征的是新用户使用后，觉得有用的人数比例。激活行为像是完成新人转化的漏斗。

可以有意识地每周观摩几个新用户使用产品的真实场景，看他们在几分钟内是否能体会到产品的预设价值，以及使用流程是否顺畅。如果经常发现用户产生困惑，则说明产品使用过程有些复杂，比如一个社交 App，激活流程包括找到、下载、安装、（需要很多步骤才能完成的）注册、新手上路引导、找到感兴趣的人、加好友/接受好友请求、发出第一句话、产生互动等操作节点，使用链路上的任何一个环节不顺，都可能造成激活转化率过低。

留存率等于特定时间段内的“回访用户/已激活用户”，表征的是第一次走了之后仍念念不忘、还会再次使用产品的用户比例。

针对这一指标做用户访谈时，不要只听用户怎么说，因为他们有可能只是在当面敷衍你，更要盯着后台数据，调查清楚他们是觉得有用但真要用又懒得用，还是的确在反复地使用。而后者，需要产品靠内容或靠其他用户等方式来实现。比如天气预报，是靠内容（每天都在变的天气）来吸引用户；比如社交，是靠不停有人要加你为好友或老朋友又发来新消息这类来自其他用户的影响来吸引用户。

如果找到了“真想过马路的老奶奶”，似乎不用推广，产品也可以自己成长。这是很多产品经理的梦想，完全通过产品逻辑实现运营——**做一个不需要运营的产品**。由此可见，“帮忙过马路”即推广行为，真的不是产品上线后马上应该做的，其**本质只是加速产品的成长**，说白了就是为了抢时间，和市场抢、和友商抢。不幸的是，如果方向不对，抢跑越成功，距离目标只会越远。

这个阶段，需要对大量用户的涌入慎之又慎，甚至还要故意设置一些门槛，比如采用“邀请码”的机制，比如 B 站[4]的考试答题环节。因为大量的主流用户只会给产品一次机会，如果他们看到了早期不完美的产品，今后就算产品成熟了，他们也不会再来了。

最后，聊聊第一批的种子用户如何获取，也就是冷启动的问题。产品的验证就是从种子用户开始，如果你的产品可以匹配上如下这几个人群，那不失为一个好的开局。

4　网址 bilibili.com，中文站名哔哩哔哩，是国内知名的视频弹幕网站。

- **学生党：**年轻有好奇心，愿意尝试各种新产品，有大把的时间，但没有钱，容易用小额利益撬动，而且人群密集，获客与社会化传播的成本都较低。比如当年的校内网，用免费的鸡腿，拉了很多学生用户。
- **美女：**不管在何种产品里，美女用户都是焦点，满足她们的优越感、存在感之后，其他用户就会源源不断地被美女吸引过来。社交类的应用，通常更适合走这条路。这类用户的本质是那种可以以一带十、以一带百的焦点人物，比如自带流量的大 V 明星。
- **羊毛党：**这个词从形容贪小便宜的说法“薅羊毛”而来。这群人是最容易用补贴撬动的，但风险也大，要好好思考他们到底是不是目标用户，有些理财产品选择了羊毛党作为种子用户，而这群人也正好是爱财的人。
- **竞品用户：**竞争对手那里，产品的目标用户的密度自然也最高，而且竞争对手已经帮我们筛选过的，往往是真正的优质用户。比如小米最早的 100 个用户，就是从一些手机发烧论坛里找来的，这类论坛也可以算是广义的竞品，和小米手机是行业上下游的关系。

有了种子用户，服务好他们非常重要，小米在产品早期的做法是很好的榜样：

> 每年的发布会，更多是为了“米粉”而不是媒体而办，最终成为用户的狂欢。不完美的产品，通过“内测”直接送给粉丝，一方面成为福利，另一方面又能更早获取到市场反馈。小米社区的运营理念是，让用户帮助产品优化，决定一些功能的优先级。种子用户选取“发烧友”人群，因为他们是意见领袖，能影响很多身边的人。

爆发，脱离种子阶段

经过验证期，对产品优化效果满意后，运营就要开始发力，迅速扩散产品信息。市场留给产品的时间窗口往往不大，容不得慢慢打磨。

爆发期的主要运营工作是拉新。经常听到的打广告、烧钱、借力用户、做事件等，都属于拉新行为，目的是尽快把目标用户吸引过来。在这个阶段竞争的是谁能在时间相同、资源相同的情况下获取更多的用户，因此需要研究各种推广渠道，包括搜索广告、线上线下媒体广告、户外广告、社会化广告，以及各种论坛、社群，或是借力名人，等等，还需要思考什么策略和产品最匹配。这是一个很大的话题，本书不再展开。

回忆一下本书前文提过的四级用户：种子用户→核心用户→目标用户→潜在用户。

在这个阶段，要迅速把产品从（第一级的）种子用户手里至少推到（第三级的）目标用户手里。看看滴滴公司的例子。

种子用户也许就是滴滴在机场摆摊阶段每天遇到的那几十个司机。

核心用户为北京等各大城市的出租车司机。

目标用户是出租车司机和乘客。产品有了对目标用户的覆盖之后，就可以达成一个价值闭环。

后来，滴滴打车扩张成滴滴出行时，覆盖到了滴滴只做打车时的潜在用户，例如有闲暇时间的代驾司机，可以充当顺风车的私家车主。

图 9-4 反映了产品生命周期不同阶段的不同用户类型。

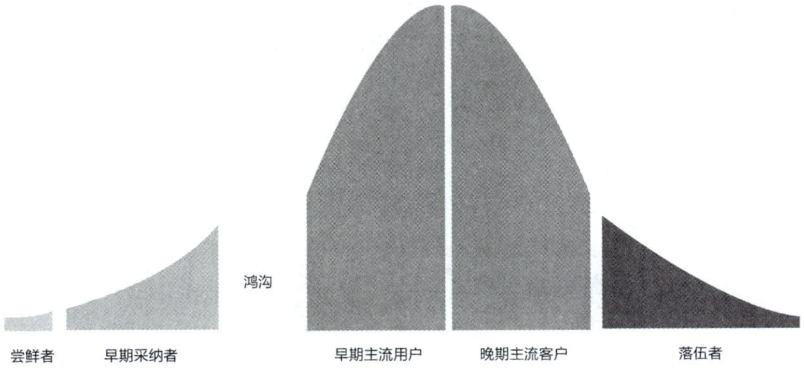

图 9-4 跨越鸿沟（Geoffrey Moore，1991）

第一批用户：尝鲜者，极客。他们对你要尝试解决的问题毫不在意，只是对新鲜的东西感兴趣。任何产品投放市场的第一批外部用户，基本上都是竞争对手的产品经理和业内人士，千万不要被他们带到沟里。

第二批用户：早期采纳者。他们是种子用户，是受你要解决问题困扰最深的一部分人。你会发现他们相对比较好满足，但把他们服务好以后，并不意味着你能占领主流市场。在他们和主流用户之间，还存在一个鸿沟。因为早期采纳者有可能饥不择食，而主流用户却是实用主义者，很看重性价比。

用户从早期采纳者扩展到主流用户时，产品策略需要做一些调整。比如小米，种子用户是“发烧友”，但全国又能有多少发烧友呢？要做大，必须把手机卖给更多的人。于是，我们看到小米手机的口号从“为发烧而生”变成 “每个人都可以享受科技的乐趣”，产品也由小米系列衍生出红米系列。从另一方面来看，种子用户阶段又是必不可少的。如果小米直接推出的是 800 到 1000 块的红米，用户会觉得，无非又是一款产自深圳的山寨机。

后面三种用户：早期主流用户、晚期主流用户、落伍者，不再细说，感兴趣的读者可自行参考《跨越鸿沟》一书。

平台，深耕更多价值

拉新进行到一定程度，容易搞定的、便宜的新用户越来越少，说明产品已进入平台期。在这个阶段，要想继续提升产品的价值，只能通过提升单用户贡献来实现，而其主要手段就是“促活”。在促活这件事情上，产品、运营并重，二者都能起到很大的作用。

促活对于电商来讲就是提升客单价，对游戏就是提升 ARPU 值（单用户产生的收入），而对于一些社区类产品，主要是指增加活跃度，比如每周登录的次数或单次使用的时长。

先复习一下 Y 模型，看看爆发期和平台期，提升产品价值的路径有什么区别，如图 9-5 所示。

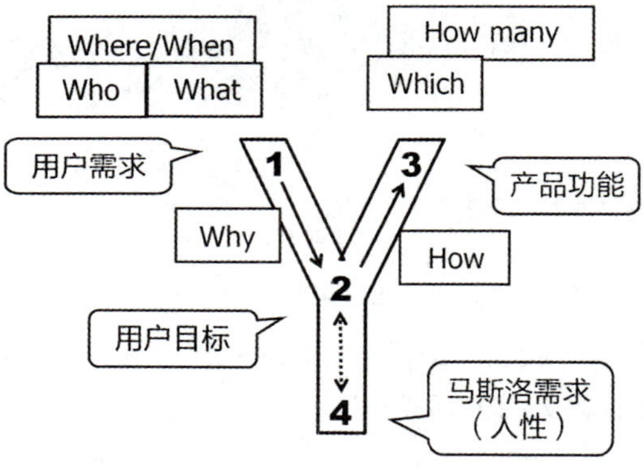

图 9-5　Y 模型基本概念

爆发期主要做的是市场开发，这意味着产品并不会有太大的变化，但要设法让产品满足更多的人。例如，优步在美国市场已经做得很好，还是要继续开拓中国市场或欧洲市场，这就是典型的基于市场开发的发展策略。对应 Y 模型来看，就是在“3”的产品功能层面的改动相对不大，但在“1”的方向上，要解决更多用户相似场景的需求。

平台期主要做的是产品开发，对应“1”中面对的用户群体变化不大，只是要设法满足他们更多场景的需求。所以，需要开发更多的“3”——产品功能。最典型的例子是阿里对消费者网购需求的满足。当淘宝已经满足了几乎所有网民对“商品丰富”的需求后，做了“天猫”来满足用户对品质的需求，又做了“聚划算”来满足用户对个性化的需求（聚划算的本质不是团购，而是聚集消费者需求，反向给厂家提要求、定制商品）。

要注意，这里说的产品开发除了 IT 系统的开发，可能还包括对一些线下服务的设计或改善。比如，聚划算在找厂家定制商品时，可能需要改变很多既有产业链里的关系和流程，这也算针对广义产品的开发。

市场开发和产品开发这两条线路都很常见，但是一个产品在某一个特定阶段，通常要以其中一条线路为主，要随着阶段的不同而不断变化线路，像两条腿交替走路一样。经常看到对公司应该聚焦还是多元化的讨论，对此我的建议也是应该交替进行。就产品的四个阶段而言，主攻**“市场开发”的策略与增长期和衰退期更匹配，而主攻“产品开发”的策略与平台期和验证期更匹配。**

9.2.2　综合案例：星巴克

本节内容来自我在 2016 年办的一次“读书会”上的一份优秀作业。从中可以看出星巴克对人性的理解，以及其产品和运营策略在拉新、激活、留存上的综合应用。作者徐颖是做品牌出身，看来是没少喝咖啡。

1971 年成立的星巴克，是全球最大的咖啡连锁店，在全球范围内已经有近 21300 间分店，遍布北美、南美洲、欧洲、中东及太平洋地区。这个全球最成功的咖啡连锁店，究竟利用了哪些人性特征，运用了哪些产品和运营策略呢？结合图 9-6 的简要总结，来仔细剖析。

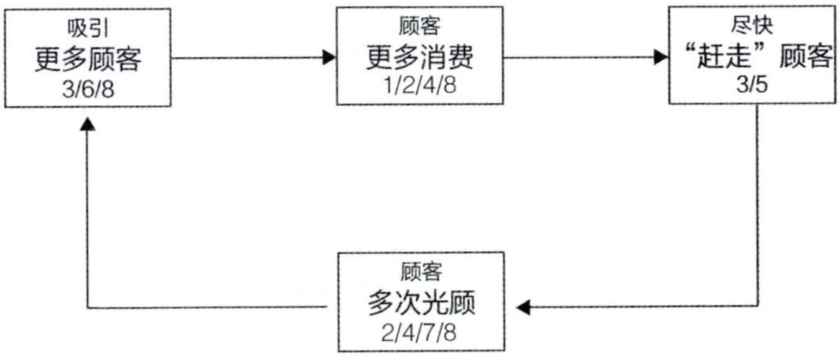

图 9-6　不同策略的目的

1. 杯子容量+定价

产品功能：加量 1/3，但是价格只加 3 元。

人性欲望：贪便宜，在低价格面前人们经常会放大自己的需求。

很多人在星巴克都遇到过这样的纠结：加量 1/3，但是价格只多了 3 元。此时，贪便宜的念头很容易在头脑中闪现——那要大杯或者超大杯吧。很多人在做出这一选择时会认为自己是出于理性，同样几乎所有人都会选型性忽视“自己是否能喝得下那么多”这个因素，盲目地选择了“划算”，总觉得不买大杯型就吃亏了。最后的结果是，很多人没有喝完大杯，多支付的 3 元其实并不划算。从星巴克的收益角度来看，这 3 元几乎是净赚。

2. 较高的价格

产品功能：亚太区（特别是中国）的价格高于美国。

人性欲望：成就感，与众不同。

咖啡在中国不是平民饮料，而是带有明显的大城市、白领倾向，因此与美国相比，星巴克在中国的形象显得更加“高端”。

中国最不缺什么，众所周知是“人”。星巴克某高管曾在接受媒体采访时说过，其产品定价时更多考虑产品的零售空间以及消费者的期望：“从亚太地区门店的反馈来看，抱怨最多的是人多的问题而不是售价问题，顾客愿意多花一点钱让店内的人变少一些 ”。

3. 杯子的材质

产品功能：马克杯换成了纸杯。

人性欲望：自由、随心所欲地做事。

很多人在星巴克都遇到过这样的情况，需要离开的时候才发现咖啡没有喝完。由于星巴克店面选址多在写字楼、购物中心、机场等人群密集且流动性大的地方，大部分顾客都有带走咖啡的需要。据星巴克店员介绍，在部分门店 80%至 90%的顾客会选择外带。

使用马克杯装咖啡，不利于顾客灵活地做出购买决定，而用纸杯就可以让顾客放下顾虑，先毫不犹豫地买下一杯，然后再决定是坐下来慢慢喝还是直接带走。

4. 各种周边产品

产品功能：限量版、纪念版马克杯。

人性欲望：拥有的欲望（期望拥有具有特殊价值的物品，渴望追赶潮流）。

各种纪念杯是星巴克的另一个盈利源，它们都摆在了货架上。星巴克会定期推出主题杯、城市杯来吸引你把它们买回家，还会推出“用星巴克的自带杯立减 2 元”的促销策略。对喜欢猎奇和赶时髦的人来说，刺激他们“拥有的欲望”往往是行之有效的方法。

5. 桌椅的设计

产品功能：桌椅不过于舒适，又让人放松。

人性欲望：追求放松自在的感觉。

在星巴克的店里，高脚凳、硬硬的木凳子是标配，即便有沙发，配套的桌子也多是很矮的，非常不符合人体工学设计标准。难道星巴克不知道这样会赶走顾客吗？怎么可能不知道！这是因为星巴克的服务定位就是“赶走顾客”。

“翻台率对咖啡店盈利非常重要”，有专业人士这样分析——对于一家咖啡店来说，租金和人工成本是硬性的，单杯咖啡的成本也是固定的，销量直接决定了最终的利润率：一个可以让顾客“一杯咖啡一下午”的店，拿什么支付租金？因此，星巴克的桌椅设计，既可以让星巴克看起来有档次有品位，让顾客“轻松一刻”，又不至于让顾客坐太长时间。

6. 纸杯上醒目的 Logo

产品功能：方便携带的纸杯，鼓励更多外带。

人性欲望：社会归属感（期待与他人保持联系、构筑良好人际关系）。

社交的需要也叫归属与爱的需要，是指个人渴望得到家人、朋友、同事的关怀，爱护和理解，是对亲情、友情、爱情、信任、温暖的需要。

我们试想一下这样的情景：当你吃完午饭回来，碰到几个同事有说有笑地走来，每个人都拿着一杯星巴克。你也会产生想要一杯星巴克的念头，因为你也想要融入这个欢乐的群体。

7. 店内的香气

产品功能：店内浓郁的咖啡香气。

人性欲望：享受感官刺激（嗅觉）且印象深刻。

星巴克能创立全球咖啡王国的原因之一，就是长期保持一致的店面氛围。除了音乐、高雅的摆设及舒服的灯光之外，令顾客印象最深的就是店内、外总是充满浓郁的咖啡香气。

有研究表明，人的情绪有 75%由嗅觉产生。人对照片的记忆，在三个月后只剩下 50%，但回忆气味的准确度高达 65%。美国摩内尔化学香气中心研究指出：“消费者如果身处气味宜人的环境，像是充满了咖啡香或饼干香的空间，不但心情会变好，行为举止也可能更为迷人，甚至出现更多利他的友善表现”。香气，在打造星巴克品牌独特性的同时，还能树立高品质咖啡的形象，也增强了客户对星巴克的黏性，进一步提升了回头率。

8. 星享卡

产品功能：买三赠一、买二赠一、买一赠一。

人性欲望：贪便宜+社交需求（期待与他人保持联系、构筑良好人际关系）。

星享卡中经常会出现买三赠一、买二赠一、买一赠一的优惠券，看上去很优惠，其实并没有多大用处，因为没有人会一次性喝那么多咖啡。这些优惠券的真正意图是让顾客带朋友来或者买回去赠送朋友。这样就能把星巴克的品牌传递给更多的人，让星巴克“社交媒介”的形象更加深入人心。

我们再进一步分析和总结一下星巴克的这八个产品、运营策略。

- **为吸引更多顾客采取的拉新策略包括**杯子的材质（3）、纸杯上的醒目 Logo（6）和星享卡（8）。
- **为使顾客消费更多采取的提升活跃度和客单价策略包括**杯子容量+定价（1）、较高的价格（2）、各种周边产品（4）和星享卡（8）。
- **为降低单用户服务成本采取的尽快“赶走”顾客策略包括**杯子的材质（3）和桌椅的设计（5）。
- **为吸引顾客多次光顾采取的提升留存、复购率策略包括**较高的价格（2）、各种周边产品（4）、店内的香气（7）和星享卡（8）。

9.3 大运营的其他职责

本章的最后，提一下大运营的其他职责——销售、服务、市场、品牌、公关等。由于已超出本书主题范围，只能点到为止，作为更多延伸阅读的引子。

9.3.1 产品与销售的关系

产品与销售在创造价值的模式上颇具互补性。

做产品通常是一个发现问题并提出解决方案的过程。但对销售人员来说，往往是先拿到已有的解决方案，再去想到底用它去解决什么问题，相当于反向去找用户需求。产品做得好，就是帮销售人员做好了铺垫，同时销售自己也会去找卖点。

只需要一句话，你定义的“目标用户”就愿意来试试。

这句话就是“卖点”，先找到各种潜在的目标用户，尝试各种说法来找感觉。

便宜——两块钱你买不了吃亏，两块钱你买不了上当。

质量好——可以传给儿女的×××。

使用方便——充电五分钟，通话两小时。

当然，一句话说出去，没能勾起对方的兴趣，除了话不对以外，还有可能是人不对，所以，在这种时候需要反复思考目标用户到底是一群怎样的人。

对于销售来说，不同价位的产品，销售策略应该是不同的。

单价很低的产品，销售方式尽可能轻一些，要用能够自动面对海量用户的方法来销售。这种产品对销售人员的要求比较低，甚至不需要销售，运营人员直接就可以解决问题。

- 典型的几块、几十块的产品，比如 QQ 会员、游戏道具，只适合纯网络销售。
- 当价格到了几百、几千时，用户的决策成本会高一点，比如车险、培训等，需要引入电话销售。
- 再贵一点的产品，标价几千、几万元，就能担负得起直销的成本。比如，使用地推、扫街的方法卖一些软件和服务。也可以寻找渠道或代理，通过合作伙伴来售卖。
- 几十万以上的产品，需要用大客户顾问的方式，甚至动用一个团队服务一个客户。

销售是公司里和用户接触最密切的一群人，所以，他们也是非常好的需求收集渠道。

9.3.2 服务是广义的用户运营

产品经理在做项目的过程中，也会做一些服务的工作，比如协助客服人员编写帮助文档，培训内部客服，帮助客服应付一些难缠的用户等。

有一句话叫“产品不够，服务来凑”，意思是当产品早期不完美时，优质的服务可以挣回很多分。用户可能觉得，虽然产品还不太好用，但态度不错，这个公司应该还算靠谱，再给他们一点时间吧。

服务经常按照售前、售后区分。

售前服务与销售、技术支持的工作都有些许重叠，目的都是帮助用户了解产品、解决疑虑。

提供售后服务相当于在维护老客户。让一位老客户续约的成本最多是开发一个新用户的 1/4 到 1/3，所以，服务做好了也能为公司创造巨大价值。有些公司热衷于定义哪个部门是利润中心，哪个部门是成本中心，这种做法已经明显落伍。因为，任何一个部门都有可能为公司做出贡献。既然都是为了同一个商业目标而存在，每个部门和岗位都可以各司其职，服务赚昨天的钱，运营、销售赚今天的钱，市场、品牌推广赚明天的钱，产品研发赚后天的钱。

9.3.3 市场的几种分类维度

市场工作和狭义的运营有点像，不过市场需要更加高举高打，才能为产品的大环境造势。如果说销售是陆军、运营是空军，那市场就是导弹部队。

产品面对的市场，有几种常见的分类，各自对应不同的产品策略。

一种分类是将市场分为全新市场、旧有市场、细分市场。

- **旧有市场，也叫存量市场。**要有突出的产品优势，比如更便宜、质量更好、获取更便捷等。这是种子用户和主流用户区别最小的市场，跨越鸿沟最简单，但竞争激烈，后进者营销成本巨大。旧有市场里，产品和用户都很成熟，用户对产品非常熟悉，因此要“尊重用户习惯”。
- **细分市场，也叫小众市场。**介于现有与全新之间，要突出小众特色，找到差异化定位。如果你能做出与众不同的产品特色，就可以在现有市场里打开一个细分市场。
- **全新市场，也叫增量市场。**要突出产品能解决的问题，此时做品牌推广意义不大，而是要有一个较长的客户培养期。可以通过小众市场切入，寻找巧妙的“引爆点”。做全新市场最担心的问题是帮别人教育用户。比如，线下商铺在支付宝的教育之下，普遍意识到手机支付的便利性，微信支付再来推广就容易多了。

另一种分类的维度：这个市场到底是供不应求还是供过于求，据此可将市场分为**卖方市场与买方市场**。如果我们想做“卖家”，那显然要挑选一个供不应求的市场；如果我们想做“平台”，那就应该努力维持市场里的供需平衡。

我做过多年电商类产品，发现很多非电商产品也都可以借助电商的模型来理解，其中最关键的要素都是：卖家、买家和商品。比如说出行市场，买家是乘客，卖家是司机，商品是出行服务；在线教育类产品，买家是学生，卖家是老师，商品是课程；直播应用，买家是观众，卖家是网红，商品是他们的表演；陌生人社交的 App，买家是寂寞男，卖家是美女，商品是加好友与互动；新闻网站，买家是读者，卖家是记者编辑，商品是新闻……几乎所有的多边用户类产品都可以这样映射，做电商的很多套路都可以推而广之。

举个例子，你要做一个 Marketplace（交易平台），套路就是要先有卖方和商品，以控制住供给，然后再去拉买方才有意义。比如早期的知乎，必须先有优秀的回答者，并想方设法让他们生产优质回答。

还有一个可选的套路：先做标品，再做非标品。比如滴滴出行，先做的打车就是标品，而后来的顺风车是非标品。

市场人员要做的，就是在各种市场环境下，努力拉近产品与用户的心理距离。我们常常听到这个产品有/没有市场的说法，从产品经理的角度理解，本质上就是是否解决了某个用户群体在某种需求场景下的问题。

9.3.4　品牌到底是什么

品牌是一个更加抽象的概念，是一个公司所有经营活动的最终沉淀，需要很多年的积累。所以，它也是产品发展到相对成熟的后期，才需要投入重兵做的事情。公司发展到最后，沉淀下来的不会是资金、产品、运营这些东西，甚至不是人才，而是品牌。

品牌建设的工作，表面看起来和市场运营差不多，不外乎投放广告、写文案、营销策略，甚至玩心理。但其本质是一种心智的占领，是要让用户对这个品牌有一种死忠的信仰。品牌做到极致，就会出现这样的粉丝，“为信仰充值”这么空洞的理由，就足以驱使他们毫不犹豫买下钟爱品牌的新款产品。

当然，品牌效应能达到这个境界的产品，实在凤毛麟角。

9.3.5 公关是企业的戾气与利器

公关也是隶属于大运营的概念，又叫 PR（Public Relationship，公共关系）。说公关是企业的戾气，是指他们会表现出杀气很重一面，会做出控制言论、操纵认知的事情；而说公关是企业的利器，是指他们又有可能成为厉害的制胜武器。2005 到 2010 年间，业内有云，业界 PR 看阿里，阿里 PR 看淘宝，下面就简要回顾一下当年淘宝公关负责人指导我的一些要点。

- 要点 1：（他认为）对 CEO 来说，真正的上层建筑是 CFO、HR、PR，下面才是市场、运营、销售，以及产品、技术、设计，等等，越大的公司越是这样。
- 要点 2：公关的实践方法就是断言、重复、传染，也可称之为洗脑。先断言让大众产生某一种想法，再利用各种渠道不断重发，然后再持续地传播。
- 要点 3：公关执行的四要素包括：对谁说——选择一个对象；说什么——具体要传达的观点；谁来说——哪怕同样的话，不同的人来说效果也会差异极大；怎么说——选择什么渠道、用什么技巧来说。
- 要点 4：分工使然，PR 少不了要为企业做很多打打杀杀的事情，个人也会因此显得杀气腾腾。举个例子，2015 年 Uber 和滴滴正在打仗。当你打 Uber 总是打不到，与司机的互动体验也极差，会把一气之下截的图和录的音发给 Uber 还是滴滴？产品人基于产品改进的思维惯性，更倾向发给 Uber，而公关人习惯一刀毙命，可能会发给滴滴。

最后，这位高人还送我一句需要琢磨很久的话：组织要成大事，通常是一面佛一面魔，一个高手，也常常一念成佛一念成魔。

9.4 产品的生命周期

至此，已经讲完了一个产品的各个方面，最后再从产品生命周期的不同视角来做个总的回顾。

从验证期到衰退期

产品在“验证期→爆发期→平台期→衰退期”这个完整生命周期的每个阶段，都需要面对和实现不同的运营目标。

从定位、需求到品牌

从企业发展层面来看，依次要经历定位、需求、产品、流量、用户、收入、盈利、品牌这些阶段。对应要做的事情有：给产品定位→采集需求回来分析→做产品功能→产品上市以后要获取流量→把流量转化成有价值的用户→从用户身上获取收入→实现盈利→沉淀为品牌。

真正产生商业价值，往往需要等到盈利这一步，因为前面几步的所谓商业价值，是有可能通过作假来体现出来的。有一个投资人受骗的故事，它有意思的地方在于，行骗的创业者并未在流量和用户规模等数据上做文章，而是直接针对“持续付费用户”这个指标作假，方法很简单粗暴：推出第一单 9.9 元、第二单 0.1 元的洗车优惠活动，轻松拿到一个漂亮的持续付费（定义为至少付过两次钱）用户数。

想清楚、做出来、推出去

一个产品从无到有的全过程，从团队的主要工作内容角度，可以划分为以下四个阶段。

- **创意设计：**问题正确，解决方案靠谱——用户还没用上产品。
- **研发生产：**做得出来，不断优化——极少量种子用户用上了内测版本。
- **运营销售：**卖得出去，赚得到钱——尝鲜者、早期采纳者使用产品。
- **市场品牌：**铺得开，叫得响——主流用户使用产品。

第一个阶段要“想清楚”，第二个阶段要“做出来”，第三、四个阶段要“推出去”，而在最后两个阶段之间，就会碰到图 9-7 中的鸿沟问题，这在本章前面的小结中已经有过阐述。

本书从第 02 到 09 章，按时间顺序讲述了一个产品从无到有的演变过程。下一章，再用更完整的商业视角来检阅产品、创新及相关案例。

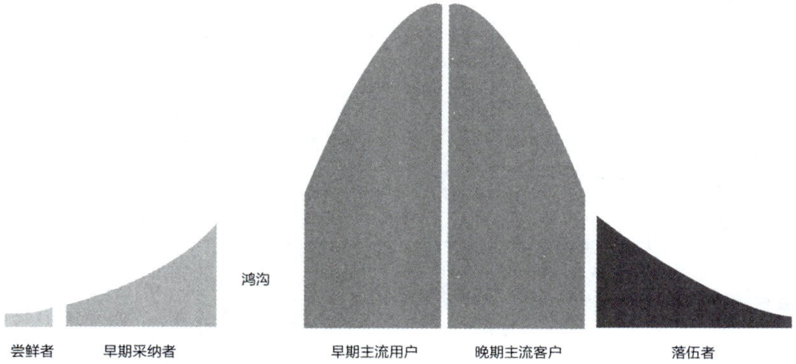

图 9-7　跨越鸿沟（Geoffrey Moore，1991）

9.5 延伸阅读与练习

本章关联到另外几本书的相关章节如下。其中的图标表示推荐阅读（笑脸）与选择阅读（冷漠脸），亦可根据一些关键词扩展阅读。

以下为运营与销售部分：

- 客户检验 《四步》4，page114~159
- 客户培养 《四步》5，page160~197
- 确定营销策略 《有的》6，page117~138
- 确定商业模式 《有的》7，page139~149

以下为市场与品牌部分：

- 各类市场如何扩张 《四步》6，page198~253
- 扩大规模 《有的》8，page151~170
- 区分对待全新市场与已有市场 《有的》9，page171~183
- 大阿里从B2B、C2C、B2C到C2B平台的扩展案例 《淘宝》3.8，page35~38

可以做的练习任务如下。

任　务	难度星级	耗　时	目　的
1.设计：通过亲自抓一批用户，了解你的产品是如何触达用户的	★★★★☆	4	用户在哪里有，在哪里多，在哪里密度大？怎么建立产品到用户的通路？如果这件事一直是运营在做，你没有参与过，那么借机参与一下，设计一个方案，试一试效果
3. 案例：自己或别人的产品是怎么冷启动的	★★★★☆	3	冷启动，是产品上线后很快就要面对的课题，找一个自己或别人的例子，好好分析一下得失
2.设计：你产品的未来，用什么策略扩张	★★★★☆	3	如果说产品的进化策略是产品规划，这个练习就是在做业务规划，更偏市场运营角度——假想一下你产品后续的成长路径
3.案例：分析一个千万用户级别的产品，是怎么一步步扩张的	★★★★☆	3	不要从产品功能进化的角度分析，而是要更多地从运营策略、市场策略的角度来分析

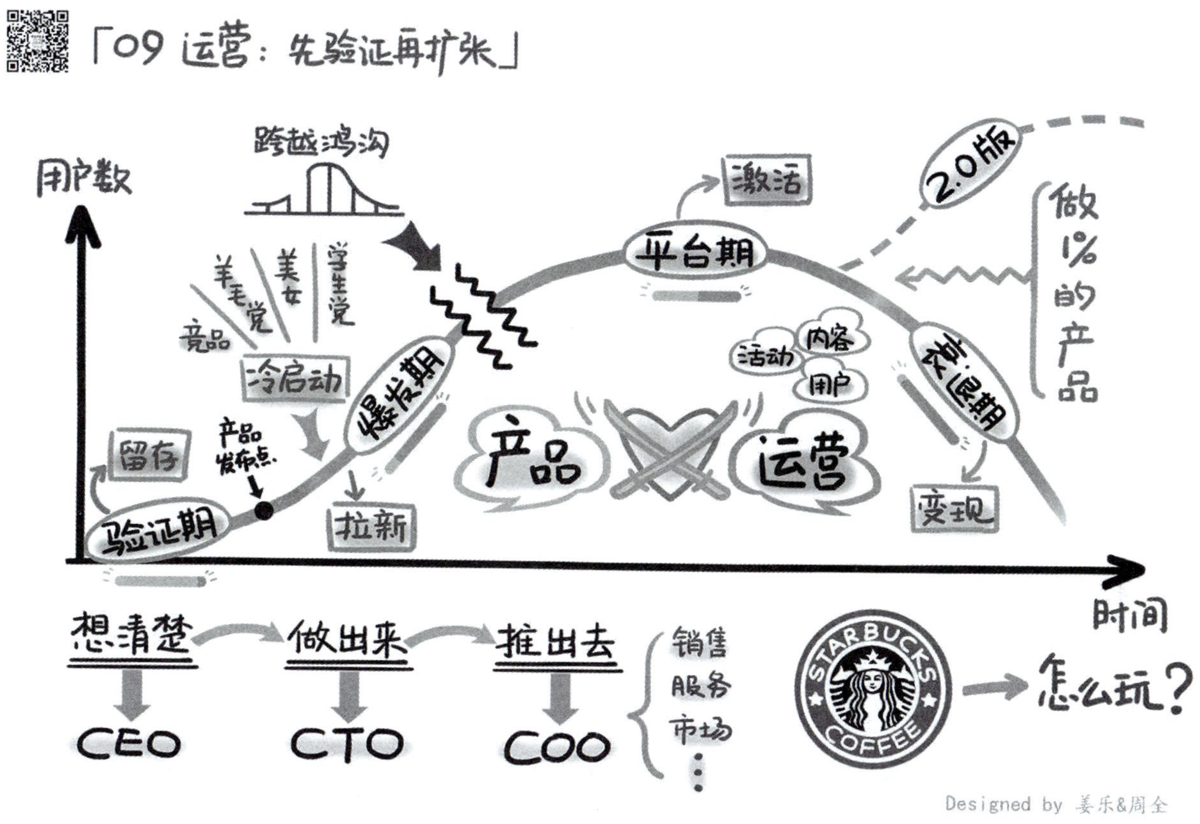
「09 运营：先验证再扩张」
用户数
时间
跨越鸿沟
竞品
羊毛党
美女
学生党
冷启动
产品发布点
留存
验证期
爆发期
拉新
平台期
激活
产品
运营
活动
内容
用户
衰退期
变现
2.0版
做1%的产品
想清楚
做出来
推出去
CEO
CTO
COO
销售
服务
市场
⋮
STARBUCKS COFFEE
怎么玩？
Designed by 姜乐&周全

第 10 章

案例：商业模式、创新与行业

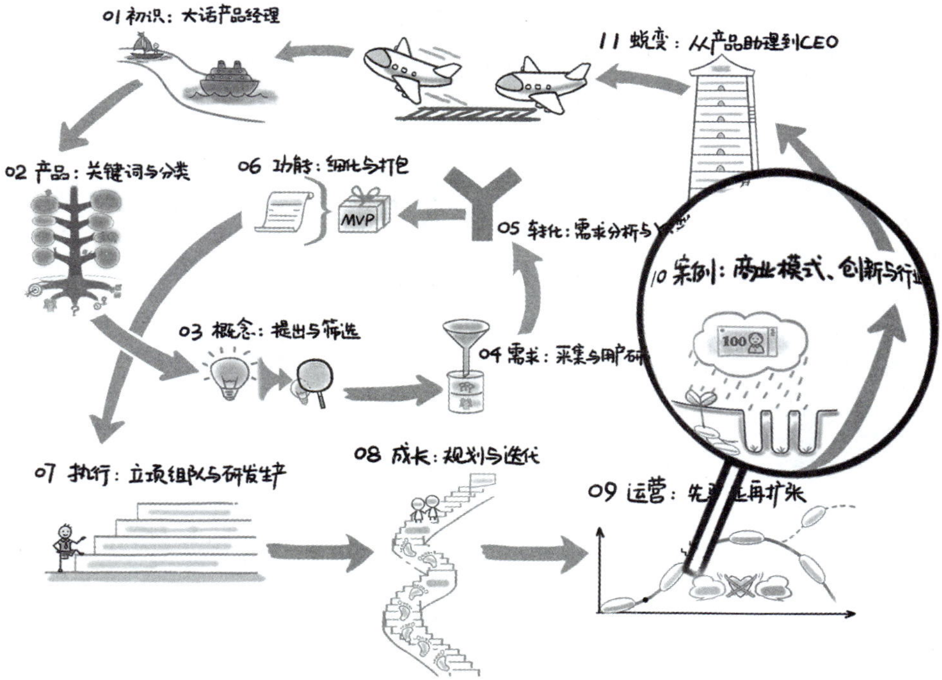

第 10 章 案例：商业模式、创新与行业 / 277

10.1　聊聊商业模式

这一章比较综合，会把第 02 到 09 章涉及的内容串起来讲。首先提一个“商业模式画布”（如图 10-1）的概念，它有九个要素，覆盖非常全面。理解透这一概念，也就想清楚了完整的商业闭环。

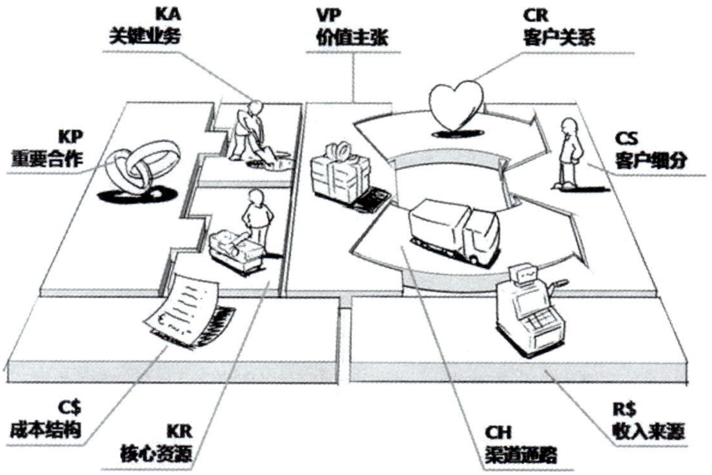

图 10-1　商业模式画布

下面，用产品视角来重新解读一下这些要素。

- 客户细分：我们的目标用户是谁，其中最重要的又是谁。
- 价值主张：我们可以帮用户创造什么额外的价值。这里所说的价值必须是现有产品服务没有的，比如更高的性能、更低的价格、更小的风险。
- 客户关系：用户与我们、用户与用户之间的互动模式是什么，比如专人一对一服务、用户自助使用、用户彼此共建社区，等等。
- 渠道通路：如何与用户建立起高效联系，拉近现实与心理的距离。
- 关键业务：我们需要做什么产品来解决用户问题，创造价值。
- 核心资源：我们做这件事，和别人相比，有什么特别的优势因素。
- 重要合作：我们需要和哪些上下游、周边伙伴协作，以及如何协作。
- 收入来源：如何从用户那里获得收入，以维持业务可持续发展。

- 成本结构：做这件事，都在哪些环节需要花钱。

如果想了解更多，推荐大家看《商业模式新生代》以及《商业模式新生代·个人篇》。

10.1.1 对比：商业、业务、盈利模式

我们经常听到三个有关模式的词：商业模式、业务模式、盈利模式，听起来好像差不多，实则不然，让我们结合商业模式画布来区分一下。

- 商业模式：完整讲述了我们创造了什么价值，为什么有存在的意义，对应图 10-1 的全部。
- 业务模式：在解决方案层面做的是什么事，对应图 10-1 左上区域的关键业务、核心资源、重要合作。
- 盈利模式：怎么赚钱，怎么养活自己的团队，对应图 10-1 下方区域的成本结构与收入来源[1]。

而图 10-1 右上区域的客户细分、价值主张、客户关系、渠道通路，则在本书前面几章中较多涉及。

整个商业模式画布描述的是从定位、需求、产品，到运营、销售的全过程，反映的是从用户愿意用到有人愿意买的变化。商业模式还需要找到将用户价值转化为商业价值的业务模式，才能最终落地到盈利模式。

真正的产品经理要完成商业闭环，“钱”的事情就不得不碰。如果你负责的产品尚未涉及钱的问题，要么是在时间尺度上还没到时候，可能处于烧钱或 2VC[2]的阶段，要么是在空间尺度上，你负责的只是更大产品里的一个模块，尤其是只起到“引流”作用的部分。

怎么锻炼自己对“钱”的感觉，或者更大一点，对商业的感觉呢？这也就是我们经常讲的，产品经理需要有 Business Sense。我个人有一个办法供大家参考：选择一个行业，考虑一下终端消费者消费了 100 块钱以后，这些钱都到哪里去了，被多少角色、环节分掉了，这样你就能对这个行业有比较深刻的理解。

---

1 推荐阅读《用户力》第 5 章，对盈利模式的讲述得非常简单明了。

2 to Venture Capital（风险投资），业内对一些不赚钱公司的盈利模式的戏称，对比 2B 和 2C 的赚钱方式，说他们是赚投资人的钱。而投资人看重的则是公司未来的发展，愿意用钱来换取公司股权。

10.1.2　分析 100 块去哪儿了

一本书卖 50 块，卖个 1 万本作者不就能赚几十万。

一场演唱会门票收入几百万，算一下，明星一个人唱 3 个小时就赚这么多。

这件衣服居然要卖 300 块，看布料也就值几十块。

……

作为一个普通用户，说出这样的话还情有可原，而作为产品经理，如果还说出这样的话，说得严重一点，基本就不适合继续做下去了，因为这属于看问题只看表面，根本就没有去想想背后是怎么回事。

我们拿上面的例子来推演一下钱到底都到哪里去了。

案例：50 块钱的书

假设一本书定价 50 块。消费者一般会在网店购买。

以当当为例，网购价格一般是 7 折，这 35 块钱就给了当当，与 50 块定价之间的 15 块差价，从来就没真实存在过。当当从出版社进货，大约能拿到 5 至 5.5 折，大约需要给出版社 26 块，当当能截留作为利润的 9 块钱价差。这 9 块钱又怎么分呢？它需要覆盖当当的运营成本，包括人工、服务器、带宽、物流等。如果赶上在做活动，还有营销费用。这样算下来，单靠卖书产生的利润并不会有很多。

再看看出版社拿到的 26 块钱，也可以继续分解。图书标价的大约 8%到 10%会给作者，即作者有 4、5 块的分成。然后，出版社需要给印刷厂 10 块钱左右的印刷费用，而这笔钱印刷厂要用来买纸、买墨、开工资、维护机器，会继续被分掉。出版社剩余的 10 块钱，还需要给与书有关的人员支付工作报酬，比如编辑、校对、排版、设计等，以及发行、财务等其他辅助人员，还要负担房租、仓储、物流等日常运营费用。此外，还要给国家缴税。各项成本的分配比例见图 10-2 所示。

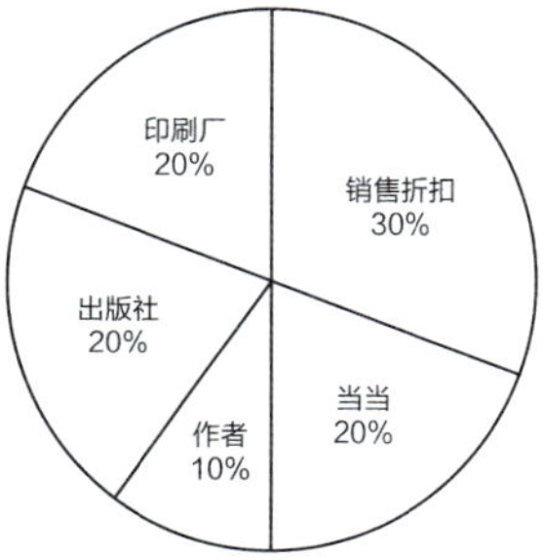

图 10-2　价值 50 元的书，钱去哪儿了

当你把钱的去向追溯下去并梳理清楚以后，就会明白行业内在的规则，也才可能分析哪里还可以优化。比如说，把实体书转变为电子书，可以大大节省印刷环节的成本；又如，通过自媒体引流，向终端读者直供，就砍掉了当当这类渠道将近 20%的成本（罗辑思维就是这样做的）；再如，把实体书只当作更大的内容型产品里的一个偏营销的模块，依托实体书来提升品牌影响力、做线下埋点，最终通过培训、音视频内容赚钱，那么在实体书上亏一点也是可以接受的。

案例：收入 300 万的演唱会

一场演唱会，假设有 1 万名观众，人均支付 300 块购票，那么门票收入 300 万。我们分析一下，有多少人参与了对这笔钱的瓜分。

首先，演唱会一般是由歌手的经纪公司发起，它需要委托各种渠道来卖票，这里面会有营销成本。每个消费者实付的 300 块钱，渠道有可能要拿走 2 到 3 成，毕竟他们也需要买流量、做推广，才能保证在各种网站/论坛、微信/微博、百度贴吧，或者户外的灯箱、LED 屏上看到演唱会的信息。渠道的开销实际上还包括自身团队的运营成本。

到了现场准备环节，经纪公司也需要找各种组织合作，比如作为大头的场地租赁、舞台搭建、物料准备，没个大几十万也下不来，而每家合作公司分到的钱，又会继续流到下游去。

剩下的钱，估计也就不到 100 万，这些钱是全部归歌手了吗？其实并不是。因为歌手身后还有一个庞大的团队。虽然只是几个小时的演唱会，往往需要准备好几个月，请现场的乐队和伴舞，都需要钱。此外，还要考虑经纪公司自身的运营团队及支撑部门的日常花销。各项成本的分配比例见图 10-3 所示。

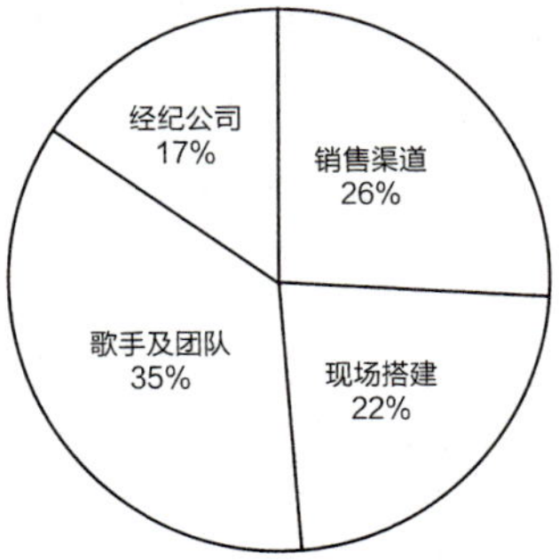

图 10-3 耗资 300 万的演唱会，钱去哪儿了

所以，你看到的三个小时，是一群人忙活几个月的结果。任何一个成熟的行业，

其实都很难有暴利的空间，市场的力量会调动各种角色一起把暴利消化掉。

案例：300 块的衣服

商场里一件衣服卖 300 块，布料的成本看上去只有几十，卖衣服似乎能赚好多啊！可是，背后到底是谁赚到了钱？不妨来看看。

以下这一段内容来自知乎（略有修改）。

这 300 元，商场先要收走 20～25 个点（你可以继续分析这些钱都到哪里去了），也就是 60～75 元，还有一个增值税，综合算下来又要去掉 40 元左右。导购员除工资外还可以拿 1～5 个点的提成。以上总共已去掉大概 40%。

老板从厂家拿货的折扣大约是四折，也就说仅剩大约 20%的毛利，只有 60 元左右，还要给员工开工资，还要交税。

再说品牌商，120 元左右的价格把衣服批发出去，自己也要先从代工厂买回来，还要交税、交房租，支付公司运营成本，发工资，打广告也是一笔不小的投入。

再看看代工厂，很可能只拿到 60 元，还要继续分解为原材料、房租、缴税、工资、公司运营成本，等等。

看完这些，你觉得 300 元的衣服，是仅仅需要考虑“原材料”吗？到底该值多少钱？

这些例子比较典型，它告诉我们——别嫌东西贵，如果不这么贵，就没法撬动各种角色来互相配合，形成一个价值网，让你可以买到这件东西。而互联网可以把传统行业的多级渠道打薄，这体现出供应链重构、新零售创造的巨大价值。

现在，不知你能不能想象出钱在行业里流动的画面。**资本就是这样，在不停地流动中创造了价值。**我国传统中把财比作水，还是有点道理的。

既然成熟行业难有暴利，之所以觉得它暴利，是因为容易忽略这样一个事实：在完整的生态系统里，社会化大分工中不可或缺的每一个参与角色的人力成本、日常运营成本以及承担的风险等，无一不是有偿的。而对资金去向进行研究，可以了解到：

行业里有哪些类型的公司、组织、玩家，他们彼此之间是怎么协作的，是靠什么样的利益、规则、潜规则驱动的，各自的核心价值是什么，应得的合理回报是多少，等等。

可以非常简化地把上面这些商业逻辑抽象出来，见图 10-4（它也出现在《淘宝十年产品事》一书中）。

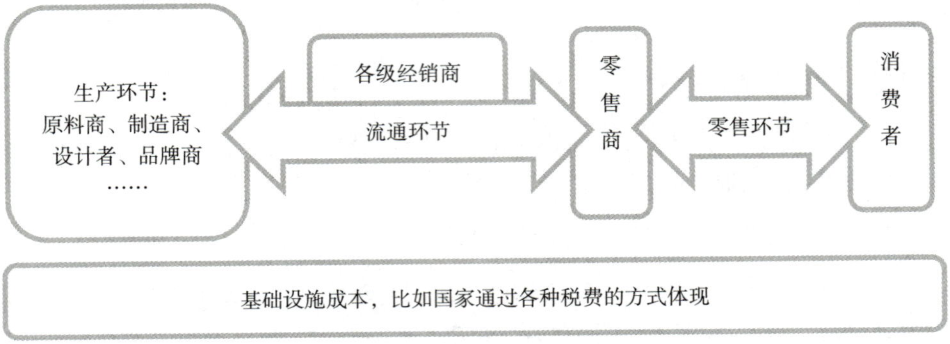

图 10-4　传统商业的简化逻辑

将商业逻辑研究透了，如还能发现有可以优化和挤压的空间，那就可以迎来真机会，也就是接下来要说的“创新”。

10.2　创新那点事儿

在我们看来，这些产品（太阳能电动车、苹果的牛顿 PDA、Segway 电动车）充其量只能算是发明，称不上创新，因为它们没有找到合适的目标客户群。发明仅仅是创造出新技术、新产品，而创新应该是发明（无论新旧）与市场需求的结合，或者说创新是科学发明和市场洞识的交集。

——《有的放矢》

创新需要满足两个条件：市场有需求，技术能实现。如果不能满足实际的市场需求，就只是发明了一个新奇的玩具，虽然有趣，最终只能被束之高阁。同样的道理，如果不能与科学发明相结合，纯粹的市场洞识带来的最好结果也不过是模仿别人的生意。关于创新的定义，可参见图 10-5。

创新也必须克服两个风险。一是市场风险，即能否找到用户；二是技术风险，即能否做出来。不同行业创新的风险不同。比如，一提到医疗行业，就会瞬间想到治疗高血压、癌症、艾滋病等很多市场潜力巨大的特效药，但这些药很难研制出来。而我们所在的互联网、IT 行业，做不出来的情况相对较少，更大的风险是找不到用户需求场景。

既然产品经理、创业者是最具创新能力的群体，下面就来聊聊创新。

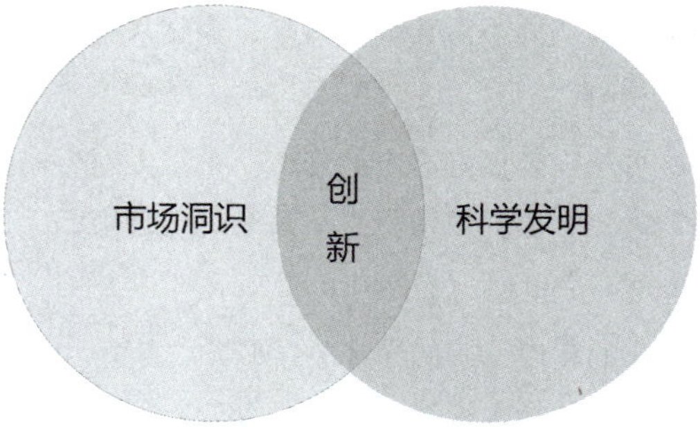

图 10-5　创新的定义

10.2.1　“活着”就是为了创新

企业越成长，就越像一个生命体。与生命体追求长生不老类似，企业也追求基业长青。但市场规律与自然规律一样，都很难对抗。

就像一个人可以通过锻炼身体让自己强壮一些，甚至能多活几年，但不可能永生，公司追求狭义的基业长青，往往也很难如愿。因为，个体的成长本身就是一个可能性逐渐减少的过程，“新”必然越来越少。胚胎时期的干细胞，拥有最多的可能性，可以发育成皮肤、肌肉、骨骼、脏器，充满活力，但等到细胞成熟以后，可能性就只剩一种了。

有学者认为，生命的本质就是“负熵”，也许是为了对抗宇宙热寂[3]，“活着”的终极意义就是“创新”，让宇宙不断产生、保持“有序结构”。虽然每一个生命体都希望能获得永生，但对长生不老的追求却被证明是一种错误手段，那怎么办？

大自然很聪明，设计出死亡、突变、繁衍的生物发展机制，公司也可以借鉴其中一些机制。简单地说，就是把自己的一部分转化成下一代，以实现持续生存。具体怎么做呢？以我现在粗浅的理解，就是在现有组织的内部和外部，进行各种形式的孵化，创造各种条件来促进新业务的成长。而这么做的前提是：鼓励犯错，允许失败。

阿里有一个“赛马”的内部竞争导向，就是在践行自下而上创新的机制和文化。而且，阿里的很多人离职创业后，依然和阿里保持着合作关系，或者被阿里投资，同样是一种繁衍下一代的方式。大公司会越来越重视自下而上的微循环和体外循环，会

3　热寂理论（Heat death）是猜想宇宙终极命运的一种假说。根据热力学第二定律，作为一个“孤立”的系统，宇宙的熵会随着时间的流逝而增加，由有序发展为无序。当宇宙的熵达到最大值时，宇宙中的其他有效能量已经全数转化为热能，所有物质达到热平衡。

越来越认识到公司的边界其实并不需要那么清晰，会越来越重视“毕业校友”这个群体。

建立这样的机制，首先需要做好心态的修炼。很多人对生命的理解还停留在个体层面，无法逃离自己的肉身，因而惧怕死亡，这是可以理解的，但公司则不应如此狭隘，需要有开放和包容的心态。

其次要做好企业文化的建设——倡导开放、平等、自由，保持多样性，宽容失败，拒绝平庸，鼓励叛逆，乐于被新人超越，寻求从前喻文化到后喻文化的跨越[4]。

此外，HR 要按照新的目标对人才的“选育用留”进行全面优化；机制和流程的配套也要更加灵活，从人治、法治过渡到德治。当然，可以先采取“特区”的方式在公司的局部来实践。

小结一下，创新分两种，“更快的马”是渐进式创新，“汽车”是颠覆式创新。用户只能提出渐进式创新，而颠覆式创新则要靠产品经理。前者好比个体生命的生长，后者好比群体生命的繁衍。如今的创新，虽然并不排斥自上而下，只是自下而上的可能性越来越大。

下面，来看看各种类型的公司，在创新过程中可能遇到的坑。

10.2.2 创业公司的创新坑

若干年前，我可以很确定地说，我是个产品经理，而现在的身份却有点复杂——自己在创业，是团队里的产品经理、创业项目的目标用户，又是创业者与产品经理。每天在各种角色之间切换，让我有机会从多个视角看到和体会到创业者在做新产品时经常犯的错。其实，在大公司里做新产品也大同小异。

“这个 idea 不能跟别人说”

不要怕泄密，如果仅仅听了你的 idea 就能超越你，那只能说明你的优势确实很有限。

见过的产品越多就越觉得，自己能想到的每一个 idea，一定已经被无数人想到过，甚至试着做过。从概率上来讲，真的发现一个“秘密”的可能性微乎其微，绝大多数情况下只是我们孤陋寡闻。所以，与其藏着掖着自己嗨，不如找到一些合适的人一起

4 前喻文化是指用以前的文化、思维来影响今天，用过去的经验来决策现在，这在变化很慢的社会里很有效，是一种“儿子”向“老子”学习的文化。后喻文化是指向年轻人学习，向新科学、新技术和新生事物学习，是一种“老子”向“儿子”学习的文化。基于农耕文明的中国传统思想是典型的前喻文化，对创新非常不利。

来探讨 idea，以减少冒进的风险。当然，也不用拿着大喇叭到处广播，那叫立 flag[5]。

idea 与成事，好比捡到一个鼠标垫与组装出一台电脑。事情是做出来的，“想到”毫无意义，做的过程中发现的“秘密”更有价值。同理，这句话也毫无意义：“你看，他们和我想的一样，我们还是慢了”。

“我们就差个程序员了”

当然，我们说的创业是有创新成分的创业，而不是开个店做生意。前面已经说过，创新成功必须要克服两个风险，市场风险（真的有用户需求）和技术风险（能做得出来）。

但很多创业者总认为自己的想法没问题，而且经常越想越兴奋，但苦于没法实现，只好把问题归结为“就差一个程序员来做了”。但当你真的组建了一个不大不小的团队，包括程序员和设计师、测试、运维等，结果也只是在创造了一个没人需要的产品之后不了了之。其实，比程序员更缺的，是产品经理，没找到真的用户需求之前要谨记——不要开始，不要开始，不要开始，重要的事情说三遍。

“别急，我们要憋个大招”

有的创业者，前期确实做了很多功课，在某时某刻也确实想清楚了。但问题在于，他们接下来的做法是开始憋大招，准备封闭开发三个月，一举成名天下知。他们这个做法很像“发射火箭”，做好各种准备并按下发射键后，就只能等着结果，什么都做不了了。但创业之所以难，就是因为过程中市场和用户都在不停变化，会不断碰到新的问题，获得新的信息。如《精益创业》所说，创业更像是“开汽车”，你并不知道在前面那个路口会碰到红灯还是绿灯，也不知道什么时候会出现一辆不守规矩的车要强行超车，或者出现一辆车变道不打灯，同样不知道接下来的一段路会不会堵车……

憋大招的结果，往往是在出关之时发现天下已经改朝换代，自己的产品只能很被动地做出很多调整，才能适应新的用户需求和市场环境。

“我觉得用户一定喜欢”

有一种冷叫“我妈觉得我冷”，有一种用户需求叫“我觉得用户有需求”。做产品的过程中，最重要的事情就是不停地接触用户。多年的经验告诉我，每当自己对产品很满意，信心百倍地拿去给用户看时，还是会发现用户很困惑——不是不理解你要表达什么，就是找不到某个功能，于是满脸无辜地问你——我为啥要用这个玩意儿。

所以，有一句很重要的话——等到你敢拿着产品去见用户的时候，一定已经晚了。

5　二次元术语，指有人说了某些话或做了某些事之后必然会出现的决定剧情走向或事件发展的桥段。

这个问题的解药，只能是摒除主观意愿，想方设法去体会用户真正的痛。

“给我盯着 × × ×，先抄后超”

盯着“抄”，不管是盯一个还是盯多个，最终都很难“超”，最多只能跟在后面。这反映的是竞品分析的思路，我们不能仅仅盯着别人的产品功能来研究，而是要思考同类产品到底是在解决用户的什么需求，有没有更好的解决方案，或者还有什么新的产品形态没有出现。这个话题在第 03 章有详细的讲述——打败新浪微博的肯定不是腾讯微博，而可能是微信的朋友圈；打败 C2C 平台的可能是 B2C 平台，所以淘宝自己做了个天猫；对出租车司机这个用户群体而言，打败某个汽车电台的不是另一个电台，而是打车软件；打败实体书的，也许不是电子书，而是一些音频、视频节目。

“不怕，我们有资源”

这句话经常出自一些传统行业想转型互联网的创业者，没错，就是大热的“互联网+”催生的跃跃欲试者：有钱，有关系，有各种行业资源。

资源很重要，因为人类社会经历了上千年的短缺经济，供给驱动的模式是常态，只要能把产品做出来，不愁卖不掉。但最近几十年，互联网行业越来越走向丰饶经济，我们使用某类产品的选择都太多了，需求驱动变成了常态。

这样的时代，创业者必须有强烈的用户意识，认识到懂用户、了解需求才是我们取之不尽用之不竭的“资源”。当然，传统行业与互联网的融合，的确能够发挥更大的威力。

“找到风口，找对赛道”

站在投资人的立场上，肯定不认同这一条。因为投资人就是要追风口的，和创业者的目标、逻辑本来就不同。

每一次创业，其实都是过往经历的一次变现。值得认可的创业者，他做的事情要能够看到一条清晰的轨迹。这个轨迹可以表现初心，这种初心一般不能是为了赚钱，而应该是一种使命感。比如陈琪（前阿里人，现美丽联合集团 CEO）前后的几个创业项目“琳琅国货”、“卷豆网”和“蘑菇街”，就有明显的关联性。既然选择创业这条折腾的路，就一定要为自己而创业。否则，从前为公司的老板打工，现在变成为投资人打工，并没有本质区别。创业就应该做一件自己非做不可、就算失败也心甘情愿的事情，这才是原动力。如果这件事情正好在风口上，就是锦上添花。

说完新产品创新的坑，再说说成熟业务的创新路上，会碰到什么问题。

10.2.3　大型公司的创新坑

阿里在超过万人以后，还是有一些新业务是完全自下而上发展起来的，这非常不容易，举两个例子。

一个是“聚划算”。最早的时候，其实它只是“淘江湖”的一个插件。估计现在很少有人知道淘江湖，那是 2009 到 2010 年，淘宝对 SNS（Social Networking Services，社交网络服务）的一次尝试。当时的想法是，怎么让淘宝用户互动起来？于是有基层员工就想到，买家与买家聚在一起买东西，可以和商家谈一个更划算的价格。聚划算就是从这样一个小功能慢慢成长起来，变成了一家独立的子公司。

另一个是“钉钉”。它的初创团队当时是“来往”里面的一个小分队。当时团队认为，既然和微信正面抗衡很难，那能不能迂回一下，做我们更有优势的企业沟通或者协作产品。所以钉钉就自发地独立出来，现在它的发展势头很好，阿里的财报还特别提到过它。而这个产品也完全是自下而上发展起来的。

不过，大公司里的创新，失败的还是绝大多数，而且也的确会碰到很多问题，我对此深有体会。2013 年，我负责过阿里内部的创新孵化器——赛马，试图建立起创新的机制和文化，接下来说一说自己当时的感受。

高层管理者与基层管理者的矛盾

高层很看重创新，但下层管理者身上还背着沉重的 KPI。这时候，如果团队里有几个员工跑去赛马，会怎么办？所以，我们可以感受到他们的软暴力。而很多员工，也表现出“只好偷偷做，不能让主管知道”的尴尬心理状态。高层知道这种情况，也没法做什么。毕竟主业还要继续，创新是对未来的投资，机会大风险也大。

主流业务与非主流业务的纠结

如果某个赛马的项目很主流，则有可能会遇到两种情况。

第一种，如果做的是本职的主业，会被质疑“为什么要来赛马？这是你本来就该做的，说明你本职工作没做到位”。

第二种，如果做的是他人的主业，往往在双方沟通后，就被对方“抢过去做了”。一个是自己搞，一个是组队搞，显然赛马选手很快就落了下风。

而如果是非主流业务，则更难落地，需要其他团队配合的地方，往往都会碰壁：“我为什么要帮你？”，而如果非主流到无需任何其他团队配合，那么这样的“内部创业”，和外部相比又有何优势？

我们高估了“内部创业”的成功率

内部创业和外部创业境遇差不多——大半年时间很快过去，大多数项目并没有什么拿得出手的成果。公司虽然失望，但也可以接受，而参与者们就会很痛苦。他们为了赛马，本职工作已或多或少受到影响，又因为赛马结果不理想而落得个团队解散的结局。于是，很多人这一年的绩效都不理想，心态也很受挫，是否回原团队让人纠结，还得自己找出路……更麻烦的是，这群人可都是公司里最有想法、最活跃的一批员工。他们遭受的“心理创伤”，才是公司最应该担心的。

赛马选手和团队自身水平的问题

还在阿里时，我就拜访过不少投资人，他们挑选早期项目的普遍原则是——先看人，后看项目。因为项目做着做着就会变，而人的能力是实打实的。君不见，知名天使投资人投的项目，团队核心成员都是星光闪闪的人物——大公司高管、海龟、名校、有成功经历……而在内部，来赛马的多为基层员工，换言之都是那些手里没资源的人。但凡有点资源的，也不用通过赛马这样的通道来实现想法。这样的选手和团队，创业成功的概率更低。

后来，赛马也经历过几次调整，比如从“内部创业”到“微创新”，从淘宝走向集团，以及相比机制更加重视文化等。我负责的那一年，还有两个创新尝试值得分享给其他大公司。

一是承载“新型组织形态探索”的任务

其初衷，是我们坚信，每个员工在做自己喜欢的事情时，会比做公司分派的任务要高效。将来的公司组织形态，一定不是今天常见的科层制，也许会有美国大片里组队做任务一样的“任务制”作为补充。随着各种工具、技术的发展，专业人才重于管理人才，我们感到越来越多的事情可以这么做。赛马希望让这些组织，可以通过自下而上的方式形成，真正地做到“召之即来，来之即战，战完即散”。

二是“创新文化”的宣导

赛马虚实结合，将“虚事实做”作为组织文化来贯彻，这是阿里的强项。举个例子，我们从 2013 年开始，更多地和选手这样沟通：创新本身就是一件失败率很高的事情，公司在早期也不会对你的项目投入太多。虽然我们也说 20%（早年 Google 允许工程师拿出 20%的时间来研究自己喜欢的项目），但 Google 是 100%时间里的 20%，我们是 120%时间里的 20%，你必须先做好本职工作，再额外的创新。所以，你应该做一件自己真正感兴趣的事情，做那种不管结果如何，只要去做，过程就很开心的事情，而更重要的，是过程中的成长。

看过一本书，叫《创新者的窘境》[6]，书里认为大公司很难内部创新。我对此基本认可，但随着“公司”定义的变化、内外界限的模糊，一切又变得难说起来。基业无法长青，公司总会被打败，但如果是新的自己打败旧的自己，那就并不是一个不好的结局。而这就需要鼓励创新、容忍犯错，允许奇怪的东西长出来……我们只要坚信，创新是人类的天性，是生命对抗宇宙“热寂”的方式，就够了。

10.2.4　传统企业的创新坑

产业升级、传统转型、供应链改造、新零售、互联网+这些词从 2016 年开始越来越火。这一节主要说说那些想转型互联网、和互联网搭上边的企业，会碰到哪些坑。

设立的新部门成为众矢之的

这种情况最为常见，老板打算先试试水，成立一个部门，结果不仅毫无意义，而且这个新的部门负责人还会变成众矢之的。浙江很多做服装的传统公司会安排一个副总做电商，但因为电商业务跟其他线下业务有冲突，其他副总都不配合，让这个副总特别难做。在这种公司里，新的负责人通常没有独立决策权，任何分歧和争端最终都要闹到大老板那里，大老板只能整天解决几个儿子打架的问题。

既然这样的案例大多只能不了了之，那怎么解决这个问题呢？

成立子母公司控股的子公司

当一些传统企业的老板发现单独成立一个部门无济于事，就想到成立独立的子公司。但通常会由母公司控股，以保证业务的最终决策权还是在老板手里。一段时间以后，发现还是完全干不过真搞互联网的。那些真正的创业者，拿着基本的生活费，没日没夜地干活，因为是公司的大股东，全身心投入就有希望合法地暴富。而传统企业的子公司，通常是母公司出钱占大股，团队出人占小股，子公司的管理者还是抱着打工心态，很难成事。

怎么办？只好再进化为内部投资模式。

内部投资后不知怎么导入资源

大老板想通了，完全学习风险投资的做法，把某一个团队独立出来运作，出大钱占小股，让团队自己占大股并掌握生杀大权。这时候，母公司其实就成了一个财务投

6　作者克莱顿•克里斯坦森，是哈佛商学院教授，因其在企业创新方面的深入研究和独到见解，被尊称为“创新大师”。我个人非常喜欢这本书，特别推荐给在大公司里工作多年的人。

资者。但做了几个月后发现还是举步维艰，因为有两个问题：第一，母公司不知道怎么导入资源，子公司和市场上的竞争对手打起来毫无优势；第二，毕竟还是原来企业里面的团队，缺少互联网基因，和招聘来的互联网人才融合起来也困难重重。

最后，有些公司找到了更进一步的办法。

不强求公司转型而只须让钱转型

这也是我和一些朋友在探索的路径，既然传统企业自己团队的转型实在勉为其难，干脆另辟蹊径，毕竟转型的目的是拥抱互联网大潮。那么，把钱交给更懂互联网的人来打理是不是更靠谱？具体做法也很简单，把钱投给专业的互联网风险基金，自己做LP（Limited Partner，有限合伙人，通常指风险投资的出资人）。通过参与投资过程，逐步熟悉互联网行业，如果发现资源整合机会，也可以给基金投资的公司导入资源。再往前走一步，如果觉得有的互联网团队比较好，可以并购，这样真有可能发现一加一大于二的事情。

创新一直很难，特别是对于过去很成功的企业，这方面商界正在向自然界学习进化论的法则，下面再聊聊这个话题。

10.2.5 再谈创新者的窘境

为什么过去的成功反而会成为创新的阻力，这里的问题在《创新者的窘境》里说得比较透彻：

所谓的“窘境”，就是说管理良好的企业，由于它的管理良好，使得它对于一个特定的“价值网”（我更愿意叫它“生态系统”）很成功，也正是由于它的管理良好，或者说，是对于某生态系统的过度优化，使得它遇到另一个新的“生态系统”时，会遭遇失败。

这里不同生态系统的此消彼长，也就是《浪潮之巅》[7]里说的“浪潮”。

具体来说，成功公司的常规管理方法是：

- 听取消费者的意见，大力投资他们希望得到进一步改善的技术。
- 争取更高的利润率，以更大的市场，而不是更小的市场为目标。

而在碰到新兴生态系统时，现在的成功企业无法进入的原因如下：

第一，企业的资源分布取决于固有的消费者、投资者与合作伙伴，而不只是内部

7 前 Google、腾讯高管，现硅谷投资人吴军博士的书，讲述了近百年来 IT 产业一浪又一浪的发展与变革。

员工，更不是几个高层管理者，整个产业链的既得利益阻碍企业对资源进行重新分配。

第二，新兴生态系统刚出现时，规模太小，无法满足成功大企业的增长需求。新兴生态系统利润率相对较低，这很容易理解，正因为利润率低，所以才会后出现，这是大企业不愿意进入的重要原因之一。所以，大企业总倾向于向利润率更高的高端市场发展，这样就给新兴生态系统留下了一个低端切入的口子，而新兴生态系统又会不断进化，直到足以挤占旧有生态系统的部分生存空间。

第三，技术的发展，通常会快于市场需求，所以新技术在不成熟时的“指标落后”，往往是暂时的，而当一个产品的“**功能**”基本完备，消费者的需求重点会逐步转移：从**可靠性**到**便捷性**，再到**价格**，而越往后的需求，往往越是新技术擅长的。等到开始拼价格的时候，这个产品就彻底沦为一般商品。大公司在技术上不会落后，只是被旧有生态系统捆住了。

第四，新兴生态系统，也体现在“消费者”是新的，成功企业若执着于现有的客户，是找不到这个市场的。

第五，现有的市场分析方法，无法应对变幻莫测的新兴生态系统。新市场里，没办法提前规划、计划，试错是常态，这是大企业不擅长的。大企业面对的竞争，不是一家新公司，而是冲入新兴生态系统的海量小公司。从概率上讲，小公司必然有一家会成功。

我曾用下面这个攻山头的故事打过一个比方，而这也是 10 年前阿里在面对电子商务这个新兴生态系统时的做法。

一支看上去人很多的部队，实际上是十支集合在一起的游击队。进攻之前，领头的发现没时间探路，没时间研究，心想干脆不探路了，当年干游击队的时候拼的就是人品。于是召集所有兄弟开了个统一思想的会议，言明攻下这个山头的高尚动机与社会价值。然后，十个队长带着兄弟们高喊着“为了×××，冲啊”，从四面八方涌向山头，十支敢死队也许死了八、九支，但只要有一两支冲上去，就胜利了。

预测和规划的成本大到不如冲上去直接干的时候，故事里的做法变成了一个很好的选择，因为快才是最关键的。当然，这对公司里的个体未必有利，优秀的员工通常不愿意作炮灰。阿里调和这一矛盾的办法是提出“拥抱变化”的价值观，这也是哲学上化解局整矛盾的一个实例。如今的互联网创业环境，也有类似攻山头的局面，每个领域都有很多队伍去试错，如果你想看清楚路再出发，等你上山之后，总会发现已经有人误打误撞登顶了。

回到大公司视角，如何应对这种局面？《创新者的窘境》里也给出了方案，我融合自己的理解来阐述一下。

简单地说，无非是从大企业中独立出一个机构，让其试水新兴生态系统。这个机构可以去找新的消费者与市场，可以满足于较少收益，可以有独立的**流程**和**价值观**，并且可以获得大企业源源不断的**资源**支持。

这其中的流程与价值观，体现的是公司脱离于个人和其他资源而自有的机构能力。流程是公司在从输入到输出的过程中，人们所采取的互动、协调、沟通和决策的模式。价值观是在确定决策优先级时所遵循的标准。

但是，我还是对大公司不乐观。毕竟，一个大企业又能“生”出多少个这样的独立机构呢？潜在的新兴生态系统那么多，又怎么能找准呢？大公司唯一的优势就是可以输入资源，比如思科做得就不错（想了解更多的读者可以上网查找相关资料）。大势上，胜利者总是那些不怕死的，冲进各种潜在新兴生态系统的海量小公司，最终有极少数新兴生态系统存活下来，其中又有极少数小公司存活并成长为大公司，开始面对被新的小公司打败的危险，这就是整个商界生生不息的内在机制。

和生物体一样，产品是活的，公司是活的，生态系统是活的，都有自己的生老病死，而死亡，是宇宙最伟大的发明，这又让我很乐观。

10.3 行业案例分析

本章的最后，一起综合分析几个行业。这其实很难，因为不深入研究几个月，很难看透任一个行业的皮毛。但研究一周的收获能超越 90%的从业者，也确实是产品经理的必备技能之一。

接下来分别说说 2015 年很火的各种上门服务，以及 2016 很火的知识类共享经济。

10.3.1 各种上门与 O2O

各种“上门”在 2015 年很火，它与“到店”相对，背后都是某种交易和服务，只不过发生的具体地点不同，一个在消费者的主场，一个在商家的主场。

“上门”也可以放在 O2O 的概念下，因为纯线上（Online）可完成闭环的事情是十多年前的资讯、搜索、游戏、虚拟商品交易等，现在已经基本没有了，再要做服务，只能去和线下（Offline）的行业结合。吃饭、美发、看电影等业务，必须有线下体验的部分。

这些服务中，有的只能上门，比如装修、家政；有的只能到店，比如看电影（上门放映只存在技术上的可行性）。那么，服务到底发生在哪里才更优？接下来展开分析。

我们先看一对老概念：行商、坐商。

古代称开店营业的商人为坐商，与走街串巷的行商相对。坐商的特征就是拥有一定规模的店面，一般长期经营。坐商稳定下来之后，一般不需要像行商一样到处吆喝，顾客自会来光顾。“坐商”与“行商”的根本区别在于一个是被动式的销售，一个是主动式的销售，通常来说，**坐商适合卖方市场，行商适合买方市场**。

不少行业，都有**从“行商”到“坐商”再到市场出现细分，变为“混合模式”**的发展轨迹。举个例子，讲讲理发这件事。

最早肯定是各家各户自给自足，后来老王理得又快又好，开始给亲戚、街坊帮忙。渐渐地，大家介绍朋友、朋友的朋友也来剪，老王每天都有不少时间耗在这件事上。他心里琢磨，这就不能白干了，得收钱。于是，出现社会分工，老王变成了专业的理发师。既然是专业从事，那就不能是闲下来才做两单，而必须是全职工作了，每天可以理发的时间也从 2 小时变成了 8 小时。那么问题来了——订单不饱和。由于理发是一个新的服务行业，很多村民还没意识到“理发还可以花钱请专业的人来做”，甚至也接受不了“理发要花钱”。于是，王师傅要走街串巷吆喝，想方设法教育用户、教育市场，变成了行商。

王师傅的手艺还是过硬的，风里来雨里去，逐渐建立起自己的品牌。在村子里有了口碑，十里八方的村民都来找。渐渐地，每天在路上走来走去的时间越来越少了，上午在村头可以干半天，下午去村尾再干半天，很充实。再后来，在村口将摊子一摆就客流不断，一整天都不用挪地方。王师傅心想，干脆开个店吧，省得风吹日晒，各种工具也不用每天扛来扛去，这就变成了坐商。

日子一天天地过，理发这个行业竞争越来越激烈。王师傅发现不少老客户不再来了，他们改去离家更近的李师傅那里，或者到邻村的孙师傅店里，听说那边做黑长直的手艺特别好。终于，市场出现了细分。大家原来只是头发长了要剪短，现在变成了老人、小孩求便宜，年轻男人求速度，年轻女人求美丽……老王因为生意少了一点，又开始有大片的空余时间了，作为一个上进中年，必须再学点绝招——烫头！手艺得逞，王师傅也赢得了村里一些中年女性的认可，她们有钱有闲，经常在村长家打麻将，懒得跑店里。在电话里让王师傅过来，说我们几个都要烫，烫一个头要好多钱，再多给你点跑腿费……于是，老王就开发出了新业务，每周一三五下午，店里交给陆续来的几个小徒弟，自己上门去烫头……

故事讲完了，我们可以推论，对绝大多数行业来说，终极形态都是细分的，既有“到店”部分，也有“上门”部分。一个行业是否有互联网化的改造余地，或者狭隘地说就是从“到店”向“上门”倾斜，本质是因为随着互联网工具的使用及各种技术的发展，信息更加通畅，生产效率得以提升，导致生产关系发生变化，供应链需要优化。市场逐步从卖方强势变为买方强势，各种服务资源整体上从供不应求走向供过于求，很多行业过渡到从“坐商”向“混合模式”发展的阶段。这种改变在哪些行业的细分市场中先发生，主要看这些行业是否能提高各种参与角色、要素的综合效率。

任何服务行业都可以抽象出技师、物料、场地这三个关键要素，接下来逐一分析一下。

- **技师：**单人可服务，如司机、导游、厨师，更利于上门，而需要很多人同时服务则不利于上门，因为成本太高。对技师能力的要求低，意味着培养周期短，人力成本低，同样有利于上门。反之，高水平的技师更愿意在自己的主场做事。从技师角度看上门与否，可以归纳为一个简单的判断因素，就是工资总额低的人在路上跑，时间值钱的人待着不动。所以，很多细分行业只能做高端，比如上门美甲一定要做几百块的，而没法做几十块的。
- **物料：**物料越简单越利于上门，整天把一大堆东西搬来搬去肯定是低效的。简单的如按摩，只要靠技师的一双手就够了，复杂的如家用车上门保养，估计技师得开一辆车才能带齐。观察一下现行的上门服务需要带的物料，基本都是路上一辆电动车、上楼一个手提箱可以搞定。
- **场地：**也可以算是广义的物料。很多服务需要在特定场地进行，因为必须用到大型设备，比如汽修店的升降机，健康体检需要的各种专业仪器，这样的服务彻底没法上门。有些对场地要求相对低，就可以上门，比如厨师上门做饭，只要用户有一个常规的厨房；宠物服务者上门洗狗，只要用户有一个可供施展的卫生间。还有些服务，其特性导致场地必须是买家提供的，比如开锁、修空调、家政，这些行业原生就是上门的。

以上三个要素，原来由一家公司掌管，最终随着要素的分离，原来意义上的公司也会被打散。

技师自由流动，因为个人能力被信息系统放大，解决了订单获取、客户管理、信用积累等问题，优秀的技师更有机会成为独立的自由职业者。物料供应商可以更加聚集，由统一的供应链系统管理，以便技师直接采购。场地也可以独立运营，分时出租给技师，现在街边的各种实体店，就会向这个方向发展。生态系统会进化出新的平台型公司，它们掌握数据，仅用一套 IT 系统，就可以从一个特定维度将所有要素串联起来。

这就是生产关系的重组，先发展的是那些业态相对简单、多要素可以合并的行业。

比如打车就很典型，“技师”从开始起就是随身带着服务所需的物料（出租车）到处跑，且无须场地，现在业务模式已从原来的人找车（类似到店，乘客在一个路口打不到车，要换个路口）变成了车找人（类似上门，乘客叫了车，人不动，车过来）。

接着，我们从**服务过程**的角度看，什么业务有利于上门。

- **上门服务不用停留**：有些服务，只能花时间做，比如按摩、保洁、导游（兼职地陪），所以进一步盈利就得提升客单价。还有些则可以做到高效批量处理，比如衣服取件清洗、小型数码设备取件维修、送外卖、收发快递，这类上门后不用停留的业务，如何提升订单密度是关键点，比如争取顺路跑多家。这类服务的特点是对技师能力要求低，基本没物料，往往对后台场地要求高，比如某些快餐模式里的中央厨房。但当上门服务内容简单到极致时，也极有可能被“风先生”等专门的第三方跑腿服务覆盖。
- **一次上门服务多人**：有些服务一般只能对单人，比如上门家政；有些服务可以对多人，比如烧一桌子菜，或者只接团体 2B 业务的上门理发。后者相对容易把客单价搞上去。本质上，这个做法是设法通过批处理来降低单个订单的成本。

还可以看看**服务结果**的特性，是否有利于行业快速进化。

- **结果是否可衡量**：这取决于行业数据是否容易信息化、结构化，即电商常说的标品、非标品的区别。打车是最典型的标品，车和服务区别很小；专车略微非标，可以选择车型；智力相关的咨询服务最非标，评价甚至很主观。标品的评价体系容易建立，所以也容易先通过形成正面口碑来获得用户的认可。
- **结果是否可传播**：其关键在于享受了服务的人，是否方便传播、愿意传播。美甲的可传播性就非常好，等美甲师画完就可以发朋友圈，有图且养眼。而比如按摩服务，就不方便发图，传播性就差一点。易于传播的业务，进化起来显然更快。
- **结果能否引起冲动**：这主要看潜在用户看到其他人的服务结果后，是否容易做出冲动的决策。通常来说，单价越低、频次越高的服务决策越轻，越容易做出“试一次”的决定，比如顺风车刚推出的时候，很多人都会试一把。而能把服务做得新鲜有趣，也可以促进行业进化。

那么，作为创业者，到底选择什么行业来尝试上门服务，或者扩大点说是生产关系改造，还要看市场大不大、肥不肥，而这可以通过以下的公式来进行量化：

（潜在用户数 * 需求频次 * 客单价）* 转化率

然后看行业、竞争情况，再看自己的团队与行业的匹配度……这些话题本书前面已经讲过很多，在此就不再展开了。

10.3.2 知识类共享经济

共享的本质，是供给方愿意以低于成本的价格提供服务，因为服务是顺道的，利用了闲散资源，所以共享的收益不仅仅是金钱。所以，滴滴出行上的顺风车是共享经济，专车不是共享经济。共享经济，从早期的相对标品——车、房，渐渐发展到它的最高级形态，也是最非标品的形态——知识智力共享。

2015 到 2016，有两个很火的系出同门的产品，在行与分答。正好我对这个领域很有兴趣，于是回答了知乎上的两个相关问题。下文，就放出我对这两个产品的看法。特意没有修改原文，是为了保留当时的预测观点，大家也可以看看，时至今日我的哪些判断对了，哪些错了。而对整个行业的系统分析，留给大家作为一个开放式的课题吧。

如何评价果壳网的新项目“在行”？（2015 年 7 月回答）[8]

大趋势不用说，因为各种黑科技、小工具的发展，未来越来越多的事情可以通过松散组队的方式来完成。在“公司”这种组织形态之外，必然会出现越来越多的新型组织，只是时间点的问题。你也可以把它理解成共享经济的一种，Uber 是车，Airbnb 是房，司机和房东都不是公司员工。下面要说的是更虚幻的认知、智力。

对于一些专业人士，他们的闲暇时间，是可以仅仅通过聊聊天的方式，就帮到很多人的。我个人，是通过在行，第一次聊了个收费的天儿，所以谈谈体会。

先要有个基本判断，轻咨询这事儿（不管姬十三同学是否承认在行是轻咨询，但我觉得，双方有明确供需关系的聊天，并非平等的闲聊，就是一种咨询），如果不考虑费用，肯定是供不应求的，所以，需求端的问题相对容易解决。

那么，对于匹配供需，收费是最简单有效的方式，市场有一只看不见的手嘛。不过，做了一次行家（在行里对专业人士的称呼）之后，发现“钱”在这其中起到的作用，绝对不只是“价格门槛”，甚至可以说，“赚钱”的感觉微乎其微。

更重要的感觉是——

8 读者可扫描右侧二维码阅读原文。

一个过滤器：我知道对方是愿意花几百块钱解决问题的，也看了对方的基本信息，意味着这是一个乐于学习的人，会想各种办法提升自己的人，是一个相对靠谱的人。

一种契约感：只要有钱在里面，不论多少，我都不会迟到，会针对性地准备一下内容，会在过程中把手机静音，会聚精会神，因为双方都知道，这是一个契约。

收到第一笔钱以后，假想一下这个模式的演化，以及可能的问题：

第一，行家新鲜感驱动，无持续供给。

对于一些明星行家，平台并不能带来价值。钱，不缺，而且，想赚的话，目前平台上的定价范围，似乎也没足够的吸引力（我的判断是，通过这种零散时间赚到的钱，并不是最高效的方式，因为 1、2 个小时，很难深入，就是说，只能发挥出明星行家的浅层次价值）；名，获得一个评价的时间成本太高了，貌似知乎、自媒体是更有效的方式。

但平台需要明星行家，可以把他们定位为玩票者，不时用各种新鲜的玩法吸引他们，相当于电商概念下店铺里的引流商品。

当然，也有一些做法可以给他们带来价值。

第一，让行家与学员的关系更对等，可以互相学习，或者举办行家聚会？让行家觉得也能学到东西，就有了持续的动力。

第二，引导行家把见面行为和对自己更有价值的事情关联起来，比如投资人通过见面找好项目，企业高管通过见面招人。

不久后，平台上真正产生交易量大头的会是“职业行家”，即以此为生的人，比如本来就做这类咨询服务的心理、法律、健身教练，等等。很简单，他们把这里当作渠道，是来赚钱的。

第二，上量以后的供需匹配。

这其实是模式轻重的问题。现在的在行还是很重的，运营人员在其中做了大量的工作，有点像经纪人：主动拉行家、帮行家编写“商品”内容、筛选见面的申请、帮行家拍照宣传……其实，这里面，在行在为行家们做信用背书。

这种轻咨询是典型的非标品，商品描述很难客观，见面后聊得开不开心、是否解决问题也很难客观，所以评价也很难客观（而且我觉得，都见面聊了一个小时了，一般都互加了微信，再给非好评的可能性实在很低，也就意味着**评价会失效**，反正我觉得如果看到一个非好评，那背后一定是一场很不愉快的聊天）……

于是，很难做轻。但平台要长大，上量以后又不得不找到标准化的运作方式，平台很难在每个行家身上花太多时间，行家们越来越平民化，评价又是失效的，作为买家怎么选？这是将来供需匹配会碰到的大问题。

可以想象，“职业行家”可以做成相对标品，类似医生挂号。但标准化以后的在行，似乎也就不好玩了，就像Uber，开始很可能叫到卡宴、X5，后来就都是桑塔纳、荣威了。当然，平台的价值肯定是有的，但更像一个垂直电商，这是否还符合初衷？

还有个微观的匹配问题，就是约约约很麻烦。双方要先想想自己到底何时有空、在哪见面方便，然后再和对方协商时间、地点。我的经历是已经有些单子因此取消了。

第三，已经见面过的双方，下一次见面还会通过在行么？

也许在早期，这并不是很大的问题。

如何评价在行推出的付费问答产品“分答”？（2016年6月回答）[9]

旁观的说做事的，开头必须要大大的赞团队，表达佩服，然后才敢斗胆抛几点出来讨论：

1. 轻到如此地步，60秒能说完的，是否还算“知识”？值乎（知乎推出的一个产品，形态和分答很像）也有这个问题，很像微博、朋友圈的变形（或者说一种插件）。毕竟，从松鼠会、果壳、MOOC、在行来看，团队的“初心”应该还是在知识相关的领域。

2. 产品设计非常精巧，迭代把控也非常值得学习，这点很多人都说了。“提问者”终于实现了我们很多人儿时的梦想——全中国每个人都给我一块钱，我就发财了……还可以想个办法调动起“偷听者”的传播动力，可以借鉴传销的模型。

3. 运营方面势能强大，基本不会出现“在行”当时被上百家抄袭的局面，大家应该都认为没得抄了吧。这两天，出现的V越来越大，搞不定这些大V就是白搭。

4. 但分答流量中心化分配的机制，使得没法自己诞生新的V，没法“源源不断地制造新网红”。作为一个平台，总是感觉缺一口气，这一点倒是知乎一直领先。

5. 目前在一个分岔口上——要流量，肯定娱乐化更容易，而且这个产品形态也是娱乐化的，所以这是一条更顺的路，但会不会违背“初心”？哎，又提到这个俗词……本来正在和“知乎”为了知识女神决斗，忽然发现旁边有个更漂亮的。可是，自己已经说了多少年知识女神是这辈子的真爱了，怎么办怎么办，就这个感觉。

9 读者可扫描右侧二维码阅读原文（此回答阅读前需要先登录知乎账号）。

6. 要和母体脱离运营才走得好，如果让产品气质顺其自然地发展，直观的感觉会和母体渐行渐远。想在一个分答里同时容纳各种气质的大 V，不是不可以，但太难了。

7. 也许可以走这条路：工具化，类似当年 discuz 做的事情，论坛工具。把分答这种形式做成底层工具，让各种专业圈子甚至网红个人，都可以简单部署一个垂直化的分答，以实现数据、运营、氛围的隔离。

8. 可以思考这些产品：微博（加 V、关注）、直播、奇葩说、罗辑思维、吴晓波频道，挖掘它们的关联性后会发现，一个不只有颜值，而是真正集美貌与智慧于一身的网红的产业链正在形成，从发掘、造星，到流量分发，再到变现。

最后，结合分答的母体说一句：

寺庙里出了个撩妹高手，总觉得怪怪的……

我自己在 2015 年下半年，也试着孵化过一个知识共享领域的产品，看来这条路上有很多人都在探索。大家可以持续关注知乎、罗辑思维与得到、在行与分答、喜马拉雅等产品，以及各种自己做内容的大 V 和团队。2017 年，我们一定会看到更精彩的局面。

10.3.3　中老年的广场舞江湖

这是一个你天天能见到，但可能一直无视的巨大市场。

猜一猜 10 英寸液晶屏的老年看戏机均价是多少？然后再去淘宝搜搜，结果保证让你大吃一惊。

数百网红老师，200 万领舞，1 亿广场舞爱好者，5 亿 ~ 6 亿规模的中老年人群，已经逐步形成了一个有趣的供应链体系。

在这个江湖里可以卖的，容易想到的是舞蹈音响、服装、保健品、旅游产品、理财产品，以及最终用户是孙辈的各种产品。想不到的是，三线歌手花钱请网红老师把自己的歌编成舞曲，再通过广场舞曲的方式传播。灰色产业盯上了这群最好的“人肉”，利用大妈们微信消息必看、易轻信、对好友的要求来者不拒的特点，来吸粉，刷关注、刷阅读、刷点赞，造出自己需要的数据以进一步牟利[10]。

10　这篇文章的作者是我的师弟方惠，我给了一些修改建议，感兴趣的读者可以扫描右侧二维码进行阅读。

10.4 延伸阅读与练习

本章关联到另外几本书的相关章节如下。其中的图标表示推荐阅读（笑脸）与选择阅读（冷漠脸），亦可根据一些关键词扩展阅读。

- 大公司与小公司的不同做法 《启示录》28~30，page165~178
- 启示录综合说产品 《启示录》31~39，page179~220
- 创新的秘诀 《有的》2，page19~32
- 淘宝搜索的大案例 《淘宝》4，page47~76
- 旺旺的大案例 《淘宝》9，page171~194

可以做的练习任务如下。

任　务	难度星级	耗　时	目　的
1.设计：你的产品，怎么赚钱	★★★☆☆	2	分析或畅想一下你的商业模式，2B？2C？暂时 2VC？开始考虑商业问题的产品经理，才算真正上道了
2.文章：分析你所在的行业，100 块都去哪儿了	★★★★★	4	适合高阶用户，需要针对整个行业，有哪些玩家角色，对各自提供的价值和权责利有比较通透的认识，才能发现下一步的机会
3.案例：你经历/操盘过的一个产品案例，失败的更好	★★★★☆	3	失败案例比成功案例更有启发，敢于拿出来分析，更需要勇气。关键在于，从失败案例中学到了什么
4.案例：分析一下你知道/亲历的一个产品创新	★★★★☆	3	可以是巨大的模式创新，也可以是细节设计的微创新，正是这些创新让世界越来越美好

「10 案例：商业模式、创新与行业」

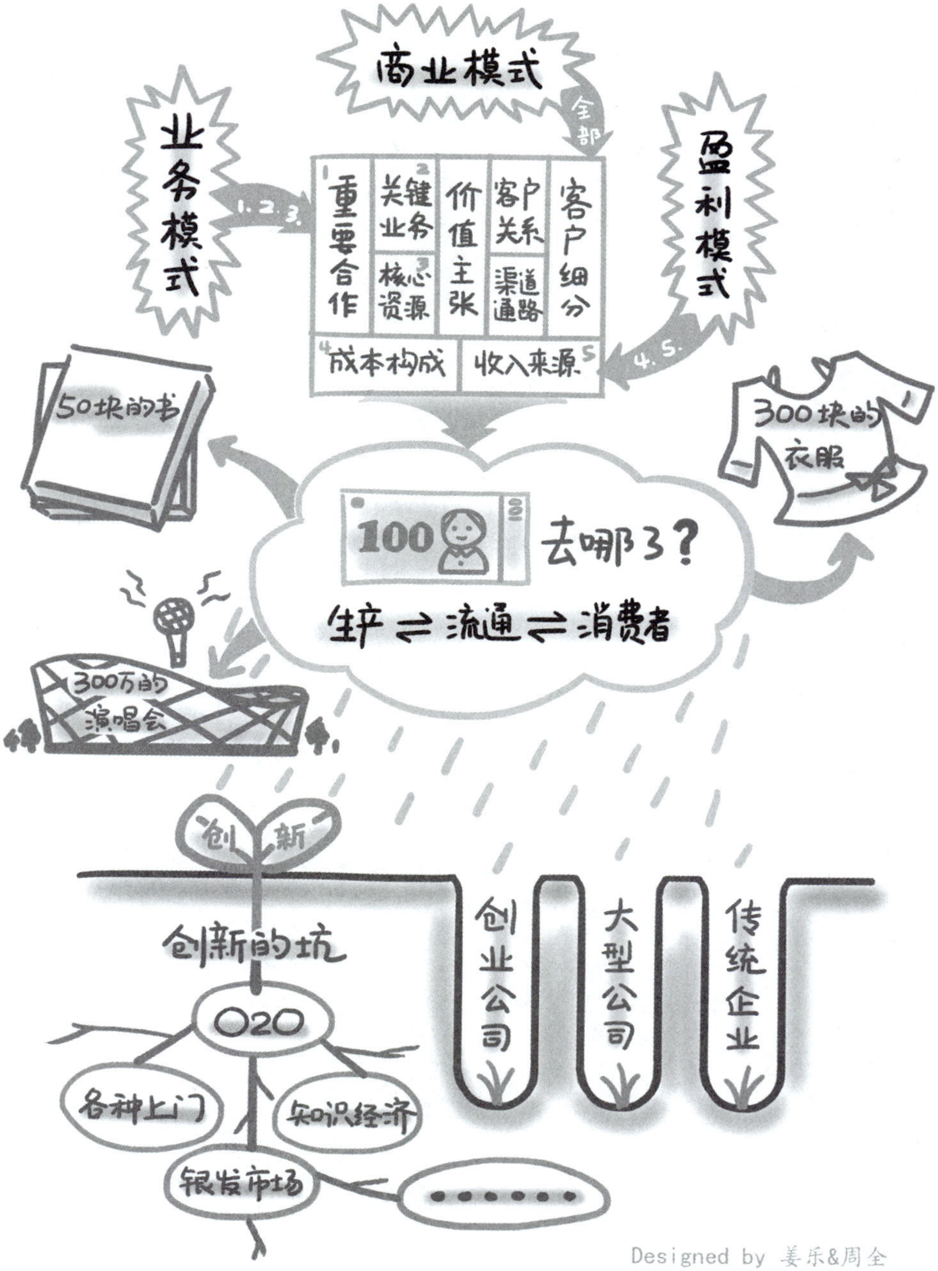

Designed by 姜乐&周全

第 11 章

蜕变：从产品助理到 CEO

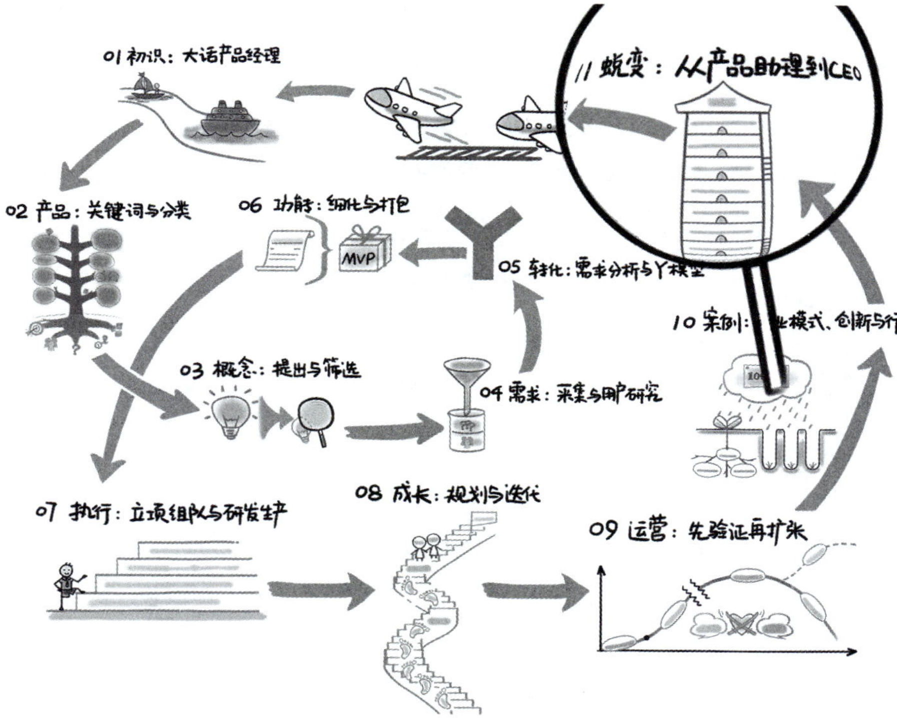

第 11 章　蜕变：从产品助理到 CEO / 305

11.1　在人力资源部做产品经理

本书的最后一章，再回过头来说说人，聊聊个人成长的话题。

我和行业内的大多数产品经理不同，除了在一线做产品，还比较关注人的成长。在阿里的最后几年，我去了一个比较奇怪的地方——人力资源部。因为我觉得产品就是“解决某个问题的东西”。所以，在人力资源部一样可以做产品，只不过它可能不是一个 IT 系统，而是通过改变人来改变事，而这也许是一个更大的杠杆。

通过做阿里集团的产品大学、在线学习系统、总结淘宝产品的案例、促进内部创新等事情，让我对“人”有了更多的理解。于是这两年，我结合业内几家大公司的产品经理岗位模型，总结出了“产品经理的七个层次”，供大家作为职业发展的参考。

11.2　产品经理的七层修炼

要做产品，入行之前就要想想自己有没有本书第 01 章讲的思维方式与性格特点，以及一些基础素质，比如**学习能力**、**执行力**、**沟通能力**、**逻辑思维**、**时间管理**、**会议管理**、**办公软件使用**等，然后再参照表 11-1 一步步修炼。

安排这一节内容的初衷是，想让大家看看自己到底走到了哪一步，想到达下一步需要做到哪些关键的提升。个人认为，初级产品的技能将被越来越多的人，甚至是非产品经理掌握，所以至少要走到第四层，才算到了一个相对安全的位置。

表 11-1　产品经理的七层修炼

层级	典型任务	相关能力的关键词举例
0	职场新手上路	学习能力、执行力、沟通能力、逻辑思维、时间管理、团队精神、会议管理、办公软件使用
1	需求细化与研发跟进	文档与原型、领域知识、懂技术、懂设计、项目跟进
2	主动挖掘与项目管理	用户研究、项目管理、心理学、社会学、数据分析、竞品分析、协调资源、优化流程
3	完整产品与大局观	做取舍、需求管理、产品规划、懂市场、懂运营、商业感觉、行业分析
4	产品线与带团队	前瞻性、产品分解、产品生命周期管理、培养新人、团队管理、定目标、追过程、拿结果

续表

层级	典型任务	相关能力的关键词举例
5	成功案例与影响力	创新、输出方法论、知识传承、心态修炼、成就他人
6	商业闭环与全职能管理	开宗立派、领导力、企业文化传承、战略制定、组织发展
7	自己成功到助人成功	理想与信念、情怀、引领时代

11.2.1 第一层，需求细化与研发跟进

如果你每天的工作都是写 PRD、画原型、做 Demo 的话，那基本就是刚刚入门。你接到的是一个相对明确的任务，要能听懂，所以需要不少领域知识；要产出给技术人员看的需求文档，所以要懂点技术；要制作给设计人员看的原型，所以要懂点设计，这都是入门的基本功。

接下来，你会觉得自己有点像一个监工，在项目过程中负责盯需求对应的功能是否按时开发、测试、发布上线，这很考验“催功”。这个阶段，有三招是必须学会的，如果你已经在带新人，不妨学会后再传授给他。

这三招，一是**做客服**，二是**写 TC**（test case，测试用例，是测试人员编写的用来指导测试执行的文档），三是**请吃饭**，分别对应着**熟悉用户**、**熟悉产品**、**熟悉团队**这三种目标能力。

做客服

做客服是为了真正了解目标用户是谁，他们的需求场景是什么。

原来阿里 B2B 的某个团队，只要是新招来的产品经理，必须先去客服部门轮岗三个月。这段时间做下来，每个新人都会很清楚现在产品的用户都是一些什么人，哪里让用户不爽，哪些改进点重要，哪些不重要……这种感同身受，是看再多的客服反馈报告也体会不到的。当然，轮岗三个月的做法，只有在公司资源很丰富的时候才可以施行。

如果做不到轮岗（哪怕一周），也有简单一点的做法，比如去听客服电话，浏览、回复客户反馈，只要每天下班旁听 2、3 个小时，多看看客服妹子的白眼，坚持几周，就会不一样。

我的孵化器里有一个做夜店社交的团队，我给他们的建议只有一句话：团队每个人，每周必须去泡一次夜店。

写 TC

写 TC 是要真正了解产品的各种细节，以及每一条逻辑规则，顺带着了解技术。

TC 可以理解成是从测试的视角写的产品描述。测试人员与产品经理的逻辑不同，产品要抓大放小，测试要想清楚各种边边角角。

如果团队正好没有 TC 文档，你可以来写一遍，很快就可以对产品的各种细节了如指掌，比如每一个模块背后用到了哪些技术，有什么之前为了某种妥协而埋下的坑。如果团队已有 TC，你可以仔细阅读一遍，绝对比读产品文档更能了解细节，读的同时跟着做一遍测试，可以更快速地熟悉产品。

设想一个场景，某次需求评审会上，当讨论到某个细节时，大家都记不清了，只有你能脱口而出，绝对能让众人对你的信任度大大增加。

请吃饭

请吃饭是为了真正了解所有要合作的人都是什么性格，有什么喜好，甚至最近开心不开心。

产品经理的时间经常不够用，用来一个人吃饭太奢侈。一定要找人一起吃饭，技术、设计、市场、运营都可以，胆子大也可以拉老板一起，只要不是一个人就好。

我们算一下，一周工作 5 天，5 顿午饭，5 顿晚饭（基本上，干这行的很难不在公司吃晚饭），每顿和不同的人一起吃，一个月就可以认识 30 多人。这样吃下来，工作中经常有交集的同事，几乎都有了非工作场景下、非正式的沟通。

很多时候，你找技术提一个需求，他回答“做不了”、“没空做”，还是“我想想怎么办”，只取决于你和他熟不熟，这是真的。

类似地，如果你是烟民，可以约同事一起抽烟；如果你是运动爱好者，可以和同事一起打球、爬山……在良好的文化氛围下，做朋友与做事，可以相互促进。

最后，不要忘了问他一句：作为一个产品新人，现在没人带我，我应该怎么做才能快速上手？

以上三招，虽然又笨又花时间，但胜在简单有效，能帮你快速跨越第一层。悟性好的同学，三到六个月就能进入第二层，最慢的一两年总够了。

11.2.2 第二层，主动挖掘与项目管理

第二层与第一层的产品经理相比，最大的区别就是开始从被动变为主动。

你开始自己去见用户、挖需求、探究人性，并把需求转化为产品功能，而这需要对用户研究、数据分析、竞品分析、心理学、社会学等知识有所掌握。你不再是一个在项目中盯需求的人，你开始主动发起项目，可能要承担项目管理的职责。这时候，抢资源就变成了一个很重要的能力，如果你在第一层时就和所有人结下了深厚的友谊，抢资源就会比较容易。

从下面一些小迹象就能看出你有没有迈入第二层。

- 如果你负责的都是同事给的二手需求，那么你是第一层的产品经理；如果你经常亲自接触产品的用户，直接获取需求，那你就是第二层的人。
- 开会的时候，如果你总是作为参与者接受会议邀请，那么你还是第一层的人；如果你经常作为组织者发送会议邀请，那就是第二层的人。
- 如果你一直在按流程办事，按模板写文档，那么你是第一层的人；如果你开始优化流程，更新模板，那么你就是第二层的人。

进入第二层，你对公司各方面的熟悉程度大大增加，话语权明显提升。比如，你觉得随着团队变大，产品越来越复杂，现有的项目流程已经不适合现状了，就要有能力发起一个讨论，说服大家在“功能评审”与“发布”之间加一个“预发布”环节，在“需求评审”之后加一个视情况而定的“设计评审”环节。

回忆一下第 05 章说的 Y 模型，第一层的产品经理是被动的，前期的工作已经由老板想清楚了，要做的是“2”到“3”的 How 部分。而进入第二层后，就开始做完整的“1”到“2”再到“3”，甚至可以尝试去挖一挖“4”。

从能力角度看，第一层的产品经理只要有理性就能做好，而第二层需要增加一些感性方面的能力。做好 Y 模型的前半段，需要洞察用户、有人文情怀，做好后半段，需要有逻辑能力和科学素养。所以，我一直坚信“有人文情怀的理科生，或有科学素养的文科生”是最好的产品经理苗子。

第二层，也可以在一两年内跨越。所以，对于悟性比较好的新人，工作 2 年左右就可以开始负责一个完整的产品了。

11.2.3 第三层，完整产品与大局观

前两层的产品经理，都还在做加法。而到了第三层，又会碰到这个金句：**完美，不是无一分可增，而是无一分可减。**要开始做取舍、砍需求，大到产品概念的筛选，小到具体功能的权衡，都要有这个意识。

第二层的产品经理，可能负责产品里的一个模块或者功能，到了第三层，就要负责完整产品了，这意味着你负责的产品是一个可以提供用户价值的整体。

举个例子，第二层的你可能负责滴滴打车里面的一个模块，叫“我的”，里面有登录注册、我的积分、我的账户、我的行程、设置之类的功能。这时，你的心态是抢资源，要保证自己一亩三分地的产量。而第三层的你，开始负责整个打车的乘客端 App 了。这时候，你首先要考虑是这个产品不要做什么。因为资源有限，你会想更多“需求管理”、“资源分配”、“性价比”相关的问题。

因为要提供完整的用户价值，所以从这一层开始，对产品经理的大局观提出了要求，而大局观又分为时间和空间两种。

时间大局观，是指规划与迭代。

你需要开始考虑整个产品的发展节奏，1.0 版本还没发布时，你就要确定 1.1 要做什么事情，规划 1.2 到 2.0 版本要往什么方向发展。这背后需要的是对市场、行业有比较深刻的认识，要有前瞻性和创新能力。分享一个培养时间大局观的办法：去各种应用商店，仔细研究那些明星产品的更新日志，比如微信、淘宝、支付宝，看它们从 1.0 到 4.0、5.0，是怎样一步步发展过来的。有条件的话，可以去找对应产品的产品经理去验证你的猜测和想法，这样就更完美了。

空间大局观，要借力周边团队。

一方面，你要意识到，产品不仅仅只是个 IT 系统，还包括了线上线下的服务体验、与上下游的利益分配机制，等等。把产品狭义地理解成一个网站、一个 App，正是新手产品经理最常见的误区，大多数人开始产品生涯时都会经历这个阶段。

另一方面，你要明白，产品的成功不是只靠产品经理，还有很多职能部门非常重要，比如市场、运营、服务等，甚至包括外部的合作伙伴。所以，你要开始恶补相关知识，做到能和他们平等对话，从而可以协调更多资源，或推动内外部团队去达成目标。毕竟，到了第三层，产品经理要对最终的用户价值，或者说一些商业结果负责，而不能再仅仅满足于把一些功能做出来或按时上线。

11.2.4　第四层，产品线与带团队

第三层的产品经理，已经开始负责产品规划，关注生命周期，然后反向驱动市场和运营团队，也做过几次师兄师姐，可以算是老江湖了。再往下发展，进入第四层，主要区别就是负责的产品要足够复杂，要拥有洞察行业走势、提前布局的能力。这时，

你光靠自己肯定忙不过来。

于是，你要**开始负责产品线，带团队，养新人**。比如滴滴，一开始只有打车，解决司机乘客找到彼此的问题，随后你发现出行难还有车不够的原因，又开始做快车、专车，以提高车的数量。这时你又发现交通拥堵也是出行的大问题，需要提高车的利用率，顺风车、大巴等应运而生。

这个阶段，你要把一个大产品解构为几个子产品，交给几位产品经理，分而治之，而这些产品的集合，常常被叫作产品线。比如滴滴，先后推出的不同业务，就是不同的产品。而按照 App 或网站的产品形态来看，乘客端、司机端、平台端则又是一个分解维度。

通过图 11-1，看看老马是怎么解构淘宝的。

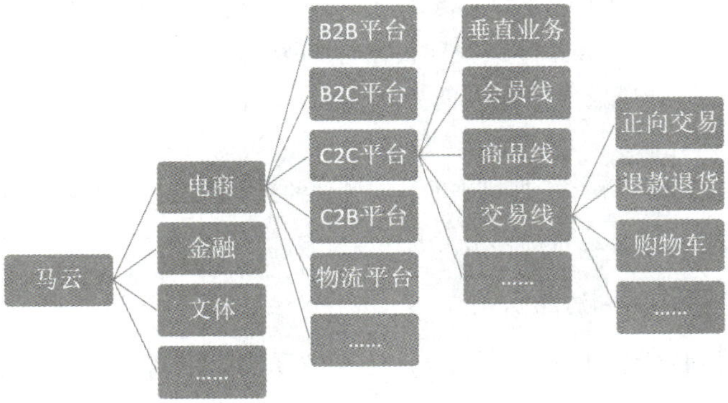

图 11-1　马云眼中的阿里

首先，整个阿里现在已经不再只有电商业务了，还包括蚂蚁金服的金融板块（包含支付宝、蚂蚁聚宝、网上银行、芝麻信用等业务），以及双 H 战略（Health & Happiness，包含阿里音乐、阿里影业、阿里体育等业务）下的文体板块等。就其中的电商部分而言，B2B 平台是最早的阿里巴巴，C2C 平台是淘宝和 AliExpress，B2C 平台是天猫，C2B 平台是聚划算，物流平台是菜鸟。

而仅是淘宝网站这一部分，又可以从很多维度来分为很多条产品线（图 11-1 已经做了很多简化）。淘宝有一个上百人之多的产品团队，非常考验如何细分产品，分不好自然会整天打架，即使分好了也要与时俱进、不断优化。

之后，你需要提升团队管理的能力，要能说服、能影响，要带着一群前三层的产品经理定目标、追过程、拿结果。这一层，你从对“物”，即事情的关注，上升到对“人+物”的关注。

11.2.5　第五层，成功案例与影响力

单纯靠个人努力，可以达到的上限是第四层，我认为国内有数千人。而要有自己的成功案例，就需要额外具备天时地利人和，比如能赶上移动互联网的浪潮。

我说的成功案例，是指操盘过一个众所周知的产品，甚至是“无中生有”地做出了颠覆性的创新产品，而不只作为一名产品经理参与其中。到 2016 年，整个阿里的产品经理估计有 2000 人左右，但真正操盘钉钉、闲鱼、聚划算这样规模的产品的产品经理，也不过几十位，而其中能最终获得成功的更少。到了这一层，很难找到办法来教大家怎么一步步做出一个成功案例。其实绝大多数产品经理这一辈子都做不出一个成功的产品，就算是已经功成名就的，让他从零开始重新做，也不一定还能成功。这里的成功，是指产品不仅仅创造了用户价值，更获得了商业上的成功，即赚到钱了。

这一层对于培养新人的要求也会提高，要能输出方法论、做好知识传承、建立团队的人才梯度，并形成影响力。

影响力分公司内和业界，没法刻意提升，获得的途径一是拥有自己的成功案例，二是通过帮助别人，教学相长。作为一个做了三五年产品的人，总会有些心得体会、方法论，但自己懂和能教会别人，中间还有很大的跨度。到了这个阶段，我建议大家可以先为了自己做些总结记录，并且把这些内容分享、传播给更多的人，帮助大家一起成长。我通过这个办法，已经写了三本书。坚持做一段时间，就发现提升最大的其实是自己，而影响力只是一个副产品。

厚积才能薄发，机会只会给有准备的人，能达到这一层的人，国内也就数百人吧，已经算“大师”级别。这种人创业，走到 A 轮轻轻松松。从这一层开始，要开始心态的修炼，要有成就下属、同事、合作伙伴的胸怀，要能做到尽人事听天命。最后，送大家一个词——随缘。

11.2.6　第六层，商业闭环与全职能管理

马化腾、雷军、周鸿祎都说自己是产品经理，你信吗？如果要算，他们至少是第六层的产品经理，已经是行业大佬，可以开宗立派了。做到这一层，各种岗位殊途同归，岗位是不是产品经理已经不重要了。

与第五层产品经理的主要区别是，你负责的领域从“产品的方方面面”发展为“商业闭环”，即在某个行业里，践行甚至开创某种商业模式，给行业带来惊喜，影响浪潮。负责商业闭环，意味着你要开始考虑赚钱的事情，考虑如何养活几百几千人团队的问

题。这时候，你已经是一个独立公司，或者大集团里子公司的总负责人，即我们常说的 CEO。除了战略，还要开始思考企业文化的事情，需要极强的领导力和组织建设能力，要带领一个全职能团队冲锋陷阵。

为什么大公司里的产品经理，做了几年之后都喜欢出去创业？因为他已经能看到商业的全貌，但分工使然，他在团队里并不能决定所有事情，身边还会有市场总监和一个销售总监等掣肘，业务的成功与否不完全受自己控制，有时会非常纠结。而大公司里，从产品总监升职为事业部总经理的机会少之又少，同台竞争的是所有其他职能的负责人。于是出去创业、自己操盘成为了一种不错的选择。

在第六层，你的关注领域会从“人+物”，上升到“人+财+物”。多的这个“财”，指的是创造收入、获得盈利。在同行眼中，你已经是一个精神导师了。这时候，你也需要开始考虑产品和公司的国际化，去影响更大范围的人群。

讲到第六层，都已经把世界互联网大会上发言的那波人都扯进来了，国内不过数十位，那第七层是什么？

11.2.7 第七层，自己成功到助人成功

第七层的产品经理，需要从自己成功发展到助人成功，从商业过渡到人性，要加入一点情怀，力争能对社会甚至人类文明有贡献，能开创一个时代。从商业上看，这样的事情几乎也是开创了一个全新的行业，引领浪潮并站在了浪潮之巅。

做这种广义的产品，需要强大的理想和信念做支撑，因为它是一辈子都做不完的事情。它不是一个产品实体，而是一种理念，可以让世界更美好。这种产品会以平台的形态出现，不仅仅可以赚钱、养活团队，还可以帮助到社会上的很多人，这是比商业价值更高的社会价值。

比如阿里，促进了商业文明的进化，养活了数千万人，包括淘宝上的卖家，以及服务卖家的客服，还有不计其数的快递员，等等。又如 Google，促进了全球信息化的进程，让很多贫穷的人也能和富人一样平等地接触各种知识信息。再如还在高速成长中的滴滴，正在变革着我们出行的方式，已经让数百万人可以通过开车养活自己。

想达到第七层，需要你彻底想清楚自己做各种事情的初心，拥有关注全人类命运的人文情怀，这样才有可能找到自己改变世界的方式。我在这方面尝试着做的一点点微小的努力，可以总结成几句话：

好产品改变世界，

产品经理改变产品，

我们来改变产品经理。

加个放大器：人人都是产品经理。

11.2.8　七层里的三个阶段

七层讲完了，大家可以对照一下自己到了哪一层，参见图 11-2。需要说明的是，你可能不是 100%属于某一层，而是某一层为主，其他几层也沾了点边。仔细思考一下自己每天工作时间的分配，基本就可以做出判断。

产品经理的常见成长路径，是从大公司的基层做起，直到成为独立业务的负责人，中途任何时候都可以出去成为创业者，或者去中小公司当产品负责人。当然，如果个人足够强，从小公司起步是更快的做法。只不过，对大多数人来说，还是应该找机会去大公司练一些技能点。转行对产品经理来说也很常见，转进和转出的岗位都是五花八门，但通常发生在前三层，从第四层开始，产品经理就已经是比较综合的业务负责人了。

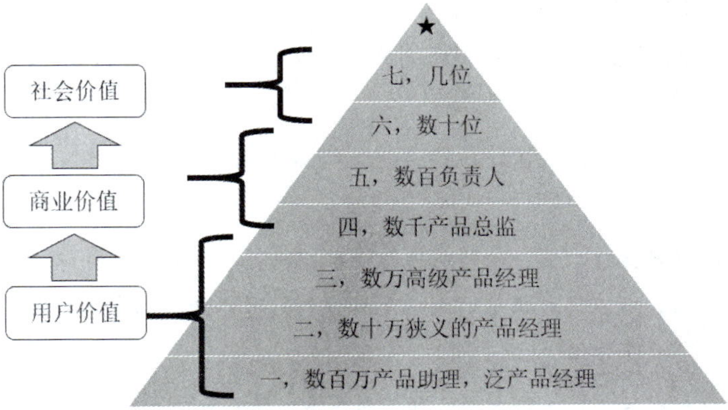

图 11-2　产品经理的七层级与三阶段

产品经理的竞争很激烈，基本上升一层，人数就少一个数量级。行业内有数千万可能入行的学生和其他职场人士，不妨把他们叫作第零层的产品经理；在他们上面，有数百万的第一层产品经理——产品助理，这一层也包括了不少顶着其他岗位 Title，做着初级产品工作的“泛产品经理”；其上依次是数十万的第二层——狭义的产品经理；数万的第三层——大公司里的高级产品经理或者创业公司的产品负责人；数千的第四层——大公司的产品总监或者中小公司的产品负责人；数百位的第五层——大公司的产品负责人，或优秀的创业者；数十位的第六层——大公司的总负责人、CEO；以及个位数的第七层——伟大的企业家。

这七层，又可以分为三个阶段的产品经理，分别对应着各阶段能创造的价值——用户价值、商业价值、社会价值。

- 第一阶段主要是前三层的产品经理，最多包含部分第四层，其价值是用户价值，做有用的东西。比如，上世纪 90 年代很多国内的独立软件开发者，抱有一颗公益之心，可以不要收入，纯凭着兴趣做事；又如，大多数公司里，不考虑盈利问题的一线产品经理。
- 你想继续发展，必须要有一支团队，而团队就需要有一定的资金支持，你不可能要求每个人都有公益之心。毕竟都是凡人，要养家糊口，所有的梦想都要建立在一定的经济基础之上。当你进入第二阶段，就要开始创造商业价值，就要开始给别人发工资了。而做一件对用户有用且能养活公司的事情，难度显然大了许多。关于赚钱，短期可以靠投资人，长期必须自己造血，这是部分第四层和五、六层的产品经理要考虑的事。
- 赚到钱后，就自然而然地想讲点情怀，希望养活公司的同时还能解决一些人类共同的问题。你想创造社会价值，比如促进就业、布道普世价值观、激发大家的环保意愿，想把自己的公司从成功做到伟大，这是部分第六层和第七层的产品经理该有的想法。

最后来点实在的，这三个阶段的产品经理，分别能拿多少年薪？一个老同事持这样的观点：

作为一个产品经理，第一阶段叫理性决定下限，要面对的是目标、逻辑和解法。因为是术的层面，可以通过训练达到。全部做到，可以保证工资不会太低，但年薪最多 50 万（以 2016 年为例）。

第二阶段叫感性决定上限，要做到“向内看，独一无二”，年薪 80 万起步，并且有不少上升空间。

第三阶段叫人性空间无限，讲求“通过内心看到宇宙”，年收入几百万轻轻松松。

11.3 十年后，再无产品经理

从我入行的 2006 年到今天已经十年，产品经理这个岗位的定义逐渐成熟。随着大家对这个岗位的理解越来越深，前三层的产品经理是可以被培训出来的，意味着这个层级将面临贬值。再过十年，这个岗位会变成怎样？2016 年 10 月，我去了一趟硅谷，希望能透过全球领先的 IT 圣地，洞察到中国的未来。

在硅谷公司里，产品经理的人数占比（在广义的产品技术团队中，不包含市场营销相关团队）要比国内小很多，5%～10%是比较正常的。而在国内互联网行业（包含软件、IT、移动互联网等），大多是 10%～20%。究其原因，是硅谷对产品经理的要求更高，普遍要求有技术背景，有更强的商业感觉，能更多地承担洞察、思考、定义这些重要的事情。对应产品经理的七个层次，他们至少是第三、四层的产品经理。第一、二层的工作，国内是一群名为产品经理，实则产品助理、需求分析师的人在做，而硅谷把这类文档、Demo 的事情，交给了团队里的工程师和设计师完成。

对于一个功能的实现，硅谷的典型模式更加高效。

国内：高层级产品经理定方向/框架 → 低层级产品经理写文档跟进 → 工程师写代码实现

硅谷：高层级产品经理定方向/框架/部分设计 → 工程师细化设计/实现

硅谷的方式，因少了一个环节而减少了沟通与损耗。最终国内模式很可能也会向这个方向进化。

谷歌的产品经理工作经验更丰富一些，有资深工程师转行的，也有工作过又读过 MBA 的，应届生直接从事的要少一些。这也符合我对国内互联网产品经理岗位趋势的一个预判——大量应届生涌入，初级岗位人数剧增的趋势会逐渐放缓，这也是 2010 到 2016 年国内互联网产品岗的最大特点。

但，这并不意味着我会整体看衰产品经理岗位。

一是因为互联网行业产品的同质化、丰饶，甚至是冗余现象越来越严重，所以对高级岗位的需求会愈发强烈，只要能做出差异化、找到细分，机会就很多。你要是说这是老板该做的事情，那其实是老板承担了产品经理的职责。

二是各种原本没有产品经理概念的行业，因为和互联网的结合日益紧密，也开始寻求相关人才，以应对越来越激烈的竞争。这是一个巨大的增量市场，热度好比 5 到 10 年前互联网对产品经理的态度。这从近年来找我做咨询、培训的各种客户那里也可以明显感受到。

三是对初级产品经理的需求，也不会一下子减少到硅谷那样，毕竟这背后是一个整体人才结构的事情。我们的工程师和设计师，不像硅谷的同行们那样有业务感觉，这确实是不争的事实，所以也没法要求他们能在多大程度上做掉初级产品的事情。

对于广大产品经理来说，要尽快努力提升到至少第四层，开始负责完整的产品，甚至是商业闭环。而这样的岗位，和小公司的老板，大公司的业务 Leader，或者外企的 GM（General Manager）又有什么区别？而对于广大非产品经理来说，要多少掌握一点初级产品经理的能力，以应对未来对产品思维有要求的各种岗位。也许“产品经理”作为一个词和岗位，10 年以后很少还会有人提及，但“产品经理”作为一种思维方式和做事方法，在未来 10 年必然产生越来越广的影响。到那时，所有人都在做“产品经理”的部分工作，人人都是产品经理的“泛产品经理”时代真的到来了，产品经理这个岗位也就不一定必须存在了。当然，这只是猜测，希望能成真。

再重复一遍人人都是产品经理的真谛，这是 2010 年就印在《人人都是产品经理》封面上的文字：

不是每个人都能以产品经理为业，但在我看来，产品经理是一类人，他做事的思路与方法可以解决很多实际的生活问题。

只要你能够发现问题并描述清楚，能将其转化为一个需求，进而转化为一个任务，还能争取到支持，发动起一批人，将这个任务完成，并持续不断以主人翁的心态去跟踪、维护这个产物，那么，你就是产品经理。

至少，你已经是自己的产品经理，这才是“人人都是产品经理”的真谛。

11.4 归宿：无非广义创业

本书快结束了，你的职业生涯还要继续，你总会碰到这个问题：如果有一天，不做产品经理（这个岗位）了，还能做什么？

我的答案是“创业”。当然，这里说的是广义的创业，是对自己可调配的资源进行优化整合，从而创造出更大价值的过程。接下来，就聊聊大家的归宿。

11.4.1 从产品经理到创业者

乔布斯说过一句话，大意是：**过去学过的东西、做过的事，总会在不经意的时候，对你现在做的事情有用，时间长了，你会发现没有任何一段时间是白费的。**

我也认为，每一次新的开始，都是过去所有积累的一次变现。但这其实需要用心设计，我自己就是有意在寻找一条能把过往的经历都用上的路，或者说，先想好将来要做什么，然后去积累一段段的经历为之准备。2014 年底，我自认为找到了一条比较好的线路——从产品经理到创业者。

因为这两个角色本身就是二位一体的。

每一个产品经理，都是潜伏在公司里的创业者，因为没有可并肩创业的投入，是做不好产品的。在大公司里工作，就像是在温室里锻炼创业需要的技能，比较安全。而产品岗位的思维训练，会让产品经理越来越有自己的想法，而这个想法和公司的大方向正好吻合的概率实在太低了。所以，很多人会自然而然地选择创业。

每家公司的创始人，也必然是公司的第一任产品经理，创业的想法总是创始人自己想出来的，他要思考“要做什么事，来解决什么人的什么问题”，就必须具备产品经理的能力。

于是，我在 2014 年下半年离开阿里集团，成为了一名创业者。有趣的是，我的创业方向是“创业服务”，继续服务着产品经理和创业者。我和一些小伙伴一直在做产品方面的培训、咨询工作，看过大量的案例，也发现了很多创业者在辛苦地做着毫无意义的事情。

给大家看一段《有的放矢》里我很喜欢的话：

> 很多大家熟知的“做产品”的过程，是过去几百上千年，长期物质缺乏而推导出的“供给驱动”模式。最近几年，“需求驱动”的模式日渐上风，而我们还不习惯。供给驱动模式，在现今只适合成熟的产品，属于执行过程，而创业是探索过程，需要的是试错、迭代。
>
> 消费者是否愿意购买产品，并不取决于创业者是否勤勉，技术是否先进，或者销售人员是否有魅力。这也是大部分创业者失败的原因，并不是他们没能力开发产品，而是开发的产品用户不需要。

这段话说明，很多创业者都缺乏产品经理的能力。可是，我哪有能耐帮到这么多人，不要说个人水平不够，无法对各个行业都有了解，就是时间精力也不允许。所以，还是要借力团队。我现在有两家杭州的公司，良仓孵化器和 B12，都是在做相关的创业服务，大家有兴趣可以扫码查看更多信息，见图 11-3。

图 11-3　良仓孵化器和 B12 的二维码

创业太难了，千万不能脑子一热就跳进这个坑。接下来，我会和大家聊聊，决定创业之前要想清楚的一些事。

11.4.2 体验创业的三种选择

创业很火，每个人都想投身进去试试。

其实，很多人并没有成型的想法用以发起一个项目，也没有足够的把握组建一个团队，而是想体验一下那种**闹哄哄的感觉、激情燃烧的岁月**，特别是很多在大公司待久了觉得无聊的人。我和不少这样的人聊过，发现念头一旦产生，就很难再遏制。好在，就算想体验创业，你也有多种选择，只是每种选择需要的能力储备、心理建设完全不同。

以下说的创业公司，主要指 A 轮以前，整个公司最多不超过五十人，随时能看到、搭讪老板们的那种。

第一种，当员工

创业后，你会迅速地从不知道自己做不了什么，变成知道自己做不了什么，从而更认同团队的力量，更明确自己的定位。因为大公司分工明确，只要发挥长处就行了，没机会自曝其短，而在小公司，任何人都会被逼着做任何事情。想清楚自己的情况，别跳进去以后，才发现自己完全没准备好。

当员工，也可以体会到创业氛围，了解大公司和小公司做事的区别，丰富自己的职业履历，同时也可以给自己一个合法暴富（有股票期权）的机会。创业公司的每个员工都要独当一面，因为分工不明确，所以个人能力历练起来比较杂乱，但成长非常快。乱对能力强悍的人来说是好事，他们自己会通过总结梳理来找方向、找机会，但对于能力一般的人来说，就会陷入混乱，还不如在大公司按部就班地练级。

当员工，意味着有工资拿。而且现在的创业环境比较好，资金充裕，在创业公司当员工的固定收入通常也不会比大公司差太多，又不需要自己承担创业失败的风险。个人不认同为了创业降低家人的生活水平的做法（降低自己的，只要你愿意就可以）。所以，对有经济压力的人来说，当员工是体验创业的唯一选择。

第二种，当合伙人

所谓合伙人，是那种你愿意也敢于把所有坏消息都告诉他的人，通常，这种人都是认识多年的老朋友。至少拥有 5%～10%的公司股权，才可能有合伙人心态。这时候，作为公司的拥有者之一，你要有更明确的创业者姿态，比如很多人是不拿工资或者只拿生活费的。

合伙人的认可，一定要是相互的。也就是说，如果有 5 个合伙人，那 10 个关系对中任一对的两人之间都要彼此认可。

要成为合伙人，一是要具备对公司长期发展而言不可替代的能力。如果只是短期内公司需要的关键能力，比如某种人脉、用户资源，完全可以用兼职顾问的方式来实现，说直白一点，用更少的股份或者现金做利益交换即可。二是个人职业路径要和公司做的事情吻合。这可以基于其过去多年做过的事情加以判断，而且合伙人必须非常认可公司的愿景，并且曾经为此愿景努力过。

第三种，当老大

老大也是合伙人之一，是股份最多的那位，通常也是这个创业项目的原始想法、初心的来源，必须有强烈的使命感——不做这件事，这辈子就白活了；做过这件事，就算失败了也是给自己一个交代。有了这种心态，团队在碰到各种问题时，才能坚持下去。

做老大需要有充分的心理准备，因为老大会有一种深深的孤独感，和做老二的感受是完全不一样的。公司里任何一个人，在搞不定问题时，都可以找个人问问："我该怎么办"，到老大这里，没有人可问，只能自己扛。相信每个老大都有过深夜一个人陷入沉思，无处释放压力的经历。当然，也有解决方案，公司发展阶段相似的 CEO 们可以组成"兄弟会"，互相打气，出谋划策，但这只是安慰剂，并不能解决实际问题。

像 CEO 这种级别的老大，要做的事情除了业务本身外，还有很多如图 11-4 所示的文化与团队层面的事情，更要在外部为公司摇旗呐喊、融资……

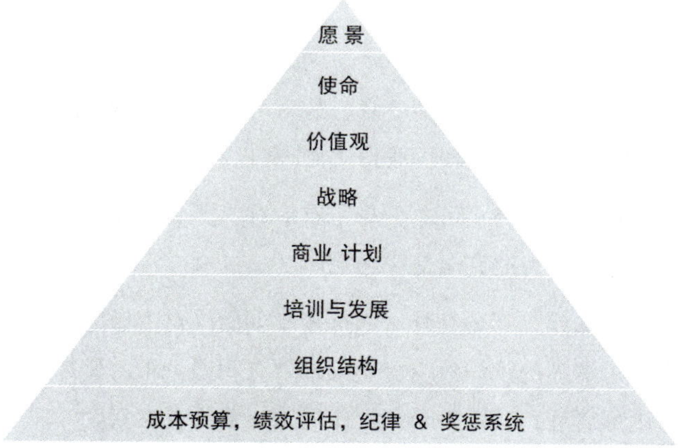

图 11-4　CEO 要搞定的事情

以上三种体验创业的选择，一种比一种难。因此，还是要再次提醒，开始之前务必多问问自己——准备好了吗?

11.4.3 互联网创业的五个启动步骤

如果你真的打算开始做自己事业的创始人，那么在最开始的启动阶段，可以按照如下五个步骤来做。

第一步，再次判断自己适不适合创业

主要考虑以下这些前提条件。

- ▶ **同窗：**多年来，你已经积累了一群兄弟，不管你干什么都愿意跟着你。这群人组成的整体能力是否完整，与要做的事情匹配度是否高。
- ▶ **无根：**是不是没什么牵挂，可以全身心投入到创业中，比如可以说走就走地换城市。
- ▶ **无畏：**创业过程中必定会碰到无数巨大的困难，面对困难时你是否有坚韧不拔的态度，能屡败屡战。
- ▶ **激情：**你对做的事情是否有使命感，是否不做就觉得这辈子白活了。

诚然，我们身边的创业者，兼具这四点的不超过 10%，但这些重要的加分项，只要已经下定决心，还是可以逐步向其靠拢的。只有顺理成章地解决了这些问题，创业才有可能成功。

第二步，组队和选择合伙人

主要基于以下的要素进行选择。

- ▶ **共同愿景：**你们对做的事情要真心认可。所以，对靠谱的合伙人，既不能强拉说服，也不能用不合理的股份比例吸引。
- ▶ **背靠背的信任＋包容：**可以分享所有消息，尤其是坏消息，因为这建立在对双方都已足够尽力的完全信任之上。
- ▶ **互补：**性格和能力都要互补。而这要求创始人对要做的事情需要什么能力，应该有一个清晰的认识。与合伙人也要有明确分工，比如一个在外面冲锋，一个在内部管理；或是一个负责线下，一个负责线上。

第三步，找到精准的商业模式

与合伙人一起讨论切入点。好的模式通常都是能一句话说清楚的，比如可以用类比的方式来让对方更容易理解——中国的 Airbnb、某某领域的滴滴打车……

第四步，确定各自的权责利与股权结构

根据商业模式和切入点，可以推导出要做什么事，以及需要哪些能力。然后分析初创团队里每个人的重要性，综合考虑短期与长期价值，据此推导出股权结构。通常，团队一定有暂时空缺的能力。对此，可以把部分股份做成期权池，留给将来加入团队的能人。

第五步，打磨业务和产品

广义的产品，即你的解决方案，在产品早期要注意以下几点。

- **产品心态：**尽快做出一款丑陋的产品，不要追求完美，而要追求尽快验证。
- **产品迭代：**每周树立一个里程碑，其本质是保持快速改进的节奏。
- **能否外包：**创始人应该自己做第一任产品经理。产品设计层面绝对不能外包，技术实现在短期内可以外包应急，但要做好找到技术合伙人之后重做的准备。

走完这五步，之后就都是产品经理相对熟悉的领域。

11.4.4　互联网创业的地域鄙视链

不管你是准备创业，还是已经在创业，都有必要给你说说这个政治不那么正确的话题。大家也有必要好好想一下，为什么很多投资人都喜欢问互联网创业者这个问题：

你们团队在哪个城市？

如果答案不是“北上广深杭”，那么他心里就已经给这个团队减了好多分，甚至希望在 3 分钟内结束聊天。

这是个“地图炮”的话题，我们尽量保证客观。

首先要理解，任何一个投资人都不能保证一个不漏地看全所有团队、人、项目和产品。当多到怎么看也看不完（这就是知名投资机构、资深投资人的现状）时，多数投资人都会基于概率论采取一些切分策略，即通过一些非常简单易判断的标准，把一部分项目砍掉，不在它们身上花时间。比如最简单的地域，核心团队成员里是否有互联网背景、知名公司背景，合伙人之间认识了多久，过去有没有做过与此相关的事情……

这样简单粗暴的做法，确实会错过个别潜力股，但符合概率，错过的毕竟只是特例。

那么，一个创业者从小地方来，到底错哪儿了？其实，与个人完全无关，全部错在环境。

一个城市能够成为创业之都，要具备多个要素，这是很多创投人士共同总结出来的。

- 有足够多足够好的**创业公司**来提供文化氛围、社会认同和资源流动性。
- 有具备示范作用的**龙头企业**，可以提供高素质的“熟练工”，比如创业公司的合伙人。
- 有**投资公司与天使投资人**，可以提供钱以及衍生资源。
- 有**优质高校**能提供高潜力新人和技术研发能力。
- 当地**政府**能提供政策支持和优质的大环境。

稍微修正一下这几个因素。

第一，在“双创”（大众创业、万众创新）的大背景下，政策已经是没有最好只有更好的状态。各地领导经常互相参观、学习，分分钟就可以将环境复制过来，所以这个因素的影响相对较小。

第二，“本地用户”是一个不可或缺的重要因素。如今的互联网创业，线下部分越来越多，本地用户的成熟度、对新事物的接受程度会起到很大作用。

举个简单的例子，2014 年左右，杭州的街边已经可以随意使用支付宝了。在超市、小面馆，可以很自然地问老板是否接受支付宝，绝大多数的回答都是“可以”，甚至有的小老板在我发问之前就主动提起。这一点，北京当年就差一些，而到了县城，根本问不出口，只能老老实实用现金。

以上要素形成一个生态，一个互为因果的正循环，缺了任何一个都会对正反馈产生很大影响。接下来，综合评估一下国内几大创业城市。

- **北京：**毫无疑问，帝都各种要素的分值爆棚，不是超出一点半点，而是几倍地碾压其他城市。但交通和环境不佳让很多人又爱又恨。另一方面，作为政治中心，它与创业者需要的创新、颠覆、叛逆、自下而上等文化有些冲突。这个影响，也许在几十年甚至更长的时间尺度上会体现出来。
- **杭州：**偏电商与生活服务。阿里功不可没，不仅仅树立了一个标杆企业，而且还培养了很多阿里系的创业者和投资人，特别是土豪级的早期投资人。还有个自认全国第三的浙江大学，学生多，质量高。因为传统浙商及阿里系的原因，创业、创新氛围比较浓，而政府对新生事物的态度也相对开明。

- **深圳：**略偏硬件，坐拥腾讯、华为、华强北等超级品牌。将深圳排在杭州之后，一是对一直生活、工作的城市有些偏爱，二是因为深圳缺少一流大学。当然，作为移民城市，离香港近，自然环境也极佳，所以对人才的吸引力同样很强。
- **上海：**虽然现在体量大，但我不看好它的增速。外资、金融占据了太多上海的资源，但缺互联网巨头，缺创业氛围。可以对比美国的纽约与硅谷，就会觉得上海和其他创业城市相比，总是差一口气。或许什么时候陆家嘴不再看不起张江，上海就有希望了。
- **广州：**一山难容二虎，总觉得被紧邻的深圳压着一头，甚至有继续下跌的风险。

我把国内有希望开展互联网创业的城市分为三档，每下降一档机会就会少很多，而如果不在这三档里，那成功的概率就真的很低了。唯一的第一档是北京，第二档是杭州、深圳、上海、广州，还有一批有潜力的第三档，下面简单列举一下。

- **南京：**虽然好学校很多，但总觉得旧都的气质、浓浓的民国范儿和互联网创业不太搭，倒是离它不远的**苏州**，挺有希望。
- **成都：**偏游戏，倒是和这个城市的休闲风很配。中国西南地区那么大，总得有个根据地，毕竟很多人还是愿意离家近点。
- **西安、武汉：**作为西北、中部最好的高校聚集城市，也有机会。
- **厦门：**也是自然环境优秀的好地方，曾几何时，网络营销很厉害。

我们按照创业公司老大需要重点关注的三个问题：人、财、物，来看看如果你不在这些城市，会碰到什么问题。

- **人–团队：**就算自己足够强，哪怕你是从北京回到三线城市，也会碰到招不到人的尴尬。因为这些人通常都在互联网巨头或者其他创业公司里，而不同级别高校学生的差距，不得不承认，真的巨大。于是，组成一个高质量团队的可能性大大降低。
- **财–资本：**缺乏专业投资人，就算拿到钱，多半也是当地金主的钱，背后的资源比起一线投资人来说几乎可以忽略。举个简单的例子，知名天使投资人如果投了某个项目，媒体是会抢着报道的，这种放大效应、免费广告你就无法享受到了。

- **物–业务**：因为身边的同行变少，当地用户的教育也更难，毕竟缺少一堆“友商”帮你分担教育重任。不在创业高地，视野会变窄，会使得你对最新动态的敏感度降低。常见的局面就是，自以为想到一个绝妙的点子，来到北京见了第一个投资人，对方问“你知道 XX 公司吗”，然后就没有然后了……

于是，作为一个小城创业者，也就只能被减分减分再减分。那么，如果你就是在这样的城市，该怎么办呢？

第一，之前说过创业者的一个加分项就是“无根”，可以为了创业换城市。如果你换了城市之后变得一穷二白，那也只能依托于长时间的积累，也必须接受的确落后于从大学阶段就开始积累的创业者的事实。

第二，利用不同级别城市的时间差来创业。多年前中国学美国，你现在可以学北京，但是做区域性的项目，需要安心赚钱和积累各种资源，同时少考虑模式创新。等过几年大公司下潜到你的城市时，看到你的项目现状，会觉得与其从头做起还不如直接收购你。

第三，分析清楚现状，好好上班。创业本来就只是一种选择，而且是 Hard 模式，对大多数人来说，并不是最优选择，入行需谨慎。

当然，上述对城市的评价只是 2016 年的一个时间切片，而且相当主观。时间会改变一切，只是没那么快。将近 20 年前马云开始做阿里巴巴时，杭州也只是一个小城市。

11.4.5 下一个硅谷在哪里

上一节探讨了一家公司怎样才能成功，这一节把视野提升到一个地区如何成功的高度。

上面提到的那些城市，都说过要成为中国的硅谷。确实，说起互联网、创业创新，硅谷是毫无疑问的世界中心。硅谷不只引领了一次浪潮，而是最近几十年来的每一次浪潮，它都能站在浪潮之巅，从半导体、硬件、软件、互联网的发端，到生物、人工智能等黑科技的诞生，这才是它最厉害的地方。2016 年，我入行十年，终于第一次去了硅谷，行程中特意读了吴军博士的《硅谷之谜》，并一直在思考，下一个硅谷到底在哪里。

非决定性因素

硅谷之所以成为硅谷，媒体经常提及的几个因素其实并不是决定性的，只能说是加分项，这一结论来自于对各种资料分析的研究和我的切身感受。

- **自然条件**：这是指地理因素[1]。硅谷四季模糊，是典型的地中海气候，一年到头的温度、湿度都很宜居，类似气候条件的地中海地区孕育了文艺复兴。但工业革命的英国不是这种气候，各大文明古国也不是，南美、澳洲、非洲也都有小块地中海气候区域，并没见到什么成果。
- **优质高校**：斯坦福和加州大学伯克利分校等，给区域输送了源源不断的高端人才。但这更像是结果，或者至少互为因果，而不是原因，毕竟美东波士顿地区也是牛校林立，有哈佛、MIT，等等。当然，高校背后的创新、研究能力及引领前沿的精神，的确是宝贵的，是一种必要条件。而产学研结合方面，硅谷做得也确实领先。
- **风险投资**：资本作为一种资源，加上杠杆性很强，一直是硅谷的前进动力。而且，KPCB 和红杉等硅谷投资公司，与纽约华尔街资本的风险偏好完全不是一种风格。但是，风险投资与硅谷的形成同样是互为因果。
- **行业巨头**：将其作为原因，更像是循环论证——巨头可能孕育新的巨头，也可能“大树之下，寸草不生”，陷入“创新者的窘境”而无法赶上下一个浪潮。比如底特律因汽车工业而生，也因此而死，中国东北的重工业也如出一辙。所以，似乎要有巨头，但也不能一家独大。
- **知识产权**：它的确可以保护已经取得成就的创新者，但互联网精神从某种程度上讲，是有些“海盗精神”的，就是要无视知识产权，比如某些基于免费（甚至涉嫌盗版）的商业模式。
- **政策支持**：这一点是国内“硅谷”的政府报告中很喜欢说的，但对美国来说真的不重要，因为美国的地方政府是典型的小政府，能做的极其有限。而且，如果政府的扶持让一些本来可以早死早超生的公司又坚持了几个月，也未必是好事。

决定性因素

曾经想过，BAT 为什么分别出现在北京、杭州、深圳，和权力中心的距离正好是 0、1000、2000 公里。我的结论是，是文化潜移默化的影响在起作用，而这种影响最终表现在产品与用户的远近、对个体是否重视上。百度可以不注册就使用，不用知道你是谁，但技术驱动的中心化搜索，又能保证算法大权在握；阿里需要知道你是谁，依

[1] “地理决定论”一直是主流思想之一，可参见《枪炮病菌与钢铁》。

托各方利益交换形成商业模式，是一种运营驱动的“做生意”；腾讯不但知道你是谁，还要让个体之间互动，形成用共识来维护的集体社区，需要用产品来驱动。

那么，一个地区要成为硅谷，最本质的原因又是什么？同样是“文化”——创新文化，好奇心，人民群众是否乐于去探索、接受新鲜事物，等等。以下几点彼此促进，共同构成了硅谷形成的基因序列。

- **叛逆精神：**不迷信权威，甚至以对抗权威为政治正确，而且多为“N+1”型叛逆，即在原来的基础上更上一层楼，而不是“N-1”型叛逆，比如简单重复、打价格战。在当前强势的公司的视角看，这不是什么好事，但站在更大的空间、更长的时间角度看，就是好事了[2]。资本也在暗地里支持有“反骨”的员工，而东家也体现出对叛逆的宽容，毕竟大家都是这样起家的。2011 年，加州政府甚至会状告 Apple、Google、Intel 和 Adobe 四巨头互不挖人，因为这样不利于区域的活力。
- **拒绝平庸：**建设性的叛逆（而不是破坏性的叛逆），对人的要求非常高。硅谷是一个只有精英才能存活的地方，越来越高的生活、工作成本，也在起着筛选的作用——挤走落后产业，迎接新贵。对创新赞赏、对抄袭鄙视的态度，构建了良好的社会共识，你在那儿 copy 别人要承受远超出我们想象的心理压力。个人的极客范儿、公司的扁平式管理应运而生，精英需要靠契约、共识做事，而不是强制。
- **宽容失败：**再强的人，创新也经常面临失败。宽容不但是对失败宽容，还表现在开始时就做好失败的心理准备，认可快死比半死不活要好得多，所谓“死亡是一个公司对社会的最后一次贡献”，以及“淘汰掉不适合的人，对双方都是解脱”。在这种宽容下，风险资本、连续创业者才能愈挫愈勇。
- **多元文化：**从淘金热开始，硅谷的每一代都是来自世界各地的移民，这让硅谷成为文化的大熔炉，极具多样性。移民的目标大多是要闯荡一番，更有冲劲，本来就和喜欢留守故土的人不同。彼此之间一旦没有“我是本地人，你是外地人”的疏离感，就容易形成多元文化，创新往往诞生于各种交叉、混合之中。因此，硅谷有了天然的全球化视野，世界大同的情怀。硅谷欧裔、亚裔、拉美裔等都很多，使其自然而然地成为世界的创新中心，而各族裔的创业者也只是将美国作为测试其全球产品的第一个市场。

---

2 随着时空尺度的变化，因素的利害通常会随之发生变化。比如，你为负责的项目争取到资源，对部门是好事，但因其他资源有限而导致更重要的项目因此延期，对公司来说就是坏事；某地有丰富的煤炭资源，对短期发展是好事，但因为卖资源太容易赚钱而阻碍其他产业的发展，对长期发展就是坏事。

那么，硅谷到底能不能长期引领全球科技？放在更大的时间尺度上，几大文明古国，中世纪文艺复兴的意大利，大航海时代的葡萄牙西班牙荷兰，以及工业革命的英国[3]，无不各领风骚上百甚至上千年，却也都没有长盛不衰。所以，更可能的情况是轮流坐庄。中国能否成为下一个庄家，离不开每位“泛产品经理”的努力。

11.5　从生活态度到社会推动力

最后一节更感性一些，聊聊“产品经理”到底能给这个时代带来什么价值。不管你是在创业、做产品，还是从事某种职业，甚至失业在家，产品经理的思维方式和做事方法都很有帮助。“人人都是产品经理”，对个人来说是一种生活态度，对社会来说更可能成为进步的推动力。

11.5.1　先说生活态度

2013 年家里装修期间，我就屡屡体会到产品思维的价值。一开始你就会碰到一种叫“设计师”的人，在我眼中他们就是产品经理。和他们接触的第一件事，就是被采集需求。有以下两种采集方法，第一种更为常见。

1. 想装成什么风格。

你的书房是怎么规划的？是专门的书房，还是要兼客卧？要不要做榻榻米？

卫生间需要浴缸吗？

厨房要敞开式吗？

要不要吧台？

……

2. 有什么个人偏好。

你喜欢哪种文化？

喜欢哪些材质的东西？

您喜爱阅读吗？一般何时会阅读？家里什么场所是您有可能阅读的区域？家里藏

3　整体上看，在一个国家、地区是否能持续强大这个问题上，“大陆性”不如“海洋性”（这里的大陆、海洋不只是地理上的概念，更是文化上的概念）。海洋性开放、多样，更多与外部的交流、交易，能获得更多的“新”；大陆性自给自足，倾向于封闭，而一个封闭系统，在物理学上是熵增的，会走向混乱。

书是否丰富，多为何种书籍？

一个阳光明媚的午后，您和家人在家会如何安排？请假想一个在新居中最理想的生活状态，描绘一个场景或故事。

工作日下班回家直到睡觉前，全家人都做些什么？

你之前住的房子，有什么装修上的遗憾？

……

不知你体会到没有，第一种用户调研犯了我们常见的典型错误——向用户要解决方案（问用户需要什么功能）。而第二种，是比较高级的做法——去了解目标用户面貌、生活工作场景，从中发现需求和问题；然后应用设计师的专业领域知识，给出更好的解决方案。很显然，第二种设计师更好，当然价格也更高。

在具体的装修过程中，作为一个做产品的，也会把各种方法和思维方式加以应用，说几个具体的细节。

客厅主灯：做了三控，场景是进出大门的开关、离开客厅的开关、坐在沙发上不用起身的开关。

踢脚灯：放在次卧门口，用光线感应，场景是老人起夜时次卧到卫生间之间自然有光。

浴室柜：会考虑下柜高度 75cm，加上台盆 16cm 是 91cm，上台盆不能太浅，否则水容易撒出来。还要考虑加上龙头 18cm 有多高，站在那里，模拟每个家人的身高，感受上柜下沿应该多高，再考虑下沿和龙头上部距离是多少，能否增加用来放刷牙杯的隔板，以及杯口上沿与上面镜柜的距离，是否方便取放牙刷……而镜柜厚度，还要考虑与吊顶射灯的位置关系，如何让光线正好在镜面和人的站立面之间照射下来，并尽量靠近镜面，这样可以把脸凑近镜子使用。同时，因为吊顶盖板 300*300mm 的尺寸问题，又要考虑工艺限制。

毛巾/浴巾架：要考虑到洗澡前后和洗脸前后的多个场景，在什么地方最方便？洗澡前脱下的脏衣服放哪里？洗完后要穿的干净衣服又放哪里？

书桌：如何摆放，取决于白天用得多还是晚上用得多，白天用得多要考虑光线的方向，如果看书比较多，最好用自然光以省得开灯，如果用电子屏幕多，又要避开强光。

厨房：要考虑食材储备区域（柜子、冰箱）、备餐区域（水槽、切菜台面）、烧菜区域（灶台）、烧完区域（放装菜的盘子、锅什么的）、微波炉/烤箱/电饭煲等空间分布的合理性。甚至，我会因为左利手（我是左撇子）、右利手的问题，考虑一些柜门开关方向的设置。

……

很多想法，都是我闭上眼睛，想象着将来在家里的**各种“用户”、各种生活场景以及各种可能碰到的问题**，或是通过从这里走到那里、或站或坐、或走或停、拿这个放那个而提出的需求。很少有设计师会帮你想这么细，只有当你把其当作**自己的产品**时，才有可能如此琢磨、如此用心。

生活中，处处皆产品，处处可用心。

11.5.2　再说社会推动力

我相信，很多看这本书的人都会觉得，中国的民众素质还有很大的提升空间，比如经常能在网络或社会新闻里，看到很多不妥的言行。为什么这样？我仔细思考过这个问题，觉得主要源于两种思维模式。

第一种，只会照做

照着做，最大的问题是没有创新，一代不如一代，最后创新精神就彻底死掉了。但比较可怕的是，“只会照做”似乎是一种被赞扬的传统美德，从古代的“君臣父子”、“三从四德”，到现代的“你要听话”。这样的思维模式，在社会变化缓慢的情况下也许有效，在只需要执行的岗位上也许有效，但对于如今剧变的社会，对于想求新求变的个人和组织，一定是一个巨大的负面影响。

而“不照做”、能创新，需要很强的综合能力，背后的动力来源于上一节提到的多样性——团队成员要兼容并蓄，个人也要有广阔的视野与知识面。1952 年全国高校院系改革，把复合型人才的培养模式转为了专才的培养。这种模式使得有知识的没文化，有文化的没知识，造就了一堆有技术没想法的理科生和一堆有想法没法落地的文科生。我个人建议，大家应该更多地向通才的方向发展。

多样性的获取背后，又需要好奇心。有了好奇心，才会对各种新鲜事物感兴趣，才不会犯下面要说到的错误。

第二种，不用心听

网上有很多愤青，在国家制定一个政策后，马上就不分青红皂白地骂；看到名人做了一件事情，马上毫无理由地喷。很多时候，他们并不理解社会是怎么运转的，骂规则，不是觉得规则不合理，而是觉得规则没让自己占到便宜。

这一点，我觉得可以学一下阿里内网。阿里内网有很好的开放、平等、透明的环境，多年前，阿里的 CTO 王坚就一直被骂，很多阿里的新产品出来，也被骂。公司觉得总这么骂也不太好，吐槽只会增加负能量，毫无意义。后来，公司加了一条规则：你可以骂，但你要提出更好的解决方案。**于是，为了给出更好的方案，逼着想骂的人去了解各种信息，分析对策。很多时候，研究之后发现，其实对方也没有那么傻，于是戾气少了，理解多了。**

可惜的是，社会没有办法让大家都遵循某条规则。能引起一些改变的，就是让大家多保持一点好奇心，对自己不了解的事物保持敬畏，再培养一点多样性，让自己可以听得懂更多不同的观点。

如果我们一起努力，让上述两种思维模式能得到一些纠正，就正好应了我反复说的那句话——用心听，但不要照着做。

用心听，是充分的接触广义用户，以了解问题及其背后的动机和人性。不照着做，要求拥有多种领域的专业知识，能做出一些新的东西。而这些，一定会成为社会发展的推动力。

不管你是产品经理还是非产品经理，即使你把这本书的内容全忘了，也希望你还是能记住这一句话，一句需要每天不断念叨的话：

用心听，但不要照着做。

11.6 延伸阅读与练习

本章关联到另外几本书的相关章节如下。其中的图标表示推荐阅读（笑脸）与选择阅读（冷漠脸），亦可根据一些关键词扩展阅读。

- 产品经理的升级与培养 《淘宝》10.46~48，page204~221
- 实践经验精华与反省清单 《启示录》40~41，page221~226
- 产品经理的自我修养 《人人》6，page279~313
- 一个产品经理的-1到3岁 《人人》1.4，page34~40
- 如果你要创业：悖论 《有的》1，page1~17
- 如果你要创业：危机与专注 《有的》10，page185~199

可以做的练习任务如下。

任　务	难度星级	耗　时	目　的
1.文章：作为 CEO，写给刚入行的自己，内容：个人的职业规划	★★★★☆	2	穿越到未来，摆脱现在的状态，思考一下自己的职业生涯规划，这事儿可以每年都做一次。
2.设计：接下来几个月到几年，个人的学习成长计划	★★★★☆	3	落地一点的是，希望看到你关于自己后续读书、学习、实践计划的分享。
3.文章：说一个生活中你充当“产品经理”的故事	★★☆☆☆	2	生活中的方方面面，都可以实践产品经理的思维方式和做事方法，只要时刻留心。

「11 蜕变：从产品助理到CEO」

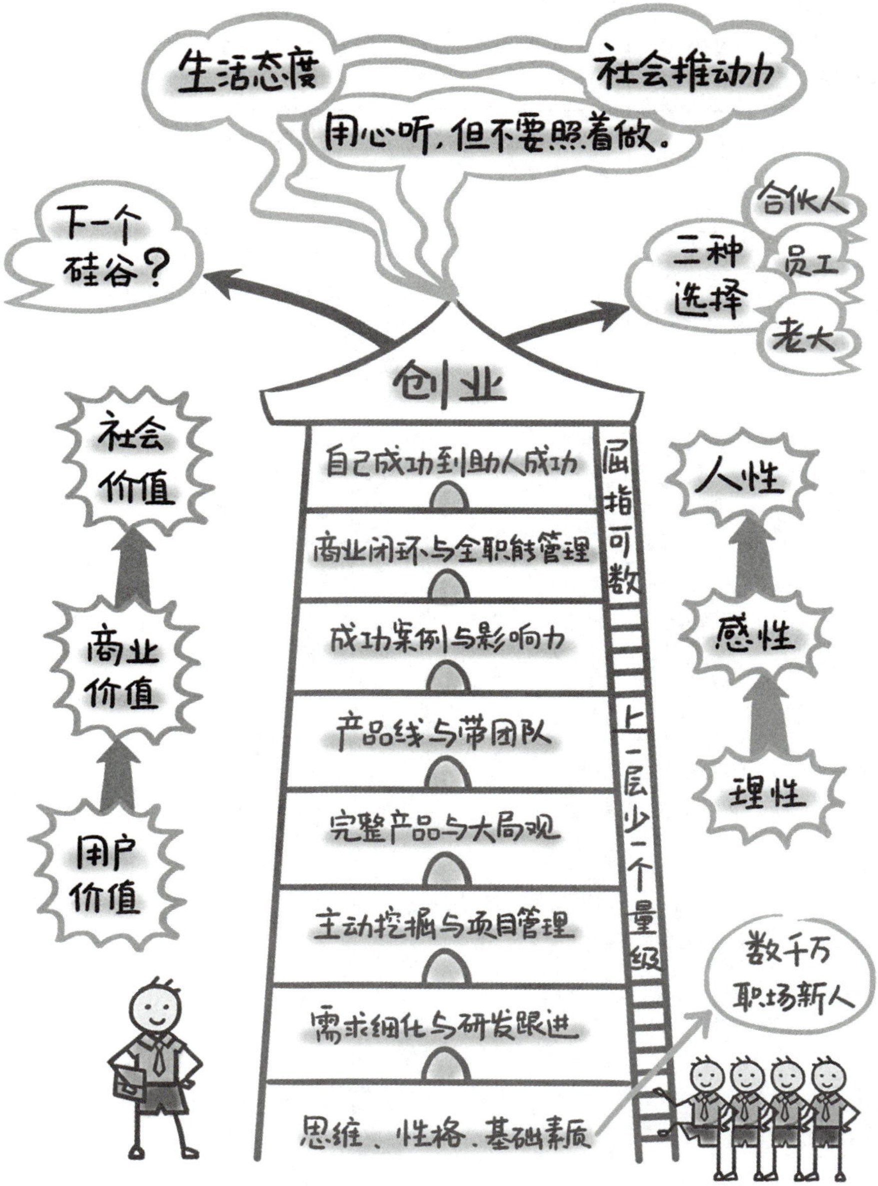

Designed by 姜乐&周全

第 12 章

结束：写在正文之后

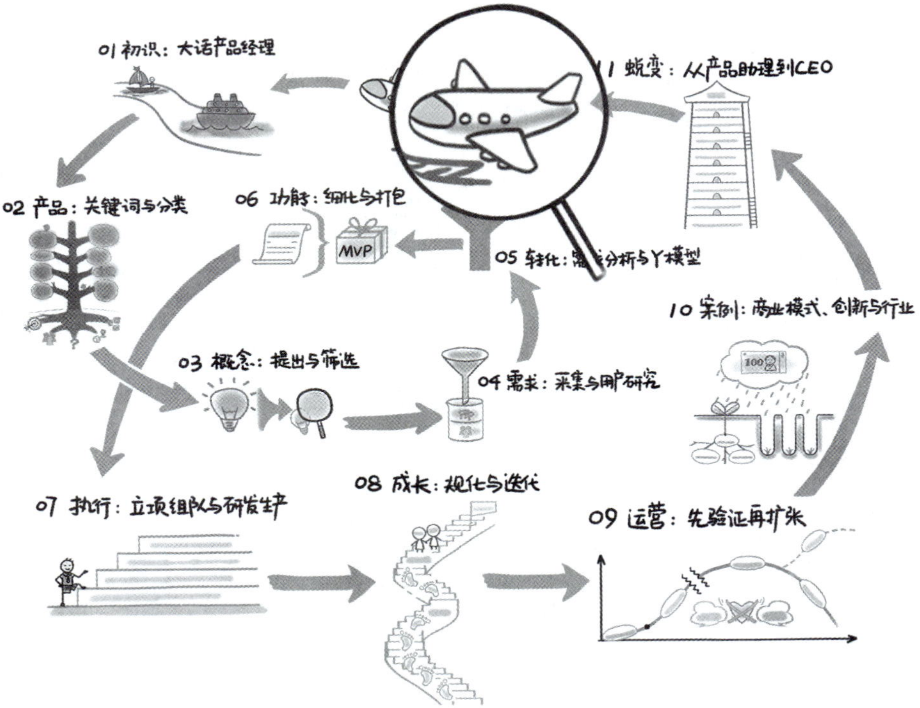

正文之后，罗列一些可能对大家有用的信息。

12.1　国产产品图书盘点

2016 年，我出于好奇，研究了一下国内都有哪些产品经理相关的图书。结果发现，第一本是 2006 年出版的，到现在正好十年。十年间，国内相关图书一共出了多少本？大家先猜猜。当然，有个隐含前提，我们说的是互联网、软件行业的产品书。

筛选时我定了一个这样的限制条件，作者必须同时满足以下两个条件：

图书内容和产品经理强相关 & 在知名互联网公司工作过

答案是 16 本，其中有两本再版过，说明市场比较认可。除了技术领域，其他专业领域恐怕都没有这么多的书。下面按照时间顺序依次介绍一下，附上豆瓣评分的人数和分数，时间截至 2016 年 12 月（从这个数据也可以看出来豆瓣真的是越来越冷清了）。

《产品经理实战手册》

2006 年出版。作者之一王欣，前金山词霸 CEO、金山毒霸 COO，现馒头商学院院长。这本书讲的产品，略偏传统 IT，大部分讲营销侧：包装、定价、促销、销售、渠道。

豆瓣 6.5 分，113 人评价。

《人人都是产品经理》

2010 年出版，2012、2014 年两次再版。作者苏杰，前阿里产品经理，产品大学负责人，现良仓孵化器创始合伙人。它应该是这批书中卖得最好的，得益于有争议的书名和产品经理岗位的火爆。

第一版：豆瓣 7.7 分，5852 人评价；

第二版：豆瓣 7.6 分，632 人评价；

第三版：豆瓣 7.7 分，230 人评价。

《结网》

2010 年出版，2010、2013 两次再版。作者王坚，前腾讯产品经理，现糗事百科 CEO。和《人人都是产品经理》从“人的成长角度讲述”相比，这本书第一次从相对完整的视角讲述了互联网产品的从无到有。

第一版：豆瓣 7.9 人，3020 人评价；

第二版：豆瓣 8.1 分，1343 人评价；

第三版：豆瓣 8.2 人，730 人评价。

《产品经理修炼之道》

2012 年出版。作者费杰，著名的产品经理组织 PMCAFF 创始人，前阿里高级产品专家，2016 年离职创业。

豆瓣 6.4 分，658 人评价。

《神一样的产品经理》

2012 年出版。作者闫荣，“凯叔讲故事”产品总监。这是第一本主讲移动互联网的产品书。

豆瓣 7.3 分，300 人评价。

《产品经理的 20 堂必修课》

2013 年出版。作者徐建极，现“菜鸟网络”高级产品专家。

豆瓣 7.6，176 人评价。

《淘宝十年产品事》

2013 年出版。作者苏杰，上面介绍过了。这本书应该是第一本专门讲案例的，有人描述，这简直是一本“MRD 合集”，作者表示写得确实有点太偏门了。

豆瓣 7.8 分，458 人评价。

《产品心经》

2014 年出版。作者闫荣，上面介绍过了。

豆瓣 7.5 分，70 人评价。

《缔造企鹅：产品经理是这样炼成的》

2014 年出版。作者胡澈，前手 Q 高级产品经理。

豆瓣 7.5 分，141 人评价。

《经·理@互联网产品经理的进阶修炼》

2014 年出版。作者杨晓平，前盛大资深产品经理，目前自由职业。

豆瓣 7.3 分，18 人评价。

《从门外汉到 BAT 产品经理有多远》

2014 年出版。作者张恒，前多贝运营。专门针对准备找工作的学生，定位很细分。

豆瓣 7.1 分，81 人评价。

《用户力》

2015 年出版。作者郝志中，前酷 6 联合创始人，迅雷看看 CEO，大咖说创始人。大赞这本书的视野，我觉得在这批书中，算是最高的。

豆瓣 7.5 分，253 人评价。

《产品前线：48 位一线互联网产品经理的智慧与实战》

2015 年出版，算是第一本群体写作的产品书。总策划 Blues，迅雷产品总监，2016 年离职创业。

豆瓣 6.1 分，110 人评价。

《产品的视角》

2016 年出版。作者 Luke，前阿里产品经理，百度产品架构师，产品经理组织“三节课”创始人。

豆瓣 7.8 分，169 人评价。

《独角兽之路》

2016 年出版。作者“三节课产品社区”，群体写作。全书讲了 20 款快速爆发且极具潜力的互联网产品案例，又是新题材。

豆瓣 6.1 分，22 人评价。

《从点子到产品》

2016 年出版。作者刘飞，刘同学在知乎的“产品经理”话题下，是最红的大 V。

豆瓣 7.7 分，33 人评价。

2015 年及以后，国内开始出现“运营”主题的图书。作为产品经理的必备技能之一，也推荐大家选择性涉猎。简单介绍一些作者和书。

范冰：《增长黑客》作者。Growth Hack 是国外的老概念，国内的新概念，把它介绍给国内从业者，是功德一件。

张亮：《从零开始做运营》作者，知乎大 V，订餐小秘书副总裁。和下面一本书的框架差不多，终于有人开始总结产品运营领域了。

张仲荣、金璞：《互联网运营之道》作者，两位是夫妻，张是悟空保 COO，金是创新工场的投后管理负责人。

黄有璨：《运营之光：我的互联网运营方法论与自白》作者，在新浪等公司负责过运营，三节课联合创始人。

张恒：《运营制胜：从零系统学运营》作者，前面介绍过他了。

其他书的销量我不清楚，只能说我的《人人都是产品经理》，是逐年递增的：

第一版 26 个月卖了 3 万多本。

第二版 27 个月卖了 5 万多本。

第三版至 2016 年底 26 个月卖了 10 万多本。

个人认为，这和最近国内“知识付费”的大势有点关系。

我们按照出版年份小计一下图书的本数，包含再版和上面提到 5 本偏运营的书。

2006：1 本。这本之后，4 年没有新书，产品经理岗位还没热起来。

2010：3 本。阿里、腾讯各出了一本，算是互联网产品经理开始走入大众视野的元年，这两本也是唯二的再版过的书，也得益于时间点掐得好。

2012：3 本。2011 年沉寂了一下，2012 年开始从“种子期”进入“爆发期”。

2013：3 本。爆发。

2014：5 本。爆发爆发。

2015：4 本。爆发爆发爆发。

2016：7+种。包括你现在看到的这本书，到年末最少有 7 本。

长势喜人，是不是?

幸运的是，上面这些作者都是我的好朋友。

所以，我在 2016 年做了一个“读书会”，集齐了所有“龙珠”，把大家都请来做了分享。也许，我们不是一流的，因为一流的产品经理没空写书嘛。但至少也是个二流天团吧，顺着这个事情，说一下我做的“读书会”。

12.2 重新定义“读书会”

2016 年二季度，我以自有 5 本书（自序里面提到的那 5 本），加上朋友们的 N 本书为根基，配合自己的网络媒体矩阵（微信公众号、微博、知乎为主，统一 ID：iamsujie），做了一个“读书会”的尝试。它重新定义了“读书会”这三个字，也可算是一次社群实验。

读：阅读，是知识与信息的输入

我选取了“5+N”本书，按“互联网产品从无到有”的逻辑，打散章节，每周我来做个导读，大家按主题做关联阅读；读的对象，仍然选取了实体书，我们不是“复古”地刻意追求实体书，而是向往一种深度学习的方式。

书：书写，是思考与沉淀的输出

只靠输入是没法改变世界的，只有输出才是把别人的东西变成自己的。输出可以是一篇感想、一个案例分析、一个模板、一本书、一个产品……每周我会给大家布置一个实战任务，我们还给优秀的输出设置了各种奖励。

会：会面，是线上和线下的交流

有了输出，还需要验证，和高手交流是一种高效的验证办法。所以我们每周会请来一位大咖互动，我邀请的人必须同时满足两个条件：一是在一流互联网公司做过产品，是实战的高手，二是出版过产品相关的书籍，是总结与助人的高手。

以上，先有读—输入，而后是书—输出，再去会—交流。这三个字，就是每周我们会一起做的“1+1+1”：1 个主题阅读 ＋1 个实战任务 ＋1 位大咖交流。

至本书出版的 2017 年春，读书会应该正在做第三期，以后打算每年春秋各一期。它也有了很多优化。如果你感兴趣，想一起参与，可以通过微信公众号联系我，也可以扫描图 12-1 二维码获取更多信息。

图 12-1　扫码加入读书会

我更希望，通过“读书会”形成一个新型的组织，以规避我的弱点，即在性格上更适合当老师，而不是老板——好的老师擅长启发，不会灌输的，更不希望强制，而是习惯于通过讲解，让学生产生自己的想法，进而由内驱力来做事。所以，这要求团队是因为共识组成，而不是因为权力或利益聚在一起。

实践了几个月，已经有一些成果，我、嘉宾导师、助教、学员，在一起产生了很多化学反应。比如，有的嘉宾抛出了工作中实际碰到的问题，作为作业交给学员来练习；几位学员，成立了一个音频转文字小组，贡献了本书的部分文字初稿；一期的优秀学员，主动报名加入二期的小组做助教；几位学员用业余时间做的毕业设计项目“包拯驾到”：一个产品经理的实体工具包，卖出了好几百套；徐颖同学某周的作业，成为了全网阅读量过百万的爆款文章……我想，惊喜肯定会越来越多。

关于我重新定义的“读书会”，还可以扫码阅读更多，参见图 12-2、12-3。

图 12-2　为什么说“只读模式”是无意义的

图 12-3　说说“会”交流的真正价值

12.3　七印部落翻译的书

其实，截止 2016 年，@七印部落已经翻译了 10 本英文书，都聚焦在产品、创新、创业领域。而本书内核方法论就参考了其中的 3 本。对这几本书，我也写过一些杂谈或笔记，分享一下。

12.3.1　打造用户喜爱产品的《启示录》

《启示录：打造用户喜爱的产品》的诞生过程，是一个很有趣的案例，我记录了下来。

2010 年 10 月 7 日，因为《人人都是产品经理》而认识的编辑徐定翔同学找到我，说华中科技大学出版社刚刚引进了一本书，叫《Inspired: How To Create Products Customers Love》，问我有没有兴趣翻译。

谨慎起见，我各处查了一下作者的背景和这本书的评价，才意识到这本书的厉害之处。比如，Amazon 上的英文版，78 个评价者中 71 位给了五星（截止 2011 年 4 月）。很明显，这事儿很符合我的胃口，但有三个问题：一是没时间，工作太忙精力有限；二是没能力，英文实在太久没用而变得生疏；三最关键，没动力，再做一本书，我实在不知道目的是什么。所以，我问了徐同学一个问题：

“我自己可能没时间精力做这个事情，可以帮你找找有没有合适的人，需要吗？”

答案，显然是肯定的。

接下来，我在各种渠道发布了召集令。出乎我意料的是，响应者很多，完全超出了我“帮编辑找几位潜在译者，然后看样章试译质量，决定最终译者”的想法。

于是，我在想是否有更好的方式来做这件事情：“你们是否考虑团队协作翻译呢？就是有很多译者，还有负责协调语言风格的，等等，有点像字幕组的协作模式。”

一开始徐同学是不太愿意的：“可以，不过译者不宜太多，我觉得两个人左右比较好。这本书不厚，240 页。”

但随着志愿者的增多，我的想法越来越坚定，开始想做这个产品了。这本书的意义不止在于其内容，更在于它的生产过程。我不想自己上阵，而想做一次尝试，叫“众包”也好，叫“民主试验”也好，我希望发挥团队力量和群体智慧，和编辑同学一起，只通过制定一系列的规则，凝聚一群人来完成这本书。日后我看了《失控》的翻译后记，才发现那本书更早地做出了这样的尝试。

“今天应该又有些人联系你了吧，再考虑下我的建议，多人翻译。这本书 40 节，找到 20 个人，每人两节，然后由几个强一点的人顺全篇，20 多个人还是能找到的，这样会快很多。”

徐同学不是被我打动，而是被志愿者的热情打动，试想有三五十位跃跃欲试，你如何拒绝他们？于是，我们一起来想具体的做法。

“保证大家都有活干。志愿者中强一点的，可以来翻译，有些人文字表达弱一点，可以负责校对、检查、试读。”

我们很激动，一次实践互联网时代合作方法的绝佳机会，就在手中。

安全起见，我和更多的朋友沟通了这样的想法，支持的、反对的都很多。我其实挺坚定的，只是记下了反对的意见，并想办法各个击破。比如很多提到“光是术语就很难统一，大家会翻得不一样”，我的对策是“建立一个术语表文档，每个人把自己翻译中碰到的术语都更新到表中，这样只要大家对术语表都认可，那么全文术语就统一了”。

然后，我们开始讨论用什么平台协作。希望是把整个过程都在线化，大家随时看到每个人的进度，互相督促，互相检查质量。一开始想到了 Google Docs，后来因为某些大家都懂的原因，放弃了。最终采用了一款叫“百会”的在线文档系统，以及它的论坛来进行协作翻译。

接下来，我们就把讨论好的规则贴在了论坛里：

1. 征集志愿者截止后，所有人试译同一短篇。
2. 依据试译结果，确定正式译者若干，其余的志愿者作为试读者。
3. 正式译者确定的方式：把所有人的译稿都公开，所有人投票选出较好的。（因为担心效率，这条最终未能操作，还是由出版社确定了正式译者。）
4. 公开讨论译者报酬方式（当然，邮件可以单回）。因为人多，每个人的所得太少，操作起来也比较麻烦，所以征求大家是否愿意拿赠书，如果要钱，也绝对给。试读者的付出也是有价值的，我们建议拿出全部金额的 1/8，以赠书的方式回馈。另外，所有人的名字和工作都会详细记录在书的附录里。
5. 译者任务认领，自愿选择、协商确定每人翻译的章节。令人惊喜的是，实操中是 24 小时内完成这步的。
6. 翻译过程中，维护统一的术语表，在论坛里共同讨论难点的词句、段落。
7. 初稿完成，译者交叉审校，即每位译者审读其他译者的章节，提出修改意见，通过这种方式让文风尽量统一。
8. 一轮交叉审校完成，试读者参与进来，自愿确定试读章节，我们宏观调控，确定每个章节试读人数差不多。
9. 译者依据试读者的意见、建议修改。
10. 邀请专家审读全书。到了这步，回到了现在出书的正统流程上。我在这时邀请一些业内名人来试读，也是为了借力营销。

因为对出版行业的浅薄了解，其间我表达了一个顾虑："全书参与人数太多，可能很难控制电子版的外泄，影响实体书销量。"这其实是出版社的顾虑，我当然是不怕外泄的，我做这事儿本来就是纯公益。好在徐同学深明大义："这个我倒不是特别担心，好的书上市以后马上就有人做电子版，这是拦不住的。相反倒可以将其视为一种营销的方式。"

在过程中，这支翻译团队，确实也成了营销团队，不断地对外散发有关这本书的各种消息。大家的各种讨论也非常热烈，比如自发出现了"翻译技巧的讨论"、"如何通过增加每个人的点评，为书增值的讨论"，等等，都让我充分体会到群体智慧的力量。

不但是这个团队的群体智慧，我们更借助了潜在读者的智慧。《启示录：如何打造用户喜爱的产品》书名的确定，就是团队先提出了几个候选，然后我召集了投票，最后再微调确定的。

而翻译团队的名称，也是大家讨论的结果——七印部落，上帝造人用了 7 天，人有 7 宗罪，欲望及需求来源于此，没有错！我们就是来拯救大家的，从欲望和需求出发，有点神秘感，也有点使命感。当然，和书名“启示录”也很配。

真正意外的惊喜，是这个团队，她并没有随着书的完成而消失，大家又自发翻译起了国外各种优秀的产品文章（当然，我们会征求原作者的同意，并署名、加原文链接），在《程序员》杂志设立了专栏，在各种网络渠道发布作品，继续贡献着力量。

如果你愿意加入“七印部落”，扫描图 12-4 中的二维码联系我们吧。

图 12-4　扫码，或者在微信公众号、新浪微博搜索“七印部落”

12.3.2　被严重低估的《四步创业法》

文字就不贴了，有兴趣的同学可以扫描图 12-5 中的二维码阅读我的读书笔记。

图 12-5　扫码阅读作者读书笔记

12.3.3　杜绝浪费，《有的放矢》

有兴趣的同学可以扫描图 12-6 中的二维码阅读我的读书笔记。

图 12-6 《有的放矢》图书笔记

12.4 其他资源

再推荐一些微信公众号和“课外书”吧。

12.4.1 一些组织的公众号

馒头商学院

馒头商学院，国内活跃的职场人在线学习和成长社群。由原金山软件副总裁王欣于 2014 年创立，平台汇集众多一线互联网公司的资深大咖，为学员提供接地气的实战课程，教学主要方向是职场、运营、营销、产品。目前，有线上免费微课、体系课、在线付费体系课、企业课程、线下课程等内容产品。可扫描图 12-7 二维码关注。

图 12-7 馒头商学院

PMCAFF

PMCAFF（www.pmcaff.com）创建于 2008 年，是国内知名的互联网产品社区，专注于国内外行业深度观察，提供系统化的产品课程培训和全球顶尖互联网公司的职位，分享产品、运营、用户体验等干货内容。9 年来，PMCAFF 已举办过千场活动，并建立了上海、杭州、深圳、广州、福州、南京、成都、武汉、厦门等 9 大分舵。PMCAFF

会员总数 25 万，覆盖几乎整个互联网行业，许多会员已成为各大国内互联网公司的核心人才，并且在 Facebook、Google、Airbnb、Booking.com、BAT、滴滴、京东等国内外互联网公司中担任重要角色。可扫描图 12-8 二维码关注。

图 12-8 PMCAFF

三节课

三节课，一所互联网人的在线大学，为互联网人提供系统化的互联网产品设计、互联网运营、数据分析和品牌营销课程，在零推广费用、完全靠口碑驱动的情况下，每月超过 20 万人次在线学习，逐渐成为互联网人深度学习的平台。可扫描图 12-9 二维码关注。

图 12-9 三节课

woshipm

人人都是产品经理（woshipm.com）是国内活跃的产品经理学习、交流、分享平台，集媒体、招聘、社群活动、教育为一体，全方位服务产品经理。旗下品牌：起点学院、秒聘网。成立 7 年以来，举办在线讲座 500 余期，线下活动 300 余场，覆盖北京、上海、广州、深圳、杭州、成都等 10 余城市，在互联网圈得到了广泛关注和高度好评。平台目前拥有 300 万忠实粉丝，其中产品经理 70 万， 中国 75%的产品经理都在这里。可扫描图 12-10 二维码关注。

图 12-10 woshipm

从以上组织里，大家可以顺藤摸瓜，发现更多的产品牛人，这个修行，就靠各位自己了。

12.4.2 最近看过的一些杂书

2014 年以前看过的书，已经在《人人都是产品经理》纪念版里推荐过，所以这里只推荐最近两年看过的。所谓杂书，即表面无用的书。但有用和无用如何评判，到底什么是真正的价值，谁又能说得清。

《浪潮之巅》、《文明之光》、《硅谷之谜》

后两本是 2016 看的。第一本早在作者吴军博士写博客的时期，就开始一篇篇地“追剧”了。作为一名优秀的工程师和科学家，吴军博士在 Google、腾讯工作过，现在是投资人，但这些书又是历史与文明相关的话题，真正的牛人总是跨界的。

《中国当代社会阶层分析》

作者杨继绳。看这本书，提升了我对“用户”的理解：就算只在中国做产品，也要时刻认识到，用户真的是多种多样，与你我有很大的不同。

《商业模式新生代》

企业篇及个人篇是两本书。对公司产品的理解，乃至对自己一辈子的理解，需要上升到一个完整的商业视角，这很重要。

《重新定义公司》

谷人希——Google，人类的希望，这句网络用语，通过这本书落到实处。现在有着明确组织架构的公司，一定不是社会组织形态的全部，未来会怎么发展，我们又如何借力，读这本书会有启发。

《信息简史》、《人类简史》、《未来简史》

这三本书让我有当年看《失控》的感觉。世界本是一体，是人类认知能力的低下，才把世界分裂成了各种学科。而最近，人们又试图从各种角度，重塑那个完整的拼图。这几本，都是有史诗感的好书。

《激荡三十年》、《跌荡一百年》、《浩荡两千年》

吴晓波的系列书。其实也是好多年来一直在看，这两年才看完。换个财经视角看历史，与吴军博士的科技视角相得益彰：既然我们只能盲人摸象，那就换几个位置多摸几次吧。

忽然发现，自己这两年很喜欢看拉大时空的书，要么是讲当下非身边的事，要么是讲非当下的事，要么两者皆有。就像我很喜欢看电子地图一样，因为能不断地放大、缩小，才能更清楚自己在哪里，去过哪里，又想去哪里。

12.4.3　一次众包本书索引的尝试

很多国外的书，最后都有一个 Index——索引，以方便读者查阅相关概念，国内的书这样做的不多，我的前两本书也没有索引。于是，这一本书我想尝试一下，但操作模式又不想那么传统，最终找到了一个可以无门槛协同编辑的在线表格——石墨，定义好表头字段，放一些初始内容，然后静观其变。于是，再次试着用众包的方式，看看大家一起出力，能否完成这个任务。

想消费这个索引，或者贡献力量的同学，都可以扫描图 12-7 所示二维码参与。也不知道你看到书的时候，这个索引文档里已经有多少内容，是否还干净整洁……

图 12-7

也许，这份文档可能从一份 Index 开始，逐渐扩展成为产品经理的行业字典呢？